역사의 교훈
:
성리학 이념의 한국적 전개

제 1 권

지은이

정효권

도서출판문사철

역사의 교훈 1
성리학 이념의 한국적 전개

초판 1쇄	2022년 2월 22일
지은이	정효권
펴낸이	김기창
펴낸곳	도서출판 문사철
신고번호	제2008-000040호
주소	서울 종로구 창경궁로 265 상가동 3층 3호
전화	02 741 7719	팩스 0303 0300 7719
홈페이지	wwww.lihiphi.com
전자우편	lihiphi@lihiphi.com
디자인	스튜디오6982
인쇄 및 제본	천광인쇄사
ISBN	979-11-92239-02-6 (04900)
	979-11-92239-01-9 (세트)

※ 값은 뒤표지에 있습니다.

성리학 이념의
한국적 전개

제1권

역사의 교훈

지은이 정효권

도서출판문사철

일러두기

이 책은 학술전문서적이 아니고 일반인을 대상으로 하는 에세이풍의 교양서이다. 이 책에서 다루는 역사적 사실(事實)들은 대개 이미 잘 알려진 사실(史實)을 근거로 하였기에 장황한 인용으로 보는 사람이나 쓰는 사람의 번잡함을 생략했다. 말미에 이 책을 가능케 한 책들을 간단히 소개하는 것으로 참조문헌목록을 대신한다. 책의 내용이 저자의 독창적 주장이나 새로운 사료의 발굴 없이 전부가 남에게 듣고 배운 것임을 인정하며 독자의 양해를 구한다.

목차

제 1 권

10 들어가며

35 제1장 역사의 교훈

    45   역사의 확장

    51   역사와 통계

    63   역사와 인공지능

    96   명제의 논리

    121   국제사회 적응

    133   준비운동

    143   〈예 1〉 외적의 침입

    179   〈예 2〉 대통령 탄핵

    213   〈예 3〉 대만과 중국

    257   〈예 4〉 중남미

        264   멕시코

        283   아르헨티나

        287   브라질

        291   페루

        296   콜롬비아

        301   베네수엘라

        305   칠레

    313   〈예 5〉 민족성

    343   〈예6〉 음식남녀

제 2 권

- 11 제2장 조선 왕조와 성리학 이념
- 14 국가는 왜 망하는가
- 24 왕조 존속기간
- 36 성리학 망국론
- 50 조선조 성리학 이념의 전개
  - 66 이념의 탄생
  - 71 이념의 정립
  - 78 이념의 근본주의화
  - 86 이념의 정체(停滯)
  - 96 이념과 체제유지
- 101 왜 근대화에 늦었나
  - 108 〈예 1〉 스페인
  - 121 〈예 2〉 폴란드
  - 128 〈예 3〉 터키
- 141 문인정치와 무인정치

155 제3장 현대 한국과 성리학 이념

　　175　이념정치의 폐해

　　184　정치의 양극화

　　192　자신의 기반 부정

　　200　무력 경시

　　209　역사적 인물에 대한 존경

　　216　혁명과 무력

　　224　전문성 부족

　　249　재능의 중요성

　　266　경험의 중요성

　　279　계급의식

　　308　이념정치의 폐해 결론

　　319　친일청산

　　347　식민사관

409　끝맺으며

423　뒤풀이

435　참고문헌

들어가며

현재 한국인의 역사인식에서 큰 이슈 중 하나는 조선 왕조의 멸망이다. 조선 왕조는 왜 망했을까. 유럽이 중세에서 벗어나 근대로 넘어올 때 로마제국의 멸망에 역사적 관심이 향한 것과 비슷하다. 근대까지 유럽 중세는 찬란한 고대문명에서 퇴보한 역사라는 인식이 있었다. 근대의 입장에서 로마제국을 회고하는 것은 열등감에서 벗어나 좀 더 객관적으로 바라볼 수 있는 여유의 소산이었다. 조선 왕조의 몰락을 지켜보는 한국은 아직 그런 여유가 없어 보인다.

이제는 조선 왕조가 일제에 강제 합병된 지 100년이 지났고, 해방 후 75년이 넘어가고, 그동안 경제성장으로 선진국 문턱에 들어섰건만 왜 아직도 객관적인 시각을 갖기 어려운 것일까. 이 질문에 대한 대답이 쉽지 않은 것은 과거의 평가가 아직 현실에서 일어나는 사건에 대한 가치판단과 무관하지 않기 때문이다. 8·15 해방, 6·25 동란, 4·19 혁명, 5·16 쿠데타, 12·12 쿠데타, 5·18사태 등 전쟁과 혁명과 쿠데타와 민주화로 계속되는 격동의 역사 속에 조선에 관한 역사적 판단은 현재 상황과 아직 객관적으로 분리되어 있지 않다. 조선 왕조의 정체성, 특히 정치적 이념은 지금까지 우리에게 역사적 전통으로 남아있다.

아직까지 조선 왕조의 기억은 대체로 부정적이다. 일제에 강제 병합된 역사가 너무 치욕적이고 그 후의 한국역사가 시련을 너무 많이 겪어 100년의 시간도 충분치 않아 보인다. 현재의 아픔을 과거의 잘못으로 또는 조상의 책임으로 돌리는 것은 가장 쉽고 일시적 효과가 있는 통증완화 방법이다. 한국인들이 급할 때 이 방법을 즐겨 썼다고 비난하는 것은 공평치 않다. 통증에 아스피린을 복용하는 것은 큰 해가 없다. 더 중요한 것은 정치적 목적으로 역사적 평가가 이용됨이다. 현재 진보와 보수로 나뉘어져 그 대립이 심해가고 양극화되어 가는 한국의 정치지형은 앞선 봉건왕조에 대한 이해와 평가에 큰 해가 된다. 정치적 이념에 따라 역사를 이용하기 때문이다. 간단한 통증에 엉뚱한 처방으로 엉뚱한 수술을 하겠다고 나서고 있기 때문이다.

일반적으로 사회주의는 전근대를 봉건주의로 규정짓고 적개심을 보인다. 그러나 사회주의와 민족주의가 어색하게 혼재된 한국의 진보는 조선사에 대한 평가가 어정쩡하다. 때로는 봉건잔재로 매도하고 때로는 "우리 것"이라 하여 지나치고 어색한 애정을 보인다. 조선조 정치적 이념인 성리학은 나라를 망친 원흉이라 비난하지만 조선 성리학을 학문적으로 정립한 퇴계와, 학문과 더불어 정치에 적용시킨 율곡에 대한 숭배는 조선시대와 다를 바 없다. 성리학자들의 현실 생활에 대한 저술은 실학이라 하여 성리학이 아닌 전혀 다른 학문으로 간주하고 이 실학이 현실에 받아들여지지 않아 나라가 망한 것으로 본다. 조선조 통틀어 성리학에 가장 능통하고 성리학적 군주가 되고자 했던 정조는 "개혁군주"로 숭상받고 정조가 더 살았다면 조선이 망하지 않았을 것이라 한다.

일부 진보진영에서는 조선조 노론세력과 일제 하 일본에 협조한 친일세력과 이후 군사정권 (또는 그후 문민정권까지) 협력자들을 한꺼번에 묶어 모두 악인으로 몬다. 노론세력이 계속 정적을 탄압하다가 결국 조선을 말아먹고 일본에 나라를 팔았으며 그 자손들이 친일세력이 되고 그들의 후예가 다시 군사정권에 협력한 사람들이라는 것이다. 물론 노론에 대항한 소론 남인들과 독립운동가와 군사정권에 반대한 사람들만이 선인들이다. 이렇게 착한 사람들의 후예는 역사적 정통성을 가진 사람들이기에 자기네가 나라를 다스리겠다고 나섰다.

역사를 관통하는 명쾌한 해석이라 속이 후련하지만 조금만 들여다보면 역사를 왜곡하여 자신들의 정치적 목적으로 이용하는 수법이 쉽게 보인다. 우선 자신의 선조, 스승의 선조, 선조의 스승이 노론에 연루되었으면 노론을 치는 대목에서는 빠진다. 일제시대와 군사정권에서도 자신의 선조, 스승이 끼었으면 여기서도 한걸음 물러난다. 편을 가르는 것도 너무 포괄적이고 조잡하다. 조선조 노론과 소론, 남인의 차이가 얼마나 되며 친일과 반일의 구분이 얼마나 확실하겠는가. 군사정권은 말할 것도 없고 민주화 이후 정부에서 일한 것이 모두 나쁜 짓이 된다는 논리는 삼척동자에게도 먹히기 어렵다. 게다가 조선시대 연좌제가 현대에 다시 살아났다. 어찌 선대의 악업을 후대 자손이 계속 책임져야 하는가. 이는 모두 자신들을 정의의 사도로 만들기 위한 '역사 바로 세우기'이나. 징지직 목직으로 역시를 들먹이는 것은 거의 모두가 끝이 좋지 않다. 당대의 선악 구분은 긴 역사에서 의미가 없어진다.

보수는 민족주의적 입장에서 조선사에 좀 더 우호적으로 접근할 것이 기대된다. 일부는 과연 국수적으로 과거를 미화한다. 거기까지는 당연하다. 어느 나라나 국뽕의 역사는 필요하다. 그러나 일부는 서구의 자유주의 자본주의를 맹목적으로 따르며 진보가 조선의 봉건주의를 매도하는 것보다도 더 조선의 '비자유주의'를 매도한다. 보수에서 지적(知的)으로 꼭대기에 위치한 일부 인사들은, 따라서 가장 서양물을 많이 먹은 일부 지식인들은 공공연히 '자유'가 역사의 궁극적인 목표라고 주장한다. 언제부터, 어떻게, 왜 인류역사가 자유를 추구하는 역사이어야 하는지 모르겠다. '자유'는 프랑스 혁명 이후 서구가 자신들의 문명을 자랑스럽게 내세우는 '마케팅 포인트'이다. 우리 역사에서 가장 자랑스럽게 여기는 전성기 고구려는 정복사업이 국가의 주요 비지니스였다. 고구려 역사가 자유를 실현했어야 하는 역사인가. 고구려 개마 무사단의 자유는 실현되었을지 모른다. 그러나 아무리 들여다보아도 고구려, 신라, 백제, 고려, 조선, 우리 역사의 모든 국가들이 자유를 실현하는 나라들은 아니었다.

이런 일부 보수관점에서는 서구화가 시작되기 전 한국사는 잘 보아줄 곳이 없다. 그들의 조선사 평가는 진보보다 더 신랄하다. 마치 공산주의 관점에서 모든 역사를 피지배층의 투쟁역사로 보는 것과 마찬가지이다. 아마 서구에서 공산주의의 등장으로 '자유주의'가 강조되었을 것이다. 적에게 대항하기 위해서는 적의 논리에 맞서는 논리를 개발해야 한다. 또는 싸우다가 상대를 배우고 비슷해지는 면도 있다. 이 '자유'에 대한 집착으로 조선사 평가와 더불어 일제 강점기 평가에도 '자유'스러울 수가 없다. 자유의 지고한 가치를 추구하기 시작하는, 즉 서구화가 시작하는 시점을 일제시대로 보기 때문에, 또 그들의 지고한 서구사상 자체가 일본을 통해 배운 것이기 때문에 그들의 일제시대 평가는 후할 수밖에 없다. 이렇게 보면 일제가 우리를 비하한 역사, 즉 일제 식민사관이 아직도 잔존하는 이유를 이해하기 쉽다.

흥미있는 것은 진보와 보수가 모두 조선사에 대해 긍정적, 부정적 입장이 섞여 있다는 점이다. 얼핏 공정한 결과인 듯싶지만 문제는 그 입장들이 극단적이라 객관적인 역사평가에는 더욱 도움이 안 된다. 서구에서 건너온 자유주의를 절대적 선으로 간주하는 과격한 일부 보수는 역시 서구에서 배운 사회주의를 맹신하는 과격한 일부 진보와 다를 바 없다. 이 둘은 정치의 양쪽 스펙트럼에서 차지하는 비율이 비슷해 보인다. 자세히 들여다보면 양 진영이 자신의 진영 안에서 조선 역사에 대한 통합된 의견이 없고 모호한 입장에 처해있음을 알 수 있다. 하지만 양 진영이 일반적으로 조선 역사는 부정적이라 보고 조선의 멸망을 비난해야 일단 편리하고 안전하다는 것을 알고 있다.

"조선 왕조는 왜 망했는가."를 주요 논의로 다루지만 사실은 "성리학이 조선 왕조를 망쳤는가"가 더 정확한 논제이다. 조선 왕조가 망한 여러 이유 중 성리학에 관심을 집중하기 때문이다. 물론 전문가들은 이런 순진한 질문을 하지 않는다. 이 책에 나오는 역사는 일반인의 역사이고 이 책은 일반 교양서이다. 전문적인 학술지에서 다루는 내용이 아니다. 정치가 너무나도 일반 생활에 중요하고 큰 영향을 끼치기에 전문적인 정치인에게 맡기는데 만족하지 않고 직접 투표로 뽑듯, 역사도 전문적인 역사가의 도움은 받지만 일반인들도 나름대로 해석이 필요하다. 당장 앞에서 예를 든 것처럼 "역사를 바로 잡자"고 나서는 정치인들의 의도를 파악하고 이에 휘말리지 말아야 하기 때문이다. 현대 시민사회에서는 일반 국민이 정치에 참여하는 것처럼 역사 해석에도 일반 국민이 참여해야 한다. 현대 사회에서 시민 노릇하는 것도 쉬운 일이 아니다.

"성리학이 조선 왕조를 망쳤는가."라는 논의에서 한 가지 아쉬운 것은 성리학을 보호하고 변명에 나설 사람들이 없다는 점이다. 성리학을 위하여 눈물 흘리고 성리학의 명예를 위해 발 벗고 나설 사람들이 없다. 이 책도 성리학 변명서가 아니다. 변명에 나설 사람들이 없어 쉽게 동네북이 되는가 보다. 더 황당한 일제 식민사관은 기를 쓰고 막고 나설만한 이유가 있는 사람들이 많다. 한국 상황에서는 이런 일은 "여기서 밀리면 죽는다."는 절박한 사정이 있어야 하고 따라서 죽음을 무릅쓴 즉 '결사적'인 방어를 해야 한다.

역사에서 종교는 보통 정치에 직접 나서서 국가와 흥망을 같이 하지 않는다. 그러나 조선 성리학은 국가 지배층이 국가 건설, 국가 보존의 이념으로 채택하고 운용하였기 때문에 조선이 망하고는 바로 성리학이 국가 멸망의 원인으로 지목되었다. 조선이 성리학으로 망했는가 하는 질문은 일견 객관적이고 순수한 호기심의 발로인 것처럼 보이지만 사실은 정치적인 해답을 이미 가지고 질문을 던지는 경우가 많다. 조선은 과연 성리학 때문에 망한 것인가.

인류역사를 돌이켜보면 정치적 사상이나 이념 또는 종교 때문에 나라가 망했다는 주장은 어디에서나 별로 나오지 않는다. 폴란드는 18세기 전체와 그 전후를 합쳐 100년이 넘게 러시아와 독일에 분할되며 나라가 망했다. 스페인은 4대양을 호령하는 근대 최초의 강력한 제국이었으나 18세기와 19세기의 대부분 프랑스의 위성국가로 전락했다. 그러나 두 나라에서 가톨릭 때문에 나라를 망쳤다는 주장은 나오지 않는다. 폴란드에서 그러한 논의가 있다는 것을 들어보지 못했다. 스페인에서는 가톨릭의 역할에 관한 부정적인 논의가 다소 있었다고는 하나 물론 큰 이슈가 되지는 않았다. 중남미의 가톨릭, 인도에서의 힌두교, 중동 지방과 말레이시아 인도네시아의 이슬람교도 그러한 나라들이 종교 때문에 나라가 망했거나 발전을 저해하고 있음을 반성한다는 이야기는 들리지 않는다. 적어도 다른 지역사람들에게 알려질 만큼은 아니다.

초기 대승불교가 지역화한 티베트의 라마교는 종교 자체도 흥미 있지만 역사적으로 조선의 성리학과 유사한 정치적 역할을 담당한 것으로 보여 더욱 흥미 있는 케이스이다. 만약 이념과 종교가 나라를 망쳤다는 이야기가 나온다면 그것은 조선과 유사한 패턴을 보인 티베트에서 나와야 한다. 오히려 티베트를 침공한 중국이 티베트를 위해 '이념적 봉건사회'를 타파해 주었다. 물론 중국의 주장이다. 대부분의 티베트인들은 자신의 전통을 지키며 살고 싶어 하며 자신들의 종교가 나라를 망쳤다고 생각하지 않는다. 중국은 청나라 이후 자기네 영토가 된 티베트를 '수복'하는 입장이다. 어떤 이념 국가가 다른 이념 국가를 침범할 때는 내세우는 명분이 확실해 진다.

조선의 정치 이념이 현실정치에서 어떠한 영향을 끼쳤나를 살펴볼 때 공산주의가 가장 좋은 참조가 된다. 보통 이념이나 종교는 공산주의처럼 직접 국가경영에 참여하지 않았기 때문이다. 기독교가 풍미한 중세유럽에서 기독교는 원천적으로 정치와 차단되었다. 무인들이 지배하는 중세유럽은 철저히 기독교를 정치에 이용했다. 반대급부로 기독교는 국교로 혜택을 받았다. 중세 동아시아에서 불교가 누리던 위치와 비슷하다. 크게 보아 종교가 가장 정치에 간여한 예로는 이슬람 세계를 들 수 있다. 그러나 역사적으로 이슬람 문명에서 정치와 종교는 실질적으로 분리된다. 이슬람 세계에서 수니파가 대다수를 차지하고 있는 것은 수니파가 이슬람 초창기에 일찌감치 정치와 종교를 분리한 결과이다. 세리프나 술탄은 무슬림을 이교도부터 보호하고 다른 지방으로 전파하는 종교의 수장을 겸하고 있다. 하지만 술탄은 제국의 황제가 먼저이며 종교지도자는 그 다음이다. 공산주의는 레닌, 스탈린, 모택동을 거쳐 국가경영까지 교리에 집어넣어 국가 흥망의 책임을 지게 되었다.

그러나 여기서도 "공산주의 때문에 망했다."는 명제는 성립하지 않는다. 성리학과 마찬가지로 전문가들에게 받아들여질 수 없는 명제이다. 소련의 몰락은 제국주의적 팽창이 실패했다는 것이지 러시아가 망한 것은 아니었다. 공산혁명 후 공산주의가 러시아에 얼마나 도움이 되었는가 정도가 논쟁거리다. 러시아는 혁명 후 1930년대 서구가 대공황으로 사회적 혼란과 경제적 쇠퇴를 겪을 때 비약적인 경제적 발전을 이루었다. 그러나 그것은 전체주의로 수많은 인명피해를 딛고 이루어낸 발전이다. 공산혁명 없는 가상의 러시아와 소련을 비교하는 것은 쉽지 않다. 공산화 이전 러시아는 어느 정도 서구화 근대화가 진행되어 있었다. 1930년대 스탈린식 경제발전이 전적으로 공산주의의 공로만은 아니다. 아마 전체주의적 권위주의적 일사분란한 국가운영이 초창기 경제발전에 도움을 주었다는 정도는 인정해야 할지 모른다.

중국에서도 대다수 지주들을 처단하고 이루어낸 공산혁명은 이후 각종 경제개혁과 계속된 사회혁명에서 참담한 실패를 맛보았다. 그러나 그후 개방정책으로 눈부신 경제성장을 하였다. 중국도 공산주의로 망하지는 않았다. 북한과 쿠바의 경우는 어느 정도 공산주의의 실패로 규정지을 수 있을지 모른다. 그러나 러시아와 중국과 마찬가지로 북한과 쿠바도 자신들의 독특한 사회주의이지 엄밀한 의미에서 공산주의가 아니다. 주위환경과 전통적인 문화유산은 이념보다 훨씬 크게 영향을 미친다. 이념에 책임을 지울 수가 없다. 가톨릭을 믿다가 나라가 흥할 수도 있고 망할 수도 있으면 가톨릭이 그 원인이 된다고 말할 수 없는 것처럼, 공산주의를 채택했다가 나라가 망할 수는 있어도 공산주의가 나라를 망쳤다고 할 수는 없다.

공산주의가 나라를 망쳤다는 것이 타당한 논리라면 민주주의를 해서 나라를 망쳤다는 논리도 가능하다. 한국의 제2공화국처럼 민주주의를 했다가 정권이 망하는 경우도 있기 때문이다. 무식한 군인들이 쿠데타를 일으켜 정권을 탈취했기 때문에 어쩔 수가 없다는 것은 변명이다. 쿠데타를 막는 것도 능력이다. 막강한 군대를 가지고 있는 후진사회는 쿠데타를 막기 어렵다. 쿠데타를 막을 수가 없다면 민주주의는 할 수 없다. 민주주의 자체의 잘못은 아니지만 할 수 없는 것은 할 수 없는 것이다. 다른 형태를 찾아보아야 한다.

이는 민주주의가 국가 경영의 지상목표가 아님을 뜻한다. 민주주의는 과정이고 수단이지 최종목표가 아니다. 민주주의도 자유처럼 역사의 궁극적인 목표가 아니다. 민주주의도 자유처럼 서구의 '마케팅 포인트'이다. 국가의 비즈니스는 부국강병이다. 민주주의도 공산주의처럼 국가 비즈니스를 위한 도구이고 역사의 최종목표는 아니다. 그리고 공산주의처럼 민주주의로 나라를 망친다고는 할 수 없다. 역사는 항상 결과로 말한다. 역사는 정치의 특정한 도구에 불과한 이념 자체에 큰 의미를 두지 않는다. 역사는 이념에 무심하다. 인산처럼 이념에 애정을 보이지 않는다.

무정한 역사를 좇아 조선이 왜 망했는가를 살피려면 논의가 무정한 역사적 논리를 갖추어야 한다. 이념보다는 역사적 현실을 보아야 한다. 조선이 외적이 쳐들어오는 것을 막지 못하고 망했다면 그만큼 나라가 기울어져 있었을 텐데 얼마나 기울어져 있었는가를 먼저 살피는 것이 순서이다. 그리고는 역대 왕조와 비교해, 다른 나라의 왕조와 비교해 얼마나 기울어졌는가를 살핀다. 그 다음 왜 기울어졌는가를 살펴보아야 한다. 이 대목이 제일 어렵다. 그러고도 정 궁금하다면 기울어가는 조선에 혹시 성리학에 원인이 있었나, 있다면 얼마나 큰 원인이었는지 살펴보아야 한다. 그 이전에 이념이 도대체 나라를 기울게 하는 원인이 될 수 있는가 하는 다소 철학적인 논의부터 해 보아야 할지 모른다.

막상 당사자인 문제의 성리학에서는 이 문제를 어떻게 보나 잠시 살펴보자. 역사적으로 성리학보다 좀 더 시대적으로 포괄적인 중국 유학(儒學)에서는 나라가 망하는 이유로 지도자의 도덕적 결함을 주로 거론한다. 하나라와 은나라 마지막 임금 걸과 주는 폭군으로 정사를 돌보지 않고 주색에 빠졌고 특히 아름다운 여인들에 빠진다. 걸왕은 매희, 주왕은 달기라는 미희에 빠져 술로 연못을 만들고 고기로 숲을 이루는 주지육림(酒池肉林)에서 나날을 보내다 나라가 망했다는 것이다. '걸주(桀紂)' 같은 폭군은 '요순(堯舜)' 같은 성군과 짝을 이루어 대귀가 된다. 유학이 대표하는 중국사회는 남성 위주의 전근대사회이다. 그 점은 명확하게 하고 넘어가자. 남성 위주의 전근대 사회는 나라가 망하는 원인에까지 비겁하게 여자들을 내세웠다. 중국만 그런 것은 아니다. 현대 미국에서도 최근까지 아동들의 정신병 등 기타 아동들의 모든 잘못된 것을 (의학계가) 엄마들에 책임을 지워 비난해 왔었다는 (엄마들의, 일반의) 항의가 있었다.

미녀가 나라를 망친다는 "미녀경국설(美女傾國說)"은 유학의 입장에서도 학문적인 진지한 견해는 아니다. 나라가 기울어지면 왕권이 약화되고 할 일 없는 왕들이 환락에 빠지는 것은 언제나 일어나는 현상이다. 환락이라기보다 왕의 정당한 권리이자 자손을 많이 보아야 하는 의무이기도 했다. 특정 대다수를 상대로 한 로맨스이지 불륜은 아니다. 왕궁의 섹스 스캔들은 주로 왕조 말기에 나타나는 현상이다. 건국 초 출중한 왕들에게는 적용조차 안 된다. 조선시대 최대 명군 세종은 자식을 가장 많이 본 군주 중 하나였다. 세종에 버금가는 명군으로 알려진 성종은 낮에는 정사를 열심히 보고 밤에는 술판에서 여자들에 둘러싸였다 하여 신하들로부터 "낮에는 요순, 밤에는 걸주"라는 닉네임을 얻었다. 비난이 아니고 거의 존경에 가까운 애칭이다. 성종은 '공부도 잘하고 놀기도 잘하는' 최고 '엄친아' 군주였다. 걸핏하면 신하들을 가르치고 싶어 하는 껄끄러운 세종이나 정조보다 신하들이 가장 선호하는 군주였다. 어쩌면 성종의 환락은 부하들에게도 다소 방탕한 생활을 허용해주는 보스의 사려 깊은 의도에서 나왔는지도 모른다.

성종의 신하들도 유학자이다. 그들이라고 왕들의 환락적 생활이 권리임을 모를 리 없다. 단지 유학의 입장은 모든 것을 도덕적 프레임으로 둘러싸는 이념적 성향으로 하여 군주의 도덕성을 강조했을 뿐이다. 물론 나라의 흥망성쇠를 이해하는데 경제가 가장 중요한 요소라는 우리는 아는 현대의 '정답'을 유학자들은 모르고 있었다. 더 정확히는 관심 밖의 일이라고 할 수 있다. 나라를 기울게 할 만한 자색을 "경국지색(傾國之色)"이라 한다. 원래 색을 밝히지 말라는 유학사들의 의노였지만 일찌기 해학(諧謔)의 대상이 된다. 한 무제 때 이연년(李延年)은

한 번 쳐다보면 성(城)이 기울고,
두 번 눈길주면 나라가 기운다네,
성이 기울고 나라가 기우는 것을 어찌 모르겠느냐마는,
절세가인은 다시 얻기 힘들다네.

라고 노래했다. 한무제 때 곡조가 그대로 전해지지는 않았겠지만 어쨌든 이 노래는 중화권에서 오늘날까지 유행한다.

이념이 나라를 기울게 하는 원인이 될 수 있는가 하는데 대해 가까운 논의는 유학 안에 이미 존재한다. 공자가 말했다. "사람이 도를 넓히는 것이지 도가 사람을 넓히는 것이 아니다.[人能弘道 非道弘人]" 논어에 나오는 구절이다. 이 글은 인간이 마땅히 지켜야 할 도리나 제도문물 도덕적 개념 등의 주체가 되어야 한다는 뜻이다. 한국에서 건국이념으로 받드는 홍익인간(弘益人間) 즉 널리 인간세상을 이롭게 한다는 개념과 연관이 있다. 도를 넓히는 주체도 인간이고 도를 실행하는 목적도 인간세상을 이롭게 하는 데 있다. 이념도 인간세상을 잘되게 하자는 것이지 이념자체가 궁극적인 목적이 될 수가 없다는 뜻이다.

　이런 관념은 유학이 종교로 빠지는 것을 막았다. 유교(儒敎)로 불리는 것은 종교개념이 서양에서 들어온 요즈음의 이야기이지 유학에는 서양식 종교개념이 있어 본 적이 없다. 조선 성리학이 유교가 갈 수 있었던 가장 이념적이었던 것은 사실이다. 그러나 맹목적인 종교적 이념까지는 가지 않았다. 유학의 테두리에서는 그렇게까지 갈 수가 없다. 여타 종교에서 스스로 나라를 망쳤다는 자성이 나오지 않은 것처럼 조선의 사대부들도 자신들의 이념이 나라를 망쳤다고는 결코 생각지 않았다.

　이상은 유학의 입장이고 우리는 아직도 "성리학이 나라를 망쳤나?"라는 논의에서 벗어나지 못했다. 앞에서 살펴본 각 나라의 경우처럼 전문적인 역사가들은 이념으로 나라가 망한다는 데에 동의하지 않는다. 역사의 인과관계는 조심스러운 것이다. "A라는 나라가 어떻게 생겨나고 어떻게 망했다."라고 서술하는 것이 역사가의 작업이라 생각한다. "A라는 나라가 B 때문에 망했다"라는 직설적인 인과관계를 하나의 원인만 집어내어 단정적으로 결론을 내리지는 않는다. 무식해야 용감해진다. 역사적으로 무식해야 "A 나라가 B 때문에 망했다"고 단정한다. 야구게임을 한두 번 밖에 구경하지 않았어야 "9회말 감독이 사인을 하나 잘못내서 경기에 졌다"라는 쉬운 결론이 나온다. 역사가들은 혹시 A라는 나라가 망한 이유를 꼭 설명해야만 한다면 "A라는 나라가 망하는데는 B C D ... 같은 이유들이 있는 것처럼 보인다"라고 할 것이다. 그러나 역사를 살펴보면 현실적으로는 거의 모든 나라가 B C D ... 같은 이유로 망했다. 따라서 이 명제는 진지한 입장에서 보면 의미를 상실한다. "나라는 때가 되면 망한다"라는 무책임한 명제와 다를 바 없기 때문이다.

역사가들이 전체적으로 어떤 입장이냐 하는 것을 한 개인이 속단하여 이야기할 수는 없다. 이 책은 학술적인 서적이 아님으로 역사가들은 어떻게 생각할까 하는 상식적 추측 정도로 끝내고 넘어가자. 여기서 좀 더 관심을 가지는 대상은 일반인 즉 비전문가들이다. 이 책은 일반인들이 대상이기 때문이다. 필자는 인터넷으로 비공식적인 조사를 해보았다. "조선은 왜 망했는가", "조선은 성리학으로 망했는가", "조선은 유교때문에 망했는가"와 같은 비슷한 문장을 여러 개 만들어 검색을 해 보았다. 당연히 여러 의견이 나왔다. 특정한 의견에 달린 흥미 있는 댓글들은 일반 의견과 같이 취급하였다. 백여 개의 샘플을 추출하였다. 그러나 이는 과학적인 조사가 아니었고 임의적인 선정이었으며 샘플숫자도 적기 때문에 통계적인 절차는 생략했다. 결론은 반수 이상이 "조선은 성리학으로 망했다" 또는 그에 상응하는 내용이었다. 약 70%의 수치였다. 스펙트럼은 다양했다. 여기서는 대표적인 논지만 몇 개 소개한다.

- 성리학 때문에 망했다: 성리학의 공리공론, 이기논쟁, 예송논쟁,

사색당쟁, 반상제도, 노비제도, 쇄국정책 등등의 이유.

- 성리학 때문에 상공업을 천시하고 그로 인해 상공업 발달에 실패하고 궁극적으로 근대화에 실패했다.

- 그것은 오류이다. 사실 조선은 상공업을 천시하지 않았다. 조선 초부터 지전을 유통시키고 상업을 장려했다. 농업도 발달했다. 조선후기 이앙법의 보급으로 인한 생산량 증가 그리고 다음은 상공업이 발달한다.

- 성리학 때문인 건 맞다. 그러나 성리학 때문만은 아니다. 여러 가지 원인을 생각해보아야 한다.

- 유교 때문에 망하지 않았다. 유교는 도구일 뿐이다. 조선이 망한 이유의 본질은 보수적 기득권층이 변화를 거부했기 때문이다. 다만 그 변화를 거부하는 데 이론적인 도구로써 쓰인 것이 성리학적 명분론이었다.

이 정도로 나올 말은 거의 다 나왔다고 본다. 한 가지 지적할 것은 한국의 국사 교과서가 학생들에게 혼합된 메시지를 주지 않았는가 하는 점이다. 분명 성리학의 공리공론 예송논쟁 등으로 나라가 망했다는 것을 인정하면서도 그 성리학자들이 다스리는 나라가 이미 농업과 상공업이 발달한 나라임을 강조한다. 앞서 나온 일부 진보진영의 논리에서 영향 받은 것 같다.

인터넷 댓글이 아닌 인문 사회 종교 각계에서 신문의 기고문과 단행본 중 간혹 조선 성리학을 언급한 대목을 살펴보면 위의 조사보다 조금 더 성리학을 조선의 직간접적인 멸망원인으로 지목한다. 지식인들이 좀 더 조선역사를 또는 성리학의 역할을 부정적으로 보고 있다. 조선 유교에 대한 역사적 해석은 해방 후 현상윤의 '조선 유교 공과론'부터 시작된 것으로 보아도 무방하다. 조선 유교가 사회에 끼친 좋고 나쁜 영향을 열거했지만 초점은 역시 부정적 역할에 있었다. 해방 후 지식인의 유교평가는 이해할 만하다. 성리학은 조선조의 건국이념이었고 조선 사대부가 거의 전부 성리학만을 구독하는 열렬한 독자들이었으니 조선이 망한 이유가 성리학으로 귀결되는 것도 자연스러운 일이다.

해방 후 한국의 지적 풍토가 중국에 영향을 받은 것도 한몫했다고 본다. 중국에서 지식층 특히 루신[魯迅] 같은 작가의 유교 평가가 많은 영향을 끼친 것도 쉽게 알 수 있다. 그러나 중국에서는 유교를 중심으로 한 전통사상 전체를 대상으로 비판한데 비해 한국은 성리학에 집중된 경향이 보인다. 중국은 성리학만을 찍어내서 비판하지 않는다. 주자학은 과거시험의 교재로 쓰였을 뿐 학자들은 대다수가 양명학으로 기울어 중국에서의 성리학은 송명이학(宋明理學)이라는 더 넓은 범위를 가진다. 권력도 조선은 과거를 통한 사대부가 장악한 반면 중국은 막강한 황제의 권한으로 사대부 관료의 권력은 제한적이었다. 황제의 권력은 명대에는 환관이, 청대에는 만주족의 황실로 분산되어 조선의 사대부처럼 전권을 장악한 예는 없었다. 따라서 나라가 망한 데 대한 비난도 분산될 수밖에 없다.

중국은 문화혁명 때 비림비공운동(批林批孔運動)이라 하여 반모택동

쿠데타의 주동자(이것도 사실은 아닐 것이다) 린파오[林彪]를 공자에다 비겨 함께 비판한 정치운동이 있었다. 공자와 린파오는 같이 비길 대상이 되지 않는 좀 황당한 운동이었다. 역사상 운동 이름 붙임에 최악이 아니었나 싶다. 경제발전을 하게 된 중국은 더 이상 유교비판을 하지 않는다. 유교는 계승해야 할 전통으로 인식이 바뀌었다. 중국은 중국문화를 선전하기 위하여 세계 각 곳에 지은 중국문화원을 '공자학원'으로 이름지었다. 프랑스의 '알리앙스 프랑세즈(Alliance Française)'보다 독일의 '괴테 학원(Goethe Institut)'에서 따온 것 같다.

한국은 중국만큼 비판에서 찬양으로 바로 바꾸지 못하였다. 1970년대 아시아의 몇 나라가 괄목할 만한 경제성장을 이루자 서구에서는 그 원인을 찾기 시작했다. 홍콩, 싱가포르, 대만 그리고 한국이 모두 동아시아의 전통에 속한 것에 착안한 서구인들은 공통분모인 유학전통을 찾아냈다. 유학적 국가관, 가족관, 학문의 숭상, 근면성 등이 경제성장에 원동력이 되었다는 발견이었다. 한국의 반응은 좀 착잡했다. 그럴 것이 유교 망국론이 시작된 지 얼마 되지 않았고 이제 대다수가 동의하는 이론으로 굳어가고 있는 터에 그 반대 이론이 나오니 곤혹스러운 일이었다. 중국과 달리 서구 민주주의를 지향하는 한국은 조선을 멸망케 했다는 유교의 망국론서부터 유교의 경제발전 공헌론으로 전향이 쉽지 않았다. 문민정부의 정통성이 문화적 DNA에 깊이 박혀있는 한국에는 군부정권이 경제발전에 공헌했다 라는 현실을 받아들이기 어렵다. 서구 민주주의의 DNA를 열심히 각인하고 있는데 유교가 경제성장에 기여했다는 논리 역시 받아들이기 쉽지 않다.

유학 또는 성리학이 조선을 멸망시켰는가 아닌가보다는 조선의 성리학이 얼마나 조선을 기울게 하는 데 기여했는가를 살펴보는 것이 더 바람직하다는 것은 앞에서 언급했다. 자세한 것은 제2장에서 다루어질 예정이다. 그것보다 더 중요한 점이 따로 있다. 성리학으로 망했느냐는 논의는 정말로 조선의 멸망에서 우리가 얻어야 할 교훈을 얻지 못하게 하는 방해가 될 수도 있다는 점이다. 여기서는 많은 국민이 특히 지식층이 편리하게 역사를 단정 짓고 정작 역사에서 얻어야 하는 교훈을 외면하는 경향을 지적하고 싶다. 제3장은 이 주제와 관련이 있다.

앞에서 언급한대로 유교에서는 전통적으로 군주가 도덕적으로 타락하는 것으로, 특히 여색에 빠지는 것으로 나라가 망한다는 교훈을 즐겨 써먹었다. 결과적으로 정작 왕조가 멸망하는 더 중요한 원인들에 소홀했다. 무슨 '음모론'을 제기하는 것은 아니다. 유학자들이 의도적으로 중요하지 않은 교훈으로 유도했다고는 생각하지 않는다. 옛날이나 지금이나 중요한 교훈을 회피하는 경향을 지적할 뿐이다.

조선의 지배층이 성리학 이념을 전폭적으로 수용하여 정치적인 실험을 한 것은 인류사에 드문 일이있다. 조선의 실험은 인류의 자산이다. 우리는 실험결과를 정직하게 여과 없이 인류에게 알릴 의무가 있다. 정치실험은 과학실험과 마찬가지로 결과가 부정적으로 나온 것도 가치가 있다. 긍정적인 지식과 마찬가지로 도움이 된다. 성리학 때문에 나라가 망했다는 한 줄짜리 보고서는 사실에 맞지도 않고 무책임하다. 왜 무엇이 교훈거리인지를 설득력 있게 내보여야 한다.

・・・

한국에서 "IMF사태"라고 불린 경제위기가 닥쳤을 때 어느 날 놀라운 뉴스가 신문에 나왔다. 기독교인들이 성명을 냈는데 내용은 "기독교인들이 사회를 주도하여 한국이 지금까지 번영했는데 이 사태로 한국이 무너지면 기독교의 책임이 크다."라는 것이었다. 아주 틀린 말은 아니다. 기독교인들은 국민 평균보다 다소 높은 교육수준과 질 좋은 직장으로 아마 그 정도의 높은 비율로 한국의 근대화에 기여했을 것이다. 근대화가 곧 서구화였기 때문에 서구의 종교를 믿는 집단이 상당한 도움이 되었을 가능성을 인정한다. 책임을 지는 자세까지 보여주는 것은 가상했다.

이 에피소드가 여기에 언급되는 이유는 조선이 성리학으로 망했다는 역사관이 적나라하게 나타나지는 않았지만 배경에 깔려있는 것은 누구의 눈에도 자명했기 때문이다. 앞에서 일반인들보다 지식인들이 더 성리학의 책임론을 강조한다고 했다. 기독교의 지도층이 이러한 견해를 상당히 가지고 있는 것을 쉽게 짐작할 수 있다. 아마 기독교가 이념적으로 성리학을 대체했다고 생각할지도 모른다. 최소한 이념이 사회에 중요한 역할을 한다고 생각하는 것 같다.

그러나 IMF사태로 한국이 무너졌다고 해도 그것은 기독교의 책임이 아니다. 기독교를 포함한 종교나 이념은 어떤 집단이, 사회가, 나라가, 문명이 일어설 때 결집력을 제공하여 큰 역할을 할 수도 있다. 유럽 중세 형성기의 그리스도교, 사라센이 일어설 때 이슬람교, 인도 아소카왕 때 또는 삼국통일 시 신라의 불교, 조선 건국 시 성리학 등이 모두 그 예가 된다. 그러나 같은 이유로 어떤 집단이, 사회가, 나라가, 문명이 기울 때는 종종 바로 그 종교나 이념이 바뀔 수 없는 전통으로 변화의 길목에 버티고 서서 타도의 대상이 되는 경우는 있다. 프랑스 혁명 때 '**구체제**(Ancien Régime)'에는 가톨릭 성직자들이 당당히 끼어있었고, 오늘날 일부 아랍나라들에서 이슬람교는 근대화에 걸림돌로 작용하고, 고려 말기 불교는 극심한 빈부차이의 한 원인으로 지목되었고, 조선의 성리학은 조선을 망하게 한 원흉으로 지탄을 받는다. 한국의 기독교도 근대화에 기여한 혁혁한 공로를 지금부터 미리 겸손하게 최소한도로 줄여놓는 것이 좋다. 더 중요한 것은 지금부터 부지런히 기득권자로 정당한 변화를 거부하는 세력이 되지 않도록 노력하여야 한다는 점이다. 그래야 훗날 진짜 한국이 기울고 망할 때 손가락질 당하지 않고 책임에서 벗어날 수 있다.

'놀라운 뉴스'는 아마 한국을 오래 떠나있다 다시 소식을 접하게 되는 필자에게만 해당할 지도 모른다. 그 사회에서 동시대인들과 호흡을 같이 하지 않으면 사회의 흐름에 둔감해져서 동시대인들은 당연하다고 생각되는 것도 새삼스럽게 놀라게 된다. 뉴스에 따른 놀라움의 크기는 사회의 흐름이 예상 밖으로 빨리 많이 기대하던 것과 다른 방향으로 나아갔음을 뜻한다. 그 후 필자의 놀라움은 정권을 잡은 진보세력에 관한 뉴스에서 많이 나왔다. 보수로부터 나오는 놀라움은 없었다. 보수의 무능과 부패는 역사에서 지루하다고 느낄 만큼 일상적이고 같은 패턴을 보여 놀랍지 않다. 반면 진보는 대개 새로운 형태로 놀라움을 준다. 아마 노무현 정권 때 뉴스를 많이 접하지 않아 면역성을 키우지 못한 원인도 있겠다. 그렇다 하더라도 노무현 정권때 간혹 전해오는 뉴스에는 크게 놀라지 않았다. 오히려 보수에서 대통령을 탄핵하는 것을 보고 진보에 대한 동정이 더 컸던 것으로 기억한다. 본인의 성향이 진보에 가깝다고 믿고 있었던 그 당시로는 당연한 반응이라 하겠다.

모든 놀라움은 '미국 소고기 광우병 파동'과 '진해 해군기지건설 반대'로부터 시작되었다. 광우병 파동에서는 과학을 무시하는 무지한 선동에 놀랐고 해군기지건설 반대는 안보 국방이 전혀 고려 대상이 안되는 무책임한 선동과 그 논리의 조잡성에 놀랐다. 거의 충격적이었다. 진보가 아무래도 더 지적인 면은 낫겠지 하는 기대를 저버렸다. 현 대통령은 취임부터 이 지적인 측면에서의 기대를 저버렸다. 이제는 진해 해군기지 건설 반대에 나타나는 진보의 인식과 행동이 일시적인 것, 특별한 상황에서 나타난 것이 아니고 전반적이고 일반적인 것임을 알게 되었다. 한국의 진보는 현재에 대한 공부가 없고 수십 년 전 했던 알량한 공부를 계속 우려먹고 있구나 하는 인상을 준다.

현 문재인 대통령은 취임 후 바로 《해방전후사의 인식》과 《동학란》이라는 책을 국민들에게 추천하고 읽으라 권했다. 무지하고 깨지 못한 국민을 계몽하고 있다. 그 동안은 무엇하고 있다가 이제 나타나 변해도 한참 변한 세상에서 옛날 운동권 책을 들이대며 국민을 가르치려는 것일까. 1985년에 나온 미국영화 〈백 투 더 퓨쳐〉는 30년 전 과거로 돌아가고 속편에서는 30년 후인 미래로 간다. 한 세대를 기점으로 과거 미래를 살펴 본 영화이다. 우리의 대통령은 영화가 만들어진 해보다 5년 전인 1980년에 타임머신을 타고 영화의 속편에서 나오는 2015년 정도에 나타난 사람이다.

영화 속편에서 악한은 미래의 도박기록을 과거의 자신에게 가져다주어 부자로 만든다. 1980년의 문재인은 미래가 아니고 영화의 3편처럼 과거로 갔어야 했다. 그러면 혹시 역사를 바꾸었을지 모른다. 그러나 이념이 왕조를 망하게 하지는 않는다는 이 책의 입장에서는 운동권 책을 들고 조선말로 들어가 역사를 바꾸는 시도는 권하지 않는다. 이념으로 망해가는 왕조를 흥하게 하는 것은 더욱 어렵기 때문이다. 듣기로 문재인은 직접 운동권에서 치열하게 '운동'했던 사람도 아니라고 한다. 운동권에 업혀 나온 바지사장이라는 뉴스 행간에서 읽은 것을 확인해주는 것 같다. 현 삼성회장에게서 "아직도 정치인은 4류"라는 말이 나와도 할 말이 없다.

　　사상의 타임머신 비유를 더 정확히 해보자면 대통령 또는 정권을 잡은 진보세력의 생각은(사상이라고 해야 하나?) 1500~1600년대 조선 성리학자들, 1700년대 유럽의 계몽군주, 1800년대 위정척사를 외친 조선 유학자들, 1920년대 일제 강점기 사회주의자들, 1950년대 민족주의자들, 1970년대 민주 노동운동가들, 1980년대 주사파 통일꾼들, 1990년대 시민운동가들의 이념과 사상이 두서없이 뭉뚱그려진 집합체에서 여과장치 없이 마구 나오는 것으로 보인다. 그 중 어느 것 하나도 치열하게 살아보거나 생각해보지 않은, 고시를 통과했다는 책상물림이, 친구 따라 강남 간 사람이, 그 친구 대통령으로부터 정치인 재목이 아니니 강남에서 떠나라는 완곡한 충고를 들었음에도, 진보세력에 업혀 대통령이 된 후, 모택동이 홍위병 앞에서 자신의 빨간 어록을 흔들 듯, 해묵은 《해전사》와 서학(천주학) 아닌 '동학'을 의기양양하게 흔들고 있는 것이다. 필자에게 386 세대라 불리는 정권을 잡은 진보세력이 중종 때부터 정권을 잡는 신진 사대부들로 겹쳐 보이기 시작한 것이 이때부터였다. 이 신진 사대부들은 정권을 잡고 왕과 훈구파로 매도되는 기성 사대부들에게 《소학(小學)》을 흔들면서 왕을 가르치고, 역사를 바로잡자고 나섰고, 도덕으로 정권장악의 정당성을 표방하고, 제대로 개혁도 못해보고 마침내 기묘사화로 서리를 맞았다.

　　문대통령이 취임 후 얼마 안 있어 해군사관학교에서 한 연설을 읽고 필자의 놀라움은 드디어 심각한 우려를 낳았다. 여기서 나 자신도 미약하나마 무엇인가 해야 한다는 자각이 들고 이것은 강박관념이 되었다. 무엇인가는 해야 하는데 책 쓰는 것 밖에는 달리 할 일이 없다. 필자는 학문적 소양 부족, 타고난 게으름, 지나친 회의 등으로 평생 책을 써보지 못했다. 무엇을 얼마나 안다고 무엇을 써서 누구에게 아는 척을 할 것인가. 그러나 이 강박관념을 벗어나기 위해서는 무엇인가를 해야 했다. 조국을 떠나 살고 있는 해외 거주인이 가지고 있는 조국에 대한 일말의 미안함, 자괴감, 그리고 살고 있지도 않은 조국에 대해 아는 척하고 나서는 주제 넘음 등 모든 감정을 넘어서는 강박감이었다. 어떨 때는 책이 나오게 된 계기를 정직하게 밝히고 시작하는 것이 독자들에 대한 배려일 수도 있다. 필자는 이렇게 기회를 잡아 미리 주제넘은 짓을 한 데 대한 변명을 할 수 있게 되어 안도한다.

대통령이 임관을 하는 해군장교들에 대한 연설에서 필자가 충격을 받은 대목은 "해군은 국군 중 친일파들이 창군하지 않은 유일한 군대이다."였다. 필자가 충격을 잘 받는 사람임은 인정한다. 아마 한국을 오래 떠나있어 정신적으로 해이해지고 물러터진 점이 있을 것이다. 한국에서 충전한 군인정신이 이제 지속기간이 다 된 것 같다. 처음 충격 이후 정신을 가다듬고 떠올린 생각은 "아 이제 친일파 육군과 공군을 해체할 계획인가 보다. 대통령은 다 계획이 있었구나. 대한민국을 대표하고 국군을 통솔하는 대통령이 하겠다는데 어쩔 거냐. 어쩌면 해군 하나만 가지고도 국방이 되겠지. 그것도 다 생각했겠지"였다.

그러나 가만히 일 돌아가는 것을 보니 당장 실행에 옮기는 것 같지는 않았다. "너희 군대는 모름지기 너희 죄를 헤아리고 깨달을지어다. 내 지금 당장 너희를 내치지는 않겠지만 너희가 그런 줄이나 알고 이제부터는 나의 말을 잘 새겨듣고 행동할 것이니라."라는 말씀임을 나중에야 깨달았다. 이런 말도 헤아리지 못한 것은 다시 한번 동시대에 같이 살지 않는 사람의 한계이다. 역시 현재 한국 상황을 잘 모르는 필자의 견해이기는 하지만 이 대목은 1980년대 철없는 운동권 학생이 내뱉었어도 충분히 죄를 물었을 사항이다. 1946년 창군 이래 60년 이상 6·25를 거쳐 북한의 침입에 방비하며 육군과 공군과 해병대에서 복무한 우리 수백만 장병들을 모두 싸잡아 국군 최고 사령관이 한마디로 친일파로 매도하였다. 대한민국 헌법으로 선서한 대통령이 했다고는 상상할 수 없는 말이다.

현재 필자가 살고 있는 미국에서는 상상도 못할 발언이다. 미국 아니라 어느 나라에서도 상상할 수 없는 발언이다. 미국 말고도 몇 나라에서 짧게 여러 번 살아본 필자의 경험으로는 어느 나라에서도 상상할 수 없는 일이다. 조선으로 돌아가 보아도 상상하기 힘들다. 임진왜란 발발 직전 선조가 여수 전라좌수영의 거북선 진수식에서 연설하며 "해군이 조선 건국 시 고려에 충성하지 않고 조선 편에 선 유일한 군대이다."라고 했다고 상상하자. 상상은 힘들지만 실제로 그런 연설이 있었을지 모른다. 임진왜란 당시 조선 조정의 조선군 평가는 "수군은 약하나 육군은 강하다"였다. 몇 백 년에 걸친 왜구의 침입과 여진족과 싸운 조선 육군의 활약이 인상적이어서 육군에 기대를 걸었을 것으로 짐작이 간다. 지금와서 생각해보면 기록에는 나와 있지 않지만 분명히 선조가 약한 해군을 위와 같이 격려했음이 틀림없다. 임란 초, 강했던 조선 육군의 연전연패와 약했던 조선 해군의 활약은 달리 설명이 안된다. 육군은 선조의 연설에서 해체될 가능성을 생각하고 사기가 미리 꺾였음이 틀림없다.

문재인 정권의 5년을 지켜보며 이러한 의심이 근거 없기를 바라던 필자의 희망은 조금씩 무너져 내려갔다. 철 지난 어설픈 이념으로 정권을 잡은 결과는 16세기 성리학으로 조선의 정국을 장악한 사대부들과 결과가 비슷하게 나오고 있다. 한국에서 현재 정권을 잡은 진보세력은 정녕 조선 사대부의 후예들이다. 역사의 교훈을 생각해 보지 않을 수 없다. 첫째 도덕적으로 나와 남을 가르고 정치를 양극화시킨다. 둘째 전문성보다 이념을 앞세워 현실정치에서 무능하다. 두 번 해보아 두 번 같은 현상이 나온다면 정확히 100%의 증명은 아니다. 하지만 현실적으로 거의 확실하게 결과가 예측되는 현상이다.

    정치 안보 국방 경제 등 나라 경영에서는 큰 실수가 용납되지 않는다. 첫째와 둘째 두 가지 현상은 옛날이나 오늘이나 치명적이다. 성리학을 이념으로 하는 조선 정치에서도 두 가지 현상이 나타났다. 사회주의와 민족주의를 어설피 엮은 현재 한국의 진보정치에도 두 가지 현상이 나타난다. 역사의 교훈을 얻자면 이보다 더 절실한 교훈이 없다. 역사에서 교훈을 얻고 싶으면 우선 역사에서 교훈을 얻는 것이 가능한가, 가능하다면 얼마만큼 가능한가를 먼저 살펴보는 것이 순서이다. 교훈을 얻는 것이 불가능하다면 이후의 논의가 모두 무의미하기 때문이다. 제1장에서는 역사의 교훈을 찾아보기 전에 역사의 교훈 자체부터 먼저 살펴본다.

제 1 장
역사의 교훈

역사에서 교훈을 얻을 수 있을까? 지금까지 역사의 교훈에 대한 동서고금의 역사를 살펴보면 정답은 똑 부러지게 '그렇다'가 아니다. 잘 보아도 '아마도' 정도가 아닌가 싶다. 사람들은 으레 '만일 역사에서 어떤 교훈을 얻을 수 있다면' 식으로 문장을 시작하는 것이 관례가 되었다. 역사에서 무엇을 배울 수 있다는 명제에 회의가 깔려있다. 이러한 회의는 "우리가 무엇인가 역사에서 배운 것이 있다면 그것은 '역사에서 배울 것이 없다'는 사실이다."라는 역설에서 정점을 이룬다.

그러나 다소 희화성이 느껴지는 이 역설은 역사에서 정녕 배울 것이 없다면 이 역설 자체가 생겨나지 않았을 것이기에 역설의 역설이 된다. 역사가 아니면 도대체 어디서 인생살이나 사회생활이나 국가경영의 교훈을 얻을 수 있단 말인가? "과거의 잘못으로부터 배우지 못하는 사람들은 그 잘못을 반복하도록 저주 받는다."는 미국의 철학자 산타야나의 경구로 알려져 있다.

일본 바닷가에 사는 주민들의 예를 들어보자. 후지산이 가까운 곳이라고 하자. 쓰나미가 밀려올 때 어느 정도까지 대피해야 하는가는 전적으로 과거의 기억에 의존하여 결정하여야 한다. 쓰나미가 몇 년 정도에 한번 일어나는가, 어느 정도까지 물이 차기에 어디까지 피난을 가야 하는가를 결정하는 것은 주민들의 생존을 좌우한다. 자세한 기록이 없는 전근대에서는 마을 노인들의 기억에 의지할 수밖에 없었다. 90세 할머니가 10세, 40세, 65세 때 쓰나미를 기억한다면 80년 동안 세 번 있었던 직접경험을 활용하는 것이 되고 그 할머니가 어릴 때 나이 먹은 할머니한테 들은 것이 있다면 150년 동안 세 번의 직접경험과 세 번의 간접경험을 축적한 통계적인 역사 활용이 된다.

할머니의 할머니 또 그 위의 할머니의 경험도 어렴풋이 시대를 내려오며 전해왔을 수 있으나 신빙성이 떨어져 아마 별로 도움이 안 될 것이다. 한 500년 전 엄청난 쓰나미가 있어 몇몇 사람만이 후지산 정상까지 올라가서 나중에 중턱까지 찬 물이 빠져나간 다음에야 하산해서 다시 마을을 이루었다는 전설이 전하여 온다 해도 그것까지 고려할 수는 없다. 대략 백년에서 백오십년 정도 축적한 직간접의 경험에 따라 행동해야 한다. 만일에 이번 쓰나미가 보통이 아니다 라고 판단되면, 예를 들어 오다와라(小田原)의 주민들은 하코네 이쯔(箱根伊豆) 국립공원 정도까지 대피를 해야 안전하다는 결론이 나온다. 전설로 전해오는 엄청난 쓰나미를 예상하여 후지산 정상까지 올라갈 필요는 없다. 그 경우 온 일본이 전멸할 가능성이 크기 때문에 대피는 의미가 없다. 이렇게 축적된 경험은 유사시에 결정적으로 도움이 된다. 역사의 교훈을 얼마만큼 활용하느냐에 집단의 생존여부가 달렸다.

여기서 역사의 교훈을 비유로 시작한 것은 좀 의도적인 측면이 있다. 《역사란 무엇인가》로 잘 알려진 카아(Edward H Carr)는 비유를 성계했다. 반역적(treacherous)이라고 심하게 표현했다. 비유가 주는 부정확성과 의도적인 왜곡 등의 폐해를 염두에 두었음에 틀림없다. 진지한 역사가로서 당연한 조심성이다. 그러나 이 책은 교양서이다. 독자로서는 어떤 개념을 어렵게 정확하게 통달하는 것보다 대충 빨리 이해함이 우선이다. 필자 자신 정확한 통달이 없는 것도 한 이유이고 또한 비유를 써서 모호하게 해 놓아야 뒷날 잘못되었을 때 발을 뺄 수있다. 무엇보다 중요한 것은 우리 모두에게 쉽게 어떤 개념이 이해되려면 비유만큼 가성비 좋은 방법이 없다는 점이다. 종교의 창시자들은 특히 이 비유에 능하고 많이 이용했다. 예수의 설교에도, 부처의 설법에도 비유가 많이 등장한다. 모호함의 이점과 가성비도 한몫했음에 틀림없다.

선불교에 이르면 달이 어떻다는 것을 구구하게 설명하지 않고 손가락으로 달을 보라고 가리킨다. 아 그러나 사람들은 달을 보지 않고 손가락만 바라본다. 이제 비유도 설명도 버리고 바로 깨달음을 요구한다. "도란 무엇입니까?" "무슨 도? 차나 마셔라." 도란 설명해서 알 수 있는 개념이 아니라는 것을 나름 센스 있게 표현한 것이지만 중국식 투박한 센스이다. 소비자에 대한 최소한의 친절함도 없다. 선불교는 나중에는 참선하는 사람을 죽비로 내려치기까지 한다. 죽비로 치는 것은 일본 선불교에서 가장 무자비했다. 일본식 잔학한 센스이다.

또 하나의 방법은 개념을 매우 어렵게 현학적으로 쓰는 방법이다. 문제는 그 정도 쓰려면 《역사철학》을 쓴 헤겔 정도 수준이 되어야 한다. 저자와 독자가 같이 생각해보고자 하는 이 책의 입장에서 쓸 수 있는 방법이 아니다. 더구나 '책쓴 사람도 알고나 썼을까' 하는 의문이 들 정도면 독자들이 읽고 나도 별 소득이 없다. 선불교 고승들이나 독일 관념론 대가들의 방법이 여기서는 이미 설명한 명백한 이유로 채택되지 않았다. 앞으로 비유가 계속 나올 것임을 미리 변명삼아 해명한다. 어려운 설명에 괴롭힘 당하고 심지어 얻어맞는 것까지 감안하면 독자들이 비유에 큰 거부감을 느낄 이유는 없어 보인다.

역사는 우리의 경험이다. 우리는 대부분의 인간사를 경험에서 배웠다. 경험 아니면 배울 데가 없다. 사람이 죽는다는 것을 우리는 어떻게 아는가. 우선 살다 보니 주위 사람들이 다 죽는 것을 보고 안다. 나이 많은 사람들도 오래되면 사람들이 다 죽는다는 자신의 경험을 이야기해 준다. 역사책에 기록되어 있는 것들도 여기에 일치한다. 아주 옛 기록들에 가끔 수백 년을 사는 사람들 이야기가 나온다. 단군 할아버지, 중국의 삼천갑자 동방삭, 구약의 인물들이 얼마나 오래 살았는가를 이제는 믿지 않는다. 우리의 경험, 나이 많은 사람들의 경험, 그 전에 살았던 수없이 많은 우리 조상들의 경험으로 사람이 얼마만큼 살고 죽을 것인가를 안다.

국가도 마찬가지이다. 앞서 "조선은 성리학으로 망했는가"라는 질문을 전문가들은 하지 않는다. 우리가 인간의 죽음을 보듯 역사가들은 역사를 통해 많은 국가의 멸망을 보며 기본적인 감이 생긴다. 논리적인 사고로 유추한 것이 아니다. 이념으로 나라가 망하지 않는다는 것을 아는 것은 좀 더 자세히 많은 나라를 관찰하고 생기는 감에서부터 출발한다. 국가의 멸망 그 자체보다는 더 조심스러운 관찰이 필요하고 더 정교한 추측이 요구된다. 결론도 조심스러워 질 수밖에 없다. 그럼에도 결론은 이념으로 망하지 않는다는 것이다.

그럼에도 역사에서 배울 수 없다는 회의는 어디에서 왔는가? 역사에서 제대로, 정확히 배우기가 어렵기 때문이다. 역사는 자기 나름대로 해석하기 마련인데 '제대로' 배우는 것이 가능한가. 누가 '제대로'를 판정하는가. 얼마나 정확해야 '정확한' 것인가. 타당한 질문이다. 이런 회의론은 논리적으로 우위를 점하고 항상 토론의 대세를 주도한다. 하지만 현실세계는 논리적인 진실보다 경험적인 진실이 지배한다. 현실에서는 역사에서 무엇인가를 가능한 데까지 제대로, 정확하게 배워야한다. 제대로, 정확히 100%가 안 된다고 포기하는 대상이 아니다. 포기할 수 없는 이유는 포기할 수가 없기 때문이다. 역사에서 무엇을 배우는 것은 선택이 아니고 필수이고, 사치품이 아니고 일용품이다. 인간사 대부분은 역사와 경험 밖에서는 배울 수 없기 때문이다.

    테니스의 예를 들어보자. 초심자는 날아오는 공을 제대로 치기가 어렵다. 날아오는 공의 속도와 각도와 방향에 맞추어 어떻게 쳐야 '제대로' 치는가를 경험을 통해서만 알 수 있다. 물리책을 읽어 "유체의 운동법칙" 등을 공부해도 별 도움이 안 된다. 수천 번 수만 번의 연습을 통하여 날아오는 공을 제대로 칠 수 있다. 일상생활에서 우리는 많은 경험의 축적을 바탕으로 직관이 형성되고 이로써 사물을 판단하고 결정을 내린다. 역사를 많이 살펴보면 대체적인 판단이 서고 미래를 예측하는 예지력이 어느 정도 생긴다. 이 판단과 예지력은 완전하지 못하다. 그러나 현실은 이를 최대한 끌어올려, 완전치 못하지만 이를 통해 판단을 해야만 한다. 날아오는 공을 받아치는 능력은 사람마다 다르고 누구도 완벽하지 않다. 그러나 부단한 연습을 통해 제대로 치는 경지에 도달하게 된다. 이 '제대로'는 모든 사람이 대체로 인정하는 경지가 된다.

    주식의 예를 들어보자. 당신이 몇 년 간 주식시장의 동향을 파악하고 어느 시점에서 그동안의 경험으로 확신을 가지고 어떤 주식이 오를 것을 기대하고 샀다고 하자. 그러나 당신의 주식 가격이 내려가서 손해를 보았다면 당신은 과거에서 배울 것이 없음을 한탄할 것이다. 주식시장의 역사에서 우리가 배울 수 있는 것은 단기간 매매에 적용되지 않는다. 장기적인 추세를 짐작하고 그 패턴을 어느 정도 파악하는 정도에 그친다. 20년 이상 주식을 보유하면서 매년 일정하게 오르는 것을 기대한다던가 또는 주식시장이 지나치게 올라 '거품'이 상당히 끼었을 경우 경제성장에 따른 상장기업의 가치보다 주식가치가 여러 배 오르게 되면 추락이 불가피하다는 정도는 알 수 있다. 그러나 이것도 2배가 될지 3배가 될지 또는 그 이상이 될지 알 수 없다. 투자해서 이익을 얻기에는 너무 큰 그림이고 당장 도움이 되지 않는다. 주식시장이 주는 교훈의 한계는, 혹시 교훈을 얻는다 하여도 장기적인 큰 틀에서만 어느 정도 학습효과가 있다는 점이다.

그러나 개인이나 기업이나 투자가들은 단기적인 교훈도 활용하고자 애쓴다. 학문적으로는 주가를 예측하는 것이 불가하다는 것이 정설이다. 경제학을 공부한 사람들은 주가의 예측이 불가능하다는 것을 배운다. 예측은 장기적으로는 기업의 성장가능성에 대해서만 가능하고 주식에는 불가능하다는 것이다. 단기적으로는 주가의 등락을 투자자가 좇아갈 수 없기 때문에 주가를 예측하여 돈을 벌 수 있다는 것을 포기하라고 한다. 그러나 현실에서 사람들은 돈을 벌어야 한다. 주식시장에서 돈이 굴러다니는 것을 보고, 주위에서 주식으로 재미 보았다는 사람이 있는데 어떻게 모른 척 한단 말인가.

사람들은 이론상으로 불가능한 주식시장 예측을 시도한다. 가장 큰 도구는 물론 주식시장의 동향을 역사적으로 추적하는 것이다. 큰 투자회사에서는 장기적인 예측 뿐 아니라 단기적인 예측도 한다. 자신들만의 노하우로 어떤 방법을 써서라도 예측을 시도한다. 일반인들에게는 장기투자를 하라 하고 자신들은 단기투자도 한다. 기업의 현금흐름을 측정한다던가 주식의 변동 그래프를 기술적인 분석을 하는 등 여러 방법이 있다. 기술적인 분석은 집단심리를 추적한다. 주식 매매자체가 집단심리에 따른 "무리의 집단행동(Herd Behavior)"에 기인하는 바가 없는 것이 아니니 기술적 분석도 아주 근거가 없는 것은 아니다. 현재는 인공지능이 발달하여 그 동안의 방대한 기록을 분석하여 주식동향을 예측한다. "원숭이가 아무렇게나 찍은 것이 인간의 예측을 능가했다"라는 이야기가 있었다. 인간의 분석력이 임의적인 찍기보다 낮지 않았다는 것인데 이제 인공지능은 이를 넘어섰다. 인공지능을 빌리기는 했지만 드디어 주식시장에서 역사의 교훈을 얻었다.

역사에서 배우기 어려운 예를 하나 더 들어보자. 역사에서 자신이 듣고 싶은 것만 듣는 예이다. 인터넷 초창기에 떠돌던 일종의 미국판 '아재개그' 같은 것인데 60년대 미국(캘리포니아) 사람이 그것도 페미니스트가 만든 것이라 짐작되어 '줌마개그'가 더 정확한 표현이 될 것이다.

- 예수가 흑인이라고 주장하는 세 가지 이유
  - 모두를 형제(Brother)라 부른다. 성경(Gospel)을 좋아한다. 공정한 재판을 받지 못했다.

- 예수가 이탈리아사람이라고 주장하는 세 가지 이유
  - 이야기할 때 손을 움직인다. 포도주를 식사 때마다 마신다. 올리브 오일을 쓴다.

- 예수가 캘리포니아 사람이라고 주장하는 세 가지 이유
  - 장발이다. 맨발로 다닌다. 새로운 종교를 창시했다.

- 예수가 여자라고 주장하는 세 가지 이유
  - 음식이 없는데도 잠깐사이에 음식을 장만하여 사람들을 먹였다. 무슨 말인지 잘 이해하지 못하는 남자에게 계속 메시지를 전달하려고 애썼다. 죽은 다음에도 할 일이 남아 다시 일어나

서 일을 해야 했다.

역사에서 몇 가지 관련되는 것을 엮어 스토리를 만드는 것이 가장 보편화된 역사의 교훈이라 한다면 위의 농담은 거기에 따르는 문제점을 잘 드러낸다. 역사의 교훈에는 임의적 자료추출과 교훈도출의 논리성들에 대한 성찰이 필요하다.

역사의 확장

지금까지 몇 가지 예에서 독자는 이미 다음과 같은 의문을 가졌을 것이다. 역사라는 것은 글로 남겨진 과거의 사건을 다루는 학문일진대 구전으로 내려오는 쓰나미의 역사는 무엇이고 주식시장의 동향은 무엇이고 예수는 또 왜 나오느냐고. 타당한 지적이다. 전통적으로 역사는 글의 역사였다. 그러나 역사를 좀더 넓은 시야에서 보고 역사의 경험을 더 넓히면 역사의 교훈이 더 구체적이 되고 신빙성이 높아진다. 통계적 확률이 높아진다. 우리의 목적은 역사적 경험을 분석하여 미래의 예측에 도움을 받고자 함이다. 자신이 직접 경험한 것이 가장 확실하고 생생하게 기억에 남지만 간접 경험도 많아질수록 분석할 자료는 많아진다.

한국은 현재 경제협력개발기구에 가입되어 있다. 보통 OECD로 알려진 이 기구는 대부분이 선진국으로 구성되어 있어 여기서 나오는 통계는 한국을 다른 나라와 비교하는데 아주 편리하다. 뒤에도 나오지만 이 책에서 가장 좋아하는 수법이 비슷한 처지의 집단 사회 국가들과의 비교이다. OECD의 통계는 그야말로 '꿈의 실현'이다. 이 기구 안에는 38개의 정식멤버들이 있다. 통계적인 관점에서 충분히 많은 숫자이다. 지구상에 200개에 가까운 나라들 중 우리와 비교하기 좋은 나라들을 뽑아놓은 것이 OECD이다. OECD가 없었다면 통계자료 중 많은 나라에서 힘들여 관련성이 높은 나라들을 선정하는 어려움이 있었을 것이다.

OECD 통계 중 한국이 썩 자랑스럽게 여길 수 없는 것이 몇 개 있는데 자살률, 교통사고율 등이다. 한국내의 통계만 보더라도 자살률이 과거보다 높아졌던가 낮아진 것을 알 수는 있다. 그러나 전세계와 비교해야만 한국 사람들이 비교적으로 자살을 많이 한다든가 적게 한다든가 하는 분석이 나오게 된다. 정도를 나타내는 형용은 '누구와 비교해서'라는 것이 밝혀져야 의미를 가질 때가 많다. 역사적인 분석과 평가에서도 비슷한 처지의 집단과의 비교는 큰 의미가 있다. 역사는 궁극적으로 선악을 가르는 곳이 아니다. 절대적인 것보다는 상대적 평가가 현실적, 통계적 진실로 나아가는 길이다. 자살률이 어느 일정한 선에서 넘어가면 나쁘고 내려가면 좋다고 할 수 없다. 어떤 시점에서 세계 평균보다 높으면 나쁘다고 생각할 수 있고 낮으면 좋다고 여길 수 있는 정도다. 가령 2051년에도 한국의 자살률은 그대로 있고 세계 평균이 낮아졌다면 세계적인 관점에서는 한국의 자살 사정이 악화되었다고 판단할 수 있다.

선악의 단정이 아닌 "생각할 수 있다" "여길 수 있다"에 주목하기 바란다. 왜냐하면 인구를 늘려야 하는 것이 한국 사회가 당면한 긴급한 과제라면 현실적으로 자살률이 높은 것을 더 염려할 수도 있다. 전근대사회에서 때에 따라 집단적으로 자신들의 어린아이들을 죽이는 풍습이 있었던 곳도 있었다. 역사는 이를 큰 죄악으로 보지 않는다. 그럴만한 사연이 있다고 보고 이를 알아볼 뿐이다. 역사는 피도 눈물도 없다. 선악은 역사를 보는 사람들의 해석이다. 대개 선악으로 해석하면 오류가 잦다. 현실에서 선악으로 해석하는 사람들은 대개 정치적인 목적이 있다고 보면 틀림없다. 역시 역사에서 배운 것이다.

역사와는 다른 분야들을 다 역사기록이라고 주장한 사람은 청나라 때 장학성(章學誠)이다. 장학성은 "육경이 모두 역사서[六經皆史]" 라 했다. 유교의 경전을 역사서로 본다는 것은 대단한 발언이다. 유교 경전이 가지는 종교적 이념적 윤리적 함의를 대수롭지 않게 보는 의미가 있다. 인간의 경험을 역사적으로 파악하자는 것이고 이념에 얽매이지 말자는 주장이다. 역사를 남이 쓴 대로 그냥 따라가지 말고, 다시 말하면 도학적 관점이 아니고 변화하는 역사 자체의 관점에서 보자는 것이다. 장학성은 인과를 밝히는 역사서술방법을 높게 보고 지방사에도 관심이 많았다. '역사의 확장'이라는 입장에서 장학성은 상당한 선구자이다.

장학성의 주장을 옮긴다면 다른 종교의 경전도 역사서이다. 특히 '구약(舊約)'은 대단한 역사서이다. 구약보다 오래된 단편적인 기록들이 있기는 하지만 구약은 세계 최고(最古)의 역사서이다. 많은 분량과 체계적이고 종합적인 내용은 엄청난 인류의 유산이다. 구약은 장학성이 말한 서경 시경 역경 예기 등 육경을 합친 것과 같다. 유학이 경전을 편찬하여 우리에게 중국인의 경험을 남겨주었다면 유대인은 중국보다 더 오래된 중동지방 사람들의 경험을 우리에게 전해주었다. 역사적 경험의 전달에는 종교의 역할이 컸다.

인류역사의 대부분의 기간, 글자가 나타난 5천 년 전부터 마지막 백년을 제외하고는 우리는 인류를 동물과 다른 동물 위에 군림하는 존재로 규정하고 그야말로 인류역사를 써왔다. 그러나 진화론이 등장하여 인류는 동물의 연장임이 확실해졌다. 게다가 DNA 연구의 발전으로 이전 인류는 물론 동물의 경우에도 글자에 준하는, 때로는 역사적 기록을 능가하는 생물학 정보를 얻는 것이 가능해졌다. 이제는 역사를 인간의 글자로 남겨진 과거의 사건으로 국한시킬 이유가 없어졌다. 일만 년 전에 죽은 사람의 DNA로 역사는 우리의 먼 과거까지로 영토가 확대된다.

침팬지에 대한 연구는 그중 꽤 많이 진행되었다. 유전자가 인간과 97% 이상 일치하는 침팬지의 육체는 생체과학, 의학적인 측면에서 주요한 실험대상이다. 요즈음 선진국에서는 침팬지에 대한 실험을 금지하는 것이 대세라 이 부분은 아쉽게도 포기해야 한다. 자연과학뿐 아니라 사회과학에서도 침팬지는 관심의 대상이다. 침팬지의 사회생활 중 우리의 흥미를 끄는 것 중 하나는 침팬지 사회가 전쟁을 일삼는 사회냐 평화를 추구하는 사회냐이다. 침팬지의 본성을 통해 인간의 본성을 알고 싶은 것이다. 인간의 본성에 대한 고찰은 철학과 사회과학의 밑바탕을 이루는 중요한 연구이다.

공동의 조상으로부터 갈라져 나온 침팬지의 행태는 바로 우리의 본성 규명에 직접적인 영향을 주고 우리의 이해를 넓혀준다. 침팬지의 집단 거주 형태의 연구는 자연환경에 따른 집단의 다양한 선택의 결과를 보여주었다. 침팬지는 전쟁도 하고 평화도 사랑하고 모계사회도 있고 부계사회도 있다. 적어도 사회생활에 관한 한 침팬지는 본능에만 의존하지 않고 얼마든지 변화가 가능한, 즉 상황에 따른 선택의 여지가 있음이 밝혀졌다. 역사의 연구는 이미 동식물을 포함한 생물에까지 넓혀졌다.

　사람에게 일어나는 일을 동물로 확대하여 비교해보는 것과 마찬가지로 동물에서 일어나는 일을 미생물에서 일어나는 일에도 확대해 볼 수 있다. 인류사가 동물의 역사, 생명의 역사로 확장되어 나간다. 어떤 기록이든 남아있으면 역사이고 전체 역사 속에 못 들어갈 이유가 없다. 상호 간의 유사성과 연관성만 있으면 비교가 가능하다. 인간은 오래전부터 개를 가축화하여 개는 인류의 반려자가 되었다. 진화론을 배운 현대인은 개에 대하여 복잡한 감정을 갖는다. 사람이 개를 일방적으로 사람에 맞춘 것인가 아니면 개가 생존을 위해 사람과의 공존을 모색한 개의 생존 전략이었는가. 야생마는 오래전에 멸종되었다. 현재 여러 곳에서 보이는 야생마로 보이는 말들은 실은 사람들이 가축화한 말들이 야생으로 탈출하여 살아남은 말들이다. 정확히 원래의 말들이 아니다. 현재의 야생마들은 옛날 말들과 어떻게 다른가. 같은 종일까 다른 종일까. 현재 제주도에 있는 많은 야생 들개들도 사람과 살던 개들이 뛰쳐나가 야생에서 어울린 개들이다. 이들의 장래는 어떻게 될까.

　머나먼 옛날 미토콘드리아라는 세균이 진핵생명체 (Eukaryote)에 들어와 자리 잡았다. 우리 몸의 각각의 세포에는 모두 이 미토콘드리아라는 생명체가 독자적인 DNA를 가지고 스스로를 복제한다. 우리 세포에게는 에너지를 생성하는 공장으로서 세포호흡에 결정적인 역할을 한다. 우리는 미토콘드리아가 없으면 못 살고 미토콘드리아도 우리 세포를 떠날 생각을 하지 않는다. 포기한 것일까. 우리는 미토콘드리아를 잡아들여 노예로 쓰고 있는 것일까, 아니면 미토콘드리아가 자발적으로 들어와 우리에게 약간의 이득을 주고 안전한 곳에서 사는 것을 선택한 것일까, 아니면 쌍방 간에 공평한 거래를 맺고 서로 불만 없이 살고 있는 것일까. 개미 중에는 인간보다 수천만 년 앞서 다른 종을 노예로 부려 그들을 산업에 부려 먹는 예가 있다. 조선은 오랫동안 노비제도를 유지했다. 조선조의 노비제는 인류역사상 나타나는 노예제와 어떻게 다를까. 개미의 노예제도도 이 데이타에 넣을 수 있을까.

역사가 시간적으로 인간 이전으로 거슬러 올라간다면 당연히 공간적으로도 한국을 벗어나 현재 인류에게 일어나는 모든 것까지 포함시켜야 하는 것이 당연하다. 현재 일어나는 일은 당장 과거의 일이 되는 것이고 과거의 일은 우리의 비지니스일진대 현재 일어나는 일이 어찌 우리의 관심 밖에 있어야 하는가. 예를 들면 현재 중남미에서 일어나는 포퓰리즘(populism)은 당장 한국정치에서 최근에 일어나는 선거 때 대중에 영합하는 일과 다를 것이 없다. 이는 민주주의에서 아주 낯선 것은 아니다. 최근 보수 진보 할 것 없이 대중영합에 몰두하고 있으니 한국보다 민주주의 역사가 길고 여러 나라에서 많은 사례가 있는 중남미의 포퓰리즘은 당연히 우리의 관심사가 되어야 한다. 〈예4〉에서 이 문제를 다루었다.

역사와 통계

역사의 범위를 생각해 보았지만 역사의 교훈도 생각해 보자. 사실 역사는 우리에게 교훈을 주지 않는다. 역사는 그저 흘러갈 뿐이다. 역사의 교훈이라는 명제 자체에도 문제가 있다. 교훈이라는 단어는 누가 무엇인가를 우리에게 가르쳐준다는 개념인데 역사가 어떻게 우리를 가르치는가. 우리가 배우는 것이다. 영어에서는 우리가 역사에서 배운다는 문장만 있지 역사의 교훈이라는 말은 없다. 역사의 교훈은 형식적이고 권위적인 면이 있는 동아시아의 학문관에서 나왔다.

사람은 동물이고 동물은 생물에 속한다. 모든 생물은 진화하고 진화에는 생존경쟁이라는 작동원리가 있다. 자세히 보니 거기에 적자생존이라는 원리 같은 것이 있어 우리가 그것을 교훈으로 인식할 뿐이다. 우리는 역사를 보고 역사에서 추출되는 여러 사건을 경험으로 인식하며 거기서 어떤 패턴을 구해본다. 거기서 어떻게 해서든지 교훈이 있을까 찾아볼 뿐이다. 어떨 때는 자명해 보이는 패턴도 있지만 어떨 때는 명확치 않아 교훈 이전에 패턴조차 자신할 수 없는 경우도 많다. 패턴의 유무 판단에는 통계적인 경향이 큰 도움이 된다. 통계적으로 어떤 경향이 있다고 인식한다. 가능한 한 많은 사례를 뽑아 분석하는 것이 통계에 도움이 된다. 통계적인 패턴의 확립 후에도 교훈이 되고 안되고는 우리가 받아들이기 나름이다.

그렇다면 인류의 모든 경험에서 통계적으로 사례 분석을 하는 것을 이 책에서는 왜 역사의 교훈이라 하는가. '경험의 통계분석' 정도로 해야 마땅하지 않은가. 여태껏 이 책에 쓰인 것을 그저 듣고만 있다 보니 내용이 엉뚱하다. 글로 표현된 인류의 역사를 넘어 선사시대 생물의 역사를 포함한다고? 역사가 내려주는 교훈도 아니고 우리가 혹시 어떻게 배울 수 있으면 좀 얻어 배우는 것이라고? 그 배움이라는 것도 주체가 역사가 아니고 우리가 해야 한다고? 그렇다면 처음부터 왜 "역사의 교훈"이라 했는가. 정확하게 "생물의 역사를 포함하고, 현 지점에서 일어나는 모든 일을 다 다루는 포괄적인 역사에서 우리가 어떻게 좀 무엇인가 배울 수 있을까 하는 통계적 시도" 정도로 제목을 달았어야지.

역사도 아니고 교훈도 없는데 제목부터 속임수를 쓰지 않았느냐? 책 좀 팔아 먹으려는 일종의 마케팅이 아니냐? 속임수는 아니나 마케팅은 맞다. 그렇게 긴 제목을 달기에는 부담이 크다. 제목이 길면 개개의 단어가 모두 비판의 대상이 된다. 생물의 역사는 어디까지이냐. 어떻게 현시점에서 일어나는 일을 다 다루는게 가능하냐. 포괄적이란 어떤 의미이냐. 어떤 통계가 동원되느냐. 끝도 없는 비판이 들어온다. 차라리 '교훈' 하나만 감당하는 것이 쉽다.

제목에서 의도적으로 범위를 확장하거나 왜곡하는 것은 책장수의 나쁜 상행위만은 아니지만 제목의 과대포장도 보통은 결과가 좋지 않다. 유럽역사에서 '신성 로마 제국'은 신성하지도 않고 로마도 아니고 제국도 아니라는 지적이 있다. 나폴레옹의 독일정벌로 막을 내린 껍데기 신성로마제국은 새로운 진짜 제국주의시대의 출범을 알렸다. 12·12 사태로, 사실상의 쿠데타로 출범한 제5공화국의 모토는 '정의사회 구현'이었다. 문재인 정부는 "기회는 평등할 것입니다. 과정은 공정할 것입니다. 결과는 정의로울 것입니다."라는 추상적이고 현란한 마케팅을 했다. 제5공화국은 정의사회 하나만 비판받았다. 문정권의 마케팅은 제목이 너무 길어 두고두고 비판받는 케이스이다. 이 장면에서 우리는 개인이고 국가이고 현란하고 비현실적인 약속을 하는 개체는 믿지 말라는 교훈을 배운다.

여기까지 살펴보면 왜 우리가 역사를 통해 배운 모든 것을 "역사의 교훈"이라고 했는지 이해될 것이다. 전통적인 학문 분류에 따르면 여기서 말하는 역사는 일종의 '응용역사학' 또는 '통계역사학' 정도로 보면 되겠다. 역사가들이 힘들여 하나하나 쌓아놓은 역사의 계단에 앉아 밑의 경치만 구경하던 사람이 내친김에 계단에 올라 저 멀리 있는 경치를 구경하면 어떨까 하는 것이 '응용역사학'이다. 이 책이 일반인의 교양서임을 상기하자. '통계역사학'은 그 계단에 올라 될수록 많은 경치를 보고 어떤 패턴을 보자는 것이다. 둘을 합하여 '통계 응용역사학'이 더 나을지 모르겠다.

응용역사와 통계의 관계를 좀 더 논의해 보자. 흡연부터 시작한다. 역사고 무엇이고 간에 건강은 우리의 중요한 관심사이다. 한국서 1970년대까지만 해도 담배 피우는 것이 그렇게 나쁜 것으로 인식되지 않았다. 비만이 몸에 해로우니 의사가 담배 끊지 말라고 권유할 정도였다. 담배 피우는 것보다 비만이 몸에 더 해롭다는 인식이 있었다. 실제로 당시에 담배가 해롭다 하면 으레 나오는 반박이 "우리 할아버지는 일생을 담배를 피웠는데 팔십을 넘어 살고 있다." 등이다. 통계를 들이대지 않으면 해결책이 없다.

현재 개발도상국에서 폐암 걸린 사람의 90%(남자) 70%(여자)가 흡연자이다. 하루에 5개비를 피우는 남자는 누적될 경우 폐암 걸릴 확률이 10%이고 하루 25개비 이상을 피우는 남자는 확률이 25%로 올라간다. 담배 피우지 않는 사람이 폐암에 걸릴 확률은 0.5%가 되지 않는다. 흡연과 폐암이 강한 상관관계가 있음을 알 수 있다. 물론 담배를 심하게 피워도 폐암 걸릴 확률은 반이 넘지 않는다. 담배 피우는 할아버지가 팔십 넘어 사는 것도 이상한 일이 아니다. 확률이 반이 넘지 않는다고 계속 피우겠다면 말릴 수가 없는 일이다. 그러나 십분의 일의 확률로 폐암에 걸린다면 치명적으로 보아야한다.

로마군이 점령지에서 저항하는 원주민을 학살할 때 쓴 방법은 십진법을 좋아하는 로마인답게 열 명 중 임의로 한 명씩 선발하여 죽이는 방법이다. 십분의 구가 살아남는다고 사람들이 여기에 기꺼이 참여하지는 않았다. 십분의 일만 죽여도 공포분위기를 조성하고 반란을 꿈꾸지 못하게 하는 충분한 효과가 있었다. 러시안 룰렛을 6연발 피스톨로 하게 되면 매 게임 죽는 확률이 17%이다. 열 번 정도를 반복하면 그 중간에 죽게 된다. 역시 십분의 일의 확률이다. 이 게임은 돈을 벌려고 하는 게임이 아니다. 사는 것보다 죽는 것이 낫다고 자포자기하는 사람들이 하는 게임이다. 생에 의욕이 없는 사람들이 굳이 하겠다면 러시안 룰렛보다는 담배를 계속 피우는 것을 권할 수 있겠다.

교과서에 나오는 멘델(Gregor Mendel)의 유전법칙이라는 것이 있다. 오스트리아의 수도사였던 멘델이 그동안 완두콩으로 행한 실험들을 1866년에 학술지에 발표한 유전인자에 대한 법칙이다. 한동안 잊혀졌다가 후에 재평가되고 자연선택설과 함께 현대 진화론의 근간이 된다. 이 책에서의 관심은 이 법칙이 생물의 어떤 인과관계는 주변의 다른 요인들과 관계없이 일정한 패턴을 보여준다는 것이다. 멘델의 완두콩 법칙은 사람에 있어 색맹의 유전법칙과 일치성을 보여준다. 사람의 다른 모든 조건과 관계없이 색맹의 유전은 일정한 법칙에 따른다. 그러나 많은 다른 특성들은 보통 여러 인자가 복합적으로 작용하여 법칙으로 나타나지 않는다. 사람의 지적 능력이 그 좋은 예이다. 많은 유전인자와 환경이 작용하여 지적 능력의 유전적 법칙은 알 수 없다.

또 하나 우리의 관심은 멘델이 5천 개의 완두콩 줄기로 실험을 했다는 점이다. 대단한 정성이다. 여기서의 확률은 담배나 폐암과는 다르다. 5천 개의 예가 거듭할수록 마치 주사위의 확률처럼 일정한 수치를 향하여 점점 다가간다. 결과를 알고 보면 이미 결과가 예상되는 숫자이다. 멘델의 유전법칙은 두 번째 세대에서는 우성과 열성이 3:1로 나오게 되어있다. 우리가 역사에 적용시킬 수 있는 통계는 아니다. 우리의 역사에서는 완두콩이나 색맹처럼 주위와 독립된 인자를 찾는 일이 중요하다. 멘델은 3:1의 결과는 받아들였지만 그 메카니즘은 몰랐다.

어떤 과학 야사(野史)에 의하면 멘델의 결과가 너무나 3:1과 비슷하게 나와서, 예를 들면 3002:998 정도로 나와서 후세의 통계학자들이 다소 각색이 들어가지 않았나 의심했다는 이야기가 전한다. 2879

: 1123 정도는 자연스럽지만 거의 완전히 3:1 이 나올 확률이 없다는 것이다. 멘델이 3:1의 확률을 확인하고는 3:1에 맞추려고 애썼다고 의심한 것이다. 통계는 가까운 것을 좋아하지만 너무 정확한 것을 좋아하지 않는다.

완두콩과 인간의 색맹이 같은 법칙을 갖는다면 인간과 동물도 비슷한 법칙을 상정하고 비교 못할 것도 없다. 자연계의 상위 포식자에 해당하는 늑대와 사자의 경쟁을 들어보자. 인간의 사회성을 염두에 둔 비교이다. 늑대와 사자의 사회성 경쟁은 인간에게 시사성을 준다. 상위 포식자 중 사자를 제외한 고양이과는 대개 경쟁에서 탈락했다. 치타는 거의 멸종단계이고 미주대륙에서도 고양이과는 대개 산악지대로 밀려가 존재감이 없다. 사람이 들어오기 전 북미의 대평원에서는 늑대가 왕이었다. 유일하게 집단생활을 하는 사자만이 아프리카에서 꿋꿋하게 버티고 있다. 늑대가 아닌 하이에나나 야생개와 경쟁하고 있지만 하이에나를 압도하지 못하고 있다.

시베리아와 한반도에서 호랑이는 자신에게 유리한 서식지에서만 경쟁력이 있고 좀 더 개방된 장소에서는 늑대에게 밀린다. 사회적 짐승들 간에서의 경쟁은 인간의 간섭으로 명백한 승패가 갈라지지는 않았지만 대체적으로 사자보다 집단형성이 더 강한 늑대의 승리에 손을 들어주게 된다. 이는 상당한 높은 수준으로 조직된 늑대사회와 상대적으로 느슨한 사자사회와의 경쟁으로 다른 조건이 크게 문제 되지 않는다면 (사자와 늑대에서 다른 조건이 비교적 적은 편이다) 사회조직의 효율성이 생존경쟁에서 승패를 가른다고 볼 수도 있다. 자연계에 보이는 진화는 몇백만 년씩 계속된 것이기에 오래 시행착오를 겪어 통계적인 진리를 가지고 있다.

미국 영국이 주축이 된 연합국은 독일이 중심이 된 추축국들과 양차대전을 치루었다. 일차대전은 제국주의 간의 싸움이 너무도 명확하여 이렇다하게 이념의 딱지를 붙여 비난하지 못하였다. 오히려 크리스찬과 크리스찬의 전쟁에 곤혹스러워했다. 일차대전에서 끝내지 못한 비지니스를 계속하는 이차대전에서는 영미가 민주주의와 전체주의의 프레임으로 이데올로기 간의 대립을 강조하는데 성공하였다. 히틀러의 광기를 강조하여 독일은 전체주의로 쉽게 낙인찍혔다. 그러나 독일도 크리스찬 국가이고 군주정을 폐하고 민주정을 한 나라이다. 총통제로 바꾸기는 했지만 그래도 전체주의로 낙인찍힐 일은 아니다. 나폴레옹은 영웅이고 히틀러만 광인이 되는 것은 지나쳤다. 나폴레옹전쟁도 그렇고 제2차 세계대전까지 본질적으로는 유럽의 제국주의들이 충돌한 것으로 보아야한다.

미국은 자유 민주주의를 강조하나 제2차 세계대전의 독일이 자유와 민주주의에 상반되는 정치체제를 가졌던 것은 아니다. 독일도 미국과 유사한 정치체계 문화적 수준을 갖추었다. 미국의 민주주의와 독일의 전체주의로 가르는 것은 미국의 지나친 자찬이고 나르시시즘이다. 미국과 독일의 대결은 둘 다 비슷한 수준의 자본주의를 기반으로 하는 문화에서 좀 더 개인의 활동이 보장되는 느슨한 사회를 유지하는 미국과 좀 더 타이트한 국가체계를 갖춘 독일이 제국주의적 이해충돌의 와중에 대결을 벌인 것으로 보아야 한다. 다른 조건이 비슷하다고 가정하고 느슨한 국가체계와 조금 더 짜인 국가체계를 비교하고 싶으면 제1, 2차 세계대전의 미국과 독일, 지금부터 전개되는 미국과 중국, 그리고 상관도를 계산하여 늑대와 사자의 경쟁도 데이타에 넣어 주면 좋다. 늑대와 사자의 대결은 수백만 년 계속되어 온 통계적 이점을 가진 데이터이다.

DNA를 역사적 기록으로 간주하는 예를 들어보자. 태평양 섬들을 어떻게 인간이 발견하고 이주하였는가. 인류역사에서 상당히 흥미롭고 상상력을 자극한다. 비교적 최근에 이르러 확립된 가설은 대만에서 기원전 2500년경 출발하여 필리핀과 인도네시아로 가고 거기서 태평양으로 흩어져 갔다는 것이다. 오늘날 폴리네시아인이라 불리는 이 모험심 많은 인류는 어떻게 그 먼길을 항해했을까. 별자리를 보고 바람의 방향과 세기를 보고 길을 더듬어 갔으리라 짐작되지만 어떻게 알았을까. 물론 역사기록은 없다. 정확히 언제 어디로 해서 퍼져나갔을까. 이것이 최근 DNA 연구성과로 상당부분 밝혀졌다.

태평양의 인류이동에서 DNA가 활용되는 이유는, 각 섬에 구전되는 이야기는 있으나 정확한 연대측정에는 도움이 안되고, 원주민의 언어의 변화는 너무 빨리 진행되어 남태평양 내에서의 이동 파악에는 도움이 안되기 때문이다. 이 연구(Nature 2021)에서는 각 섬 원주민 430명의 DNA를 분석하여 이들의 조상이 사모아에서 출발하여 인근 섬으로 퍼진 연대를 유추하였다. 사모아에서 몇 세기를 보내고 830년경 라로통가로 떠난 이들은 재빨리 인근 섬으로 이주한다. 타이티는 1050년에, 최후로 이스터 섬은 1210년에 도달하여 오랜 여정을 마무리한다.

연구자들은 오차의 범위가 60년 이내라고 한다. 신뢰성이 있는 것이 각 섬의 고고학 유물과 구전역사와 상반되지 않는다. 역사는 원주민들의 몸속에 쓰여 있었다. 연구방법으로는 몇 가지 소그룹에 나타나는 유전현상을 이용했다. 첫째 창시자 효과 (Founder effect). 배에는 한 척에 수십 명밖에 못 탄다. 이 그룹은 떠나온 섬의 모집단보다 유전변이가 적다. 그 후손은 조상의 특이한 DNA를 유전한다. 둘째 유전의 표류 현상 (Generic Drift). 창시자 효과와 반대로 특정한 유전변이는 시간이 지날수록 점점 없어진다. 작은 규모의 집단에서는 이것이 빠르게 나타난다. 다음 원주민이 가진 유럽쪽 유전인자를 제거한다.

DNA역사서의 60년 이내의 오차율은 놀랍다. 고대에는 신빙성이 없는 역사서들이 많다. 그 중에서도 신빙성 없기로 이름 있는 《일본서기》의 일부 기록을 일본학자들은 연대를 120년을 올리면 사실적인 기록이 된다고 주장한다. 120년은 갑자 을축 병인 정묘 ... 하고 나가는 육십갑자(六十甲子) 계산법으로 두 바퀴 도는 햇수인데 무슨 역사책이 간단한 햇수 계산도 못하는 것일까. 그것도 상대적으로 신빙성이 높은 《삼국사기》의 기록에 맞추어 보니 120년을 올려주면 사실과 맞아 들어간다는 것이다.

상습적으로 120년씩 틀리면 이는 오차가 아니다. 잘못 베꼈다는 이야기이다. 당시 백제, 가야 등의 역사서에서 120년을 착각하고 계속 한반도의 역사를 베끼면서 작품을 써 내려갔다는 이야기이다. 이 《일본서기》에 의거하여 일본의 임나가야 한반도 경영설이 나온다. 《삼국사기》에 의거하여 120년 올린 《일본서기》가 《삼국사기》와 충돌하는 부분이 나오니 일본 극우에서는 '초기 삼국사기 불신론'이 나오게 된다. 희극이다. 전체적으로 희극 작품을 일부 한국 학자들은 자신의 역사에 적용하여 비극을 만들었다.

생물의 역사를 인간의 역사에 원용하는 예를 하나 더 들어보자. 중국왕조에서 강한 군사력 유지는 항상 해결하기 어려운 골칫거리였다. 기회만 있으면 중국으로 쳐들어오는 북방의 강한 유목민족을 상대하려면 강한 군대가 필요하나 강한 군대는 평화 시 유지하기가 어려웠고 더 중요하게는 이 군대가 창을 거꾸로 들고 수도로 쳐들어오면 왕조가 무너진다. 이는 무력으로 나라를 세우지 않은 조선에게는 더욱 민감한 문제였다. 안록산의 난으로 거의 왕조가 무너질 뻔한 당나라 이후 역대 중국왕조는 반역이 무서워서라도 강한 군대를 가지지 않았다. 이는 중국의 마지막 한족(漢族)의 국가인 명(明)에 이르기까지 천 년을 이어온 전통이었다. 혹시 있을지 모르는 북방 유목 민족의 침입에 대비하여 변방에 강한 군사를 유지하다가 이민족의 침입보다 높은 확률로 군부 쿠데타를 당하느니 아예 약한 군대로 버텨보려 했다. 나름 합리적인 해결책이었다.

우리가 알고 있듯이 중국은 여러 번 이민족의 침입으로 나라를 잃었다. 당시 중국사를 공부하던 학생이라면 이 오랜 딜레마에 궁금증이 생길 것이다. 정녕 해결책은 없는 것일까. 타임머신을 타고 미래로 가서 보고 싶었을 것이다. 미래에 살고 있는 우리는 해결책을 알고 있다. 아직 지구상에는 군부의 지배를 받고 있는 나라가 많지만 적어도 산업화에 성공하고 현대국가를 이룬 나라들은 전근대에 비해 막강한 군대를 가지고 있지만 쿠데타의 걱정을 하지 않는다. 경제성장과 근대국가 시민사회의 출현이 이 역사적 난제의 해결을 가져다 주었다.

인간을 포함한 대부분의 고등동물에도 이 문제는 있다. 몸 안에 들어온 병균과 싸우기 위해서는 강력한 면역체계가 필요한데 이 면역체계는 너무 강력하여 종종 자신이 속한 개체를 공격한다. 우리가 알고 있는 많은 병이 이 침입군에 대한 면역체계의 과잉 진압으로 생긴다. 각종 암도 어떻게 보면 넓은 의미의 면역체제가 멀쩡한 세포를 공격하여 일어나는 병이다. 최근에 면역체계가 야기하는 염증은 그간 알려진 질병 외에 특히 신경과 관련된 여러 질병의 원인임이 밝혀졌다. 수억 년의 진화로 조율된 우리의 면역체계도 이렇게 완전치는 않다. 중국 왕조의 딜레마에 비해서는 더 능률적이고 피해가 적긴 하다. 현재 쿠데타 위험성이 없고 강군 유지에 많은 어려움을 겪지 않는 국가들도 혹시 모르는 상황에 대비하는 것이 좋다. 수억 년이 조율된 우리의 면역체계도 완전하지 않기 때문이다.

역사적 사실은 물론 흡연이나 진화의 경우처럼 수십만 개의 예를 분석할 수 있는 사치를 누릴 수가 없다. 우선 복잡한 역사적인 현상을 간단명료한, 의미 있는 명제로 한정해야 하고 적어도 5~6개의 분석할 수 있는 예가 있어야 한다. 이것은 쉽지 않은 과제이기에 통계역사학이란 것이 가능한가 라는 질문이 나온다. 대답은 '가능하지 않다'이다. 여기서 통계역사학이란 용어를 쓴 것은 가능한 분석할 수 있는 예를 많이 만들어 가능한 통계적인 분석을 하자는 것이지 통계학이라는 것은 아니다.

컴퓨터 게임에 〈문명(Civilization)〉이라는 게임이 있다. 꽤 오래전부터 나온 게임인데 예상을 뒤엎고 아직까지 상당히 많은 애호가들이 있다. 예상을 뒤엎은 것은 이 게임이 역사 시뮬레이션이기 때문이다. 게임은 주로 젊은 사람들 몫인데 역사에 관심을 가진 젊은 사람이 그렇게 많은 줄 몰랐다. 어쩌면 이 책도 젊은 사람들이 읽을지도 모른다는 희망이 생긴다. 내용은 서기 4000년 전에 작은 무리에서 시작하여 나라를 세우고 제국을 건설하고 세계를 지배하는 데까지에 이르는 '문명' 세계 건설에 있다. 플레이어는 도시 건설, 정부 형태, 무역, 군사 등 다양한 방면에 적절히 자원을 분배하여 문명에 이를 때까지 집단을, 국가를 이끌어 나가야 한다. 프로그램에는 물론 인간의 역사적 경험에서 나오는 발전의 법칙이나 논리 전개과정이 들어가 있다. 역사가 어떻게 전개된다 라는 큰 틀이 전제되지 않고서는 프로그램이 개발되지 않았을 것이다. 이 프로그램은 이미 역사의 교훈을 알고 있는 것이다. 역사와 통계의 관계를 더 알기 위하여 컴퓨터 프로그램인 바둑 인공지능에 대해 살펴보자.

역사와 인공지능

　미국의 전 국무장관 키신저는 《중국에 관하여》라는 책에서 서구의 지적 게임은 체스이고 이에 상응하는 중국의 게임은 바둑이라고 소개하고 중국은 국제관계를 바둑의 전략적 관점에서 본다고 했다. 흥미 있는 지적이다. 키신저는 학자 출신으로 이론과 실전을 겸한 국제정치의 대가이다. 모택동이 장개석 군대와 싸우며 독창적인 게릴라 전법을 쓴 것을 연구했을 터이고 중국 통일 후 티베트에 침입하여 중국에 전략적으로 중요한 서쪽 변방을 어떻게 다루는가를 보았을 것이고 무엇보다도 한국동란 때 중국이 미국을 어떻게 이해하고 자신의 안보에 어떤 결단을 내리는가를 잘 지켜보았을 것이다. 또 공산화가 끝난 월맹과 그때까지 월맹을 도와주던 중국이 미국의 관점으로는 무리하게 전쟁을 벌이고 갑자기 승리를 선언하고 군대를 철수한 배경이 궁금하였을 것이다.

중국과 수교하는 과정에서 실무책임자로 모택동, 주은래와 거래를 한 경험은 키신저를 중국외교 나아가 중국 전문가로 만들었다. '힘의 정치학(Real Politics)' 계열의 학자에서 관료로 변신한 키신저는 중국 지도자들이 장구한 중국 역사를 항상 의식하고 역사적 경험을 참조하는 것을 보았다. 한비자, 상앙 등 법가사상가들, 손자 오자 등 병법가들의 전통을 이은 중국의 국제관계도 본질적으로는 힘의 정치학과 상통하기는 하나 서구의 그것과는 다른 것이 있었다. 오랫동안 주변 유목민족과의 항쟁이 중국의 국제관계를 보는 틀을 형성시켰다. 중국과 서구의 다른 관점은 500년 서구 외교학 전문가인 키신저로 하여금 체스와 바둑의 다른 점을 상기시켰다. 참고로 미국뿐 아니라 어디서나 학자이건 실제로 외교업무를 담당하는 외교관이건 거의 모두가 힘의 정치학을 수용한다.

힘의 정치학을 굳이 여기서 거론하는 것은 한국의 진보정권은 특이하게도 현실 정치에서 쓰이지 않는 이상주의(Idealism)적 입장을 취해서이다. 한국은 그동안 끊어졌던 조선조 성리학적 문관주의의 전통을 잇는 이상주의 즉 명분론을 되살렸다. 국제관계에 있어 이상주의란 국내의 정책 (특히 이념적 정책) 에 맞추어 국제관계 정책을 결정하는 것을 말한다. 특이하다는 것은 일단 현실정치에 발을 들여 놓으면 이상주의가 약해지고 힘의 정치에 따라가기 마련인데 한국의 진보정권은 중국과 특히 북한과의 관계에서 일관되게 이상주의적 입장이 된다.

바둑의 어떤 전략적 관점이 중국과 관련해 키신저의 관심을 끌었을까? 바둑은 종국에 누가 집이 더 많은가로 승부를 가른다. 그렇다면 단순한 집짓기 경쟁으로 끝날 것 같은데 그렇지가 않다. 상대가 큰집을 짓는 것을 방해하다보면 싸움이 벌어지기 때문에 집짓기 기술보다도 일단 싸움하는 기술의 연마가 필요하다. 바둑실력향상에 가장 효과적인 방법으로 알려진 묘수풀이는 주로 상대의 돌을 잡거나 내 돌이 잡히지 않는 수를 찾는 훈련이다. 상대의 돌을 잡는 것이 집짓기에도 효과적이다. 잡은 상대의 돌들은 곱으로 내 집으로 계산되기 때문이다. 체스가 상대의 왕을 잡는 것으로 게임의 목표를 삼는 것에 비해 바둑은 종국에 집수가 계산되기 때문에 정교한 계산능력이 필요하다. 체스가 왕이 잡히면 남은 병력이 얼마나 되든지 끝나지만 바둑은 개개의 병력이 똑같은 가치를 지니고 개개의 가치를 최대로 올리는 방식으로 운영되기 때문에 전략이 더 복잡하다.

체스도 사람이 하는 게임이라 사람의 지적 능력을 최대로 써야 하는 것이니 단순히 바둑이 더 어려운 게임이라고 단정하는 것은 옳지 않다. 단지 전략적인 측면에서 말한다면, 체스가 상대의 왕을 쫓는 단선적인 전략이 요구된다면 바둑은 모든 수마다 궁극적으로 몇 집이 유리하고 불리한가를 따져서 묻는 복합적인 전략이 요구된다. 체스에서는 전쟁에 나간 장수가 개개의 전투에서 이기는 것이 목표인 (전쟁은 한 번의 전투로 끝날 수도 있다) 단순한 군사게임이라면 바둑은 각개의 전투의 합계가 궁극적으로 상대보다 얼마나 득을 보았는가를 따져 결정되는 군사 + 정치 + 경제 게임이다. 바둑에서는 전투에서 지고 전쟁에서 이길 수 있다. 사석작전은 부분전투에서 일부러 져주고는 전체적으로 득을 보는 작전이다. 체스에서 졸을 미끼로 더 중요한 기물을 취하는 것보다 더 차원이 높은 전략적 사고가 요구된다.

키신저의 관심을 끌었음에 틀림없는 1979년 베트남과의 전쟁에서 중국은 베트남의 캄보디아 침공을 구실로 베트남 북부의 중국과의 접경지대에서 전방위로 공세를 취하였다. 국경지대 몇 개의 도시를 점령한 중국은 갑자기 승리를 선언하고 군대를 철수시켰다. 이 전쟁은 양쪽이 자신의 승리를 선언한 가운데 끝났다. 베트남이 1989년 까지 캄보디아에 남아있었던 것을 감안하면 애초에 캄보디아 문제로 시작한 이 전쟁에서 중국이 승리를 선언한 것은 수긍이 가지 않는다. 왜 전쟁을 벌이고 왜 그렇게 끝냈는가?

중국의 입장에서 베트남 전쟁은 멀리 앞을 내다보고 궁국적인 정치적 목적을 달성하기 위한, 중국의 전략적 목표를 달성하기 위한 전쟁이다. 중국은 역사적으로 베트남과 오랜 침략과 동화의 역사를 가지고 있다. 통일된 베트남은 단순한 사회주의 형제국가가 아니다. 이 전쟁은 오랜 숙적 베트남과 소련에게 중국이 주는 메시지가 들어있다. 사회주의 종주국 소련과는 베트남이 중국보다 더 각별한 관계를 유지하고 있는데 이미 소련과 경쟁관계에 들어간 중국으로서는 베트남과 소련에 대해서 메시지를 날린 것이다. 요는 중국은 바둑처럼 주변국가 간에 일어날 수 있는 가능한 여러 가지 수를 읽고 중국-베트남 전쟁이라는 고도로 계산된 정치적 착점을 한 것이다.

체스는 평면 위에서 기물들이 미끄러지듯 왔다 갔다 하며 전투가 전개되기 때문에 개개의 기물은 어디서 어떤 기물들이 오는가를 볼 수 있다. 전형적인 2차원 세계이다. 바둑은 개개의 기물들이 앞으로 올 기물들을 예측할 수 없다. 모든 착점은 기존의 기물들에게는 느닷없이 하늘에서 떨어지는 것으로 보인다. 바둑은 기존의 기물들에게는 3차원세계이다. 바둑을 두는 당사자들은 3차원을 보며 운영한다. 바둑에 3차원의 전략이 요구되는 까닭이다.

16세기말 7년에 걸친 임진왜란은 당시 군사적으로나 경제적으로 문화적으로 아직 세계의 정상을 지키고 있던 동아시아의 정치적 지각을 바꾸어놓았다. 임진왜란까지 일본은 100년에 걸친 내전을 통하여 체스전에 달인이 되었다. 일본의 강력한 군사력을 가로 막을 나라가 없어보였다. 조선은 일본을 상대로 체스를 둘 실력이 되지 않았다. 그러나 초창기 일본의 일방적인 승리에도 불구하고 임진왜란의 상황은 간단한 체스판이 아님이 판명되었다. 어느덧 전쟁은 바둑판으로 바뀌었다. 일본은 체스처럼 왕을 잡으면 끝나는 게임으로 보았으나 뜻하지 않게 조선왕이 서울을 버리고 도망감으로써 목표감을 상실했다. 일본 내 영토 따먹기 게임에서 적장 다이묘는 도망가지 않는다. 아니 도망갈 곳이 없다. 자신의 영토를 잃으면 그것으로 끝난다. 외국이나 다름없는 이웃 번으로 도망가서 망명정부를 세우는 개념이 없다.

일본이 전쟁을 조선왕을 잡는 체스게임으로 생각한 것은 일본군의 최초 3개의 선발대가 약간 다른 루트이기는 하지만 최종 목표는 모두 서울인 것을 보면 알 수 있다. 일본은 뜻하지 않았던 수군의 패배로 전쟁의 전체적 구상이 어긋나기 시작했다. 일본의 체스게임에서는 일부가 전라도로 가서 곡창지대를 점령하고 혹시 있을지 모를 조선 수군을 육지에서 제압하는 것은 애당초 계획에 없었다. 이는 물론 결과론적인 평가이기는 하지만, 바둑식 전쟁이라면 전체와 연결된 독립적 국지전 형성이라는 전략을 충분히 생각할 수 있다.

일본의 더 큰 계산착오 또는 미처 생각지 못했던 차원이 있었으니 조선의 농민들이었다. 일본의 농민들은 전쟁의 전리품이다. 승자는 패자의 농민을 거두어 자신의 재산증식의 도구로 삼는다. 농민들도 병졸로 들어가지 않는 한 다이묘를 위해 싸우지 않는다. 누가 주인이 되든 농민에게는 차이가 없다. 조선의 농민은 처음에는 전쟁에 끼어들 계제가 없었다. 훈련도 없었고 장비도 없는 농민은 의미 있는 군사력이 되지 못했다. 전쟁 초 처음으로 대규모로 편성된 조선의 농민군은 용인전투에서 처절한 패배를 맛본다. 서울이 왜병에 떨어지기 전에 아마 주로 노비들에 의해서였겠지만 궁궐과 관공서가 불탔다. 왜병에 자진해서 협조하는 백성들도 많이 나타났다. 함경도에서 병력을 모으고 인심을 수습할 목적으로 파견한 임해군과 순화군은 하도 행패가 심하여 백성들이 잡아 왜병에게 넘겨버렸다.

그러나 전쟁이 계속될수록 조선의 농민은 전투원으로 바뀌어갔으며 곳곳에서 양반들과 더불어 게릴라전을 전개하여 왜병들을 괴롭혔다. 월남전에서 미군이 베트콩에 고전하듯 왜군은 정규군이 아닌 조선의 농민병과도 싸워야 했다. 특히 장수들의 입장에서는 전쟁에 이기면 자신의 영지가 되는 곳에서 훗날 자신을 위해서 농사를 짓고 세금을 바쳐야하는 농민들과 싸워야하는 곤혹한 처지가 되었다. 체스판을 기대했던 일본에게 조선정벌은 죽었던 돌들이 살아나고, 죽는 돌을 이용하여 더 큰 이득을 볼 수도 있는, 뭐가 뭔지 알 수 없는 복잡한 바둑판으로 변해버렸다. 참고로 일본에서 바둑을 정부차원에서 장려하여 바둑을 업으로 삼는 전문기사가 나오고 동양 삼국 중 가장 뛰어난 실력을 자랑하게된 것은 바로 임란 후 정권을 잡은 도쿠가와 막부가 바둑 전문가들을 양성하면서부터다.

명나라는 삼국 중 가장 전략적으로 움직였다. 일본의 조선 침입을 보고 명은 일본군이 요동으로 들어오기 전 조선에서 막고자하는 전략적 선택을 하였다. 6·25 때 방금 중국을 통일한 모택동 정부가 세계최강 미국과 한국에서 한판 붙는 것을 택한 것과 같은 맥락이다. 명군은 평양을 탈환하기는 하였으나 그후 서울 탈환 직전 한 번의 큰 패배를 겪은 후는 결코 힘을 다하여 싸우지 않았다. 일본군 격퇴와 자신의 병력 손실을 항상 저울질하며 싸움과 휴전을 적당히 조절했다. 6·25 때 중공군은 막강한 미군을 상대로 온힘을 다해 싸웠으나 (아마 그렇게 할 수밖에 없었을 것이다) 임진·정유 양난에서 명군은 철저히 자신의 이속을 따져 왜병과 협상하고 조선군을 통제하며 전쟁을 이끌어갔다. 바둑에 비교하면 임진왜란에서 명군이 가장 바둑을 능란하게 두었다 하겠다. 실제로 아마 명나라가 당시 삼국 중 바둑이 가장 강했을 것이다. 그러나 명나라도 '항왜원조(抗倭援朝)' 전쟁에 힘을 너무 써 만주족을 견제하는 데 실패하고 결국은 만주족에 망하고 말았다. 개인이건 나라건 역사나 운명이나 신이나 인공지능을 상대하여 바둑을 두기에는 너무 힘들고 벅차다.

　　조선은 전략이라고 이름 붙이기조차 민망할 정도로 전쟁실력이 없었다. 바둑이고 체스고 간에 어느 정도 실력이 있어야 붙어보고 전략이고 전술이고 효과를 볼 텐데 너무 차이가 났다. 조선을 도와주러 온 명나라 장수들은 한결같이 조선의 군사력에 혀를 찼다. "아니 어떻게 이렇게까지 군사력이 떨어지도록 ……" 운운하는 기록이 여럿 보인다. 임란 때 조선은 전쟁 상대가 오는 것도 보지 못했으니 체스 같은 2차원적인 전쟁도 치를 수가 없었다. 실력은 별도로 치더라도 전략적으로만 본다면, 명은 2.5차원에서, 일본은 2차원에서, 조선은 1.5차원에서 전쟁을 치렀다. 키신저가 중국의 전략적 사고에 감탄한 것도 이해가 간다. 임란에서 일본이 그러했듯 미국은 베트남에서 2차원적 전쟁을 치루다 2.5차원의 월맹에 패배했다. 조선의 농민처럼 베트콩과의 싸움은 미국이 생각 못한 다른 차원의 전쟁이었다.

　　바둑이 얼마나 복잡한 게임이고 어떤 대단한 전략이 필요하기에 이 야단인가. 바둑과 체스를 경우의 수로 비교해보자. 바둑판은 19 x 19 이고 체스는 8 x 8 이라 얼핏 보기에도 바둑판의 경우의 수가 많아 보인다. 얼마나 많을까? 체스는 전문가들의 견해가 통상 35개의 출발수가 게임 전개에 따라 약 80번 정도 계속된다고 본다. 이에 따르면 경우의 수는 35의 80승, 이는 10의 123승 정도 된다. 1에 123개의 제로가 붙는 숫자이다. 관측 가능한 우주의 원자수가 10의 80승이라 알려졌으니 얼마나 큰지 짐작하기가 어렵다. 얼핏 보면 123 대 80일 것 같지만 10의 123승은 10의 80승보다 10의 43승배이다.

바둑은 앞에서 본 체스의 방법처럼 계산하면 대략 250개의 출발점에서 150번 정도 계속된다고 본다. 250의 150승, 즉 10의 360승이 된다. 또는 아주 간단하게, 전체의 가능한 수를 전부 계산하면 361!이 되어 10의 768승이 된다. '천문학'적이라는 형용사를 넘어가는 숫자이다. 인간에게는 이렇게 끔찍한 경우의 수를 상상하기 어려운데 컴퓨터는 어떠할까? 컴퓨터도 이 무시무시한 숫자를 다룰 수가 없었다. 적어도 '알파고'라는 인공지능이 나오기 까지는. 알파고라는 새로운 인공지능은 그때까지의 프로그램과는 달리 인간의 인식방법을 바탕으로 문제를 해결했다.

IBM은 1980년대 중반 '딥블루(Deep Blue)'라는 체스 프로그램 개발을 시작했다. 체스가 가지는 논리적 특성은 인공지능 개발에 좋은 목표가 되었다. 그러나 개발에 참여한 프로그래머들은 (또는 일반적으로 인간은) 인간자신의 능력을 간과했다. 인간은 경험을 통해 직관을 키우고 무한대의 경우를 대처하여 해결을 모색하는 나름대로 체계화된 지적 능력이 있었다. 그러나 이러한 인간의 능력은 너무 복잡했고 고도화되어 컴퓨터에 적용시키기가 어려웠다. 불과 3- 4년이면 끝낼 수가 있었다고 생각한 이 프로젝트는 10년을 넘게 끌었다. 마침내 1997년 당시 세계최강 러시아선수를 3승 2패 1무로 이기기는 하였지만 엄밀히 말해 딥블루는 IBM이 원했던 인공지능이 아니었다.

딥블루의 승리는 IBM이 목표한 인공지능의 승리라기보다는 예상보다도 빠르게 개발된 중앙처리장치, 디스크, 데이터 연결시스템 등 하드웨어와 데이터 축적, 관리, 검색기능 등의 향상 때문이다. 인공지능의 원래 목표인 인간처럼 생각하는 능력보다는 수백만의 체스 게임을 저장하고 1초당 2억 정도의 연산가능을 바탕으로 순간적으로 해당 게임과 비슷한 것을 검색하는 능력을 바탕으로 인간을 이긴 것이다. IBM이 그후 서둘러 딥블루 프로젝트를 해체한 것이 저간의 상황을 설명한다. 딥블루를 바둑에 적용하면 인간을 이길 수 없다. 바둑은 경우의 수가 너무 많기 때문이다. 딥블루 승리 이후에도 바둑 인공지능 프로그램들은 인간과 많은 격차를 보였다.

데미스 하사비스가 창설한 딥마인드(딥블루에서 영감을 얻었을 것이 분명한 이름이다)라는 회사는 인공지능 알파고를 만들어 2016년, 딥블루 이후 거의 20년 만에 마침내 인간을 이겼다. 당시 많은 바둑인들은 컴퓨터가 앞으로 수십 년 후까지는, 어쩌면 영원히, 인간을 이기지 못할 것으로 생각했다. 딥마인드는 인간의 인식체계를 배웠다. 인공지능의 성공은 컴퓨터의 성공이라기보다는 컴퓨터를 이용할 수 있는 인간의 승리로 보아야 한다.

알파고는 처음에 사람의 게임을 저장 학습하고 다음 수를 사람의 관점에서 예측하는 것으로 시작하여 자신의 전략을 개발하기 시작했다. 알파고의 알고리즘은 크게 두 가지로 알려졌다. 첫째 몬테카를로로 알려진 검색체계는 무작위로 수를 찾아 거기서부터 반복적 모의실험을 통해 승패를 점친다. 둘째 인간의 신경조직을 본 따 만든 수십 개의 층층조직으로 연결된 네트워크인 '정책망'으로 다음수를 찾아내고 '가치망'을 통해 승패를 예측한다. 둘을 합쳐 말하면 인간처럼 경험으로 쌓은 직관을 통해 선발된 초기의 수들 중에 무작위로 (아마도 확률치에 근거하여) 시뮬레이션을 거쳐 해당수의 확률적인 승패를 예측한다.

　인공지능이 새롭게 바둑을 배운 경로는 우선 인간처럼 바둑을 배우는 것이 시작이다. 처음에는 인간이 둔 바둑을 수십만 판 놓아보고 바둑의 룰을 익히고 인간의 감각을 배운다. 뒤의 약간 개량된 인공지능(AlphaGo Zero 2017)에서는 스스로 놓아보며 룰을 익히고 스스로의 감각을 키웠다. 제로 버젼은 사흘 동안 5백만 번의 자신과의 스파링을 통해 실력을 갖추고 이세돌을 이긴 알파고를 이겼다한다. 이렇게 인간적 감각을 지닌 인공지능은 선택된 수들을 시뮬레이션을 통해 승패의 확률을 통계적으로 계산하여 다음수를 찾아낸다. 모든 수들은 좋고 나쁜 수가 아닌 확률적으로 높고 낮은 수치로 감정된다. 종반 끝내기에서 명백히 큰집 끝내기를 놓아두고 작은 끝내기를 하는 것은 승리의 확률로 따라가기 때문이다.

　인공지능이 바둑에서 이긴 것이 역사의 이해와 무슨 상관이 있다는 것인가. 상관이 있다. 인공지능을 개발하면서 우리는 인간이 어떻게 사고하는가에 대해서 배웠다. 이 사고는 우리가 역사를 이해하는 사고이기도 하다. 인간은 컴퓨터를 가르치며 우리 자신을 더 잘 알게 되었다. 외국어를 배우며 모국어에 대해 다시 생각해보듯 컴퓨터에게 인간 언어를 가르치며 우리가 언어를 어떤 방식으로 이해하고, 어떻게 다른 사람들이 이해하기를 기대하는 하는가를 배웠다.

예를 들면 한국어 표현 중 "문 닫고 나가라." 같은 간단하고 한국인이면 누구나 이해하는 표현을 컴퓨터는 이해 못한다. "정의로운 사회를 구현하겠습니다.", "반드시 일본을 이기고야 말겠습니다." 등과 같은 정치적 구호는 컴퓨터로서는 완전 이해 불능이다. '반드시'는 무엇이고 '정의'는 어떻게 정의해야 하며 어떤 게 '정의로운 사회'이고 '구현'은 무엇이고 어떻게 하는 것이 '이기는' 것인가. 어느 하나 이해가 안 된다. 사람들에게 컴맹이 있듯 컴퓨터는 본질적으로 인맹(人盲)이다. 인간의 추상적 언어를 컴퓨터는 규정지을 수 없고, 주어 목적어 파악, 동사에 따라오는 끝도 없는 외연확장을 이해할 수 없기 때문이다.

언어만이 아니고 인공지능을 가르치며 사람은 자신이 사물 전반을 어떻게 이해하나를 배웠다. 역사에 대한 이해도 인간의 지각능력이 사물을 이해하는 것 중 하나이다. 인간은 사물을 배울 때 일단 많은 경험을 통해 데이터를 축적한 후 거기에서 전체를 파악하는 능력을 갖추게 된다. 이렇게 오랫동안 축적된 정보가 지식화되고 서로 연결점을 찾아서 형성된 것을 우리는 직관이라 한다. 인간의 두뇌에 있는 수억 개의 뉴런(newron)은 이러한 직관형성을 위하여 진화되어 왔다.

사냥이 양식획득에 큰 수단이던 시절 인간은 짐승을 보면 우선 잡을 수 있는 대상인가 아니면 얼른 달아나야 할 것인가부터 결정해야 했다. 이 중요한 순간 IBM의 딥블루처럼 모든 데이터를 처음부터 검색하는 방식은 인간은 채택할 수 없다. 그동안 축적해온 경험을 바탕으로 순간적인 결정을 내려야한다. 컴퓨터는 이 직관을 어떻게 기르는가를 사람에게 배우고 시작했다. 바둑의 인공지능은 처음에는 많은 사람의 기보를 공부하여 배웠고 곧 스스로 바둑을 놓아보며 이 직관을 배웠다.

성리학에서 말하는 "활연관통(豁然貫通)"은 이 직관의 완성을 말한다. 정(程)선생과 주(朱)선생의 주장은 오늘 한 가지 궁구하고 또 내일 한 가지 깊이 생각하여 사물에 대해 오랜 시간 많은 학습이 쌓이면 깨달음이 마치 물이 중심에 천천히 흡족하게 젖어들 듯 관통하는 경지에 이르게 된다는 것이다. 물론 이는 불가의 돈오점수(頓悟漸修) 같은 데서 따온 것이기는 하나 이 개념형성에 기여한 성리학의 공헌도 무시할 수 없다. 더 중요한 것은 조선에서는 우리 조상들이 성리학을 통하여 이 개념을 배우고 생각하고 실천했다는 사실이다.

그러나 오늘날 우리는 직관에만 의존하지 않는다. 좀 더 정확한 분석과 필요하면 통계를 사용하여 직관을 넘어서서 사물에 대한 이해를 높이고 있다. 외국어를 배울 때 우리는 문법을 배워 체계적인 학습을 시도한다. 전에는 한문을 배우면서 무작정 외워서 그 경험으로 생긴 직관으로 문법체계를 파악했다. 우리 조상들은 이를 "문리(文理)가 났다."라고 표현했다. 현재 우리는 체계적인 문법을 배우며 외국어를 배운다. 하나 여기에는 아이러니가 있다. 체계적인 문법을 배우는 것은 좋은데 여기에 너무 치중하다 보면 더 중요한 '경험을 통한 직관형성'을 소홀히 하기 쉽다. 문법을 아무리 배워도 실질적인 대화나 문장을 반복해 습득하지 않으면 언어를 익힐 수 없다.

지금은 많이 나아졌지만 (필자를 포함하여) 전세대 한국인들은 십 년 이상을 영어를 공부하고도 간단한 회화하나 하지 못하고 쩔쩔매는 사람이 수두룩했다. 한문을 무조건 암기하여 공부하며 직관이 생겨 '원서'를 줄줄 읽고 써내려간 조상들이 보았다면 정말 한심하게 여겼을 것이다. 잠깐만. 무슨 이야기인가. 현재의 '체계적'인 학습이 역작용을 내어 직관에만 의존하던 옛방법만 못한 것을 사례로 삼은 것은 무엇을 이야기 하고자 하는 것인가. '경험을 통한 직관'으로 돌아가자는 이야기인가. 아니다. 전통적인 직관형성과정을 무시하지 말라는 경고 정도로 받아들이면 된다. 경험을 통한 직관함양에 게을리하지 말고 여기에 체계적 학습 또는 과학적 이해를 덧붙이자는 것이다.

앞에서 언급한 멘델의 완두콩이나 색맹의 유전인자는 체계적 과학적 파악의 좋은 예이다. 우리는 직관만으로 유전의 정확한 메카니즘을 알 수가 없다. 또 색맹의 메카니즘은 알았지만 사람의 지능형성은 복잡한 유전요소와 환경의 작용으로 아직 그 메카니즘을 파악하지 못하고 있다. 우리의 직관으로 알지 못하는 부분을 알게 되었다. 또 그것 못지않게 중요한 것은 무엇을 알고 무엇을 모르는가를 알게 되었다. 공자는 "아는 것을 안다고 하고 모르는 것을 모른다고 하는 것, 이것이 아는 것이다."라는 이 경우에 대한 적절한 멘트를 남겼다. 역사에 대한 이해도 마찬가지이다. 여태껏은 직관에 의해서만 역사를 이해하고 역사에서 교훈을 얻었다. 이제는 역사적 사실을 전체적인 흐름에서 보는 것이, 어떤 것이 어느 만큼 주제와 관련성을 가졌는가를 따져보는 것이 좀 더 수월해졌고, 여기에 논리와 통계의 도움을 받아 역사를 좀 더 이해할 수 있게 되었다.

바둑을 통한 인공지능의 발달은 직관 이후 앞으로 일어날 일을 예측하는 것으로 한발 더 앞으로 나아가는 것을 의미한다. 인공지능이 바둑에서 인간을 이기는 것은 앞날의 예측을 인간보다 더 잘하기 때문이다. 그 경우의 수가 너무 많기 때문에 인간은 감당 못하지만 인공지능은 수많은 추론을 통계적으로 처리하여 승리에 가까운 수를 찾아낸다. 인공지능은 우선 직관형성까지는 인간을 배웠지만 그후 앞날 예측에 발군의 실력을 드러냈다.

이제는 인간이 배울 차례이다. 역사의 예측에 있어서는 바둑처럼 논리적인 추론으로 수많은 수를 통계적으로 처리할 수는 없지만 과거로 되돌아가 가급적 많은 예를 찾아내어 그 예들의 연관성을 고려하여 통계적인 방법을 써 보는 것이다. 어떻게 보면 직관을 얻은 방법을 다시 쓰는 것이지만 직관을 얻는데 도움을 준 방법을 이번에는 절실한 현실에서 구체적이고 합리적인 방법으로 미래를 예측하는 것이다. 좀 있다가 나올 〈예 1〉에서 한번 연습해보자. 외적의 침입이라는 국가의 존망이 걸린 상황에서 그동안 경험으로 얻은 직관에 다시 한번 역사상의 사례를 점검해보고 분석해보고 통계적인 결론을 도출해 보는 것이다.

바둑에서 가장 고수는 미래의 예측에 관심이 있고 이를 규명하고 싶은 욕심에 수를 가장 많이 보는 선수들이다. 즉 '수읽기'를 가장 잘하는 사람이다. 미래를 읽는 것이 수읽기이다. 한국의 이창호나 일본에 건너가 당대 바둑수준이 세계최고인 일본에서 최고수가 된 조치훈 등은 장고를 많이 한다. 장고파들이 속기를 못 둘 것이라는 것은 속단이다. 고수들은 다 속기에 능하다. 이창호나 조치훈은 속기전에서도 많이 우승했다. 직관 즉 바둑에서 말하는 '감각' 또는 '일감'은 장고파이고 속기파이고 큰 차이가 없다. 최상층에서 승부를 겨루는 기사들은 감각의 차이가 크게 나타나 보이지는 않는다. 감각이 비슷하다고 본다면 높은 수준에서 승부를 결정짓는 것은 수읽기가 된다. 그들이 장고하는 것은 수읽기를 남보다 더 많이 할 수 있기 때문이다. 잘하기 때문에 장고 하는 것일 뿐이다.

예외도 있다. 감각이 좋은데도 성격상 또는 건강 등 여러 이유로 수읽기를 오래 못하는 사람들이 있다. 집중력이 떨어져 오래 수읽기를 하기가 어렵다. 속기에 능한 기사들은 감각이 그들만 못한 또래들에게는 쉽게 이길 수 있다. 그러나 최상층 기사에게는 좀 양보해서 감각이 비슷하다고 하더라도 수읽기에 밀려 거의 이길 수 없다. 바둑에서 가장 어려운 기술로 치는 '형세판단'도 감각으로 하는 것이 아니고 수읽기로 한다. 합리적인 추론으로 앞날을 예측하고 계산을 해야 하는 형세판단에서 인공지능이 인간보다 월등하게 뛰어난 것은 쉽게 이해된다. 보통 우리가 쓰는 일반 보급용 인공지능도 약간의 시간을 주면(10초 이내) 수십만 회로의 수읽기를 한다고 알려져 있다. 인간에 비해 엄청난 수읽기이다.

바둑에 대한 정의(定義)에 대해서는 여러 가지 시도가 있었다. 오청원이 말한 "바둑은 조화이다."가 그중 가장 점수를 높이 받았다. 조화는 바둑에서 그동안 영원한 화두로 여겨졌던 세력과 실리의 이원성을 융합시키는 철학적인 뉘앙스를 풍겨 바둑팬들에게 가장 사랑받는 바둑의 정의였다. 그러나 인공지능은 이 조화에 관심이 없다. 인간이 애써 얻은 성찰을 아예 무시하지 않나 하는 서운한 생각까지 든다. 인공지능은 한 수마다 추론적 통계로 승률을 낼 뿐이다. 조화라는 인간에게 멋있고 철학적인 단어는 인공지능에게 그저 주제와는 무관한 상관없는 개념이 되어버렸다. 인공지능이 통계적으로 추론하는 것이 인간에게는 수읽기이다. 이제 수읽기라는 맥빠진 단어가 바둑을 가장 잘 정의하는 단어가 되었다.

중국에서 집권층에 보이는 이념과 전문성과의 대립 즉 홍전(紅專)의 대립은 계속되는 갈등인데 사실은 등소평이 일찍이 해답을 내놓았다. 1962년 중국공산당 청년단 회의에서 등소평이 농업정책에 대하여 강론하던 중 자신의 고향인 사천지역의 속담을 원용했다고 알려졌다. "흰 고양이든 검은 고양이이든 쥐 잘잡는 고양이가 좋은 고양이이다."라고 하여 유명해졌다. 인공지능에게는 세력이고 실리고 간에 이기는 확률이 높은 수가 좋은 수이고 인간에게는 모양이 좋던 나쁘던 간에 수읽기를 해보아 가장 잘 이길 것같은 수가 좋은 수이다.

전성기 이창호는 중반 이후 자주 반집만 우세해 보여도 쉽게 대마를 잡고 이길 수 있는 길을 놓아두고 끝내기로 들어갔다. 형세판단 끝내기 등은 수읽기이기 때문에 이창호의 작전은 수읽기가 뛰어나지 않으면 할 수 없는 작전이다. 아마 타고난 겸손한 성격으로 상대의 대마를 잡는 게 미안해서였을지는 모르겠다. 이창호의 착한 의도와는 다르게 처음에는 의아해하던 동료기사들은 나중에 이창호의 끝내기/수읽기 능력을 확인하고는 공포감에 휩싸였다. 이창호의 유명한 '계산서'가 나온 상황은 어떤 의미에서는 대마가 때려 잡히는 것보다 더 무서울 수 있다. 죽으나 사나 한번 붙어보고 속 시원히 끝내고 싶은 상대를 이창호는 미안한 표정을 지으며 상대의 입을 막고 조용히 숨통을 조여 갔다. 인공지능 수법이다.

그러나 인공지능에 지나치게 겁먹을 필요는 없다. 인공지능이 인간과 세계를 지배하는 스토리는 공상과학 소설과 영화에서 인기 있는 장르이지만 아직 현실에서는 멀어도 한참 멀었다. 바둑에서는 막강한 인공지능의 위용을 실감했지만 많은 부분에서 아직 갈 길이 멀다. 현재 이 세상에는 인공지능의 세계지배 말고도 걱정거리가 넘치게 많다. 바둑에서 보이는 인공지능은 인간의 직관을 배우고 거기서부터 출발하여 많은 사례를 통계적으로 처리하여 미래를 예측했을 뿐이다. 상황에 맞는 하나의 논리를 적용하여 빨리 정확히 문제를 풀었을 뿐이다. 인간에게 배운 직관도 인간을 능가하지는 못한다.

바둑의 인공지능은 가끔 인간이라면 찾아낼 수있는 묘수를 발견하지 못한다. 또 인간이라면 쉽게 처리하는 '축'에서 미로에 빠질 때가 있다. '축'은 몇십 수까지 같은 패턴이 계속 이어지는 바둑의 특별한 형태이다. 사람에게는 일단 그 개념을 이해하면 몇십 수 뒤까지 '필연적인 수순'으로 쉽게 응용할 수 있는 형태이다. 하지만 매수를 처음부터 원점에 돌아가서 다시 생각하는 인공지능에게는 몇십 수 이후는 몇십 계단의 복잡다단한 가지치기를 다 생각해보아야 하는 부담이 따른다. 인간에게는 '필연적' 같은 식으로 단순화된 여러 '사로(思路) 체계'가 한데 모여 직관을 형성하는데 중요한 역할을 한다.

비슷한 개념으로 '기세(氣勢)'가 있다. 서양인들에게 바둑을 설명할 때 힘든 것 중 하나가 이 기세이다. 기세는 동아시아인들이 바둑을 배울 때 자연스럽게 받아들이는 개념이다. 그러나 바둑을 '계산'으로 알고 배운 서양인들은 '기세'가 바둑과 무슨 상관인가 고개를 갸웃거린다. 우선 적당한 번역어조차 마땅치 않다. 바둑뿐 아니라 기세라는 단어가 가지고 있는 문화적인 개념과 똑같은 것이 서양에 없는 것 같다. 인공지능은 물론 이 '기세'를 모른다. 전혀 관심이 없다. 우리가 인공지능을 배우는 것은 좋지만 이 '기세'를 무시할 수는 없다. 인간의 의식구조는 복잡한 정보에 잔가지를 쳐버리고 어떤 목적과 틀에 맞추어 직관을 형성하기 때문에 '기세'같은 회로(回路)가 필요하다. 다만 인공지능에게 배울 것은 직관에서 출발하되 그 직관이 과연 옳은지는 정보를 철저히 분석하고 교차 검증하여 필요하다면 통계적인 처리를 하고 결론을 내려야 한다는 점이다.

앞서 사냥하는 인간의 예에서 짐승을 보면 우선 얼른 달아나야 한다는 것을 결정하는 예를 들었다. 이러한 절대절명의 순간을 위해

형성된 직관을 언제나 그대로 쓸 필요는 없다. 약간의 여유가 있다면 주변을 살펴보아 튼튼한 나뭇가지가 있다면 그것을 무기삼아 대항할 수 있는지 생각해볼 수도 있고, 당장은 안보이지만 주변에 있는 동료를 부를 수도 있고, 그 짐승이 진짜 자신을 해치려는지를 우선 알아볼 수도 있고, 그 짐승은 인간이 괴성을 지르면 쉽게 물러난다는 정보를 가지고 한번 소리를 질러볼 수도 있다.

사람의 판단력은 주로 직관에 의존하지만 직관은 불완전하고 항상 일관성이 있지 않고 감정적이다. 사람은 모든 것을 꼼꼼히 챙기고 비교 검토하여 사물을 판단하지 않는다. 모든 사람이 어떤 일을 결정하는데 장점 단점의 대차대조표를 작성하여 비교하지 않는다. 판단력은 대뇌의 전두엽 소관 사항이다. 집행기능(Executive Function)이라고 하는 전두엽의 기능에서 판단력이 나온다. 놀랍게도 감정을 표출하는 기능도 이 집행기능이 갖고 있다. 사람은 중요한 일을 판단할 때 가능한 공정하고 객관적으로 보게끔 설계되어 있지 않다. 오히려 감정의 시배를 받고 감정의 판단에 영향을 받는다.

다시 사냥하는 인간의 예를 들면 우리는 절대절명의 순간에는 공포의 감정으로 바로 달아나게끔 진화되어왔다. 우리가 멸종당하지 않고 살아남았던 이유이기도 하다. 싸우느냐 달아나느냐를 결정할 때 싸우는 것이 불리하다고 순간적으로 파악되면 그 다음 여러 가능한 방법을 모색하는 것이 아니고 바로 공포의 본능이 한 순간도 지체 안 하고 달아나게 만드는 것이다. 이 현상은 전두엽이 손상된 사람을 대상으로 한 실험에서 증명되었다. 자동차를 운전하는 사람은 위기의 순간에 브레이크를 급히 밟는다. 이론적으로 브레이크를 빨리 자주 밟는 것이 효과적이라 배워도 아무도 실행하지 못한다. 그러나 전두엽이 손상되어 감정적인 반응을 하지 못하게 된 사람이 놀랍게도 위기의 순간에 브레이크를 마치 자동 브레이크 제어장치 시스템(ABS)이 하는 것처럼 자주 짧게 (타다닥) 밟을 수 있었다.

사람에게 판단을 내리게 하는 행위는 불가피하게 감정이 들어간 절차이다. 급할 때는 브레이크를 길게 깊게 (끽 소리나게) 밟아야만 하고 바둑을 둘 때에는 '스토리'가 있어야 하고 경우에 따라 '기세'를 중시하고 두어야만 한다. 인공지능은 주어진 논리에만 충실하여 그 밖의 것은 하지 못한다. 우리의 사냥꾼 예에서 인공지능은 주어진 자료를 분석하고 통계적인 예측 밖에 못하지만 인간의 창의성은 여러 가능한 방법을 모색해본다.

인간의 '스토리'와 '기세'는 바둑에 있어 무자비한 인공지능의 통계적 예측에 패배하였지만 아직 대부분의 인간활동에서는 인간의 창의성에 인공지능이 상대가 안된다. 인공지능의 자율운전 능력은 많이 향상되었지만 아직 인공지능에게 인간의 생명을 맡길 수는 없다. 예를 들면 어떤 자동차가 뒤에 따라오다가 다른 차에 추월당하였다가 다시 뒤에 나타나는 경우 사람이라면 세 살짜리라도 그 상황을 식별하지만 인공지능은 따로 가르쳐 주어야 한다. 인간사에 일어날 수 있는 모든 상황을 스스로 판단하는 능력이 떨어진다.

인간이 판단에 감정이 들어갈 수밖에 없다면 인공지능에게 배워서 무엇하나. 물론 배워야한다. 인공지능의 장점인 매순간마다 판을 다시 점검해 보고 감정을 넣지 않고 오로지 득실만 계산하는 것을 배워야한다. 크로체(Benedetto Croce)는 "모든 역사는 동시대의 역사"라고 했다. 과거를 공부하는 진지한 모든 역사는 역사가 자신의 시대의 문제점과 필요성에 의해 제기되는 것이라 한다. 대부분의 역사가들은 여기에 동의했다. 이는 랑케(Leopold von Ranke)의 '실증사관'에 대한 반작용으로 나온 것이었다. 하지만 그렇다고 '실증주의'가 역사연구에 필요 없다는 결론은 아니다. 그렇다면 우리의 역사를 대하는 자세는 무엇인가. 역사가 역사가의 주관적 관점에서 벗어나기 힘든 것을 인정하고 연구도구로서의 실증주의는 계속 추구해야한다는 점이다. '동시대의 역사'처럼 인간의 판단은 직관에 의지하고 이것에는 인간의 감정이 들어가는 것을 인정하고, 인공지능의 객관적이고 계산적인 '실증주의'를 최대한 이용하자는 것이다.

바둑에 적용된 인공지능의 판단과정 절차를 다시 정리하면 1) 경험을 통한 직관을 사람에게 배우고 2) 많은 경우의 수를 수집하여 3) 확률에 의거하여 결과를 논리적으로 추론한다는 것이다. 그렇다면 역사에서 교훈을 구하는 우리의 입장에서 인공지능의 방법을 배울 것은 2) 와 3)이 된다. 바둑에서는 미래에 예측되는 경우의 수를 수집하였지만 역사에서는 과거 경우의 수를 수집한다. 사실은 미래에 예측되는 수들은 과거에 일어난 수들을 분석하여 선별한 수들이다. 즉 과거의 수들이 미래의 수들이 된다. 인공지능은 경험을 통한 직관으로 여러 경우의 수를 미리 선별하고 이를 통계적으로 예측한다. 사람과 다른 것은 이 선별된 경우의 수가 많고 그 후에 파생되는 수많은 시뮬레이션이 가능하다는 점이다.

도토리나무에서 개개의 도토리가 어디에 떨어질까는 정확히 예측할 수 없다. 그러나 전체로서의 도토리는 통계적으로 어디에 떨어질지 예측된다. 모든 도토리가 나무에서 50센티미터에서 4미터 사이에 떨어지고 1미터에서 3미터 사이에 대부분의 도토리(예를 들면 95%)가 떨어지는 것을 통계적으로 발견하였다면 미래에 도토리가 떨어질 곳은 표준편차 밖이 1미터 이내와 3미터 이상이 되는 정규곡선으로 설명된다. 즉 미래에 도토리 떨어질 곳이 예측되는 것이다. 사람의 행동도 과거의 행적에서 미래를 통계적으로 예측할 수 있는 분야가 많다. 예를 들면 어떤 사람이 지난 10년 동안 편의점에서 사온 물건들을 분석해보면 앞으로 사올 물건을 통계적으로 유추할 수 있다. 집단, 사회, 나라 단위로 일어나는 일도 어느 정도 통계적으로 미래가 예측된다.

양자역학에서는 개개 입자의 운동을 예측할 수 없다. 여기서는 임의성, 불확실성이 법칙이 된다. 그러나 단위가 커질수록, 즉 전자에서 분자로, 원자로, 물질로 나아갈수록 운동은 점점 더 예측이 가능해진다. 항성과 행성 간의 만유인력은 거의 정확히 예측이 가능하다. 우리가 직접 계산해보지는 않았지만 그렇다고 배웠다. 전문가가 그렇다는데 이를 의심할 이유는 없어 보인다. 역사에서도 경우의 수가 많아질수록 규모가 확대될수록 불확실성이 점점 일정한 법칙성을 띤다. 도토리의 숫자가 많을수록 통계적인 법칙이 점점 더 확실성이 있고 편의점을 더 오래 다닌 사람의 구매성향이 더 잘 파악될 수 있다. 국가의 예를 들자면 역사상 존재했던 나라를 가급적 많이 분석하면 통계적으로 나라는 몇 년쯤 지속하며 나라들이 어떻게 망했나에 대한 윤곽이 좀 더 뚜렷하게 나오게 되는 것이다.

이렇게 이야기가 전개된다고 해서 혹시 물리학에서 나옴직한 법칙을 역사에서 기대하는 독자가 있다면 여기서 책장을 덮는 것이 좋겠다. 법칙이라기보다는 어떤 패턴을, 그것도 통계적인 패턴을 추구하는 것이 이 책의 희망사항이다. 과거의 사례에서 다양한 경우를 수집하는데 있어 중요한 것은 수집하는 자료의 상관도, 연관성을 따지는 일이다. 패턴을 구하기 위해서 먼저 과거의 비슷한 사례들을 모은다. 사례는 원래 비교하려는 역사적 사실과 상관도 연관성을 고려하여 선정한다. 이 집합을 K라 하자. 집합의 갯수를 n개라 하면 K집합은 다음과 같이 표현된다.

$$K = \{A1, A2, A3, \cdots, An-1, An\}$$

여기에 상관도와 연관성을 따진다면

$$K = \{a * A1, b * A2, c * A3, \cdots\cdots, y * An-1, z * An\} \quad 0 < a, b, c, \cdots\cdots < 1$$

역사는 엄밀한 과학이 아니다. 상관도를 정확히 수치화하기가 어렵다. 위 수학적 공식은 현실적으로 여러 방식으로 바꾸어 볼 수 있다. 한 예를 들면 상관도가 비교적 약한 것은 한번 집어넣고 상관도가 큰 것은 두 번 집어넣는다.

$$K = \{A1, A1, A2, A3, A4, A4 \cdots\cdots\}$$

다음에 나올 '〈예 1〉 외적의 침입'을 통계에 넣어본다면 수, 당의 대규모 고구려 침공은 한 번씩 넣고 고려가 받은 대규모 침공은 두 번 집어넣는다. 고려의 상황이 조선의 상황과 상관성이 높기 때문이다.

K = {수1차, 수2차, 당1차, 당2차, ⋯ 거란1차, 거란1차, 거란 2차, 거란2차, ⋯⋯ }

고려가 받은 침공이 중국이 유목민족에게 받은 침공과 같은지 다른지는 두 그룹 (한국의 K그룹과 중국의 C그룹)을 통계적으로 비교해 볼 수 있겠다.

C = {흉노, 돌궐, 토번, ⋯⋯ 거란, 여진, 몽골, 몽골, 만주족, 만주족}

여기서 침입의 강도, 횟수, 지속기간 등을 세분화하면 비교가 좀 더 설득력 있다.

위의 조합형성은 비슷한 예가 많아야 가능하다. 항상 통계까지 가능한 역사적 사례를 쉽게 찾을 수 있는 것은 아니다. 현실에서는 우선 한 가지 가장 비슷한 사례로 교훈을 찾는 경우가 많다. 그러나 기타 유사한 경험들도 고려대상이 됨은 물론이다. 앞에서 예를 든 후지산 근처에서 쓰나미를 겪는 주민들은 아마 일생에 한번 경험한 예에서 교훈을 찾을 가능성이 크다. 구전으로 내려오는 경험은 실제 경험에 보조로, 참고로 사용하게 된다. 이 방법은 위의 방식에서 한 가지 예가 두드러진 예로 볼 수도 있다. 뒤에 나오는 〈예 3〉〈예 4〉가 여기에 해당된다. 이 집합은 아래 정도로 표현되겠다.

H = {A1, A1, A1, A2, A3, A4, ⋯⋯ }

여기서 집합을 넘어서서 역사적 사실에 간단한 통계를 적용해 보자.

중국 왕조들의 평균존속 기간: 178.2 ± 96.8 표본수 = 12

한국 왕조들의 평균존속 기간: 561.3 ± 181.1 표본수 = 6

이 둘을 '티 검정(t-test)'에 적용시키면 기대치 $p < 0.0001$을 얻는다. 보통 $p < 0.05$이면 두 집단이 현저하게 다른 집단으로 본다. 조선과 중국의 왕조들은 수명으로 보았을 때 대단히 다른 집단임을 알 수 있다. 통계에 집어넣지 않아도 평균이 서로 이렇게 다르면 당연히 다른 집단이다. 이 내용은 제 2장에 좀 더 자세히 나온다.

또 하나의 통계, 베이즈의 정리(Bayes' theorem)를 적용해보자. 조건부 확률을 계산하는 방법의 하나이다. 의학, 유전자 등 여러 분야에 쓰이기는 하나 역사에서는 아직 잘 쓰지 않는다. 여기서는 왜 안 쓰이는가를 보고 장래 쓰일 가능성을 타진해보자.

일본 큐슈 지역의 왕릉에서 발견되는 물건 중에는 한반도에서 건너온 것으로 보이는 유물들이 많다. 실제로 확인해 보면 95%의 확률로 한반도 유물임이 확인된다고 하자. 하지만 한반도에서 건너오지 않은 유물들도 5%는 한반도에서 건너온 것과 너무나도 같아 알 수가 없다고 하자. 이제 큐슈 전체 왕릉에서 나오는 유물의 3%는 한반도에서 왔다고 하면 한반도에서 건너온 것으로 보이는 유물이 실제 한반도에서 왔을 확률을 구해보자.

유물이 한반도에서 왔을 확률과 한반도에서 오지 않았을 확률은 각각

$$P(D) = 0.03, \quad P(D-) = 0.97$$

유물의 조건은 다음과 같이 조건부 확률로 쓸 수 있다.

$$P(T \mid D) = 0.95, \quad P(T \mid D-) = 0.05$$

전체 베이즈 정리의 공식은 다음과 같다.

$$P(T \mid D) = P(T \mid D) P(D) \ / \ P(T \mid D) P(D) + P(T \mid D-) P(D-)$$

임의의 유물이 한반도 유물로 보일 확률은 다음과 같다.

$$P(T) = P(T \mid D) P(D) + P(T \mid D-) P(D-) = 0.95 * 0.03 + 0.05 * 0.97 = 0.0285 + 0.0485 = 0.077$$

여기서 구하고자 하는, 한반도에서 온 것으로 보이는 유물로 실제 한반도에서 왔을 확률은 다음과 같다.

$$P(T \mid D) = P(T \mid D) P(D) / P(T) = 0.0285 / 0.077 = 0.37$$

처음 확률(95%)보다 많이 떨어진 수치(37%)가 나왔다. 전체에서 차지하는 한반도 유물의 확률이 낮아서이다. 대다수(97%)에서 나오는 잘못될 확률이 높아진다(0.05 * 0.97 = 0.0045). 이는 한반도 유물인 것처럼 보이는 것의 기본 확률(0.95 * 0.03 = 0.0028)보다도 높다. 따라서 최종 확률이 반도 안되는 것이다. 만약에 전체 왕릉에서 나오는 유물의 50%가 한반도에서 왔다고 하면 결과는 많이 달라진다.

$$P(T) = 0.95 * 0.5 + 0.05 * 0.5 = 0.475 + 0.025 = 0.5$$

$$P(T \mid D) = P(T \mid D) P(D) / P(T) = 0.475 / 0.5 = 0.95$$

처음의 확률인 95%로 돌아가 버린다. 이른바 허위양성(false positive)의 효과가 상쇄되어 버렸다. 여기에 왜 역사에 통계를 적용하는 것이 어려운지가 드러난다. 우선 기저 확률(3%, 50%)을 확립하기가 어렵다. 수천 수만 개의 사례가 있어야 겨우 누구나가 수긍하는 확률을 갖출 수 있다. 애당초 95%, 5% 확률도 마찬가지로 수천 수만 개의 사례가 필요하다. 그 정도 많은 사례를 살펴보았다면 이미 우리는 통계를 적용시키지 않아도 이미 정답을 알고 있다.

앞서 말한 바둑의 예에서 보면 초심자가 볼 때 고수는 이미 답을 알고 있는 사람이다. 고수의 직관이 바로 정답이다. 바둑에서 고수의 직관은 통계를 적용하지 않아도 90%의 정답을 보인다. 고수의 직관에 통계를 적용한 인공지능은 95%의 더 높은 확률의 답을 제시한다. 그러나 하수의 입장에서는 의미가 없다. 직관이 정답의 30%에서 50%를 왔다갔다하는 하수는 90%의 정답을 가지고 있는 고수에게 항상 지게 마련이다. 90%의 고수는 95%의 정답을 가지고 있는 인공지능과 다를 바가 없다.

위의 예에서 정확한 기저수치, 즉 한반도에서 건너오지 않은 유물들도 한반도에서 건너온 것으로 잘못 판단되는 확률의 기저수치를 확립하기가 어렵다고 했다. 사실은 역사에서는 더 따져 보아야 할 문제가 있다. 한반도에서 오지 않았다면 어디서 왔는지를 살펴 보아야 한다. 모든 경우를 따져보면 중국에서 왔을 수도 있고, 동남아시아에서 왔을 수도 있고, 사할린 부근 북방에서 왔을 수도 있고, 일본에서 자생했을 수도 있다. 앞에서는 이 모든 경우의 확률을 5%로 보았다. 물론 정확하게 계산하기 어렵다. 그러나 현실에서는 이 확률을 사실상 0%로 보아야 한다. 과학에서 자주 나오는 0.00001% 등의 확률이다. 문화는 높은 데서 낮은 곳으로 흐른다. 중심부에서 멀리 떨어진 외딴 곳에서, 소수의 사람이 살아가는 곳에서 높은 문화가 나와본 적이 없다.

중국에서 왔을 확률도 0%에 가깝다. 당시 중국은 해양국가가 아니었고 고대로 부터 중국 한국 일본 근해는 동이족, 이 당시는 백제가 장악하고 있다는 것은 여러 정황으로 추론된다. 문제는 당사자들이 자신에게 유리하지 않은 것은 수긍하지 않는다는 점이다. 일본의 극우는 물론 《일본서기》에 나오는 것을 믿고자 한다. 《일본서기》에 의

할 것 같으면 일본이 이미 강력한 중앙집권제를 실시하는 황제의 나라이기 때문에 유물들도 일본의 자생문화로 보아야 한다. 현실상 그렇게 주장하기 어려우니 한국계 유물들에 대해 침묵을 지키고 있다. 좀 더 양식 있는 일본 역사가들은(사실상 대다수일 것이다) 확실한 의견을 내놓지 않거나, 아니면 외부에서 왔음을 인정하지 않을 수 없으니 도래인(渡來人), 도래문화라 한다. 한반도에서 왔다고 하기가 싫으니까 두리뭉술하게 대륙에서 온 도래인이라 한다. 중국에서 왔을지도 모르는 가능성을 암시하는 정도로 넘어간다.

현실적으로 한반도에서 온 유물들처럼 보이면 사실상 한반도에서 온 유물들이다. 앞에서 예를 든 통계가 필요 없다. 이 장면에서 진짜 문제는 일본이 《일본서기》에 의거하여 당시 일본이 황제국이었고 한반도를 다스렸다는 주장이다. 그렇다면 유물이 한국에서 온 것이냐를 따지는 것조차 민망하다. 앞에 예를 든 통계적 기술적 문제들은 너무 사소하여 거론할 것도 안된다. 마치 남편이 신용카드로 돈을 끌어대어 주식하다가 폭망하여 아파트가 날아가게 되었을 때 수퍼마켓가서 할인권을 쓰느냐 마느냐를 따지는 것과 같다. 위의 일본 유물 예는 통계를 적용하기 어렵기도 하지만 통계보다도 더 크고 중요한 외적 이슈가 있다. 그렇다고 통계를 무시하자는 이야기는 아니다. 바둑 초보자의 입장에서는 전문가의 90% 직관이 모두 다일 수 있지만 전문가끼리의 대국 또는 전문가와 인공지능의 대국에서는 전문가의 90%와 인공지능의 95%가 중요한 차이를 보인다. 승부에 직결되는 사항이다.

많은 사례가 있는 통계적인 방법과 다른 예를 들어보자. 현실에서는 자주 나오는 예이다. 한 가지 비슷한 사례가 중요한 역할을 하는 경우이다. 한 가지 밖에는 달리 참조할 데가 없기 때문이다. 여기 한국의 어느 할머니의 아들이 오래전 뒷산 개울에서 헤엄을 치다가 빠져 죽었다고 하자. 세월이 흘러 손자가 행글라이딩에 빠졌다. 높은 산에 올라 날개를 펴고 새처럼 나르는 데에 만족감을 느끼는 위험한 스포츠이다. 할머니는 물론 행글라이딩이 얼마나 위험한지는 모른다. 누구도 정확히 알기는 어렵다. 영국의 한 감시단체에 의하면 2010년 한해에 32건의 사건이 있었고 7명의 죽음이 있었다 한다. 전체 시도가 정확히 얼마나 되었는지를 파악하기는 어려우나, 적어도 아주 작고 안전한 시도를 포함하여 10만 번 시도에 한명이 죽는다는 것이 일반적으로 받아들여지는 확률이다. 그동안 10년 동안 그 확률은 조금씩 내려왔다. 따라서 오토바이 타다 사고나는 확률보다 높지 않다고 주장할 수도 있다.

그러나 행글라이딩의 좀 더 모험적인 시도에서는 마치 위험하게 오토바이를 타다 사고나는 확률이 높아지는 것처럼 사고확률이 높아질 것은 쉽게 예측할 수 있다. 행글라이딩이 특히 위험한 스포츠로 인식되는 이유는 인간의 부주의에 덧붙여 예측할 수 없는 환경의 변화가 그대로 치명적인 결과로 이어지는 높은 확률 때문이다. 예기치 못한 날씨의 변화(바람의 세기, 방향의 바뀜 등)와 장비의 오작동 가능성, 지나친 모험 등등의 요인이 잘못될 확률을 아주 높여서 100번 중 한번 정도 사고가 날 수 있고 이것은 생명을 빼앗아가는 치명적 결과를 초래한다. 자식을 잃은 할머니의 입장에서는 손자가 아무리 상황이 다르고 최신형의 장비가 갖추어져 있다고 설득해도 직감적으로 큰아들이 죽은 상황이 연상되어 불안함을 감출 수 없다. 손자도 결국 죽은 자식의 아들이 아닌가. 위험을 무릅쓰는 피가 흐르는 성격은 잘못될 확률을 높인다.

할머니의 직감은 옳다. 이 경우에는 한번으로도 충분히 많은 경험이다. 둘째 아들, 셋째 아들, 많은 손자들의 경험을 기다려 통계를 내볼 여유가 없다. 개울에서 헤엄을 치다 빠져 죽는 확률, 행글라이더를 타다 떨어져 죽는 확률은 참조만 될 뿐이다. 모험을 즐기는 아버지의 성격을 이어받은 자식의 사고 가능성을 생각하여야 한다. 예가 하나뿐이기는 하지만 가장 중요한 예가 되어 우리는 여기서 교훈을 찾아야 한다. 인간의 목숨은 너무나 중요하여 러시안 룰렛을 하거나 로마인에게 열 명 중 한 명이 죽는 데에 참여할 수 없다.

백분의 일의 확률로 생사가 갈리는 도박에 이기면 일억을 받는다 하자. 당신은 할 것인가. 백분의 구십구의 확률로 이기면 일억을 받고 백분의 일의 확률로 지면 당신의 생명을 내놓는 도박이다. 하지 않는 것이 정답이다. 일억은 너무 적은 돈이다. 일억을 열 배로 올려도 안하는 것이 좋다. 우리에게 생명의 가치는 돈으로 환산이 안된다. 백분의 일로 죽는다면 너무 큰 확률이다. 천만분의 일 정도는 해도 좋다. 당신은 일생동안 복권에 당첨될 가능성이 없다. 복권에 당첨되지 않는 확률로 일억을 쉽게 딸 것이다. 혹시 천만분의 일의 확률에 걸려 죽는다 해도 할 수 없다. 어차피 교통사고나 벼락을 맞아 죽을 확률이 더 높기 때문이다.

인간은 생명을 걸고 도박하지 않는다는 심리를 역으로 이용한 실례는 한국의 광우병 사태이다. 광우병을 핑계로 한 정치적 선동은 너무 심했다. 국민의 목숨을 담보로 하고 국민의 불안심리를 이용했다. 소고기를 한국보다 6배 많은 인구로 일인당 한국보다 2.5배 더 섭취하는 미국에는 광우병이 없다. 2020년 기준으로 소고기 섭취량은 미국 27,599 일본 2,859 한국 1,832 대만 436(USDA, 단위 백만 파운드, 사십오만 kg)이다. (대만이 들어간 것은 〈예3〉에서 대만의 소고기 이야기가 나오기 때문이다.) 다시 말하면 미국사람들이 광우병에 걸릴 확률은 제로이다. 이유는 나이가 3~4년을 넘지 않은 소를 먹기 때문이다. 한국에서 싼 맛에 늙은 소를 수입하여 먹는다 하더라도 광우병의 확률은 몇 천만에 하나밖에 안된다. 그 확률이 무섭다면 조금 돈을 더 주고 어린 소를 수입하면 된다. 반미를 해서는 안된다는 것이 아니다. 반미를 하고 싶으면 좀 더 타당한 이유를 찾아 설득력을 갖추라는 것이다.

여기 나오는 '한 가지 비슷한 사례'가 제 3장에서 조선의 사대부와 현재 한국에서 정권을 잡은 진보세력을 비교하는 예가 된다. 역사와 통계가 주제인 이 책의 입장에서 한국의 현 진보세력은 전혀 매력이 없다. 현 정권은 통계가 입맛에 안 든다고 통계국장을 교체했다. 더 이상 상상력을 동원할 필요가 없는 상징적인 폭력이다. 통계를 신봉하는 역사적 입장에서는 군사 쿠데타를 보는 기분이다. 군부 정권 때도 통계국장을 자르지는 않았다. 현 정권은 군부정권보다 더 낫다고 주장할 근거를 스스로 없애고 있다. 현 정권은 진보라는 이유 하나로 신성한 권리를 가졌다고 믿는 것 같다. 프랑스의 태양왕 루이 14세 때 왕권신수설(王權神授說)을 보는 것 같다.

다시 '한번의 예'로 돌아가자. 아시아인에 비해 서구인은 술을 마셔도 더 잘 분해하여 많이 마실 수 있다. 이 능력 때문에 서구인은 알코올 중독에 빠질 확률이 높다. 가장이 알코올 중독자일 경우 그 가정에서는 폭력이 발생할 가능성이 높아진다. 미국의 경우, 어렸을 때 이러한 환경에서 자란 여자들이 배우자로 아버지와 비슷한 사람 즉 또 다른 알코올 중독자와 짝을 이룰 확률이 높다는 것은 잘 알려져 있는 사실이다. 슬픈 확률이다. 아버지와는 다른 사람을 찾아야 한다는 의식적인 노력에도 불구하고 결국은 비슷한 사람을 계속 만나게 되는 스토리이다. 아버지의 유전과 그 아버지에게 끌렸던 엄마의 유전적 요인, 비슷한 배경에서 자란 남자들과 어울리게 되는 환경적 요인들이 결합하여 나타나는 확률이다. 단일 조건이 상당한 영향을 끼치는 예이다.

집단이나 사회나 국가나 과거의 사례들 중 많은 것들은 집단이 지닌 유전적 환경적 요인으로 과거의 사례를 되풀이 하는 경우가 많다. 물론 상황이 다르니 정확히 되풀이되지는 않겠지만 상당한 수준으로 비슷한 양상이 나타난다. 이 경우 '역사는 반복한다'보다는 '역사는(현대와 과거가) 운(韻)을 맞춘다(History Rhymes)'가 더 그럴 듯하게 들린다. 보통 사회의 부정부패는 그 사회가 가지고 있는 문화의 수준에서 결정되기 때문에 정치적 제도 변화에도 개의치 않고 계속된다. 정치제도를 바꾸기는 쉬워도 문화가 바뀌기는 쉽지 않기 때문이다. 역사가 운을 맞추어 나타나는 케이스이다.

현재 진보정권에게 청산되어야할 '적폐'로 규정된 보수정권의 부정부패는 그전부터 내려오는 문화적 유산이다. 이 문화적 유산은 불행히도 현대 진보정권이 다시 되풀이 해야 하는 유산이다. 통계적으로 그렇다는 것이다. 전 정권의 적폐를 크게 외치면 외칠수록 그 메아리는 더 크게 자신에게 돌아온다. 한국의 정치 전통은 조선시대 이후 이 목소리 큰 적폐청산 주장을 정권마다 되풀이 하고 있다.

한 가지 해결방법은 적폐청산을 주장하고 싶으면 전 정권이 그전보다 얼마나 적폐가 심해졌는가를 보여주고 자기네가 얼마나 잘할 것인가를 제시하는 방법이다. "전 정권은 문민정권 이후 모든 정권의 평균, 또는 동시대 OECD 평균보다 25%(업무평가 20% 부정부패 30%)나 못한 정권이다. 우리는 이보다 50% 잘해서 전체 평균보다 높아질 자신 있다." 이렇게 하고 집권해야 한다. 기업에서 새 CEO는 이사회에 또는 주주총회에서 위와 비슷한 보고를 한다. 왜 나라경영에는 이렇게 하지 않는 것일까. 왜 '평등한 기회, 공정한 과정, 정의로운 결과' 등 컴퓨터가 알아들을 수 없는(인간도 알아들을 수 없는 것은 마찬가지이다) 추상적인 말만하고 통계에 참여하는 것을 거부하는 것일까.

현 진보세력 대통령 후보는 통계적인 측면만 보면 제시조건이 나아졌다. 온 국민에게 백만 원씩을 나누어 주겠다고 한다. 적어도 비교해 볼만한 수치가 나왔다. 모든 조건이 다 똑 같은 상태에서 온 국민이 백만 원씩 얻어 가지게 되면 그게 어디냐. 그러나 역사의 교훈 중 하나는 모든 조건이 같을 수가 없다는 것이다. "모든 조건이 같으면" 하고 시작하는 문장이 있다면 일단 내용을 의심하는 것이 좋다.

명제의 논리

여기서 잠깐 역사에서 교훈에 따르는 명제의 논리를 생각해보자. 우리는 언어로 사유하는데 언어의 사용이 논리적이지 않으면 사유의 전개가 논리적이지 않게 된다. 이 책에 나오는 역사의 교훈은 어떤 특정한 명제의 여러 가지 사례를 모으는 데서부터 출발한다. 교훈의 명제 자체가 논리적이고 분명해야 사례를 모으는 것이 가능해지고 여러 사례도 각각 명제가 있어 사례마다 논리와 명증성이 요구된다.

한국인의 언어사용이 대단히 논리적이지는 않다는 지적은 자주 있어 왔다. 심지어 '영어 공용화'에 찬성하는 측에서 한국어는 논리전개에 적합하지 않으니 영어를 써야 한다는 극단적인 주장까지 나왔다. 그런 넌센스에 일일이 대응할 필요까지는 없지만 왜 그런 말까지 나오게 되었나는 생각해볼 만하다. 한국인의 논리적 사고에 대해서는 좀 더 의식적으로 개선을 해 나갈 필요가 있어 보인다.

여기서는 지난 한 세대 동안 변해온 말투를 중심으로 살펴본다. 한 세대 이상 전에 형성된 어법에 시비를 거는 것은 의미가 없다. 이미 확립된 어법이기 때문이다. 형성되어 가고 있는 어법만 대상으로 한다. 언어는 끊임없이 흘러가는 것이고 어법도 시대에 따라 변한다. 어법이 옛날에 비해 옳지 않다는 지적은 보통 지적 자체가 옳지 않다. 새로운 틀린 어법이 오래된 옳은 어법을 대체하여 새로운 옳은 어법이 되기 때문이다. 옳고 그른 것은 얼마나 많은 사람이 사용하는가에 의해 결정된다. 다만 논리적인 측면은 옳고 그름이 있을 수 있다.

한 세대 전과 비교하는 것은 젊은이들에게 불공평한 면이 있다. 젊은이들은 확립된 것인지 확립되어 가고 있는지 알 도리가 없다. 기성세대의 용법이라 생각하고 따랐을 뿐이다. 일리가 있다. 불공평한 점이 있다. 그러나 이 젊은이들이 확립과정에 기여한 역할도 있다. 여기서는 책임소재의 논쟁이 아니기에 그저 이러한 지적도 있구나 하는 정도로 넘어가고 이것을 계기로 언어사용에 조금 생각해 보는 시간을 갖게 된다면 다행이다.

아래 표현들은 역사가들이 책을 쓸 때 사용한다는 뜻에서 나열한 사례가 아니다. 일반 사람들의 표현에 나오는 사례들이다. 이 책은 일반인을 대상으로 하는 교양서이다. 일반인들에게 '역사의 교훈'에 대한 성찰을 같이 해보자는 취지이다. 전문가들의 소유였던 역사를 우리 나름대로 의미를 부여하며 살펴보자는 것이다. 그러기 위해서는 역사의 명제와 그 상관성에 대한 논리와 명증성이 상당한 정도로 요구된다. 아래 나오는 예가 혹시 이 책에서 요구하는 논리성과 약간 거리가 있는 것들도 있을지 모르나 이것 자체가 언어의 변화를 살피는 일종의 작은 역사적 연구가 될 수도 있으니 이점 감안해 읽어 주길 바란다. 또한 여기는 문제점을 지적하는 곳이니 아무래도 부정적인 것에 치중한 것도 양해 바란다.

　　1988년 서울 올림픽 개최는 사회의 여러 면에서 변화의 계기가 되었는데 언어의 사용에서도 두드러진 변화가 보인다. 해외여행의 자유화와 해외유학파의 귀국 등 세계화의 진전으로 전보다 더 많은 정보가 쏟아져 들어오고 다양한 사상과 상황에 맞는 표현도 만들어야 했다. 특히 일본이 만든 서구 번역어만 사용하다가 이제는 우리가 직접 서구어를 우리말로 수용해야 하는 상황이 되었다. 우리의 말틀을 만드는 과정이 과거 어느 때보다도 바쁘게 되었다. 서울 올림픽부터 지금까지가 대략 한 세대이다. 한번 숨을 멈추고 뒤를 돌아볼 만한 기간이다.

　　먼저 '역사'가 들어가는 말투부터 시작해 보자. 언제부터인가 일상사에서 "역사를 다시 썼다."는 말을 많이 쓰게 되었다. 운동선수가 기록을 세우면, 연예인이 기록적인 음반발매수를 기록하면, 으레 역사를 다시 썼다고 한다. "해운대 맛집 한정식의 역사를 다시 쓰다.", "한국도자기, 본차이나의 역사를 다시 쓰다." 등등. 전에는 "역사의 한 페이지를 장식했다." 정도의 표현이 있었으나 이제는 "역사를 다시 썼다."가 상투적인 표현이 되었다. 매 순간 역사를 다시 쓰는 것은 쓰는 사람도 피곤한 일이고 역사 자신도 힘들어 할 것이 틀림없다. 고려를 멸망시키고 조선을 세운 이성계도(표현 그대로) 역사 속의 한 페이지에 불과한데 사소한 일상이, 잊어버리기까지 며칠이, 몇 달이 될지 모르는 일상 때문에 역사를 그때마다 다시 쓰는 것은 역사에게도 할 일이 아니다. 우리의 과장은 일상이 됐다.

"역사를 바로 세운다."는 주로 정치인들, 특히 진보적인 정치인들이 많이 썼다. 지금도 많이 쓰고 있다. 역사 자체가 기울어졌거나 쓰러진 것은 아니니 아마 "역사인식을 바로 세운다."라는 의미로 쓴 것이 아닌가 생각된다. 역사인식도 개인에 따라 얼마든지 다르게 가질 수 있는 일이니 아마 "그릇된 역사관을 가진 사람들이 세운 역사관을 바꾸어 올바른 역사관을 갖게 한다."라는 의미가 아닌가 다시 한번 유추해 본다. 그럼에도 이 명제에는 옳고 그른 선악의 가치관, 역사는 옳고 그름으로 판별할 수 있다는 확신, 나의 역사관만이 옳다는 고집, 백성들은 이제부터 나의 역사관을 따라야 한다는 지적 오만 등이 모두 들어가 있다. 논리적인 명제를 만들기 위해서는 앞서 언급한 것처럼 인맹(人盲)인 컴퓨터도 알아들을 수 있도록 풀어 써야 한다. "역사를 바로 세운다."는 모든 것이 생략된 사실상 의미가 없고 알아들을 수도 없는 말이다.

"전무후무(前無後無)하다."는 표현도 전에는 거의 쓰이지 않던 것이 최근에 부쩍 많아졌다. "세계사적으로도 전무후무한 승리" 등. 일견 한자말로 보여 전부터 쓰던 관용구라 생각하기 쉬운데 우리 전통사회에서는 쓰지 않던 현대식 조어이다. 아마 생겨난 지가 또는 본격적으로 쓰인 것이 얼마 되지 않았을 것이다. 전무후무는 논리적으로 거의 모든 경우에 적용되지 않는다. 전에 일어나지 않았다고 앞으로도 일어나지 않는다고 장담할 수 있는 것이 얼마나 되겠나. 표현 자체가 가지고 있는 뜻조차 모르고 쓰지 않나 하는 의심이 날 때도 있다.

이 표현을 대하면 순간적으로 불안한 생각이 들 때가 있다. 아니나 다를까 후에 일어나지 않는다고 장담한 일이 종종 일어난다. 박근혜 대통령의 탄핵이 있기 바로 전 어떤 신문기사에는 "2004년 노무현 대통령 탄핵소추안 가결 당시 법무부는 전무후무한 대통령 탄핵 상황에 대해 '권한 행사 정지된 대통령의 지위'라는 제목의 보고서를 작성했다."라는 기사가 나왔다. 과장이 지나치면 정상적인 사유에 지장을 준다. 장난이 장난으로 그치지 않고 심각한 해를 끼치는 것과 비슷하다. 이런 상상력이 빈약한 말은 자제하고 쓰지 말아야 한다. 천박해 보이기까지 하는 표현이다.

전무후무와 관련하여 약간 샛길로 들어가 본다. 앞에서 전무후무라는 표현을 보면 순간적으로 불안한 생각이 들 때가 있다고 했다. 한번은 표현이 달라도 어딘가 비슷한 느낌이 주는 상황에서 우려했던 일이 실제로 일어났다. '조국 사태'가 본격적인 여야의 공방으로 접어들 무렵 필자는 진보세력에 가까운 기독교 쪽에서 "너희 중에 누구든지 죄 없는 사람이 먼저 저 여자를 돌로 쳐라.(요한복음 7: 53)"라는 인용으로 조국을 옹호할 것 같다는 생각이 갑자기 들었다. 실제로 이 일이 일어났다는 기사를 인터넷 신문에서 읽고는 소름이 돋았다. 이 예감을 갖게 된 원인은 전에 '역사적 예수'를 주제로 몇 권의 기독교 관련 역사서를 읽었는데 바로 이 구절이 자주 등장하여 필자의 기억에 남아있었다. '조국 사태'를 보고 혹시 누가 이 구절을 인용하면 어떻게 하나 하는 걱정이 있었다.

신약에서 많이 알려진 이 스토리는 재기 넘치는 극적 반전으로 독자에게 강한 인상을 남긴다. 문제는 이것이 원래의 요한복음에(사실상 어떤 복음서에도) 나오지 않는 구절이라는 점이다. 한마디로 후대에 끼어 들어간 구절이다. 단어와 어구 등 스타일 자체가 다른 부분과 많이 다르다. 가장 결정적인 것은 우리에게 남겨진 가장 오래된 신약본에 이 구절이 들어가 있지 않다. 이 신약본과 뒤에 나오는 신약본 사이에 끼어 들어갔음을 의심할 수 밖에 없다. 현대의 세속 학자들도 거의 이에 대해 반론을 제기하지 않는다. 신약 텍스트에 관해 권위를 가지고 있는 그리스어로 된 오리지날 신약(Novum Testamentum Graece, NA28) 판본이나 연합 성서회 (United Bible Societies, UBS4) 판본에서도 이 구절을 두 겹의 괄호로 묶어([[ ]]) 후대에 끼어 들어갔음을 나타내고 있다.

이 구절이 후대에 들어갔느냐 아니냐는 중요치 않다. 종교의 상징적 은유적인 표현을 가지고 현실적인 논쟁 특히 정치적 논쟁에 끼어드는 것은 위험하다. "오른 뺨을 때리거든 왼뺨도 돌려 대라." 같은 가르침은 정치판에서는 쓰지 않는 것이 좋다. 정치인들은 "오른손이 한 일을 왼손이 모르게 하라."고 가르쳐도 '오른손 엄지 손가락이 한 일이 왼발 새끼 발가락까지 알게 하는' 사람들이다. 상복을 1년 입느냐 6개월 입느냐로 싸운 조선 성리학자들을 비난하지만 현종 때 상복의 예(禮) 문제는 종교의 상징적이고 은유적인 표현으로 싸운 것이 아니고 국가의 정체성, 왕권과 신권의 권력 자리 매김을 두고 정식으로 싸운 것이다. 조선의 예송논쟁은 성리학 이념으로 나라를 다스릴 때 나타난 최악의 예였다. 다른 종교 특히 도그마 성격이 강한 유일신 계통의 종교가 진짜로 위정자들을 축출하고 그들끼리 권력다툼을 한다면 그 폐해는 어떨지 짐작하기 어렵다. 역사상 그 예가 없기 때문이다.

현재 중동지방에서 급진적인 무슬림이 정권을 잡는 경우도 있으나 그것도 이란의 경우에서 보듯 실제로 나라를 다스리는 사람들은 전문적인 관료들이다. 티베트의 승려들도 전문적인 행정가들로 나라를 다스리게 했지 직접 전면에 나서지는 않았다. 종교인들이 전면에 나서서 모든 직위를 차지하고 정치를 독단하는 것은 인류가 허용해본 적이 없다. 그 결과를 본능적으로 알기 때문이었다. 탈레반이 정권을 다시 잡은 아프가니스탄에서 어떻게 정치를 할지 궁금하다. '조국 사태'에서 드러난 것은 한국의 기독교는 보수와 진보 세력 두 진영에 같이 들어가 있어 기독교가 정치판의 향방에 결정적인 영향을 미치지는 않는다는 점이다. 김영삼은 기독교 장로였고 이명박도 기독교 장로였다. 문재인이 가톨릭이고 진보세력의 상당수가 기독교라고는 하나 강성 보수의 다수도 기독교이다. 한국의 기독교는 진보 보수에 같이 걸쳐 있어 종교로 인한 골치 아픈 정세는 피했다. 한국을 위해서도 한국 기독교를 위해서도 다행한 일이다.

다시 큰 도로로 돌아와서, "단군 이래의 가난" 같은 표현을 살펴보자. 이는 역사적으로 우리나라가 유사 이래 계속 가난하기만 했었다는 자기비하가 들어있다. "조선 사람은 맞지 않으면 일을 안 한다" 같은 말을 일제 식민지시대가 끝나고 나서도 상당기간 일본 사람들이 하던 이 말을 앵무새처럼 되풀이 하는 사람들이 있었다. "단군 이래의 가난"은 주로 박정희 대통령의 경제적 업적을 강조할 때 많이 쓰는 표현이다. 박대통령 이전 한국이 가난했던 것은 틀림없으나 그것을 강조하여 단군 때부터 가난했다고 할 필요는 없다. 전에 발굴된 북만주 요하문명은 위치나 시기로 보아 중국의 황하문명 형성을 도와준 선생 또는 선배 문명일 가능성이 아주 높은 것으로 밝혀졌다. 이 요하문명을 이어받아 국가 공동체를 오래 유지해온 '단군 이래' 고조선은 당시에 중국이나 다른 주변보다 부강한 나라였을 것이 틀림없다. 시작부터 부강한 나라를 대를 이어 가난을 이어준 나라로 비난하는 어처구니없는 표현이 '단군 이래의 가난'이다. 물론 우리나라가 계속 가난했다고 강조한 것은 일제 식민주의자들이었다.

얼마 전에 재능 있는 것으로 알려진 학자가 장관이 되니 어느 사람이 '단군 이래 최고로 순발력이 뛰어나신 분'이라는 찬사를 보냈다. 사적인 대화로 그치지 않고 미디어에 활자가 되어 나왔다. 이런 과장과 아부성 찬사에 적어도 역사는 끌어들이지 않는 양식이 있었으면 좋겠다. 우리의 조상들이 그동안 살아왔던 역사에 대해서 최소한의 예의를 갖출 필요가 있다. 꼭 그런 식의 표현을 쓰고 싶으면 '월남(月南) 이상재(李商在) 선생 이후 가장 순발력이 뛰어난 분' 정도로 바꾸는 것이 좋겠다. 오래된 기록은 많지 않아 어떤 분이 얼마만큼 순발력이 있었는지 잘 알지 못하지만 조선에 들어와서는 순발력 있는 오성과 한음 같은 일화도 많이 전해지고, 이율곡 같은 많은 학자들도 상당한 순발력을 가지고 있었음이 틀림없고, 한말 정수동 같이 기발한 익살로 유명한 사람들도 많다. "단군 이래…"는 우리 조상들을 싸잡아 얕잡아 보거나 또는 자국 역사에 무지함을 드러내는 언사이다. 둘 다일 가능성이 높다.

2021년 민주당 예비선거 과정에서 대장동 특혜 의혹 관련으로 이재명 후보(전경기지사)는 궁지에 몰렸다. 그는 이 사업을 "단군 이래 최대 규모의 공익 환수"라고 자화자찬(自畵自讚)했었다. 이러한 치적이 하루아침에 '부당 이익 환수' 대상으로 바뀌었다. '단군 이래 최대 비리 사건'으로 비아냥거림을 당해도 할 말이 없게 되었다. 자업자득(自業自得)이다. 여기서 역사적 교훈은 다시는 이런 식의 부정, 즉 정부가 하는 일처럼 가장하여 사기업이 폭리를 취하고 여기에 권력가진 사람이 몰려들어 조금씩 뜯어먹는 새로운 형태의 부정이 다시는 일어나지 않게 다짐하는 것일까. 아니다. 이런 부정은 계속된다. 한국에서 권력의 착취 역사는 처음에 바로 국민에게서 뜯다가, 경제개발을 하면서 기업에게서 직접 뜯다가, 후에는 간접적으로 기업의 팔을 비틀어 뜯었었다. 이제는 합법적으로 효과적으로 뜯는 새로운 방법이 고안된 것이다. 상당한 진화가 이루어졌다. 이렇게 진화된 기법은 쉽게 없어지지 않는다. 더 새롭고 더 현대적인 방법이 나오기 전까지 지속될 것이다.

여기서 최소한 "단군 이래"라는 말을 써서는 안 되겠다는 것을 배운다면 그것이 역사의 교훈이다. 역사의 교훈이 바라는 것은 소박하다. 역사의 교훈에 큰 기대를 가지고 이 책을 읽는 독자가 있다면 미안하지만 꿈을 깨시라고 말하고 싶다. 인류가 역사의 교훈을 잘 얻었으면 오늘날 세상은 훨씬 다른 세상이 되어있을 것이다. 역사에서 모든 것을 배울 수 있다고 사람들을 현혹시키는 책은 나오지도 않는다. 사람들이 다 알기 때문이다. 이 책처럼 그래도 역사의 교훈이 어느 정도 있지 않을까 하는 책조차도 팔리지 않는다. 사람들이 기대하지 않기 때문이다.

비논리적인 과장의 예로 '당나라 군대'를 들 수 있다. "미국이 지켜주겠시... 당나라군이 된 대만군" 이라는 제목의 기사가 있었다. 내용을 살펴보면 아마 '당나라 군대'는 오합지졸이라는 의미로 쓴 것 같다. 이렇게 추측하는 이유는 전에 못 보던 낯선 표현이기 때문이다. 이 기사는 미국《월 스트리트 저널》의 "대만 전쟁준비 안됐다."라는 보도를 한국의 주미 특파원이 요약해서 보낸 기사이다. 미국에서 "당나라 군대"라는 표현을 쓸 리는 없고 아마 한국 본사 데스크에서 붙인 제목일 것이다. 당나라 군대는 역사상 만주와 한반도에서 가장 강력했던 고구려를 멸망시킨 군대이고 8세기 당시 세계 최강의 군대였다. 왜 하필 당나라 군대가 형편없는 군대의 대명사가 되었나. 신라에게 쫓겨간 당나라 군대를 조롱하는 것일까. 그것도 당나라 입장에서는 신라까지 손에 넣을 찰라 서쪽 변방에서 티베트군이 출몰하여 할 수 없이 그쪽으로 군대를 이동시킨 것인데…… 차라리 정유재란에서 퇴각하는 왜군을 조롱하며 "왜군처럼 형편없는 군대"라고 하는 편이 우리 정서에 더 맞지 않을까.

당나라 말기 쇠약해진 당나라 군대를 빗대었다면 그것도 말이 안 된다. 나라가 망할 때는 어떤 나라든지 군대가 약해지기 마련이다. 우리가 로마군을 일반적으로 오합지졸이라고 하지는 않는다. 훗날 미국이 좀 쇠약해지면 우리가 미군을 오합지졸로 놀릴 것인가. 만약 대부분의 존속기간에 군대가 형편없었던 왕조를 꼽는다면 이는 단연 조선이다. 중국이나 일본에서 "조선군대" 같이 비하하는 말을 쓴다면 우리는 할 말이 없다. 군사력이 강한 나라는 주위 나라의 약한 군대를 적어도 겉으로는 비하하지 않는다. 왜 꼭 약했던 나라가 강했던 나라 군대를 이렇게 비하해야 하는 것일까. 기사의 내용을 보면 대만의 군대 운영 상황이 꼭 대만에게만 해당되는 것은 아니다. 한국군에도 적용되지 않나 경각심을 가져야 할 내용이다.

또 하나 '퍼펙트'한 예가 있다. '퍼펙트'란 표현이다. '완벽한'이라는 '퍼펙트'한 우리말이 있는데도 '퍼펙트'는 많이 쓰인다. 급기야는 "완벽한 퍼펙트"라는 표현도 등장한다. 그러나 걸작은 따로 있다. "9회까지 안타 하나와 포볼 하나만 허용한 퍼펙트 게임을 펼쳤다." 스포츠 기사를 쓰는 기자가 야구에서 "퍼펙트 게임"이라는 용어가 따로 있음을 모른다는 것은 상상하기 어렵다. 그럼에도 어떻게 해서든지 최대한도로 극단적인 형용을 해야 한다는 강박관념이 빚은 언어 참사이다.

극단적인 형용이 일상화 되었다. "세계적으로 뛰어난 석학" "세계적인 최고 천재기사" "세계 최고 최초의 유일무이한" 등과 같이 최대의 찬사성 수식어를 거듭 붙이는 경우가 허다하다. 동어반복적인 문법적 문제도 있거니와 그보다는 한국사회의 고질적인 권위주의가 배어있는 용법들이다. 어떤 이를 소개할 때 최고의 찬사를 앞세워 조금이라도 권위를 의심하지 말고, 알아서 기라는 권위주의가 들어있다. 사람을 소개할 때 조선시대에는 "할아버지가 영의정을 지내신 분"에서 얼마 전까지 "아버지가 장관을 지내신 분" 등 주로 조상의 직책에 치중하다가 이제는 "하버드를 나오신 분" "이대 나온 여자" 등 주로 개인의 학벌로 나간다. 신분을 서두에 미리 밝혀 어떤 사람이 혹시 잘 모르고 조금이라도 권위에 누를 끼치지 않도록 하는 배려가 서려있다. 학벌이 신분사회에서 계층을 가르는 척도가 되었다. 어떤 의미에서는 조선시대보다 더 직접적이다.

그러나 옛날식 직책 선언이 요즈음 학벌 선언보다는 차라리 현실을 더 잘 반영한다. 미리 알아서 기더라도 조상이 벼슬한 집안에 기어야 얻어 먹을 것이 나오시 학벌 좋은 사딤에게시 뭐가 니온다고 알아서 긴단 말인가. 최순실 사태 중 하나가 딸을 이대 체육학과에 불법 입학시키려 했다는 것인데 우리에게는 아시안 게임에서 메달 딴 것이 이대 간판을 얻는 것보다 훨씬 체육인으로 인정받는 것으로 보인다. 허망한 간판따기이다. 그에 비하면 조국 사태에서 보이는 치밀하고 광범위하고 불법적인 행위는 대단히 현실적이다. 딸을 의사로 만들었기 때문이다. "이대 나온 여잔데요." 보다 "직업이 의사예요." 가 알아서 기게 하는데 더 효과적이다. 그렇게 의사가 되어 얼마나 많이 멀쩡한 사람을 잡을 것인가는 또 다른 이야기이다. 요즘은 '○○ 황제', '○○ 여신'이 남발된다. 어떤 분야에서 조금이라도 두각을 나타내면 모두가 황제, 여신이 된다. 명칭과 수식의 인플레는 이런 명제를 모아서 분류하여 통계를 내야 하는 이 책의 입장에서는 골칫거리이다.

퍼펙트, 황제, 여신, 천재 등 최존칭, 최상의 형용 남용은 한국의 언어사용의 수준을 나타낸다. 천재라는 단어 Genius를 'Google Books Ngram Viewer'에 넣어보면 이 단어가 1500년부터 2019년까지 유럽 여러 언어로 쓰인 텍스트에 나타난 빈도를 보여준다. Genius는 1780년 경에 정점을 이룬 뒤(0.01%) 차츰 내려가 2000년경에는 1/10로(0.001%) 줄어들었다. 한국에서 '천재'가 요즈음에만 자주 쓰인다는 것은 아니다. 아마 일제 강점기 부터 Genius의 번역어로 쓰였다가 비슷한 빈도로 지금까지 계속 쓰고 있는 것으로 보인다. 천재라는 단어를 이제는 거의 안 쓰는 구미에서는 보통은 재능있다(Gifted) 정도로 표현한다.

"몇 개 국어를 유창하게 하시는 분, 능통하신 분" 등은 지금도 많이 쓰고 있다. 수십 년을 배우고도 영어 하나도 제대로 못한다고 열등감에 절어 있는 대부분 한국 사람들의 염장을 지르는 표현이다. 알고 보면 대부분은 몇 마디 하는 언어를 묶어 '유창'하게 한다는 정도이다. 예를 들면 외교관인 부모를 따라 몇 개국을 다니다 보면 몇 개 국어를 '유창'하게 구사하는 것으로 보인다. 어릴 때 몇 개 국어에 노출되어 그것들을 다 따라가서 익히는 것도 쉬운 일은 아니다. 그러나 그것으로 모든 사람들을 주눅들게 만드는 효과를 기대하고 사용한다면 "어디 어디 학교를 나오신 분이야."라는 것과 다를 바 없다. 몇 개 국어를 하는 것이 무슨 벼슬인가. 공장에서 설계도 할 줄 알고, 용접도 배우고, 도장도 익히는 것이 몇 개 국어를 하는 것보다 훨씬 실용적이고 보람있고 사회에 도움이 되지 않는가. 아마 재능도 더 필요할 것이다. 야구선수가 공도 잘 던지고 홈런도 잘 치고 하는 것과 같고 바둑을 잘 두어 포석도 강하고 끝내기도 잘하고 등등 ……

　　몇 개 국어를 해도 그중 몇 개는 비슷한 언어라 하나를 하면 옆의 나라 비슷한 언어는 쉽게 배운다. 영국 사람이 불어, 이태리어, 스페인어 세 개를 유창하게 하는 것은 비교적 쉽다. 한 개만 하면 나머지 두 개는 쉬워진다. 마치 옛날에 북경 사람이 복건어와 광동어 두 개를 유창하게 하는 것과 비슷하다. 옛날 중국에서는 복건어와 광동어를 유창하게 한다고 자랑스럽게 내세우지는 않았다. 사실상 영어와 이태리어의 거리보다 북경어와 광동어의 거리가 언어적으로도 더 멀었다. 그렇다 해도 네덜란드 지식인이 영어와 독어와 불어 세 개를 진짜 유창하게 하는 데는 주눅이 든다. 필자는 몇 명의 네덜란드(보통 더치라고 한다) 지식인을 알고 지냈는데 전부가 3개 국어를 능통하게 해서 기가 죽었다. 처음에는 마치 아무 상관이 없다는 듯 태연하게 있었다. 마지막으로 알게 된 한 네덜란드인에게는 그만 참지 못하고 이 사실을 언급하며 인상적이었다고 토로했다. 그 점잖은 네덜란드인은 잠시 뜸을 늘인 후 말했다. "3개 국어를 하는 것은 맞는데 자기 나라 말을 잘 못해요."

　　사실은 이 "몇 개 국어에 능통하신 분"은 선례가 있다. "12세에 사서삼경(四書三經)에 능통하고 ……" 같은 표현이다. 아마 실제 조선시대에는 이런 표현을 안 썼을 것이다. 12세에 사서삼경에 능통하다는 표현이 의미가 없다는 것을 잘 알기 때문이다. 사서(四書)만 잘 읽어도 과거에 들 문장실력을 갖추게 된다. 보통은 12살 정도에 논어를 뜻도 모르고 읽고(외우고) 나중에 나이가 들어 옛날에 읽은 대목들이 '아 이런 뜻이었구나' 하게 된다. 고려 때는 오경박사라고 오경 중 하나에 일생동안 전공하는 학자들이 있었다. 서양에서 "12살에 라틴어와 희

랍어와 히브리어에 능통하고" 정도의 넌센스와 비슷하다.

"두 마리 토끼를 한 번에 잡다."는 전에 별로 안 쓰다가 요즈음 많이 쓰는 말이다. 이는 토끼를 잡을 때 한 마리는 이쪽 방향으로 뛰고 다른 토끼는 저쪽 방향으로 뛰어 두 토끼를 한 번에 잡기가 쉽지 않기에 생긴 말이다. 정치권에서 집토끼와 산토끼를 지지층과 반대층(또는 중도층)으로 표현하면서 많이 쓰게 된 것 같다. 일제 강점기 신파조 연극에 나오는 "어머니를 따르자니 여친이 울고, 여친을 따르자니 어머니가 우는" "착한 아들의 딜레마"와 같은 맥락이다. 물론 여친은 요새 말이라 일제 강점기 때는 쓰지 않았다. 정확히 기억이 나지 않아 할 수 없이 여친이라 썼는데 아마 "어머니를 따르자니 님이 울고"였던 것 같다.

그런데 문제는 이것을 성격과 방향이 같은 두개의 목표를 동시에 달성하는 것으로 잘못 쓰는 데 있다. 예를 들면 "우승도 하고 상금도 받고 두 마리 토끼를 잡았다.", "디자인과 성능 두 마리 토끼를 잡았다." 등으로 많이 쓰고 있다. 정말로 많이 쓰고 있다. 정말로 논리가 안 맞는 예이다. 이 개념은 우리말에 얼마든지 좋은 표현이 있다. "꿩 먹고 알 먹고", "님도 보고 뽕도 따고", "도랑 치고 가재 잡고", "누이 좋고 매부 좋고" 등등. 순 우리말 뿐 아니라 일석이조(一石二鳥), 일거양득(一擧兩得) 등 한자어도 있다. 왜 하필 다른 상황에서 쓰는 두 토끼를 가져다가 잘못 쓰고 있는지 모르겠다. 논리가 아주 어렵지도 않은데. 혹시 뽕잎 따는 데서 남모르게 님을 봐야하는 상황이 이해가 안되고 경험이 없어서인가. 하지만 두 토끼를 쫓아본 경험이 없는 것은 마찬가지 아닌가. 언어의 간단한 논리적 구성을 이해하지 못하고 잘못 쓰는 것은 심각한 문제이다.

한 세대 만에 새로 나타난 말 중에는 "아까 전에" 같은 흥미 있는 말도 보인다. "아까"와 "전(前)"을 합친 말인데 이것은 그럴 듯하다. 하나 만으로는 좀 미약한 것 같아 둘을 합쳐진 것인데 이해에 도움을 준다면야 한글과 한자를 섞어 안될 것 없다. 옛날에는 "초가집"이나 "역전앞"같이 한자어로만은 이해가 안되어 한글을 덧붙인 것이 주로였는데 한글을 먼저 쓰고 한자를 덧붙인 것은 새롭다. 아마 "더불어민주당" 같은 작명과 같은 맥락인지. "더불어민주당"은 "사회적 약자들과 더불어" 같은 의미를 주고자 하는 것 같아 그럴 듯하다. 이제는 이런 합성어가 자연스럽게 들리니 다행이다. 옛날 같으면 "諺文眞書 섞어作" 따위로 놀림을 받았을 텐데. 이는 칠언시 형식을 갖추어 당당한 시 귀절이라는 풍자이다.

어색한 예도 있다. 요즘 새로 나온 "1도 없다"는 "하나도 없다" "조금도 없다" 등 좋은 우리말을 두고 굳이 "1"이라는 아라비아 숫자로 대체했다. 아라비아 숫자는 큰 숫자 표현에 부득이 쓰는 것이지 작은 숫자가 나오는 일상 언어에 쓸 필요가 없다. "일곱 사람"이라 하지 "칠명"이라 하지 않는다. '하나'를 '일'이라 쓰는 것은 어색하다. 두 글자를 한 글자로 줄였다는 경제적 이득 밖에는 얻는 것이 없다. 한자의 침범에도 불구하고 한국어에는 '하나'부터 '아흔 아홉'까지 우리말 셈법이 남아있다. '온'이라던가 '즈믄' 같은 옛말이 남아 있기는 했지만 끝내 '백'과 '천'으로 대체되었다.

그나마 일본은 '하나'에서 '아홉'까지 밖에 남아있지 않고 '열'부터 한자어로 읽는 것에 비하면 우리의 상황이 낫기는 하다. 아마 한자가 들어올 무렵 일본의 언어문화가 아직 충분한 수준이 안 되었었기 때문일 것이다. 한반도에서 한자가 들어갔다니 사실상 한국인들이 순 일본말들을 죽여 버린 것이다. 여기서 맥주 한잔 들이키고 계속하자. '하나'를 '1'로 대체하기 시작하면 '아흔 아홉'까지도 위험하다. 영어의 침범을 걱정해야 하는 시점에서 아라비아 숫자가 그나마 남아있는 아름다운 순 우리말을 없애는 것은 바람직하지 못하다.

강연 설교 같은 데서 가장 거슬리는 말은 '되어지다'라는 말이다. 맞춤법상 얼마나 잘못인지는 잘 모르겠다. '되다' 자체가 피동을 만드는 말인데 여기에 또다시 피동을 만드는 "-어지다"와 합쳐졌으니 중복이 틀림없다. 그러나 문법적으로 똑 부러지게 그르다 라고 할 수 있을지는 모르겠다. 단순히 '되다'로 하면 간결하고 정확하다. '보여지다'도 역시 '보이다'로 충분하다. 더 큰 문제는 이것 말고도 많은 비슷한 투의 수동태가 일본어나 영어의 영향을 받았다는 점이다. 어떤 연구에 의하면 100년 전 한국어는 능동 표현을 피동 표현보다 약 10배 정도 많이 썼는데 지금은 2~3배로 줄었다고 한다. 한국인은 말을 에둘러 하는 편이 아니다. 오히려 너무 직선적인 것이 문제가 될 때도 있다. 상대적으로 덜 직선적인 일본어 영어의 영향은 꼭 나쁜 것만은 아니다. '되어지다' 같은 표현은 벌써 오래 전부터 서서히 진행되었으리라 짐작한다. 영어도 입음꼴(수동태)을 빈번히 쓰니 우리말보다 영어 배우기에 더 힘을 쓰는 작금의 상황이 수동태의 중복을 더 빠르게 진행시켰을 것이다. 여기서는 더 이상 추구하지 않겠다. 이 책에서도 실은 많은 일본식, 영어식 표현들이 난무할 터이니……

요사이 젊은이들이 많이 쓰는 '같아요' '같은데요' 등도 같은 범주에 들어간다. 역시 여간해서 단정짓지 않는 일본어 또는 영어의 영향으로 보인다. 필자에게는 영어권 사람들이 말할 때마다 '내 생각에(I think)'로 시작하여 짜증이 났던 기억이 있다. 나중에 잘 생각해보니 자신의 의견에 불과하다는 것을 강조하여 항상 붙인 것이다. 그때부터 혹시 내 생각을 틀림없다고 예단하고 이야기하고 있지 않나 하는 자의식이 생겼다. 한국 사람과 대화할 때는 이런 자의식이 없었다. 요즘 젊은이들의 '같아요'도 영어의 '내생각에는'과 같다고 이해하고 싶다. 단지 언제나 어디서나 붙이면 어색하게 들린다. "재미 있습니다." 하면 그만일 것을 항상 "재미있는 것 같아요."라 한다. 항상 쓰게 되면 내 생각이 이렇다를 넘어서 나는 무엇이든지 자신 없는 사람이 된다.

여기에 또 하나 최근에 특히 젊은 여자들 사이에 '너무' 라는 부사가 남용된다. 원래 "너무 이러저러 하다."는 "너무 이러저러 해서 좋지 않다."는 부정적인 뜻이었다. 요즈음은 아주, 대단히 라는 뜻으로 완전히 바뀐 것 같다. 이는 꽤 오래 전서부터 진행되었던 것 같다. 그러나 아직 바뀐 뜻에 완전히 익숙하지 못한 필자는 간혹 뜻을 파악하는데 뜸을 들이곤 한다. 이 '너무'가 방금 전에 나온 '같아요'와 합해지고, 게다가 부정과 의문의 형식이 겹치면 걷잡을 수 없는 혼동이 온다. 한번은 젊은 여성이 필자에게 "아저씨 이거 너무 재미있는 것 같지 않나요?" 하고 묻기에 잠시 뜻을 생각했어야 했다. 필자도 반격에 나섰다. "예 그거 너무 재미있는 것 같지 않군요." 이번에는 젊은 여성이 생각에 빠졌다. 젊은 여성이 "너무"가 옛날에 부정적인 뜻을 가진 낱말이라는 것을 아는지 모르는지 나는 모르기 때문에 이 젊은 여성이 어디에서 생각에 빠졌는지는 모르겠다.

이상 "명세의 논리"에 어긋나는 여러 가지 유형의 모호함과 비논리적인 것 중 필자를 가장 곤혹스럽게 하는 것은 존칭어 '하시다'의 남용이다. 무엇이든지 '시'를 붙여 존칭을 만든다. "아버님이 식사를 하시다가, 마당에 나가셔서, 대문을 여시고, ……"처럼 계속 '시'

를 붙이는 것은 예전에도 있어왔다. 그 자체가 큰 문제는 아니다. 다만 '시'를 적당히 생략하다가 나중에 한번 '시'를 붙이는 것이 자연스러울 때가 많다. 사실 존칭어는 예전에도 문제가 되기는 하였다. 예를 들면 아버지에 대해서는 물론 말을 높이지만 할아버지에게 아버지에 관한 이야기를 할 때는 할아버지의 입장에서 보아 아버지를 높이지 않는다. 할아버지에게 "아버지가 나가셨어요." 하지 않고 "아버지가 나갔어요."라고 해야 한다. 며느리가 시아버지에게 남편에 대해 말한다면 "아범이 나갔어요."가 된다.

　이는 예전에도 많은 사람을 헷갈리게 했다. 많은 사람이 헷갈리면 문제가 있는 표현이다. 이 존칭의 복잡함 때문에 농담도 생겨났다. 시아버지가 시어머니와 싸우다가 빗자루를 들고 시어머니를 치려 하니 시어머니가 도망갔다. 쫓아나가며 시아버지가 며느리를 보고 "이년 어디로 갔니?" 하니 며느리가 "그년 저리로 갔어요." 했다는 우스갯소리이다. 할아버지의 입장에서 아버지를 높이지 않는다는 원칙으로 시아버지의 입장에서 시어머니를 높이지 않았다는 것이 유머가 되었다.

　그러나 요즈음의 문제는 존칭어를 남용하는 데 있다. "셰프님이 소금을 뿌리시고, 간장을 살짝 바르시고, ……." 거기까지는 요즈음 외식문화의 발달과 더불어 장인(匠人)에 대한 존경으로 '셰프님'에 대한 공경을 나타낸다고 보면 좋은데 그것만도 아닌 것 같다. "서빙하시는 분이 의자를 갖다 주시고, 물도 가져다 주시고", "노숙자분이 빌딩 앞에서 드러누우셔서", "러시아 분들은 그렇게 하시더라고요." "장날은 문을 여시는지 문의도 많으셨다고 하는데요." 등 외국인, 불특정 다수 등 전방위적으로 존칭어가 붙는다.

제1장 역사의 교훈　**113**

한마디로 모든 문장에 들어갈 수 있는 모든 곳에 '시' 자를 붙여 존칭을 만든다. 그러나 모든 사람을 높인다고 남을 공경하는 사회가 되지 않는다. 오히려 "모든 사람이 친구인 사람은 진짜 친구가 없다." 는 말처럼 모두를 높이면 결국 아무도 높이지 않는 것이 된다. 진짜로 높여야 할 때 높여지지 않는다. "노숙자분이 빌딩 앞에 드러누우셔서 할아버지가 나오지 못하셨다."가 되면 할아버지에 대한 존칭이 존칭의 역할을 하지 못하게 된다. 아. 미안합니다. 제가 '노숙자'를 무시하는, 정치적으로 옳지 못한 언어사용으로 비판 받으실지도 모르시겠네요.

앞 문장은 농담이 아니다. 실제로 자신이 들어간 문장에도 '시'자 가 들어간다. "제가 아시는 분 중에 이런 분이 계십니다." '하시다'의 남용과 오용은 끝이 없다. "저기 옷은 삼십만 원이시구요, 이건 이십 만 원이세요". 오랜만에 조국(祖國)(요즈음은 이런 단어에도 한자를 병기하여 혼동을 피해야만 한다)을 찾아 백화점에서 처음 이 말을 들은 필자는 귀를 의심했다. 무차별한 존칭이 일반 용법이 된 줄 몰랐다. 순진하게 점원(지금은 백화점 점원을 무엇이라 칭하는지 모르겠다. 이모라고 해야 하나. 조카라고 해야 하나. 한 세대 전에는 아가씨라고 했었는데 자신이 없어져서 아가씨라는 말을 못했다)에게 존칭어의 용법을 조심스럽게 지적한 필자를 점원은 순진하지 않게 빤히 쳐다보았다. 옷에만 특별한 존경이 있어서인가 했는데 알고 보니 모든 물건에 존칭이 붙는다. "저 길을 돌아가시면 빌딩이 나오시구요", "마이크가 이상하신가요", "숙소에서 주신 지도를 들고". 존칭의 남용이 주어까지 혼동시킨다. 논리뿐 아니라 문법적으로도 심각한 문제이다. 어떻게 이렇게까지 되었는가.

이렇게 '전국민의 존칭화' 또는 더 나아가 '전사물의 존칭화'를 시도하는 데는 한국인의 어떤 의식구조가 작용하고 있을까? 한국이 잘 살게되면서 모든 사람이 평등한 민주사회에 합당한 예절을 갖추고자 하는 욕구가 생긴 것일까. 아닌 것 같다. '하시다'의 남용에도 불구하고 한국사회의 계급의식 권위의식은 공고히 남아있다. 학교 폭력, 남녀 차별, 각종 상하 관계는 여전하다. 어느 공무원은 높으신 분 사진이 잘 나오시도록 젖은 아스팔트 바닥에 무릎을 꿇으시고 우산을 받치셔야 하셨다. 소통을 약속하시고 대통령이 되신 분은 젊은 여성 기자가 무례한 질문을 하셨다고 다시는 질문과 대답이 들어가시는 기자회견을 하시지도 않으시고 계시고 있으시다.

군대에서는 어린 장교가 나이 많은 하사관에 반말한다는 시비가 아직도 나온다. 문제가 된 군의 높은 지휘관은 "상관이 부하에게 반말하는 것이 무엇이 잘못이냐 전쟁 때 '총을 쏴라' 해야지 '총을 쏘세요' 해야 하느냐" 고 장교를 두둔했다. 그 높은 상관의 말은 틀렸다. 어디나 '하시다' 하면서 왜 나이 많은 하사관에게 '하시다'를 못하는가. 나이 많은 하사관이 노숙자나 '서빙하시는 분'이나 빌딩만 못한가. 다른 사람의 인격을 존중하자고 '하시다'가 남발되는데 직장의 나이 많은 동료의 인격은 왜 존중하지 못하는가. 군대에서 존경은 존댓말이나 하대어에서 나오지 않는다. 서구에는 한국 같은 의미의 존댓말이 없다. 그래도 존경은 얼마든지 표현된다. 전쟁 때는 일일이 병사에게 총을 쏘라고 명령하지 않는다. 발사명령이 꼭 필요하면 존댓말로 "준비하시고 ... 쏘세요." 해도 좋다. 또는 그저 "쏴."하고 반말해도 된다. '하시다'의 남발보다는 실질적으로 남의 인격을 존중하는 것이 우선이다.

모든 사람을 높이는 상향식 공경은 역설적으로 공경의 하향화를 낳는다. 여기서 '전인민의 양반화'를 시도한 조선이 상기된다. 공고한 신분제 질서 하에서 피지배층의 대응은 두 가지가 있다. 순응해 살 것인가 아니면 반항하고 질서를 깨뜨릴 것인가. 유럽에서의 혁명은 피지배자들의 반항이었다. 일본인들은 순응하였다. 전근대 유럽과 일본은 무인이 지배하는 사회이다. 피지배계급은 반항하면 그대로 처벌된다. 무사가 칼을 그냥 차고 다니는 것이 아니다. 조선은 문신이 지배했다. 무신처럼 무식하게 해서는 안되고 사실상 할 수도 없었다.

조선시대 피지배층은 질서를 깨뜨릴 수 있는 힘이 없는 대신 순응하지도 않았다. 그 대신 제3의 방법, 즉 말을 잘 안듣는 것으로, 태업으로 대처했다. 조선 사람들은 말 안듣는 것으로 유명했다. 병자호란 후 만주로 끌려간 조선 사람들은 만주족의 명령에 고분고분하게 따르지 않았다. 만주족의 기록에 여기저기서 끌려온 포로 중 조선 사람들이 제일 말을 안 듣는다고 나와 있다. 이익의 《성호사설》 등에도 보이고 실록에도 보인다. 조선이 발달하지 못한 것을 피지배층의 태만에 죄를 물어볼 수도 있다. 체제를 뒤엎지 못했으면 순응이라도 했었어야 할 것 아니냐고. 유럽과 일본의 발날이 국민들이 지기 분수를 알고 자기 맡은 일에 열심히 노력한 것에 기인한 것도 사실이다.

놀랍게도 조선의 피지배층은 또 하나의 대응이 있다. 모두가 양반이 되고자 했다. 유럽과 일본에서는 잘 나타나지 않는 현상이다. 신분제 해이는 어디나 나타나는 현상이지만 조선처럼 모두가 양반이 되고자 하는 경우는 드물다. 말을 안 듣고, 양반이 되고자 하는 것은 양지기 상호배타적이 아니다. 말은 안 들으면서 모두가 양반이 되고자 했다. 한국인은 모두가 양반 성(姓)을 가지고 양반의 자손임을 내세운다. 전 백성의 반까지도 노비일 때가 있었던 나라에서 나타나는 웃고픈 현상이다. 양반들이 부를 과시하느라고 시작한 제사를 상민들도 빚을 내서 따라한다. "가난한 집 제사 돌아오듯"이라는 말은 여기서 나왔다. 조상에 대한 제사는 양반으로 가는 신분의 상징이기 때문이다.

물론 제사를 지낸다고 반상의 신분이 바뀌지는 않는다. 오늘날 모두가 대학을 가도 모두 양반이 되지 못하는 것과 같은 이치이다. 모두가 루이 비통을 들고 다닐 때가 되면 진짜 양반들은 또 다른 이름 모를 상표를 준비한다. 다시 중산층들은 루이 비통을 버리고 그 상표를 좇아가야 한다. 양반은 어떻게 해서라도 상민과 자신을 구별해야 한다. 양쪽이 다 필사적이다. 사람들은 이제 대학을 가도 양반이 못 된다는 것을 깨닫기 시작했다. 대학을 나온 백수는 더 비참하다. 이제는 모두가 외제차를 몰아 양반이 되고자 시도한다. 모두가 외제차를 몰아 모두가 양반이 될지 안 될지는 두고볼 일이다. 역사가는 쉽게 미래를 예측해서는 안 된다. 조선의 이 '양반놀음'은 지금도 진행되고 있는, 누구나 참여하는 범국민적 운동이다. 제3장에서 나올 이야기가 또 먼저 나왔다. 이 책은 논리적 명제는 어떨지 모르지만 논리적 구성에는 확실히 문제가 있다.

외래어 사용을 한번 살펴보자. 올림픽 이후 한국말이 어떻게 외래어를 수용하는가는 관심거리였다. 그때까지는 일본 사람들이 구미어를 번역한 것을 그대로 사용하였지만 이제는 구미와 본격적으로 접촉하게 되어 한국도 새로운 외래어를 한국어에 받아들여야 했기 때문이다. 북한은 일찍이 외래어를 순 우리말로 바꾸는 시도를 하였지만 한국은 그런 경로로는 가지 않을 것이 확실했다. 계속 일본을 따를 것인가. 몇 개의 예를 들어 그 추이를 살펴본다.

"커피는 셀프입니다." 식당마다 붙어있는 이 친절한 도움글은 커피를 공짜로 주는 한국인의 인심이 묻어난다. 그러나 한글을 읽을 줄 아는 외국인에게는 잠깐 생각에 잠기게 하는 표현이다. "Coffee is self". 문법으로는 하자가 없으나 내용상 맞는 문장이 아니다. 철학적 사유 중 나왔다면 전후 문맥으로 의미가 있을 수는 있다. 삶은 달걀입니다(Life is egg)처럼 어떤 중의(重義)의 철학적 의미를 가지고 있는 것일까. 아닌 것 같다. '커피는 본인이 타 드세요'임을 알기까지 약간 시간이 걸린다. 한국어로 번역 안하고 영어 단어를 그대로 쓰면 문장을 짧게 끝내도 된다는 공감대가 있었고 이것으로 어떤 원칙이 선 듯 싶다.

"전원주택에 가서 힐링하시고." 힐링은 외상이나 병을 치료하는 그야말로 한국어의 치료와 같은 말이다. 그 힐링이 한국서는 "물 맑고 산 좋고 공기 좋은 자연에 와서 잠시나마 도심에서 받은 스트레스도 풀고 편안한 마음을 가지고 있다가 간다."는 뜻이 되었다. 이제는 거의 모든 국민이 영어를 배워 셀프나 힐링 같은 단어의 뜻을 알고 있는데도 이렇게까지 원래 의미에서 벗어나 자유분방하게 써도 되는 것일까. 외래어는 치외법권이 허용되는가. 외래어라는 핑계로 용법의 자유를 누리는 것도 좋지만 우선 정확한 뜻을 파악하기가 어렵다. 필자는 아직도 '빤스런'이 빤스를 입고 뛰는 것인지 빤스를 벗고 뛰는 것인지 알지 못한다.

IC나 펜션 같은 단어도 마찬가지이다. IC는 우선 알파벳이다. 영어가 공용어가 아닌 나라에서 커피나 힐링은 몰라도 왜 알파벳 그대로 쓰는지 모르겠다. "아이시"라고 하면 발음상 약간 저속한 맛이 나와 알파벳을 그냥 쓰나 보다. IC는 Interchange인 것 같은데 영어의 Interchange는 고속도로와 고속도로가 만나는 곳이다. 아마 고속도로와 국도가 만나는 곳이라는 뜻으로 했는지 모르지만 한국어에는 출구(Exit)라는 단어가 엄연히 존재한다. IC는 일본서도 쓰고 있으니 아마 일본 것을 그대로 가져다 쓴 것으로 짐작된다. 그러나 일본에서는 IC도 쓰고 출구도 쓴다. 보통 출구로 쓴다. 일본보다 고속도로를 더 잘 만들고 터널을 더 잘 파는 한국이 왜 일본서 덜렁 IC를 가져다가 출구 대신 쓰고 있는지 모르겠다.

모텔과 펜션도 일본에서 가지고 온 것으로 추측한다. 일본은 전통적인 여관(료깡)이 있고 호텔을 한국보다 광범위하게 사용하고 있어 한국과는 숙박시설 사정이 다르다. 한국은 모두 모텔 아니면 펜션으로 통일했다. 모텔은 Motor Hotel이다. 초기에 한국이 아직 자동차가 대중화 되기 전부터 이름이 모텔로 바뀌어 갔다. 시내에 있던 여관이 주차장이 없는데도 이름이 모텔로 바뀌어 의아했던 기억이 있다. 펜션은 정부나 기관에서 은퇴 후 다달이 받는 은퇴 연금과 어원이 같으니 펜션이 맞기는 하지만 라틴계 말이기 때문에 프랑스어 '뻥숑'이나 이태리어 '뺀시오네'가 맞다. 프랑스에서 몇백 년 전 다달이 은퇴 연금을 받아 은퇴자가 세를 내고 사는 하숙집에서 연유했다고 알려져 있다.

현실적으로는 1920~30년경 부자가 된 영국의 중산층이 대거 이탈리아로 가서 휴가를 즐기면서 저택을 빌리거나 아니면 하숙을 했기 때문에 이때 영어로 들어온 것 같다. 이때 이탈리아어 Pencione가 Pencion이 되었고 후에 이 역사를 잘 모르는 사람들이 Pention 또는 Pension이라 썼어도 펜션이라 읽지 않고 펜치온이라 읽었다. 미국은 영국 같은 이탈리아의 경험이 없었기 때문에 이 단어를 별로 쓰지 않는다. 또 미국은 B&B(Bed and Breakfast)가 있기 때문에 펜치온이라는 단어를 굳이 쓸 필요가 없다. 한국의 펜션은 미국의 B&B와 비슷하니 처음부터 B&B라 하는 게 좋았을 뻔했다. 요즈음 에어 비앤비(Air B&B)는 다시 미국의 비앤비와 다르니 B&B라고 하지 않은 것이 잘된 것일지도 모르겠다.

여기서도 초점은 일본이 쓰는 것을 우리도 생각 없이 가져다 쓰는 데에 있다. IC 같은 것은 일본처럼도 제대로 쓰지 못한다. 그렇다면 차라리 우리가 창의적으로 개발하는 것이 낫지 않을까. IC는 고속도로가 생긴 지가 한참 되었으니 이제 와서 시비 걸 일은 아닌 것이기도 하다. 한국이 일본의 문화와 차별을 보이기 시작한 때, 즉 어떤 의미에서 일본의 대중문화에서 졸업한 것이 2010년경으로 보이니 이제 두고 볼일이다.

국제사회 적응

여지껏 명제의 논리에 대해 살펴보았다. 그런데 명제 자체는 논리적이고 하자가 없으나 현실과 연관성이나 관련성이 없어 역사적으로 검증해야 별 소용이 없는 경우가 있다. 경험상 또는 이에 따른 직관으로 우리는 어떤 명제는 현실에서 작동을 안 한다는 것을 알고 있다. "자식 이기는 부모없다."라는 속설이 있다. 부모가 자식을 마음대로 하려 해도 잘 안 된다는 경험칙이 이런 속설로 나온다. 물론 대개 그렇다는 것이지 그렇다고 성공률이 아주 없지는 않다. 개인에 따라 되든 안 되든 해 보는 것은 자유이다. 그러나 어떤 것은 너무나 명백해서 개인이 시도하면 웃음거리가 된다.

송양지인(宋襄之仁)이라는 고사가 있다. 중국 춘추시대 송나라 양공은 초나라와 강을 하나 사이에 두고 대치했다. 초나라가 바로 도착하여 어수선하니 한 신하가 적이 전열을 다듬기 전에 공격하자는 계책이었다. 송 양공은 점잖게 신하를 꾸짖었다. "옛말에 군자는 이미 상처 입은 자를 다시 다치게 하지 않으며 머리가 반백인 자를 사로잡지 않는다 했소...... 내 비록 망한 나라의 자손이지만 어찌 정렬하지도 않은 적을 칠 수 있단 말이요." 이렇게 어진 말을 남긴 송 양공은 강한 초나라에 패하고 자신도 그 전투에서 입은 상처로 다음해 죽고 말았다. 세상 사람들은 그의 어리석음을 비웃었다. 이후 중국에서는 전쟁에서 이와 비슷한 언행을 했다는 군주나 장수는 들어보지 못한다. 이 경우 역사의 교훈이 확실했다. 경험칙이 너무나 명백하여 어떤 개인도 다시는 시도해 보지 않는다.

한국이 이제 선진국으로 진입하고 세계무대에 본격적으로 나가게 된 요즈음 우리에게는 국제사회에서 통용되는 경험칙의 이해가 부족하여 종종 낭패를 보는 수가 있다. 한국 내에서는 통용되는 것들이 국제사회에서 먹히지 않음을 발견하고 놀라게 된다. 그렇게 되면 우리의 사고, 우리의 방식에 지나친 자신감으로 국제사회에서 쓰는 방식이 옳지 못하다 여기고 우리의 방식을 고집하는 경우가 많다. 그러나 이것은 옳고 그름의 문제가 아니다. 국제사회에서도 인정받고 우리의 목적이 달성되기를 바란다면 국제방식을 따라야 한다. 성공하면 옳은 것이 되고 실패하면 그른 것이다. 여기 4가지 예를 들어본다. 하나하나 작은 것부터 큰 것, 덜 심각한 것에서 더 심각한 것, 개인적인 것에서 국가적인 것, 동정이 가다가 점점 동정이 사라져가는 순서로 나아간다.

1. 철의 요리사

미국의 케이블 방송 중에 요리방송이 있다. 예상을 뒤엎고 꽤 성공을 거둔 채널이다. 최근까지 인기를 끌고 장수한 〈철의 요리사(Iron Chef)〉라는 프로그램이었다. 동명의 일본 프로그램을 따와 비슷하게 진행하였다. 두 명의 요리사가 나와 승부를 겨룬다. 심판은 요리 평론가 연예인들로 구성된다. 일본 프로그램도 영어로 더빙하여 간혹 보여주었다. 한번은 일본 프로그램에 한국 요리사가 한복을 입고 나와 땀을 뻘뻘 흘리며 경쟁을 하길래 끝까지 시청하였다. 한참 보다가 필자도 땀을 흘리기 시작했다.

그 프로그램은 일본 요리사에 프랑스 요리사나 중국 요리사가 도전해서 경쟁하다가 결국은 일본 요리사가 이기는 프로그램이었다. 일본의 '국뽕' 프로그램이다. 일본에서는 프랑스 요리를 세계에서 으뜸가는 요리로 친다. 프랑스에서 온 한 요리사는 일본서 대단한 인기를 끌었다. 이 프랑스 요리를 거의 대부분 일본 요리가 이긴다는 스토리다. 간혹 중국 요리사가 나온다. 프랑스도 아니고 중국 요리사가 일본 요리사를 이기는 시나리오는 거의 쓰지 않는다. 시나리오가 없었을 수도 있다. 그러나 심판관들의 판결은 거의 시나리오가 써져 있는 것과 마찬가지이다.

우선 한국 요리사를 끼워준 것부터 일본 방송에서는 크게 생색낸 것일지도 모른다. 당시 그래도 일본이 한국에 친해 보고자 노력했던 정치적 상황이 있었는지 모르겠다. 문제는 한국의 요리사가 일본을 이겨보고자 너무 애쓰는 데 있었다. 애쓴다는 표현은 최소한도로 삼가해서 말함이다. 한일전을 치르는 우리의 축구선수들 같았다. 심판진을 포함한 프로그램 관계자들은 한국 요리사의 태도에 점점 불편해 하고 있었고 필자도 땀을 흘리기 시작했다. 결국은 예정대로 일본 요리사의 승리로 끝났고 한국 요리사는 한일전에서 진 축구선수들이 그라운드를 떠나는 것처럼 방송을 떠났다. 필자의 마음은 찡했다. 여기 나오는 4개의 예에서 유일하게 가슴이 아팠고 개인적으로 안됐다는 생각이었다.

그러나 아무리 반일감정에 충만했더라도 분위기를 파악하고 거기에 맞추었어야 했다. 이순신처럼 이기는 전쟁을 해야지 원균처럼 무모하게 돌격했다 전멸하면 안 된다. 분위기가 일본 뽕 분위기면 가지를 말았던가, 갔으면 그 분위기에 맞추어야 했다. 져도 큰 치욕이 아니다. 장렬하게 전사해야 할 필요는 없다. 김어준의 〈뉴스 공장〉에 가서 박대통령을 칭찬하고 싶으면, 적당히 의견을 피력하고 승부에서는 지는 것을 받아들이고 웃으며 나와야 한다. 이 한국 요리사가 반일 정신에 충만하여 나라의 운명을 양 어깨에 지고 분투하는 모습에서 필자는 문득 북한 사람들을 떠올렸다. 한복을 입고 나와서 더욱 그랬는지 모르겠다. 어떨 때는 남한 사람들이 북한 사람들처럼 보여 깜짝 놀랄 때가 있다. 같은 국민임은 확실하고 역시 피가 통한다. 현재 국민들을 몰아가는 한국의 반일감정 고취와 구호는 북한의 반미감정 고취와 구호를 방불케 한다.

2. 윤정희 치매

　2021년 2월 치매를 앓고 있는 여배우 윤정희가 프랑스에서 배우자 피아니스트 백건우와 딸의 방치 속에 홀로 투병 중이라는 청와대 청원이 게시됐다. "윤정희를 살려주세요."라는 애원은 모두의 관심을 끌었다. 윤정희는 한때 많은 국민의 사랑을 받았던 한국 최고의 여배우 중 하나가 아니었던가. 청원자는 윤정희의 형제들로 밝혀졌다. 형제들은 윤정희가 프랑스에서 방치되어 감옥같은 생활을 하고 있다고 주장했다. 그러자 곧 백건우의 반박과 그들과 친하다는 사람이 나타나 청원 내용은 사실이 아니라는 증언이 나왔다. 여기서 2019년 5월 윤정희가 파리로 돌아가고(백건우가 강제로 끌고 가고) 바로 분쟁이 시작되어 형제들은 프랑스에서 두 차례 소송을 걸었고 2020년 11월 파리고등법원의 최종 판결과 함께 항소인들의 패소로 마무리된 일이 밝혀졌다.

　어느 미디어에 파리고등법원의 최종 판결문이 간략하게 번역되어 실렸길래 흥미를 가지고 읽어보았다. 거기에는 물론 원고와 피고의 입장, 판사의 상황판단과 판결이 나와 있었다. 어처구니 없는 재판이었다. 판결문을 읽다보면 도대체 이런 사건이 어떻게 2심인 고등법원에까지 올라왔나 하는 판사의 탄식이 느껴진다. 법원의 입장에서는 치매에 걸린 노인의 적법한 후견인(남편과 유일한 자식인 딸)이 그들이 할 수 있는 최선의 보살핌을 펴고 있는데 외국에서 온 형제들이 이에 이의를 제기하고 자기네가 데리고 가서 보살피겠다는 것이다. 당연히 피고인의 손을 들어주었다. 고등법원 판결까지 1년 남짓 걸렸으면 유례없이 빠른 재판이었다. 재판 자체가 구미사회에서 상상하기 힘든 재판이었다. 여기서 이의제기가 가능하려면 후견인이 적법하지 않다고 증명해야 하고 보살핌이 그야말로 최악임을 증명해야 한다.

후견인부터 살펴보자. 이 경우 남편과 유일한 자식은 법적으로 윤정희에게 가족의 전부이다. 한국에 살고 있는 형제들은 우선 해당 사항이 없다. 남의 일에 끼어든 것이다. 한국의 대가족 관념을 핵가족 구미에 가지고 갔다. 한국에서도 이런 대가족 관념이 아직 남아 있는 지도 의문이다. 다음 그 남편과 딸은 보통 사람보다도 더 가깝고 아끼는 가족들이다. 정서적으로도 형제들이 낄 곳이 없다. 한국에서도 남편과 딸이 하는 일을 형제가 끼어들 수 있는지 모르겠다. 그리고 여러 증인들의 기록이 있다. 그동안 간간히 전해온 소식으로 두 부부가 유난히 가까운 사이임은 잘 알려져 있다.

다음 윤정희에 대한 보살핌은 프랑스 기준에서 합격이다. 남편은 아직도 연주를 다녀야 하기에 하루 종일 보살피지 못하지만 딸이 가까이 살며 자주 들른다. 매일 간병인이 와서 보살피고 퇴근한다. 형제들의 이의 제기는 남편이나 딸이나 간병인이 24시간 간병하시 않는다는 것인데 남편도 24시간 간병하지 못하고 프랑스 법에서 간병인은 낮에만 일해야 한다. 그런 법이 생길 때는 다 이유가 있다. 24시간 먹고 자는 제도의 폐해가 컸기 때문에 그런 법이 생겼다고 보아야 한다. 24시간 간병이 필요한 사람은 그런 사람을 보살피는 곳이 따로 있다. 그 곳으로 가면 된다.

보통은 이런 사건에 재산문제가 끼어들게 마련이다. 여기서는 형제들이 재산과는 상관없는 일이고 피고인 측에서도 이를 굳이 거론하지 않는 것으로 보아 일단 재산이 결부되지 않는 것으로 본다. 그야말로 순수하게 형제의 안위가 걱정이 되어서 형제가 제대로 보살핌을 받지 못한 아쉬움과 분노에서 일어난 일이라고 상정하자. 그러나 24시간의 간병은 프랑스 법원의 입장에서는 고려 대상이 안된다. 형제들의 예단은 한국이라면 그렇게 방치하지 않는다는 것인데 이것이 이 사건에서 형제들 편을 들기가 어려운 점이다. 한국이고 어디고, 자식이고 형제고 오랫동안 치매노인을 돌보지 못한다. 개인적인 예를 들어 미안하기는 하지만 한국 내에서는 혹시 통용될지 몰라도 국제사회에서는 통용이 안되는 것들이 있다는 것을 알 필요가 있다. 이 경우에는 한국에서도 통용되는지 의문이다. 이런 문제로 끝까지 법적으로 가는 것도 문제가 아닌가 싶다. 이 형제들은 다시 한국서 재판을 하겠다 한다. 국제사회를 좀 더 이해하고, 어떤 소기의 목적을 달성하려면 어떤 것이 바람직한 태도인가를 생각하게 하는 예로 적절하다 싶어 들었다.

3. 올림픽 중계 참사

　MBC는 2021년 하계 도쿄올림픽 개회식 중계에서 각국을 소개할 때 각 나라가 처한 상황을 한 마디로 압축시킨 자막을 넣어 시청자에 대한 서비스를 하였다. 우크라이나 선수단이 입장할 때 체르노빌 원자력발전소 사진을 쓰고, 아이티를 소개할 때는 폭동 사진과 함께 "대통령 암살로 정국은 안갯속"이라는 자막을 내보냈다. 남태평양 마셜 제도는 "한때 미국의 핵 실험장"이라고 소개했고, 아프가니스탄 선수단이 입장할 때는 마약 원료인 양귀비를 옮기는 사진을 내보냈다. 해외 주요 외신들은 "모욕적이고 무례한 중계"라고 비판했고 국내언론은 "참사"라고 했다. 이것은 우연한 사고인가 아니면 한국에서는 통상 관용으로 용납될 수 있는 것이 국제행사였기 때문에 문제가 된 것인가. 국제간의 정치적 민감성이 없었고 상대의 배려에 둔감한 것이 개인의 의식인가 아니면 우리 전체의 지배적인 사고방식인가. 해외의 반응이 없었으면 그대로 넘어 갔었을까.

　우선 중계를 설계한 PD가 예능 담당을 하다 올림픽 중계를 했기 때문에 예능에 항용 들어가는 위트있는 자막을 무심히 집어넣었다고 보는 관점이 있을 수 있다. 한국 예능은 자막에 끌리는 시청자가 많은 현상을 무시 못 한다. 이것은 PD의 판단이 문제된다. 그런 서비스가 국제사회가 어떻게 받아들일지를 생각했었어야 했다는 비판에서 자유롭지 못하다. 간부들도 미리 중계 형식을 보고 통과시켰다 하니 PD의 판단과 동시에 간부들의 판단으로 넘어간다. 간부들의 직무유기였을까. 그러나 선진국이 된 한국의 유수 TV 방송국의 간부들이 이런 식으로 일 안하고 모든 일을 아래 사람들에게만 맡기지는 않았을 것이다.

결국은 PD나 간부들에게는, 한국 사람들에게 자연스럽게 통용되는 이런 자막 메시지가 국제사회에서도 크게 문제될 것으로 보이지 않았다는 결론이다. 한국 사람들에게 자연스럽게 통용되는 것은 내용이 어찌 되었든 한마디로 신속하고 간결하게 사물을 또는 개인을 정의하는 속칭 '딱지 붙이기'이다. 상대방을 고려하는 개념은 아직 잘 형성이 안되었다고 보아야 한다. 조금 전에 나온 '3대조가 영의정' 등은 우리의 오랜 전통인 딱지 붙이기의 가장 대표적인 예이다. 문제는 한국인들이라면 당연히 받아들이는 이러한 딱지 붙이기가 불행히도 다른 선진국에서는, 국제사회에서는 우리나라에서 처럼 당연하지 않다는 사실이다. 상대방을 고려해야 했다. 한국 사람에게는 솔직하고 신속한 딱지 붙이기 서비스가 국제사회에서는 무신경, 무례, 모욕으로 비추어 진 것이다.

올림픽 몇 개월 후 방송통신 심의위원회는 이 방송참사에 대해 행정지도인 '권고'를 결정했다. 사실상 징계를 안 하겠다는 것이다. 야당은 이것이 솜방망이 제재라 했고 더 문책을 해야 한다고 했고 언론도 이에 동조했다. 이 경우에는 당사자들을 중징계 안 한 것은 잘한 것으로 본다. 이들의 실수로만 몰아가면 이 사건은 이대로 끝날 수밖에 없게 된다. 개인의 징계 대신 우리의 의식이 국제사회의 기준에 맞추어 질 수 있도록 경각심을 가지는 계기가 되어야 한다. 필요하다면 제도적인 뒷받침도 있어야 한다. 담당 PD나 간부들은 그저 일반의 인식을 반영했을 뿐이다. 궁극적으로 문화의식 문제인데 담당자 징계가 무엇이 필요한가.

4. 문재인 외교

　　문재인 정부는 외교를 이념의 실천현장으로 여긴다. 외무부의 전문성은 무시되고 대통령이나 청와대 참모진들의 비전문적인 외교가 펼쳐진다. 2018년 취임 2년 차에 문재인은 유럽을 순방하고 다니며 북한의 제재를 풀어줘야 한다고 역설했다. 유럽이 미국과 트럼프 때문에 사이가 좀 벌어졌으니 이 참에 유럽을 우리 편으로 끌어들이겠다고 나섰다가 웃음거리가 되고 말았다. 유럽 정치인들은 무슨 이런 사람이 다 있나 하는 반응이었다. 유럽의 어떤 언론은 문재인을 동키호테라 불렀다. 점잖은 유럽 언론이 동키호테라고 부른 것은 사안이 심각함을 알린다. 유럽 감각으로 동키호테는 한국식 거친 표현으로는 '또라이', 옛날 군대 용어로는 '고문관' 정도 된다. 요사이는 어떤 말을 쓰나 인터넷을 뒤져 보았지만 찾지 못했다. 무식한 옛날 표현밖에는 생각이 안 난다. 이 개념 자체가 없어지지는 않았을 텐데 왜 용법을 찾지 못했을까 궁금하다.

　　우선 북한의 핵무기는 미국의 입장에서는 한국과 상관없는 일이다. 전 지구적으로 핵 확산을 필사적으로 막는 일이 미국의 임무이다. 미국이 어떻게 할 수 없는 나라들은 그럭저럭 넘어갔지만 그 밖의 나라는 미국이 결코 용납하지 않는다. 북한은 너무 커서 허용할 수 있는 나라(중국, 인도)도 아니고, 너무 작아 당장 요절 낼 수 있는 나라(이라크, 리비아)도 아니다. 이란과 더불어 어르고 달래고 겁주고 하여 어떻게 해서는지 핵을 포기시켜야 하는 나라이다. 필요하다면 선제공격을 할 것을 항상 염두에 두고 있다. 미국의 기본입장은 확고하다. 한국이 아무리 북한과 형제나라이니 잘 봐달라 북한을 편들어도 미국의 입장은 바뀌지 않는다. 이 문제에 대해 세계 여러 나라들은 한국이 도대체 지금 무얼 하는지 모르겠다고 의아해 한다.

　미국의 우방들에게(부하들에게) 미국의 등 뒤로 돌아가 핵무기에 대한 미국의 정책에 반하는 사항을 설득하겠다고 나선 것은 국제정치에서는 황당한 일이다. 전쟁 중 적의 적을 설득해서 적과 싸우도록 할 때 쓰는 수법을 들고 나왔다. 마피아 두목이 들었다면 한국의 행동에 혀를 찰 일이다. 골목대장 놀음에서는 대장에게 작살이 날 수 있는 상황이다. 다시 말해 유럽은 북한문제에 있어서는 미국에 전적으로 찬동하는 입장이다. 유럽이 미국과의 관계에 약간 사이가 벌어졌어도 문재인의 설득에 넘어가서 미국의 대북한 전략을 비판하거나 바꾸어 줄 의사도 능력도 없다. 도대체 대북정책은 유럽에게는 상의와 설득 대상이 아니다. 문재인 정권에서 어떻게 이런 발상이 나오고 이것을 외교의 목표로 삼았는지 이해가 가질 않는다.

　국제관계에서는 약육강식 힘의 논리가 상식인데 전쟁을 하다가 끝나지도 않았는데 아직도 적대하는 세력을 갑자기 뜬금없이 같은 민족이라고 나선다. 그것도 지금 북한의 핵무기가 달려있는 상황인데 갑자기 북한에 퍼주기를 하겠다고 도와달라 하니 국제정치 상식으로는 있을 수 없는 일이다. 진보정권의 무능의 한 예이다. 진보의 문제보다도 무능의 문제이다. 이념에 기울어지다 보면 현실과 동떨어진다. 특히 외교와 군사 안보 면에서는 전문성이 결여된다. 비현실적인 방향을 이념으로 미리 정해두니 위험하다. 국제정세와 안보는 한비자, 손자병법, 마키아벨리 그리고 마피아와 조폭의 세상이다. 국제정치에 어설픈 이념이 들어가서는 안 된다는 것을 조선의 역사적 교훈으로 알았어야 했다. 조선의 대만주 대청 외교를 방불케 한다. 조선 사대부들은 알 수 없었던 교훈이었지만 오늘날 한국의 진보 정권은 알고 있었어야 했다. 지금도 모른다면 누군가 가르쳐 주어야 한다.

준비운동

이제 본격적으로 역사의 교훈을 찾는 훈련을 해보자. 먼저 준비운동부터 하자. 앞에서 논의된 것과는 다른 각도에서 하는 가벼운 준비운동이다. 앞서 논의된 통계와 명제의 논리 등은 이상적인, 교과서적인 준비과정이다. 현실에서는 교과서에서 배운 것은 잘 나오지 않는다. 이론을 배우고 세상에 나가면 다른 현실이 기다리고 있다. 경영학 이론을 잔뜩 배우고 직장에 들어가니 선배들 커피 시중하고 문서 복사만 하고 있다는 불평을 선배들로부터 들어봤을 것이다. 교과서적인 훈련이 아무 소용없다는 말은 아니다. 수준 낮은 일을 하더라도 높은 수준의 소양은 배경에 있는 것이고 이 소양이 빛을 발할 때가 있을 것이다. 여기서 나오는 준비운동은 직관의 문제이다. 직관을 훈련한다고 보면 된다.

역사를 볼 때 어떻게 보아야 한다는 법칙은 없다. 우물 안에서 바깥을 내다보는 것도 한 방법이다. 보통은 딴 방법을 알지 못하기 때문일 때가 많다. 우리의 입장에서 가장 간단하고 유용한 방법은 역사를 가능한 한 멀리 떨어져서 보는 방법이다. 육체적으로 멀리 떨어지기 어려우니 그렇게 가정하라는 뜻이다. 화성에서 온 외계인이라고 생각하고 사람들의 행동을 관찰하자. 이 방법은 역사의 교훈을 얻는데 유용하다. 왜냐하면 넓은 시야에서 긴 시간대를 볼 수 있기 때문이다. 짧은 시간대에서는 경우의 수가 적다. 더 넓게 더 오랜 시간을 보는 것은 통계적으로 의미 있는 결과를 낳는다. 더 넓게 더 오랜 시간으로 보면 자연히 객관적이 된다.

역사를 보며 의식적으로 객관성을 유지하고자 노력할 필요가 있다. 예를 들면 네안데르탈인에 관한 연구는 얼마 전까지 아주 객관적이었다고 할 수가 없었다. 현대인(Homo Sapience)의 후손인 우리는 아무래도 우리 조상과 경쟁관계였던 네안데르탈인에 대해 우리 조상처럼 애정을 가지기가 힘들었다. 일반인(서양인을 말한다)에게는 무기를 어깨에 걸치고 여자의 머리채를 잡고 질질 끌고 다니고 행동이 거친 야만인의 이미지가 있었다. 머리가 나빠 현대인과의 경쟁에서 밀려 자연히 도태되었다는 설명을 당연하게 여겼다. 그러나 최근에는 현대인과 네안데르탈인은 어느 정도 피가 섞이고 그들의 멸종은 우리가 생각했던 것보다 더 복잡하게 진행되었다고 믿을 만한 근거가 여기저기서 나타났다. 네안데르탈인을 보는 시각이 어느 정도는 전보다 객관적이었기에 연구의 진전이 가능했다고도 볼 수 있다.

벌집을 관찰한다고 생각하자. 우리는 개개의 벌들의 스토리보다는 전체로서의 벌들이 어떻게 번성하고 어떻게 다른 지역으로 식민지를 개척해 가는가를 본다. 한 세대에 얼마나 자주 식민지 개척을 시도하고 얼마만큼 멀리 가며 성공률은 얼마인가를 본다. 출중한 여왕벌과 평범한 여왕벌의 능력 차이에는 상대적으로 관심이 없다. 객관적인 태도를 지키기 위해 개개의 벌에 애정을 두지 않고 벌들을 대하는 태도도 양봉업자의 입장조차 벗어나고자 노력한다. 벌을 키우는 사람의 입장은 아무래도 벌에서 꿀을 많이 얻어야 하는 기업인의 입장에서 벗어날 수 없기 때문이다. 사람 사는 사회를 마치 벌집을 관찰하듯 보자는 이야기이다.

그러나 이렇게까지 필사적으로 객관성을 추구해도 한계는 있다. 현실에서는 어떤 이론도 백 퍼센트 작동하지는 않는다. 우선 우리는 벌들을 관찰하는 이유가 인간과 연관지어 역사의 교훈을 얻기 위한 것이기에 양봉업자처럼 우리도 어떤 목적이 있기 때문이다. 거기에서 자유로울 수가 없다. 아무리 우주인처럼 인간을 쳐다본다고 하여도 우주인의 입장이라는 것이 있다. 객관적이되 객관의 한계를 알고 있으면 좋다.

20세기 초 유럽에서 동물행동학이 발달하기 시작했을 때 이 새로운 분야의 선구자들은 관찰대상인 동물과 관찰하는 인간과 거리를 두어야 한다고 생각했다. 동물을 인간의 관점에서 보는 경향 즉, 의인화(擬人化, anthropomorphism)를 막아 보겠다는 의도였지만 지나친 면이 있었다. 동물에게 지나친 접근을 막고 심지어 동물을 사람의 이름으로 부르는 것조차 금했다. 1930년대 일본은 동물행동학에 상당한 진전을 보았다. 한국에서는 없어진 원숭이가 일본에 많이 남아 있어서 원숭이를 대상으로 하는 동물학에 유리한 점도 있었다. 또 하나는 원숭이를 대하는 데 있어 유럽 학자들과 달리 인간이 원숭이와 좀더 가까워지고 익숙해지면서 그 행태를 좀 더 쉽게 파악할 수 있었다. 일본인들은 원숭이에게 사람 이름을 지어주며 사람처럼 대접해주었다. 우리에게도 침팬지 연구로 잘 알려진 제인 구달(Jane Goodall)은 침팬지와 가족같이 어울렸다. 구달은 처음에 유럽 학계에서 이단시 되었었다.

결론은 가급적 객관적으로 보되 궁극적인 객관성은 기대하지 말라는 것이다. 역사에 있어 실증주의와 상대주의 논쟁이 다시 재현된다. 여기서 한 가지 제안이 있다. 현실적으로 이 문제를 쉽게 해결할 수 있는 간단한 테크닉이 있다. 준비운동이란 이 테크닉을 말한다. 내 나라 역사는 남의 역사처럼 보고 남의 역사는 내 나라 역사처럼 보는 것이다. 스포츠에서 "실전은 연습처럼 연습은 실전처럼"과 일맥상통한다. 내 나라 역사를 항상 남의 역사처럼 보자는 것은 아니다. 국뽕 역사도 효용성이 있다. 단지 국뽕으로 보아야 할 때가 있고 객관적으로 보아야 할 때가 있다. 두 가지를 꼭 양자택일할 필요는 없다.

우리가 할아버지를 기억하고 남에게 할아버지의 일생을 이야기할 때는 할아버지의 좋은 점만 이야기한다. 할아버지가 한때 사기꾼이었다는 것을 굳이 남에게 이야기 할 필요가 없다. 누구나 인생에 어두운 구석은 있다는 것을 사람들은 이해한다. 어려운 시절 식구들 먹여 살리고자 조금 부끄러운 일을 할 수도 있다. 여기서 굳이 객관적이어야 한다고 할아버지의 어두운 과거를 파헤칠 필요는 없다. 남에게 이야기할 때 할아버지의 역사는 국뽕의 역사이다. 할아버지의 일생을 객관적으로 볼 때가 오면 그때 객관적으로 보면 된다.

개인의 역사도 마찬가지이다. 나는 우주의 중심이고 모든 것은 나를 중심으로 돌아간다. 내가 없어지면 우주도 없다. 나의 역사는 나의 모든 것이고 더할 나위 없이 소중하다. 그런 점에서 인간은 모두 조금씩 나르시시즘을 가지고 있다. 가지고 있어야만 한다. 자중자애(自重自愛)는 험한 세상을 살아가는 생활의 지혜이며 인류가 멸망하지 않고 생존케하는 본능이다. 이것이 약간 잘못되면(호르몬 분비의 밸런스가 잡히지 않는다거나) 우울증에 빠진다. 우울증의 증상 중 하나는 자신의 잘못과 세상에서 잘못되고 있는 모든 것들을 잊어버리지 않고 되풀이 생각함(Ruminating)이다. 증상이자 원인이다. 기억력이 좋은 사람들이 우울증에 빠질 가능성이 조금 높다. 기억력이 나쁜 사람들은 이런 의미에서 축복받았다. 우울증에 빠지는 사람들은 우리에게 꼭 필요한 나르시시즘이 없는 사람들이다. 자신만의 국뽕 역사관을 확립하지 못한 사람들이다.

중국 역사상 강성한 북방 유목민 군주에게 시집간 여인은 많았겠지만, 그중에서 유명한 인물은 한나라 때 흉노로 건너간 왕소군(王昭君)과 당나라 때 토번(티베트)으로 시집간 문성공주이다. 문성공주는 당나라 황제의 친척이었다. 티베트 최초로 통일왕국을 세운 송첸캄포의 아들에게 시집을 보냈다. 남편이 죽은 후 시아버지인 송첸캄포와 재혼하여 해로했다. 쇼크를 받을 필요는 없다. 그럴 수도 있는 유목민족의 풍습이다. 가족 중 홀로 된 여자는 가까운 남성이 보살피는 제도이다. 고구려의 형사취수(兄死娶嫂) 제도를 생각하면 된다. 이슬람에서 4명까지 부인을 허용하는 것은 옛날 비슷한 취지의 풍습이 남아있는 것으로 볼 수 있다. 문성공주는 토번에 중국차를 도입한 공으로 후대에 칭송된다. 불교도 같이 가져갔다는 것은 아마 중국 쪽에서 후대에 덧붙인 것이리라. 차(茶)까지는 몰라도 불교는 이미 인도에서 전파되었었다.

문성공주가 비교적 화기애애하게 시집살이 한 것에 비해 왕소군은 눈물을 뿌리며 오랑캐 땅에 끌려간 것으로 후세에 기억된다. (여기 왕소군 이야기는 모 일간지에 연재하고 있는 〈김호동의 실크로드에 길을 묻다〉에서 대부분 가져왔다.) 이백(李白)의 시가 대표적이다. "…… 붉은 뺨에 흐르는 눈물. 오늘은 한나라 궁인이지만, 내일 아침이면 오랑캐 땅의 첩이 되리라." 여기서 '오랑캐의 땅'으로 끌려가는 한 여인의 슬픔이 짙게 배어 나온다. 다른 이미지도 있다. 송대 왕안석(王安石)은 "한나라의 은혜는 실로 얕지만 오랑캐의 은혜는 깊어라. 인생의 즐거움은 서로의 마음을 알아주는 데에 있다네……"고 했다. 오랑캐에게서 오히려 은혜를 입었다는 것이다. 왕안석의 평가는 정치적인 의도가 들어가 있다. 어지러운 송나라의 정치는 개혁을 하지 않으면 중국의 인재를 북방 유목민족이 데려갈지도 모른다는 해석까지 가능하다.

대부분의 진실은 양극단 어딘가 중간에 있기 마련이다. 《후한서》 기록에는 다음과 같이 나온다. 왕소군은 원래 양가의 자녀로 태어났는데 나이 열아홉에 궁녀가 됐다. 여러 해 동안 황제를 만날 기회를 얻지 못하던 차에, 마침 흉노의 군주 호한야에게 시집 보낼 궁녀를 물색한 다는 이야기를 듣고 자신이 가겠다고 자원하고 나섰다. 그때 왕소군을 처음 본 황제는 미모에 놀라 보내지 않기를 바랐지만, 흉노에 대한 신의 때문에 그녀를 보낼 수밖에 없었다. 정사에도 나와 있는 이야기가 민간에는 눈물을 흘리며 오랑캐에게 끌려간 것으로 각색되었다.

중국인은 그렇다 하더라도 한국인이 "오랑캐에 끌려가는 ……"에 같이 감상에 젖어 눈시울을 적시는 것은 어색하다. 한국인은 유목민족의 후손이다. 중국 문화를 받아들이고는 자신과 뿌리가 같은 유목민족을 '오랑캐'로 멸시하고 있었다. 중국이 궁녀를 바쳐야 할 정도로 흉노의 위세가 크다면 거기에서의 생활도 풍족했음이 틀림없다. 6·25를 전후하여 '동방예의지국' 한국보다 '금수(禽獸) 같은 나라' 미국이 더 잘살고 있었다. 1950년 당시 한국여인이 미국사람과 결혼한다고 "…… 붉은 뺨에 흐르는 눈물. 오늘은 한국 사람이지만, 내일 아침이면 오랑캐 땅의 첩이 되리라."라고 하지는 않았을 것이다. 왕소군도 역시 그렇게 하지 않았다.

우리는 자신의 자랑스러운 역사를 간직하지만 때로 필요에 따라 객관적으로 자신을 돌아볼 줄 안다. 상급학교에 응시할 때, 직장을 선택할 때 자신의 위치와 능력을 객관적으로 저울질해 볼 기회가 있다. 우리는 본능적으로 이중 잣대를 가지고 있기에 그때그때 필요한 잣대를 꺼내 쓴다 다만 남의 나라 역사를 대할 때 그 나라의 입장에서 생각하는 훈련이 안되어 있다. 오히려 거꾸로 남의 역사를 편견을 가지고 보는 문화적 훈련을 쌓아왔다. 미국에서 자라는 미국 아이들은 초등학교 저학년 때는 별로 다른 인종에 대한 의식이 없다. 그러나 고학

년으로 올라가며 서서히 인종차별의 인식이 들어오다가 중학교에 들어갈 때쯤 해서는 기성세대 수준으로 올라간다. 자신이 개발한 의식이 아니고 기상세대에게 배우는 문화적 사회적 학습의 결과이다.

근자에 들어 한국에서는 자라나는 세대가 일본에 대한 적개심을 강도 높게 배우면서 점점 과격해진다. 기성세대의 정치적 감성팔이에 노출된 한국 청소년들은 우리에게 필요한 만큼의 반일감정을 훨씬 넘어 당장이라도 일본과 한판 붙자는 기세를 보인다. 이 책이 일본역사에 혹시 관심을 보인다면 그것은 그저 관련성 있는 역사의 예에 하나라도 더 집어넣고 싶은 욕심에서이다. 일본은 부분적으로 같은 문화권에 있고 불쾌한 접촉을 몇 번 한 적이 있는 이웃나라이다. 다른 나라보다 우리의 역사적 관심사항에 오를 것이 많은 나라이다. 혹시 일본에 관한 긍정적인 것이 나오더라도 이는 현재 한국의 일본 취급이 지나치게 부정 일변도이기 때문에 균형을 잡기 위한 것으로 이해하기 바란다.

필자는 일생을 통해 잠깐 전문적인 입장에서, 대부분 아마추어 입장에서 많은 나라의 역사를 읽었다. 짧지 않은 역사읽기 커리어에서 가장 기이한 것은 한국의 식민사관 논쟁이다. 해방 후 70년이 넘는 동안 학계를 장악한 세력이 명백히 일본 국뽕 역사인 일본 식민사관을 붙들고 놓지를 않고 있다. 그동안 겉으로는 식민사관을 극복하였다고 하나 자세히 들여다보니 아주 중요한 초점, 즉 한사군 위치 임나가야 등은 한 치의 양보도 없이 종래의 관점을 유지하고 있다. 도대체 이해가 가질 않는다. 앞에서 예를 든 할아버지 역사에서 기를 쓰고 할아버지의 나쁜 점을 역사에 쓰고 있다. 그 나쁜 점이 사실과도 맞지 않는다. 할아버지를 어떻게 해서든지 폄훼하려고 사실을 왜곡하여 쓴, 원수가 쓴 할아버지 전기를 조금 고치는 척하며 지금도 버젓이 할아버지의 역사로 내세우고 있다.

　식민사관을 놓지 않는 것이 기이하다는 것이 아니다. 식민사관 논쟁이 좌우이념의 대립으로 그 연장선상에 있었던 것으로 잘못 알고 있었기 때문에 기이하게 보였다는 것이다. 친일청산을 외치는 진보세력은 당연히 식민사관 청산을 주장하고 친일세력이 아직도 잔존하고 있다는 보수세력은 아무래도 식민사관을 옹호하는 줄 알았다. 현실은 그게 아니었다. 기이하다고 생각한 것은 실상을 잘 몰라서였다. 이 책의 입장에서도 흥미 있는 주제이기 때문에 자세하게는 제3장에서 다루고자 한다. 앞으로 나올 여섯 가지 예는 그 자체로 하나의 짧은 역사서이지만 몇 개 는 제2장 과 제3장에 나오는 논의의 자료들도 된다.

〈예 1〉

외적의 침입

한국은 긴 역사를 통하여 외적의 침입을 많이 받았다. 적어도 그렇게 배웠고 우리가 혹시 한국역사를 자랑스럽게 생각지 못한다면 그 원인 중 하나가 외침의 역사이다. 그러나 '많이'는 상대적인 단어이다. 어디와 비교하여 '많이'인가. 세계 역사의 침략사를 잠깐 살펴보아도 많은 나라들이 우리 못지않게 외적의 침입에 시달린 것을 쉽게 알 수 있다. 인도, 중국, 이집트, 중동지역, 문명의 발상지는 거의 다 해당되고 비잔티움 제국 등 많은 거대한 제국들도 자신의 정벌이 끝나면 이후 당연히 외적의 침입을 겪는다. 동서교섭의 길목에 위치한 아프가니스탄의 외적 침입사는 기록적이다. 대략 크고 작은 외침이 200번 정도가 넘는 것으로 알려져 있다. 아프가니스탄은 얼마 전 소련의 침공에 이어 지금은 미국과도 싸워 물리쳤다.

대부분의 나라가 자기네를, 최소한 세계기록은 아닐지라도 외국의 침입을 많이 받은 나라로 기억한다. 영국에서 길가는 시민을 붙잡고 물어보면 역사에 약간이라도 관심이 있는 시민이라면, 큰 어려움 없이 로마인, 앵글로 색슨, 바이킹, 데인스(덴마크인), 프랑스 노르만족, 프랑스와 연합한 스코틀랜드인, 스페인 무적함대, 독일의 공습 등이 줄줄이 나올 것이다. 터키, 이란, 이라크, 폴란드, 이스라엘 같은 곳에 가서 물어보면 더 오랜 기억, 더 다채롭고 더 감정적인 반응이 기대된다.

한국의 수난이 대수롭지 않다는 주장은 아니다. 우리만 겪은 것이 아니고 대다수의 나라가 공유하고 있는 경험이라는 것이다. 외침은 민족과 국가의 생존에 주어진 조건이었다. 중요한 것은 외침에 어떻게 대처했고 이 경험에서 무엇을 배웠는가이다. 조선의 경우는 사실은 잦은 침입이 아니고 오히려 침입이 없었던 오랜 평화기간이 더 인상적이다. 두 번의 왜란과 두 번의 호란을 빼면 조선 건국(1392) 후 임진왜란(1592)까지 200년, 병자호란(1636)부터 서구열강과 일본의 침입이 시작된 시기(1866)까지 230년. 한 왕조에서 전후 200년씩의 평화를 구가한 것은 놀라운 일이다. 두 개의 중국 왕조가 대규모 외적의 침입을 전혀 받지 않은 것과 같다. 여기서 조선 초기 소규모 왜구의 출몰과 여진족과의 마찰은 제외했다. 아마 지나치게 오래 지속된 평화 때문에 외적의 침입이 더 기억에 남고 이를 등한시하게 된 원인일 수도 있겠다.

외침의 역사에서 무엇을 배웠는가. 우선 내분이 있다. 나라의 흥망을 놓고 적과 싸울 때 내분이 일어나면 치명적이라는 것은 인류의 역사에서 고금을 막론하고 거듭 나오는 교훈이다. 남북전쟁 직전 링컨의 연설로 유명해진 "분열된 집은 지탱할수 없다."는 미국사람들에게 익숙한 역사의 교훈이 되었다. 조선은 임진왜란을 앞두고 당파싸움이 격화되었다. 특히 정여립 옥사 사건을 다루는 과정에서 정철을 중심으로 한 서인들이 동인들을 지나치게 과격하게 처벌한 것은 이후 조선 붕당정치가 과격하게 흐르는 계기가 되었다. 모반의 진위가 다소 모호한 사건을 지나치게 확대하여 정적을 대거 제거한(약 천 여명이 희생되었다) 이 사건은 1589년 일이었다. 3년 후 임진왜란이 발발했을 때 조선은 아직 정여립 사건의 후유증으로 시달렸고 단결된 나라는 확실히 아니었다.

단결된 나라가 위기에 더 잘 대처하는 것은 당연하지만, 너무나 당연하여 현실적인 교훈으로 잘 받아들여지지 않는다. 정치에서는 다른 의견을 가진 정당이 정치적 투쟁을 하는 것이 현실이라 어디까지가 생산적인 정쟁이고 어디까지가 분열된 나라가 되는지 기준이 확실치 않다. 마치 개인적으로 착하게 살아라 같은 교훈이 별로 도움이 안 되는 것처럼 정치인들의 분열에만 분개하기는 어렵다. 보통은 분열이 있다가도 국난이 있으면 단결하는 것이 잘 나가는 나라들의 모습이다. 그런 나라들과 비교하면 조선의 정치문화는 평소에도 지나친 투쟁을 하고 유사시에도 단결이 안 된다는 특징을 보였다.

임진왜란의 경우 오랜 내전을 거쳐 통일된 일본은 당시 동아시아 최강의 군대를 가졌다. 오랜 전쟁을 통해 발달된 전술전법, 무기체계, 훈련, 편제, 정보, 보급 등이 발달한 막강한 정예군대였다. 경제적으로도 비약적으로 늘어난 농업 생산력으로 많은 군대를 지탱할 수 있었고, 영주, 무사가 지배계급인 봉건적 질서 하에서 무력으로 정벌한 영토는 전쟁의 대가로 자신의 소유가 되는 체제였다. 임란에 동원된 왜군은 훈련도 잘되어 있었고 사기도 어느 정도 높은 직업군인들이었다. 여기에 대항하는 조선은 폐쇄적인 농업사회에서 정치인들은 국방에 대한 자각이 높지 않고 정보도 거의 없는 상태이고 소수의 직업군인들은 충분치 못한 보수와 훈련으로 약체이고 농병 일체의 부병제에서 유사시 동원될 수 있는 편제가 제대로 작동하지 않았다. 조선이 군사력의 약화가 어느 정도로 사회조직 경제력 약화와 연결되는가는 조선 역사의 중요한 주제 중 하나이고 이 책의 2장에서 좀더 언급할 기회가 있을것이다.

여기서는 조금 더 특정한 상황에 해당되는 기술적, 통계적 교훈을 생각해보자. 임진왜란이 발발하고 왜군은 부산성을 함락시키고 북상하다가 충청도에서 삼도순변사 신립과 대치하게 되었다. 당시 조선군의 병력이 얼마였는지는 논란의 대상이다. 인근 고을에서 거둔 군사가 겨우 8천명 이라는 기록도 나오고, 당시 조선의 정예병을 모두 거느렸다는 기록도 나온다. 선조수정실록에는 다음과 같은 선조의 회고가 나온다. " …… 신립은 시정의 건달 수백 명을 거느리고 행장(行長, 고니시 유키나가)의 10만 대군을 막다가 단번에 여지없이 패하여 나라가 뒤집어졌었다."

여기뿐 아니라 임란 당시 실록에 보이는 선조의 언행은 너무나 뻔뻔하고 비겁하고 자기 중심적이다. 선조는 개인의 역사적 역할을 최소한으로 낮추고자하는 역사가의 자제심을 상대로 끊임없이 도발한다. 여기서는 전투 평가에 중요한 병력 수에 대해 "시정의 건달 수백 명"으로 성의 없이 언급하여 사실 전달마저 제멋대로 한다. 선조는 왕으로 추대받을 때 총명한 성품을 인정받았고 재위 시 간혹 영리한 정사를 펼치기도 하였지만 그에 못지않게 거의 사이코패스에 가까운 잔학하고 이기적인 측면도 기록되어 있다. 아마 이중인격 같은 성격 장애가 있었던 것 같다.

여러 기록을 종합해 보면 충주 탄금대 전투의 조선 병력은 기병 5천 정도로 추측된다. 사실상 조선의 모든 정예병이다. 김여물 등 휘하 장수들이 아군의 수가 열세임을 들어 지형이 험한 새재(조령)에서 잠복, 전투를 벌일 것을 주장하였다. 그러나 신립은 기병의 활용을 극구 주장하여 군대를 돌려 충주성 서북 4km 지점에 있는 탄금대에 나아가 남한강을 뒤에 두는 배수진을 치고 임전태세에 들어갔다. 그러나 고니시의 왜군이 공격해오자 포위되어 참패를 당했다. 그 결과 전 조선의 정예병과 아군의 힘을 믿고 미처 피난을 하지 않았던 충주의 사민(士民)과 관속들이 많은 희생을 당하였다. 아군이 섬멸되자 신립은 남한강 물에 몸을 던졌다.

여기까지가 신립의 탄금대 전투의 개괄인데 약간의 배경설명이 필요하다. 신립은 개인적 용맹이 뛰어나고 여진족과의 전투에서 다소의 공을 세운 것은 사실이나 조선의 운명이 어깨에 지워질 정도 명장의 재목은 아니었다. 지역전투에서 용맹한 것과 전체 전투상황을 지휘하는 총사령관의 자질을 혼동할 만큼 당시 조선은 군사에 대해 무지했다. 6·25때 대대장이 개별전투에 공을 세웠다고 1군사령관을 시키는 것과 비슷하다. 대규모 작전을 치른 경험이 없고 군사수가 적어 불가피한 측면이 있기는 하지만 용맹만으로 총사령관이 되는 것은 조선의 무관 기용의 한계였다. 수군에서 원균을 계속 기용한 것도 같은 맥락이다. 원균은 용맹하다는 평판을 받쳐주는 무공도 없이 이순신을 밀어내고 삼도 수군 통제사 즉 해군 총사령관이 되었다.

용맹으로 전권을 쥔 총사령관이 된 신립은 자연히 왜군을 얕잡아 보았고 수군의 용도를 낮게 보았다. 아마도 을묘왜변(1555년)의 경험(을묘왜변은 신립이 9세 때 일이니 이는 간접경험이다)인 듯싶은데 을묘왜변에서 조선 수군은 힘을 쓰지 못하였고 조선군은 왜군을 지상전에서 격퇴하였다. 아마 왜군이 바다를 건너와 기병 능력이 대단치 않을 것이라 생각하고 자신의 기병경험을 과신한 듯싶다. 선조수정실록에는 "당시 조야(朝野)에서는 모두 신립의 용력과 무예를 믿을 만하다고 하였고 신립 자신도 왜노(倭奴)들을 가볍게 여겨 근심할 것이 못된다고 생각하여 조정에서도 그것을 믿어 의심치 않았다."라는 기록이 나온다.

그러나 왜군의 군세는 신립의, 조선군의 상상을 뛰어넘고 있었다. 왜군은 이미 전국시대 전설적인 다께다 신겐의 기병을 격파한 경험이 있다. 다께다 신겐의 기병은 1572년 오다 노부나가와 연합한 도쿠가와 이에야스군을 물리쳤다. 그러나 1575년 아들인 다께다 가쓰

요리에 이르러 이에야스와 노부나가의 연합군에게 당대 무적이었던 다께다의 기병은 괴멸당한다. 오다 노부나가 군의 수천의 총포에서 나오는 연쇄발사법에 속수무책이었다. 왜병은 이미 임진왜란 17년 전에 기병을 이기는 방법을 알고 있었다.

영국의 전쟁영웅 헨리 5세가 적은 병력으로 프랑스에 쳐들어가 대승을 거둔 아쟁쿠르(Agincourt)의 전투가 벌어진 것은 1415년이었다. 당시 프랑스군은 중세식 갑옷을 입고 무장한 기병으로 전날 내린 비로 인해 진흙밭에서 기동력을 잃었다고 알려져 있으나 그보다는 영국군(특히 웨일즈군)의 강궁 연쇄발사에 큰 타격을 받았다. 영국군은 이미 오랜 스코틀랜드와의 전쟁에서 기병의 장점과 한계에 대해 잘 알고 있었다. 영국의 정예기병이 스코틀랜드의 민병에 가까운 군대에 패퇴한 적도 있다. 1592년 정도면 세계사에서 그동안 각종 전쟁에서 활약한 막강한 기병이 패퇴한 경우가 많이 나타난다.

조선군의 탄금대 패전은 이미 세계사적으로 여러 번 되풀이 된 전투사례, 즉 전통적 기병이 특정한 상황에 대처하지 못한, 특히 새로운 무기에 대처하지 못한 사례의 하나에 불과하다. 조선이 서양의 역사를 잘 알 수 없었던 것은 그렇다 치고 군사력이 강한 이웃 일본에 그렇게 무지한 것은 아무래도 조선의 문관정치에 책임이 돌려진다. 정보의 부재는 시간적으로 전쟁 패배의 첫 번째 요인이다. 전쟁이 일어나자 그때서야 사령관을 선발한다. 문관들이 둘러앉아 "용력과 무예를 믿을 만하다."고 신립을 추천한다. 지휘력과 직진능력과 전략적 사고 같은 항목은 기록되어 있지 않다. 두 번째 패배 요인이다. 현 정부가 일본과의 전쟁까지를 각오하고 반일정서를 고취한다면 우선 일본의 군세가 어떠한지부터 살피고 우리 군대가 어느 정도 싸울 수 있는지 점검해야 한다. 당시 조선의 사대부 지도자들도 현재 우리 만큼이나 전쟁 가능성을 생각하지 않고 있었다. 역사의 교훈이라 할 것도 없는 기본적이고 상식적인 이야기이다.

기병에 의존하는 전법자체가 비난을 받을 수는 없다. 그때까지 조선 창업 후 200년 동안 여진과의 전투가 조선이 경험한 거의 전부였고 거기서 기병은 필수였다. 그러나 신립이 참전한 전투는 산발적인 전투였고 규모도 몇백을 넘지 못하였다. 신립이 끌고 간 기병이 5천 명이 사실이라면 신립은 5천 명 단위의 전투경험도 없었다. 여기서 가장 문제 삼을 것은 신립이 조선의 운명을 가르는 전투에서 조선의 정예병 모두를 끌고, 실전경험이 풍부한 장수라면 결코 하지 않았을 배수진이라는 사이비 병법을 채용하였다는 점이다.

6·25로 예를 든다면 6·25 직전 대대장으로 38선 국지 충돌에서 공을 세워 용맹함이 입증된 신립 중령을 6·25 발발로 총사령관을 시켰더니(그 위에 변변히 장수가 없었던 것도 이유이기는 하다) 당시 서부전선에 배치되었던 모든 정예병력을 이끌고 6월 27일 고양에서 한강을 배수진으로 북한 탱크를 맨몸으로 막다가 모두가 장렬히 전사하게 되는 스토리와 비슷하다. 아마 신립 중령은 후에, 만약 한반도가 공산화가 되지 않았다면 최고 훈장을 받았을 것이다. 전쟁과 국방과 안보에 어두운 문관들에게는 용감하게 장렬하게 전사하는 것이 아마 군인 최고의 덕목이었을 것이다. 임란 때 원균이 끝까지 기용된 것도 비슷한 맥락이다.

신립의 배수진은 임란 직후에도 이미 비판의 대상이었다. 선조 28년 을미년(1595)에 훈련 주부 신충원이 상소하기를, "고금 병가의 전법을 살펴보건대, 요해지를 지키고서 싸움에 패한 이가 없었으며 또한 그 요해지 상류의 땅을 잃고서 싸움에 승리한 이도 없었습니다. 그렇다면 외침을 방어하고 변란을 제어하는 계책이 어찌 요해지를 막고 상류를 점거하는 일에서 벗어나겠습니까. 조령(鳥嶺) 과 죽령(竹嶺)은 우리나라의 요해지이며, 충주 또한 우리나라의 상류입니다...... 임진년의 변란에 조방장 유극량은 죽령으로 와서 웅거하여 사수하기를 목표하였는데, 대장 신립은 조령을 지키지 않고 달천으로 물러나 주둔하여 한 차례의 접전에 1만 군사가 섬멸되었으니, 말을 하자면 참혹합니다. 가령 그 해에 조령과 죽령의 요해지를 막고 충주의 상류를 점거하여 순류의 형세를 잃지 아니하고 성벽을 튼튼히 하여 굳게 지켰더라면 당일의 승부는 알 수 없었을 것입니다. 이 계책을 쓰지 아니하여 적으로 하여금 무인지경에 들어오듯이 해서 먼저 요해지와 상류의 땅을 점거하게 하여 제승(制勝)하기를 마치 목을 누르고 등을 치는 것처럼 하게 하였으니 우리나라가 어찌 머리를 들고 꼬리를 흔들 수 있었겠습니까." (《선조실록》, 한국 고전 종합 DB에서)

위의 글은 고금의 병법을 참조하면 탄금대 패전 같은 참담한 패전은 피할 수 있다는 것이다. 틀린 말이 아니다. 배수진은 제대로 된 병법에도 들어가지 않는 사이비 병법이다. 병법 삼십육계에서 마지막 삼십육 번째가 주위상(走爲上)인데 도망가는 것이 상책이라는 뜻이다. 배수진은 삼십육계 줄행랑처럼 전투에서 공식으로 진지하게 다루어지는 계책이 아니다. 진짜 전쟁에서 쓸 수 없는 연의 삼국지 같은 소설에 나오는 대중용 흥미위수의 병법이다. 이순신은 처음 왜 수군과 붙게 되었을 때 신중했다. 왜군의 군세를 잘 알지 못하고, 자신의 병력이 충분한 것도 아니고, 조선군의 판옥선과 총통의 화력이 해상 전투에서 얼마만큼 위력을 발휘할 것인지 알지 못했고, 특히 첫 전투에서 패배하면 사기 면에서 병력, 병선, 물자조달 면에서 다시 재기가 어려울 것을 어느 정도 짐작했기에 신중하지 않을 수 없었다. 이순신은 이길 수 있는 상황을 만들고 전투에서 이겼다.

신충원은 고금 병가의 전법을 살펴보고 신립을 비판했다. 관직이 훈련주부였으니 무관이었을 것이다. 그래도 임란의 사후 분석 보고서가 나오기는 나왔다. 여기서는 각도를 달리하여 신립이 배수진을 치게 된 사회 문화사적 배경을 생각해보자. 1) 조선조 들어 전쟁의 경험이 많지 않고 2) 무관은 전반적으로 대접을 받지 못하여 무관의 질이 떨어지고 3) 역시 문관위주의 풍토에서 무관도 전투경험이나 전쟁사 연구 등으로 병법을 연구하지 않고 글공부를 통하여 비현실적인 사이비 병법에 현혹되고 4) 문관의 무리한 명령에 복종하여 무리한 작전 전개(지나치게 엄한 형벌) 등등이 있다.

조선의 지적 풍토와도 관련이 있다. 과거시험에 합격하면 행정을 비롯하여 나라 다스리는 것도 잘할 수 있다고 생각하는 문관 선발방식과도 맥을 같이한다. 필자는 이를 유학국가인 중국과 한국에서 성행한 "제갈량 신드롬"이라고 이름 짓고 싶다. 글공부를 한 선비가 천문 지리 모든 인간사를 달통하여, 제갈량 같은 선비의 출현을 기다리는 "제갈량 대망론"이다. 제갈량은 물론 군사에도 밝아 모든 것을 꿰뚫고 연전연승한다. 우리가 읽는 《연의삼국지》에서 관우 장비를 제치고 사실상의 주인공은 제갈량이다. 그렇게 귀신같은 제갈량이 왜 삼국통일을 못했는지는 《연의삼국지》에서 최대 미스터리이다. 현재도 유학적 소양으로 삼국지를 읽는 독자들이 가장 통탄해 하는 대목이다.

조선은 글공부를 한 사대부들이 다스리는 나라이다. 무관들도 대개 문과급제가 어려워 무과로 돌린 사람들이 많고 어느 정도 글을 읽어야 했다. 전쟁경험이 많지 않은 무관은 자연히 삼국지에 나오는 '배수진' 같은 병법을 떠올리기가 쉽다. '제갈량 대망론'은 현대 한국에서도 나타난다. 법과대학을 나와 고시를 통해야만 대통령으로 나올 수 있는 풍토이다. 조국(曺國)은 아쉽게 고시를 통과하지 못했지만 지지자들이 조국에게 기대한 것은 제갈량의 역할이다.

문관의 무리한 명령과 지나치게 엄한 형벌은 임진왜란 전반에 나타난다. 이순신이 고초를 겪은 것은 "네가 그렇게 싸움을 잘한다니 그렇다면 왜의 수군에 나아가 쳐부수어라."라는 선조의 명령에 불복종하면서부터이다. 명령에 따르는 척 하면서 따르지 않았다. 선조의 명령에는 벌써 이순신의 활약에 대한 선조의 시기와 뒤틀린 심보가 느껴진다. 임진왜란에서 공을 세운 장수에 대한 시기는 현재 우리의 상상력의 소산이 아니다. 당시는 대단히 심각한 상황이었다. 왕이나 문관들은 군사에 대한 자신들의 무지에 대한 무신들의 당연한 반발을 엄한 형벌로 메꾸었다.

권율은 임란 중 대부분의 기간을 도원수의 직책에 있었다. 권율의 공도 상당하기는 했으나 기본적으로 권율은 엄한 형벌로 임진왜란을 치렀다. 권율에게 목이 달아난 군인은 이루 헤아릴 길이 없다. 원균도 권율에게 끌려가 곤장을 맞았다. 해군 참모총장이 합참의장에게 얻어맞은 것이다. 원균의 칠량해전 패배를 조정에서 내려오는 돌격명령을 어쩔 수 없어 따르다가 생긴 일이라 보는 시각도 있다. 원균의 변명으로는 잘 먹히지 않는다. 곤장을 맞고 할 수 없이 칠량해전으로 나간 것은 아니었다. 권율은 문관 출신이다. 엄한 형벌이 따르는 무리한 문관들의 명령은 전쟁 내내 조선의 무장들을 괴롭혔다. 신립 장군도 어쨌든 있는 병력을 다 이끌고 가서 되나 안되나 한판 붙어야 한다는 압력이 있었음을 예상할 수 있다. 병력을 아껴 앞으로 게릴라전을 전개하겠다는 작전을 왕에게 아뢸 분위기가 아니다. 문관의 나라 조선에서 장수가 된다는 것은 쉬운 일이 아니다.

역사에서 교훈을 찾고자 하는 이 책의 입장에서 본다면, 신립은 조선뿐 아니라 조선에 앞서 한반도와 요동에서 존재했던 우리민족의 전쟁사를 공부하고 교훈을 삼았어야 했다. 적어도 일국의 존망이 달린 중요한 전쟁에서 총사령관의 직책을 맡았다면 전체의 전쟁양상을 보고 대국적으로, 앞에 나온 바둑에서의 3차원적인 전략을 생각했어야 했다. 6·25때 낙동강 전선에서 전 사단장병과 함께 죽기를 각오하고 북한의 진격을 저지한 백선엽 장군의 활약은 그 상황에 맞는 작전이자 용맹이다. 신립 중령처럼 모두를 이끌고 강을 끼고 싸우다 탱크 앞에서 몰살되는 것은 작전도 용맹도 아무것도 아닌 자살행위이다. 탄금대에서 전 장병과 조선의 운명이 적탄에 쓰러지고, 강물에 흘러내려갔다.

신립의 배수진은 비유하자면 현재 많은 자금을 굴리는 투자기관(국민연금 기금운영본부 정도를 생각하자)에서 모든 자금을 한 주식에 몰빵하는 것과 비슷하다. 개인은 한 번에 팔자를 고치려고 한 주식에 몰빵하는 것이 있을 수 있겠으나 국민노후기금 같은 공적인 자금을 그렇게 없애서는 안 된다. 임란의 배수진은 그 상황에서 즉흥적으로 떠올려서는 안 되는 작전이다. 한 주식에 몰빵하는 것이 투자기관의 주식 운용의 기본 지침에서 금지되는 것처럼 배수진 작전은 전시 매뉴얼에 금지 사항으로 정해져 있어야만 했다.

배수진에 관해서는 재미있는 일화가 하나 있다. 뒤에 나올 거란과의 3차전쟁에서 고려군은 퇴각하는 거란군을 한편으로는 밑에서는 쫓고 한편으로는 귀주에서 대기하고 있었다. 귀주에 도착한 거란군은 귀주성 오른쪽 산지에 진을 쳤다. 두 개의 강이 만나는 곳에서 양쪽 강 밖에 진을 친 두 군대는 자연 서로 유리한데서 싸우고자했다. 그런데 고려군이 강을 하나 건너 진을 쳤다. 거란군의 서기관이(요사〈遼史〉에 야율팔가로 나온다) "고려군이 배수진을 치려하니 우리도 배수진을 치자." 하여 거란도 자신의 강을 건너 서로 배수진을 치고 싸우게 되었다. 야율팔가의 정확한 말은 "적들이 만약 두 강물을 건너게 되면 반드시 결사적으로 싸울 것인 바, 이는 위태로운 방법이다. 그러니 두 강물 사이에서 치는 것만 못하다."였다.

고려군은 두 군대가 퇴로가 없이 싸울 때 합류하기로 되어있었으나 행방이 묘연했던 김종현의 1만 병력이 홀연히 나타나 거란군의 뒤를 급습하였다. 기가 막힌 타이밍이었다. 이것으로 전세가 결정되고 거란군은 대패하였다. 서기관은 전쟁의 기록을 담당하는 문관이다. 기록 작성 외에 아마 전쟁의 상황을 후에 황제에게 구두로 보고하는 일도 맡는다면 직책은 낮아도 장수가 아주 무시할 수는 없는 문관이다. 또는 절박한 상황에서 문관의 조언이 참신하게 들렸을 수도 있다.
(이 책에서 전쟁 상황은 주로 "나무위키"와 "국방TV 〈토크멘터리 전쟁사〉"를 참조했다.)

귀주대첩은 반드시 배수진만으로 결정된 것은 아니다. 그러나 결과적으로 요군의 패배는 조선의 충주 탄금대 패배와 마찬가지가 되었다. 유리한 고지에서 적을 맞아 싸우던가 퇴각하던가 했을 것을 배수진으로 뒤가 없는 곳에서 싸우다 양쪽에서 협공을 맞고 대패했다. 다시 강조하지만 배수진은 어지간한 상황이 아니면 채택해서는 안 되는 작전이다. 병사들을 뒤가 없이 죽기 살기로 싸우게 만든다는 것인데 쥐들에게 고양이한테 쫓기면 배수진을 치라는 것과 마찬가지이다. 2선 3선으로 뒤가 없는 전투는 병사에게 공황을 준다. 책으로만 병법을 배우는 책상물림 문관들이나 생각해내는 사이비 전법이다.

조선에 앞서 고구려와 고려를 침입한 한족, 유목민족과의 항쟁은 모두 북쪽에서 내려온 적들과 싸운 역사이다. 고구려와 고려의 기본 전략은 수성전이다. 전략적인 요충지에 성을 쌓고 여기서 적을 막는 전법이다. 적이 공(수)성전을 생략하고 돌아서 남하하면 물론 성을 나와 적을 배후에서 친다. 아래에 자세히 나오지만 고구려는 수나라와 당나라의 대부대와 대부분의 항전에서 승리를 거두었다. 고려에서는 부분적으로만 성공했다.

조선이 전통적인 북방 방어책을 잊어 버린 것은 아니다. 후금이 쳐들어 온 정묘호란에서는 전통적인 북방 루트로 쳐들어 왔기에 고구려와 고려로부터 내려온 우리의 전쟁 매뉴얼에 맞추어 방어전에 들어갔다. 그러나 전쟁 준비가 철저히 안 되어 있어서 효과적인 방어는 되지 않았다. 안주, 평산, 평양이 차례로 함락당했다. 조선의 본진은 평산으로부터 시작하여 후퇴를 거듭하여 개성까지 내려와 진을 쳤다. 인조 등 조신들은 강화도로 피난하였다. 군세가 약한 조선으로서 더 이상의 선전은 기대하기 어려웠다. 그러나 적어도 임진왜란같이 초반에 정면으로 맞붙어 전멸 당하지는 않았다. 후금이 개성까지 내려오지 않고 조선과 화의를 맺고 후퇴한 것을 보면 후금의 의도가 적당한 선에서 조선의 항복을 받자는 것이었겠지만 조선군이 밀리면서도 개성에서 방어자세를 취하여 더 이상의 전투를 벌일 의사가 없었다고도 볼 수 있다.

다음 만주족의 침입은 우리의 전쟁 매뉴얼도 무색하게 만들었다. 청으로 이름을 바꾸고 청 태종이 직접 군사를 끌고 왔던 병자호란에서는 우리의 전통적인 수성전법이 힘을 쓰지 못했다. 청은 너무 강했고 조선은 너무 약했다. 전력이 너무 차이가 나면 전략이고 전술이고 쓸 것이 없다. 몽골군 한군을 합하여 도합 12만의 정예 대군은 조선이 감당하기 어려웠다. 적은 임경업이 지키던 백마산성을 우회하여 바로 서울로 쳐들어갔다. 이 속도는 조선의 예상을 뛰어넘어 조선 조정은 이제 형세가 급박함을 알게 되었다. 수성전은 적이 우회하면 뒤를 칠 수 있어야 하는데 조선군은 청군과 붙을 만한 전투력도 없었고 빠르게 진군하는 청군을 쫓아갈 능력도 없었다. 병자호란은 군사력으로 승부하기에는 양자의 차이가 너무 많이 났다. 병자호란에서 얻는 역사적 교훈이란 전쟁준비가 안되어 전쟁에서 힘을 쓸 수가 없었다면 전쟁이 나지 않게끔 외교력을 동원하는 길밖에 없었다는 점이다.

현재 각국 사관학교에서는 역사에서 교훈을 찾는 의도에서 전쟁사를 필수로 배운다. 미국 대통령 카터는 1970년대 한국 방문 연설에서 이순신 장군과 거북선을 언급했다. 그때 영어를 배운다고 연설문을 얻어 읽고 있었던 필자는 그 안에 구체적인 한국의 역사가 나와서 놀랐던 기억이 있다. 카터가 급히 한국역사 전문가에게 한국 사람이 자랑하는 역사의 한 장면을 연설문에 넣어달라고 부탁한 것이 아닌가 의심 했었으나 아니었다. 카터 개인의 작품이다. 해군사관학교 생도 때에 이순신과 거북선을 배웠기 때문이다. 미국은 자기네가 남북전쟁 때 세계최초로 철갑선을 발명했다고 믿고 있다가 후에 일본을 통하여 조선의 이순신이 미국보다 260년 앞서 철갑선을 사용했다는 것을 배우고 대단히 놀랐고 이를 사관학교에서 가르쳤다.

앞으로 고구려와 고려가 어떻게 외적의 침입에 대처했는가를 살펴보겠지만 인류 전쟁사에서 강한 침략군을 맞아 싸운 예는 끝도 없이 많다. 하나하나 들어내 통계를 내면 훌륭한 해답이 나올 것을 확신한다. 최근에(역사적으로 최근에) 인상적인 예가 있다. 나폴레옹 프랑스와 히틀러 독일의 러시아 침공이다.(1812년과 1941년) 둘 다 당시 유럽 최강의, 따라서 세계 최강의 군대였다. 근대화가 시작된 1800년 이후 유럽은 군사적으로도 동아시아를 넘어서 세계최강이 되었다. 둘 다 러시아를 굴복시킬 자신이 있었고 둘 다 전쟁이 오래 갈 줄을 예상 못했다. 둘 다 러시아의 겨울에 타격을 입었고 둘 다 러시아의 끈질긴 저항에 지쳐 퇴각했다.

이제 와서 생각하면 역사적 교훈을 무시한 히틀러의 자만에 혀를 내두르게 된다. 그러나 역사의 교훈은 항상 얻어지는 것이 아니라는 것이 또한 역사의 교훈이다. 가장 보편적인 저항은 "나는 다르다."와 "지금은 예전과 다르다."이다. 현재 약 150년 동안 전 세계적인 주식시장의 붕괴가 4~5 차례 있었다. 그때마다 붕괴에 대한 경고가 있어왔다. 그러나 대다수의 시장 참여자들의 반응은 "이번 만큼은 다르다."였다. 상황의 변화는 항상 있게 마련이고 이는 본질적으로 같은 현상이 반복되는 것을 부정하게 만든다.

두 전쟁에서 공통되는 점은 또 있다. 막강한 침입자를 맞이하여 러시아의 총사령관이 전 부대를 이끌고 우크라이나에서 강을 끼고 나폴레옹군과 독일군에 맞서 싸우다가 전원이 장렬하게 전사하지는 않았다. 동아시아 역사에서 전원이 장렬하게 전사하는 것이 많이 나오는 것은 전쟁을 모르는 문관들이 역사를 기술하며 미화하지 않았나 의심이 간다. 화랑 관창의 죽음을 무릅쓴 돌격, 이를 할 수 없이 죽인 계백장군 휘하 백제군 전원의 황산벌 전투 옥쇄 등. 스토리로는 훌륭한데 실제 상황에서는 잘 나오지 않는 것들이다. 문관정치의 폐해는 전쟁과 연결된 것에는 어김없이 나타난다.

고구려 때에는 이미 외적의 침입에 대해 전시 매뉴얼이 어느 정도 정해져 있었다. 고구려는 전연, 후연, 북위 전진 등 선비족 계통의 북방민족, 수, 당의 통일중국과의 북방으로부터 강력한 적의 침공이 많았다. 심지어 고구려보다 군사적으로 한 수 아래라고 여겼던 백제의 기습 공격에 고국원왕이 전사하기도 하였다. 고구려를 침입한다면 상대는 우선 강력한 군사력을 가지고 있다. 고구려 자신이 정복왕조로 시작한 나라이기도 하여 전쟁은 일상의 생활이었다. 고구려는 항상 전쟁에 대비하는 자세가 갖추어져 있다고 보아야 한다.

규모가 크고 기록도 많이 남아있는 수, 당과의 전쟁을 살펴보자. 수나라는 중국역사에서 남북조시대를 마감하고 나타난 강력한 통일왕조이다. 당시까지 중국의 북방은 유목민족이 세운 여러 나라가 연이어 지배했었다. 수나라도 지배계급이 북방 유목민족의 후손일 가능성이 높다. 유목민족의 후예가 한족과 섞이면서 중국화가 되어 상당한 군사력을 가지고 있었다. 2대 황제 양제는 당시 수나라를 위협하고 있다고 여겨지는 돌궐, 고구려의 연합을 깨뜨리려 먼저 고구려를 공격하였다. 수양제가 무리해서 고구려를 공격한 것은 수양제의 실책으로 기록되고 수나라 멸망의 한 원인이 된다. 약간의 미스터리이다. 그러나 딩나라에도 계승되어 고구리 침공에 집중한 것을 보면 동일중국이 고구려를 자신의 안보에 중요한 위협으로 보고 고구려 제압에 우선순위를 두었음을 알 수 있다.

오래 이민족이 북방을 차지하던 중국의 입장에서는 또 다른 유목민족의 침입을 가장 두려워했다. 돌궐은 당시 가장 강력한 유목민족이었고 고구려는 다른 유목민족과는 다른 통일국가를 이룬 나라이다. 궁극적으로는 고구려가 더욱 위협적일 수 있다. 돌궐은 칸 중의 하나인 계민 칸이 수에 우호적으로 나와 중국은 돌궐에 대한 걱정을 한시름 놓았다. 바로 그 계민 칸과의 우호조약 장소에서 고구려 사신과 계민 칸이 사사로이 통하는 것을 본 수양제는 고구려에 대한 경각심이 들 수밖에 없었다. 수양제는 동돌궐 유목민 기병을 고구려 정벌에 동원하려고 했다. 그러나 고구려와 동돌궐의 유대는 중국과의 관계보다 깊어 수양제의 의도는 허사로 돌아갔다. 외교관계가 전쟁에서 얼마나 중요한가를 설명한다. 조선 사대부들의 국가 경영에서 가장 문제점이 군사와 더불어 외교인 것은 이미 우리가 잘 알고 있다.

고구려는 수나라가 중국을 통일하기 전부터 수나라에 계속 조공을 바치고 있었다. 이 조공은 조선 이전 한국을 포함한 모든 주변국가가 통일중국과 외교관계로 맺는 일종의 외교형식으로 사대하고는 상관이 없다. 수나라와의 교류를 통하여 고구려는 이미 전쟁이 피할 수 없는 것임을 알았다. 수나라에 대한 조공도 끊고 전쟁에 대비하여 병기를 수선하고 곡식을 모으며 수나라의 무기 장인들을 빼어오기도 하였다. 고수전쟁의 시작은 고구려의 요서 선제공격이었다.(598년) 요서의 임유관(지금의 조양)을 말갈의 기병 1만 명을 동원해 선제공격했다. 일종의 시위라고 보면 된다. 우리의 군사력이 이 정도이니 침공을 하려거든 잘 생각해 보라 하는 의미라고 보면 된다. 고구려를 이은 발해도 당나라를 선제공격한 적이 있다.

수나라의 입장에서는 중국 북방을 평정하고 남방의 한족국가 진을 멸망시켰으면 논리적으로 동북쪽에 있는 거대한 제국 고구려까지 제압해야 통일이 된다고 여겼을 수 있다. 한무제 이후 처음으로 통일중국이 요동을 공격하는 것이고 수당 이후 한족의 통일왕조가 만주와 한반도를 공격한 적은 없었으니 역사상 처음이자 마지막인 한족 중국의 만주, 한반도 대규모 침략이다. 고구려와 수의 전쟁은 수가 동원한 병력수에 있어서도 기록적이다. 산정 기준에 따라 숫자는 달라진다. 최소한으로 잡는 계산은 전투병력 30만에 보급병들을 합해 70만, 최대의 계산은 전투병 100만, 합계 200만. 아주 자세히 나와 있는 기록으로는 113만명이 되니 자세한 기록을 믿지 않기가 힘들다. 통일중국이 모든 힘을 기울여 동원했으니 전투 비전투원까지 쳐서 대략 100만으로 보는 것이 합리적이다.

고구려의 병력은 아마 전국에서 모두 모으면 40만 정도, 고구려가 다민족 정복국가인 점을 고려하면 복잡한 수치이니 아마도 실질적 정예병력은 20만 명 정도까지는 보아야 할 것이다. 양 집단을 합치면 단일전쟁에서 당시까지는 물론 제1차 세계대전까지 유지된 세계기록이다. 여러 면에서 세계대전의 전주라 할 수 있는 미국의 남북전쟁에서는 4년에 걸쳐 남북 총 참여인원이 300만 명이었고 한순간에 있어서는 가장 많았을 때도 100만을 한참 밑돈다. 고수전쟁 당시 동아시아는 세계에서 가장 부유하고 인구가 많고 군사적으로도 막강한 지역이었으니 고구려는 당시 세계 최강의 전투집단이었다고 보아야한다. 고구려는 한국사에 속하는 나라이니 한국도 한때 세계 최강의 군대를 보유한 적이 있다고 자부하여도 좋다.

고구려를 멸망시킨 당은 서쪽의 티베트와 또 한판의 대결을 벌인다. 고구려 멸망 이후 신라까지 복속시키려 했던 당은 이미 신라와 고구려 백제 유민의 강력한 저항으로 의지가 꺾인 데다가 티베트의 침입으로 황급히 한반도에서 철수해야만 했다. 티베트와의 싸움은 백제 출신 흑치상지 장군이 공을 세운 전쟁이기는 하나 결과적으로 티베트의 승리로 끝난다. 티베트의 병력은 20만까지 기록되어 있으나 8세기 티베트의 인구로 보아 그렇게 많은 병력을 내기는 어렵고 10만 정도까지 잡아줄 수 있다. 어쨌든 고구려를 멸망시킨 당을 물리친 것은 대단하다. 전투가 중국의 중심지와 멀리 떨어진 서부 접경지대임을 감안해도 대단한 군사력이다. 당시 세계 최강 중 하나임에 틀림없다.

조선을 침공한 일본도 1600년 당시 동아시아 최고의 군사력을 자랑했으나 곧 이어 일어선 만주족의 군사력은 아마 당시 일본의 군사력을 능가했을 것이다. 임란당시 일본은 최대 40만까지 동원할 수 있을 것으로 추정되나 이는 전국에 산재한 병력의 총 합계이지 단일 전투에 쏟아 넣을 수 있는 병력은 아니다. 임란 후 일본 통일을 놓고 서부와 동부가 한판 붙은 세키가하라 전투에서는 참가인원이 양측 합쳐 최대 20십만으로 추산된다. 만주족은 몽골 등 주변 유목민족과 연합으로 20만 정도까지 동원할 수 있었고 모두가 정예 기병이다. 일본은 전국시대 말기 이미 기병을 격파해본 경험이 있고 조총이라는 변수가 있기는 하다. 만주족은 당시 위력적인 홍의포 등 중국 쪽 화기를 이용할 수 있었으니 일본과의 전쟁은 누가 이길지 모른다.

만주족이 일본 본토를 치거나 일본이 만주를 공략하는 것은 사실상 불가능하기 때문에 양자 간에 가장 공평한 싸움은 한반도에서 한판 붙는 것이다. 어차피 임란을 당하고 호란으로 양쪽에게 각각 당했으니 아예 한 번에 한반도에서 양자를 붙여보는 것도 재미있을 뻔했다. 실제로 임란 시 만주족은 자신들이 참전해 조선을 위해 싸울 것을 자청했다. 얼마나 진지한 제안인지는 알 길이 없으나 조선은 물론 일언지하로 거절했다. 조선은 여진을 얕보고 있었지만 당시 만주족은 누르하치가 부족들을 통합하며 힘을 기르고 있었다. 아마 조선이 생각했던 것 보다는 힘이 세었을 가능성이 있으나 당시의 일본을 상대하기에는 벅찼을 것이다. 만주족이 중국을 침공할 만큼 힘이 세지는 것은 임란에서 한 세대가 지나서이다. 훗날 실제로 청과 일본이 조선에서 한판 붙었다. 여기서는 청이 일방적으로 패배했다. 만주족은 일본과 싸우기에는 임란 때는 아직 힘이 약했고 청일전쟁 때는 힘이 너무 기울었다. 이미 오래 전 전투력을 상실한 조선의 입장에서는 주위의 센 놈들 싸움을 구경하는 것 밖에는 할 일이 없었다.

아마 일본은 2차 대전 발발 당시(잠시이기는 하나) 만주의 관동군이 육군으로는 독일에 이어 세계 2위라는 데에 자부심을 가질 수 있었을지 모르겠다. 그러나 전쟁 말기에는 대국 미국과 소련에 밀리고 있었다. 독일을 물리친 소련은 이미 막강한 군대를 보유했다. 소련이 만주까지 군대를 쉽게 이동한다는 전제 하에(쉽지 않다) 그리고 미국이 독일과의 전쟁처럼 소련에 물자를 지원한다는 가정 하에(이것도 쉽지 않다) 만주에서 일본의 관동군과 한판 붙는 것은 흥미로운 상상이다. 소련은 이를 거부했다. 노일전쟁의 트라우마도 아직 남아있고 독일과의 전쟁에서 너무 희생이 컸다. 독일과의 전쟁은 자신의 생존 싸움이었지만 만주에서 일본과의 전쟁은 미국을 위한 전쟁임이 너무 확연했다. 구경꾼의 입장에서 아쉽기는 하지만 조선인도 일본이나 소련에 가담해 싸워야 하는 현실을 생각하면 더 이상 상상은 하지 않는 것이 좋겠다.

동아시아의 일원으로 잠시 누가 얼마나 더 센가라는 생각해 보았다. 유치한 상상이라고 비웃을 것을 각오하고 여기에 집어넣은 이유는 이런 상상이 어째서 한국에서는 정치인이나 지배관료층의 관심 밖인지 그것이 괴이해서이다. 조선시대는 그렇다 하더라도 오늘날에 있어서도 좌이건 우이건 조선 사대부들의 후예인 정치인들은 이쪽에 놀랍게도 관심이 없다. 조선시대에도 나라끼리 먹고 먹히는 일은 일상사였다. 우리가 기억하는 한, 부족 간의 또는 나라끼리의 전쟁은 최근까지 인류역사에서 가장 중요한 비즈니스였다. 어느 나라나 전쟁영웅이 가장 인기가 있었다. 오늘날에는 대규모 전쟁이 일어나지 않아서이지 아직 큰 틀은 바뀌지 않았다. 아직도 제2차세계대전을 경험한 사람들이 살아있고 한국에는 태평양 전쟁에 끌려갔었고 한국전쟁을 경험한 사람들이 살아있다. 무슨 근거로 이제는 전쟁 걱정을 하지 않아도 된다는 것인가.

정치의 가장 큰 우선순위는 안보이다. 군부가 집권을 했을 때 말끝마다 안보를 내세운 것이 문민통치의 전통이 있는 한국에서 거부감이 있었다. 그렇다고 안보의 중요성이 없어지지는 않는다. 현재는 조금 다른 형태의 전쟁이 진행 중이다. 경제전쟁이다. 영국은 처음으로 타국을 무력으로 제압하고 원주민을 경제적으로 착취하는 새로운 제국주의를 제일 먼저 시작한 나라이다. 재래식 정벌 대신 무력으로 질서를 잡고 무역을 통한 경제적인 착취로 성공했다. 전통적인 정벌과 통치라는 방식에서 실용적인 제국주의로 바뀌었다.

현재는 영국식 제국주의가 다시 한 번 탈 제국주의하여 제삼세계에서 싸게 원료를 수입하고 다른 나라에 물건을 팔아 이득을 챙기는 변형 제국주의로 바뀌었다. 제삼의 제국주의라 할 수 있는데 여기에 늦게나마 합류해 재미보고 있는 한국이 왜 원래 제국주의의 논리에 마치 당사자가 아닌 듯 고개를 돌리고 있는지 궁금하다. 제삼의 제국주의에서는 자유무역에 따른 군사적인 질서를 미국이 담당한다. 한국은 미국에 따르기만 하면 된다. 그렇다 하더라도 우리가 처한 현실을 알고 있어야한다. 우리가 무엇으로 발전하고 무엇으로 먹고 살고 있는지는 알고 있어야 한다.

동아시아의 경제적 성공은 대개 일본이 닦은 길을 따라 진행됐다. 한국도 이에 동참하여 눈부신 성공을 거두었다. 그러나 이 모델은 변형된 전쟁임을 알아야한다. 한국어에도 경제적 진출을 "공략"이라고 하지 않는가. "동유럽 시장 공략" 등등. 왜 군사적 어휘가 들어가는가. 전쟁의 양상이 있기 때문이다. 놀라운 것은 군부정치로 새로운 형태의 제국주의적 질서 속에서 성공을 거둔 뒤 한국의 진보정치인들은 다시 조선 사대부 정치로 돌아간다는 점이다. 우리가 지금까지 성공한 질서에서 벗어나 다시 조선의 문관정치, 이념정치, 도덕정치의 질서로 돌아가고 있다. 군부정권시대의 경제발전을 폄하하고 지나치게 반미 반일을 외치는 것은 우리의 딛고 있는 기반을 스스로 부정하는 것이다. 자신이 올라타고 있는 사다리를 걷어차는 형국이다. 이성계의 무력으로 정권을 쥔 사대부들이 조선의 건국의 정당성에 의문을 표하고 스스로의 무력(武力)을 무력화(無力化)시켜 외적의 침입에 대처하지 못하는 것과 같다.

다시 고수(高隋)전쟁 또는 여수(麗隋)전쟁으로 돌아가 보자. 수문제는 598년 30만 대군으로 육지와 바다 양면으로 공격하였으나 실패했다. 중국 측 기록은 자기네가 패전했을 때 공식기록이 없다. 정사가 아닌 다른 기록에서는 장마 태풍 등 자연재해로 80~90퍼센트가 전멸되었다 한다. 오늘날 우리가 보았을 때는 요서지방의 유명한 늪지대의 불리한 지형에서 고구려의 공격을 받고 패퇴했을 가능성이 높다.

고구려는 이미 전쟁에 대비하고 있었고 수나라 군대의 진로를 예측하고 있었기 때문에 가능한 것이었다.

수문제의 실패 후 14년 후인 612년부터 아들 수양제의 3차에 걸친 고구려 침공이 시작된다. 우리에게 기억되는 고수전쟁, 100만 대군의 침입이 바로 수양제의 1차침입이다. 고구려의 일차 저지선은 요하이다. 고구려 쪽에서 본다면 북동에서 흘러내려와 황해로 들어가는 요하는 천험의 방비선이다. 여기서 침략군은 저지되어야 한다. 고구려는 수성에 뛰어났고 모든 전략은 이 방어선을 지키는 수성전을 중심으로 짜여진다. 주변은 청야작전이라 하여 모든 식량을 불태우고 주민은 모두 대피한다. 그야말로 모든 벌판을 깨끗이 치워서 적군이 식량을 구하거나 할 수 없게 만든다. 고구려판 마지노선이다.

이 방어선의 장점은 한 성이 함락되어도 주변의 방어선이 튼튼하여 다른 성에서 응원이 가능하다. 그러나 적군이 워낙 많이 오게 되면 야전에 나가 전투를 벌이기 어렵고 다른 성에서 응원도 힘들다. 수나라가 100만 대군을 몰고 온 이유이다. 그러나 100만 대군의 보급물자 수송은 그 자체가 큰 문제인데 1차 수나라 침공 때는 역시 이 문제가 노출되었다. 수나라는 전투원 개개인에게 많은 식량과 보급물자를 나르게 하였는데 먼거리에 지친 전투원들이 중간에 물자를 버림으로써 식량과 보급품 확보에 차질이 생겼다. 이를 보면 우리가 예측했던 것보다 전투원이 많았을지도 모른다.

수나라 침공의 실패는 본격적으로 요동성에서 시작된다. 요동성은 예상을 뒤엎고 수나라의 대군을 맞이하여 3개월을 버틴다. 초조해진 양제는 30만의 별동대를 구성하여 평양을 바로 치게 한다. 수군(水

軍)과 평양에서 만나자고 한 계획은 수군이 독단적으로 작전하다 궤멸되며 30만 별동대는 보급이 끊기고 고립된다. 여기서 고구려의 을지문덕 장군이 등장하여 추격하는 수군을 피해 달아나면서 게릴라전으로 수나라 군대를 괴롭힌다. 퇴각하는 수나라 군대를 대패시킨 것이 한국역사상 가장 큰 승리로 기록되는 살수대첩이다. 수양제의 1차 침공을 막아낸 고구려의 성공은 우선 요하의 성에서(요동성) 잘 막아주었고 평양성을 공격한 수나라 수군을 격파한 것 그리고 게릴라 전법으로 수나라 군대를 지치게 하다가 결정적인 시간과 장소에서 대승을 거둔 세 가지 요인이 있다.

그러나 한 가지 불안한 요소는 수나라가 만일 요동성을 포기하고 바로 전군이 평양으로 향했을 때 각성을 지키는 군사가 추격에 나설 수 있는가이다. 30만 별동대가 기동력이 좋은 기병 위주라고 가정할 때 추격은 힘들 것이고 별동대 이외의 군사는 아마 그 이유로 요동성에 매여 있었을 것이다. 요동성 등 요하의 성들은 수군 70만을 묶어 둔 효과가 있었다. 또 하나의 가정은 수나라의 육군과 해군이 제대로 협력하여 평양성을 공격하면 어떻게 되었을까 하는 상상이다. 여기에 신라의 측면 공격까지 들어가는 것이 나중에 당태종의 군대에 고구려가 멸망할 때의 시나리오이다. 당나라가 모든 힘을 들여 고구려를 치게 되니 천하의 고구려도 감당하기가 어려웠다. 수양제와 달리 당태종은 중국역사상 손꼽히는 전략가로 알려져 있다. 고구려의 멸망은 7세기 고대국가들 간의 모든 국력을 기울이는 전면적인 전쟁양상을 생각해보면 피할 수 없는 숙명일지도 모른다.

수양제는 몇 개월 후 다시 40만 대군을 이끌고 고구려 원정을 감행한다. 요동성은 다시 위기에 몰리고 수나라는 다시 별동대를 조직

평양으로 진군한다. 그러나 수나라 내부의 반란에 수양제는 돌아가지 않을 수 없었다. 정보에 밝은 고구려는 수군의 배후를 습격하여 수군에게 큰 패배를 안긴다. 고구려가 위기에 빠질 수도 있었지만 1차 침공처럼 고구려의 승리로 끝난다. 수양제의 고구려 3차 침공은 수군으로 내사성을 공격하게 하였고 이때 내사성이 함락 당한다. 수나라도 국내사정이 전쟁을 계속할 상황이 아니고 고구려도 지쳤는지 화친을 제의하여 수나라는 철군하게 된다. 이렇게 하여 중국과 고구려 간의 대규모 전쟁은 끝을 보았다. 수나라는 이것이 계기가 되어 멸망하고 고구려도 4차의 전쟁으로 국력이 소모되지 않을 수 없었다.

고수(高隋)전쟁에서 우리가 얻는 교훈은 고구려의 일차 저지선인 요하의 여러 성들이 끝까지 버티며 고구려를 지켜내었다는 점이다. 4차 침공 때 내사성만 빼고 상류서부터 내려오며 신성, 현도성, 대모성, 요동성 그리고 벽암성까지 모두 적군을 막아내었다. 거기에 평양성까지 쳐들어 온 적은 게릴라전으로 적으로 하여금 피곤하게 싸우다 기회가 오면 승부를 거는 전술을 써서 성공하였다. 당시 한반도 방어의 매뉴얼로 손색이 없는 방어전략이다.

수나라를 이은 당의 태종은 수양제와 달라 전략을 아는 인물이었다. 당태종은 돌궐을 제압하고 다시 눈을 고구려로 돌렸다. 그는 충직한 신하 위징에게서 고구려만은 치지 말라는 간언을 들었으나 위징의 사후 마침내 고구려 원정에 나섰다. 고구려의 상황은 대당 강경론자인 연개소문이 쿠데타를 일으켜 최고 실권자로 떠오르며 다시 한 번 중국과 자웅을 가려야 했다.

당의 1차 침입은 644년부터 시작되었다. 군대를 셋으로 나누어 일대는 산동반도부터 해로로 평양을 향하고 일대는 요동으로 나아가 양군이 합세하면 태종 자신은 몇 개월 후 요동으로 친히 6군을 이끌고 합류하기로 했다. 기록에 나오는 양군의 병력이 전투병만 10만이니 황제의 친위군을 합치면 총 숫자가 최소 20만은 되겠다. 최대 50만까지 잡기도 하지만 정확한 숫자는 알 수 없다. 그러나 중국의 통일왕조가 마음먹고 일으킨 전쟁이니 수나라 때만큼은 안되더라도 20만에서 30만 사이가 아닐까 추정한다. 수나라 군대가 과장된 측면도 있지만 허황된 수양제가 숫자에 집착한 반면 당나라 군대는 당태종의 스타일상 좀더 내실화되고 프로페셔널한 군대임이 짐작된다.

수양제의 군대는 전군이 요동성을 함락시키고 바로 평양성으로 진격하는 계획이었지만 요동성이 함락되지 않자 바로 계획이 꼬여버렸다. 당태종의 군대는 일단 요동평야에 교두보를 확보하고 세 방면으로 요동성을 압박하는 전술을 택하였다. 좀더 안전하고 조심스러운 작전이다. 당군의 주력은 신성이 함락되지 않자 규사를 남으로 돌려 개모성을 열흘 만에 함락시켰다. 수나라 군대보다 강력한 공격이다. 당태종의 본진과 합류한 당군은 요동성을 공략하여 함락시켰다. 몇 차례의 수나라 공격도 막아내던 요동성은 함락되었다. 당과 고구려군은 주필산, 신성, 건안성 전투에서 서로가 서로에게 타격을 주며 치열하게 싸웠다. 여러 곳에서 전투를 벌인 결과 고수전쟁의 스타 요동성을 대신한 것은 요하 방어선 북단에 있는 신성과 남단의 건안성이었다.

양쪽 끝에서 진을 치고 종심으로 방어선을 친 고구려군 때문에 안시성으로 해서 평양으로 진출하려는 당의 계획은 차질이 생겼다. 당과의 1, 2차 전쟁에서 함락당하지 않았던 신성이 3차 전쟁에서 마침내 함락된다. 당은 3차 침입 때는 개전 초부터 신성을 7개월이나 공략했다. 고구려의 여러 성 중 요하의 가장 상류에 위치한 신성은 강한 악력으로 마지노선을 틀어잡고 있던 손이었다. 일차 고당전투는 안시성이 클라이맥스이다. 안시성이 굳세게 맞서 함락되지 않으니 당군 일부에서는 안시성을 제치고 좀 더 만만히 보이는 오골성을 치고 평양으로 직행하자는 의견이 나온다.

그러나 당태종은 안시성을 우회하면 신성과 건안의 10만 고구려군이 배후에서 공격하거나 보급로를 끊어버릴 위험에서 안시성을 포기하지 않는다. 안시성이 고당전투의 하이라이트이기는 하지만 배후에는 신성과 건안성을 연결하는 방어선이 작동하여 당군의 진군을 방해하고 있다. 안시성은 끝내 함락당하지 않고 겨울은 닥쳐오고 보급은 점점 힘들어지고 당의 후방에서는 몽골계가 심상치 않은 움직임을 보이자 마침내 당태종은 철군을 결심한다. 중국에서도 손꼽히는 전쟁영웅 당태종도 참담한 패배를 맛보고 떠난다. 고구려가 "중화제국의 무덤"이라는 영예를 얻는 순간이다.

신라와 연합해 백제를 멸망시킨 당은 바로 고구려를 침공한다. 당의 2차 침공이다. 병력은 1차 침입 때와 비슷한 20만~30만으로 추정된다. 수양제의 1차 침공처럼 그리고 백제를 무너뜨릴 때와 같은 패턴으로 당의 2차 침공은 해군의 평양성 공성으로 시작한다. 당태종의 1차 침입에서 요하 마지노선에 걸려 실패한 것을 교훈삼아 이번에는 수군으로 평양으로 직행했다. 그러나 평양성은 함락이 쉽지 않았다. 3중 구조의 겹겹이 싸인 평양성은 정복국가 고구려의 수도이다. 장기전으로 나가게 되면 중국에서 배를 타고 온 당군은 장비와 보급의 문제가 대두된다. 총공세를 펼쳐보지만 여기서 실패하고 당군은 방어에만 급급하다가 결국 당으로 철수하였다. 수양제의 1차 침입과 비슷한 양상을 보인다.

당의 3차 침입은 고구려의 마지막 항전인데 아쉽게도 이미 고구려는 안으로부터 무너지기 시작했다. 막강한 연개소문의 사후 연개소문 아들들의 권력다툼으로 내부의 결속이 와해되었다. 장남은 동생들에게 쫓겨 당에 항복하고 연개소문의 동생은 신라에 투항하였다. 어쩌면 고구려도 수, 당과의 전쟁에서 드디어는 더 버틸 수가 없었는지 모른다. 당의 군주는 태종을 이은 고종이었다. 3차 전쟁은 요하 마지노선의 맨 윗쪽 신성이 함락됨으로써 마지노선은 마침내 당에 뚫렸다. 초창기 고구려군의 선전에도 불구하고 고구려 요동 방어군의 정예군은 궤멸되고 방어선은 무너진다. 천리장성이라 일컬어지는 요동 후방 방어선도 무너진다. 그후 압록강 방어선도 무너지고 평양성은 바로 당군에 노출된다. 신라도 고구려 남부전선을 돌파하여 평양에 도달한다. 한달을 버티던 평양성은 마침내 함락된다. 한국역시에서 가장 강력한 국가가 종말을 고했다. 우리의 관점은 요하를 오르내리며 있는 고구려의 저지선이 마지막 전쟁을 제외하고 수, 당의 여러 차례 침입을 막아내었다는 것에 있다.

거란의 침입을 고려의 대요(對遼)전쟁 또는 여요(麗遼)전쟁이라고 한다. 993년부터 1019년까지 3차에 걸쳐 거란의 침입을 막아낸 고려의 전쟁이다. 거란은 당시 군사적으로 동아시아 최강이었고 중국에 동화되지 않으면서 중국식의 제도를 어느 정도 받아들여 중국의 북부를 성공적으로 지배한 최초의 유목민족 국가이다. 이후 후금, 원의 북중국 지배에 초석을 깔았다. 거란은 북방민족 중에서도 가장 야만적인 이미지를 주는 민족이다.

거란의 침입은 한반도에 확립된 통일왕국으로서 가장 먼저 맞이한 북방 유목민족의 침입이다. 중간의 완충국가였던 발해가 멸망하고 직접적으로 북방 유목민족에게 노출된 고려의 입장에서는 어쩌면 피할수없는 침략이라고 할 수도 있다. 거란과의 전쟁은 우리가 대등한 입장에서 외국의 강한 침략자를 물리친 마지막 전쟁이다. 다시 말하면 거란과의 전쟁 이후 1000년 동안 한국에 존재한 왕조 즉 고려와 조선은 다시는 군사강국이 되지 못했다. 과거제도를 도입하고 문관이 지배하는 "문화국"이 된 시기와 일치한다.

거란과 고려 관계는 유난히 기록이 없어 알려지지 않았다. 고려 태조때 거란이 보낸 낙타를 굶어죽인 것이나 훈요십조에서 거란을 유별나게 지목하여 상종하지 말라한 것 등이 그동안 거란과 군사적 외교적으로 복잡한 사정을 추정케 한다. 고려초의 거란과의 관계가 사료로 나오지 않는 것도 의심이 가게 만든다. 고려 태조는 거란을 발해를 멸망시킨 무도한 국가로 인식하여 낙타를 굶어죽인 만부교 사건이 생기고 이로 인해 국교가 단절되었다 한다. 이는 거란의 침입으로 이어졌다. 하지만 고려를 창건한 태조의 대외국관과 외교라고 보기가 의심스럽다. 태조는 당시 지방호족들의 세력이 중앙을 압도하여 중앙집권화가 요원할때 이들을 외교적으로 가장 잘 다루어 삼국을 통일한 인물이다. 거란과의 충돌은 마치 훗날 조선조 성리학으로 무장된 사대부들의 외교 같아 보인다. 훈요십조도 그렇고 거란과의 외교도 그렇고 태조의 입장보다는 후대 어떤 이념에 입각한 문관 사관의 각색 같아 보인다.

거란의 침입은 고려 송 거란의 삼각관계가 균형이 깨졌다는것을 의미한다. 고려와 송이 가까와짐에 위협을 느낀 거란이 고려를 먼져 쳤을수도 있고 그뒤 후금과 금의 예에서도 볼 수 있듯이 중국을 치기에 앞서 뒷문 단속을 하느라 고려를 쳤을 수도 있다. 고려와의 전쟁을 계속하면서 거란의 요는 북송을 침공하여 송으로 부터 매년 막대한 공물을 받는 조건으로 평화조약을 맺는다. 송을 굴복시키며 고려와 싸웠으니 고려는 전성기의 거란과 전쟁을 치룬것이다.

서희의 담판으로 유명한 거란의 1차 침입(993년)은 우리의 주제에서 본다면 조금 이상한 전쟁이다. 우선 거란 군대는 요의 중앙군도 아니었고, 동경유수인 소손녕이 고려를 점령한다기보다는 여진과 전쟁 후 가는 길에 고려에 들러 고려를 협박하여 무엇인가 소득을 얻어 가려고 온 군대와 싸운 전쟁이었다. 아마 중앙정부에 고려를 항복시켰다는 공을 세우려한 것이 아닌가 싶다. 여기서 고려 조정의 동요와 심지어 항복론까지 나온 것은 우리에게 대단한 실망이다. 고려의 건국(936년)부터 거란의 1차침입까지 불과 60년, 두세대 밖에 지나지 않았는데 고구려를 계승하였다는 고려가(고려라는 국호 자체는 이미 고구려가 고려로 바꾸어 쓰고 있었다. 우리는 편의상 그대로 고구려라 불러 후대의 고려와 구별하고 있다) 이미 국방을 포기하고 있지 않았나 의심스럽다. 아니면 아직 군사력은 상당히 남아있는데 조정의 대신들은 이미 문민화가 되어있어 북방민족이 쳐들어 오니 속수무책이었든가. 이후 고려가 거란과 싸운 것을 보면 후자에 가까와 보인다.

서희 자신이 문관이었음을 감안하면 당시의 문관은 조선조 사대부들과는 그래도 많이 다르다는 것을 알 수 있다. 서희는 강동 6주를 얻는 대신 요에 사대하기로 약속한다. 당시의 유교적 소양을 가진 문관들에게 아직 성리학적인 명분론은 없었다. 강동 6주도 애당초 요의 땅이 아니었기에 요는 그저 이 땅을 고려가 가져도 된다고 확인해 주었을 뿐이다. 이 강동 6주, 즉 압록강 남쪽의 홍화진, 융주, 철주, 곽주, 통주, 귀주는 뜻밖에도 후에 고려와 조선의 방어선이 된다. 고구려의 요하 방어선처럼 북에서 침공하는 중국이나 유목민족의 침입을 막는 가장 중요한 방어선이 된다.

거란의 1차 침입이 이상한 전쟁이었다는 것은 고려가 소손녕의 침입을 이렇다할 방어선이 없이 그대로 맞았다는 데에 있다. 거란과 국경을 맞대고 있는 입장에서 마땅한 저항선을 찾지 못한 것은 다시 말하면 고려가 거란의 침입을 전혀 예상치 못했다는 것이다. 거란과 노골적인 적대관계를 유지한 고려는 도대체 무슨 배짱으로 전쟁에 대한 대비가 없었을까. 마치 임진왜란 때 같은 상황이 전개되어 이것이 진짜 고려였는가 의심스러울 정도이다. 거란의 1차 침입은 의심점이 많다.

40만명이 동원된 거란의 2차 침입은 수, 당의 고구려 침입을 방불케하는 진짜 국난이다. 고려도 전국에서 모든 병력을 모아 30만 대군을 편성했다고 전한다. 대단한 병력인데 이는 전국의 호족이 아직 독자 병력을 유지했기에 가능했다. 아마 지금의 정규병력과 예비병력의 중간쯤 된다고 보면 되겠다. 어쨌든 30만 대군을 편성한 것은 대단하다. 1010년 우리의 강동 6주는 이미 요새화되어 거란의 침입군을 막는 역할을 충분히 한다.

수양제처럼 요임금 성종은 (이미 중국의 북부를 점령했다) 병력의 반은 강동 6주에 두고 반을 개경으로 진군시킨다. 여기서 막고 있던 고려군은 야전에서 대패하며 거란의 2차 침입은 거란의 승리로 끝난다. 저지선에서 성공했지만 주력이 맞붙은 야전에서 실패한 것이다. 여기서 우리의 역사교훈이 등장한다. 중국 침공에 성공한 전성기의 요와 야전에서 맞붙는 실수를 한 것이다. 임란에 탄금대 정도까지는 가지 않았겠지만 평화시 고려군이 전성기의 거란과 정면으로 맞붙는 작전은 실수이다. 고려는 항전의 뜻을 굳히고 왕(현종)은 나주까지 몽진을 간다. 거란은 수도 개경을 함락하고 약탈을 자행한다. 거란의 2차 침입은 훗날 몽골의 침입, 임진왜란과 더불어 대표적인 난화(亂禍)로 인명피해는 물론이거니와 특히 각종 서적과 문화재들이 수난을 당했다. 당시까지 있었던 서적의 대부분이 불타 없어진다.

거란이 개경을 점령하기는 했으나 고려가 병력을 수습하여 거란의 후방을 교란하며 요에 일방적인 전쟁의 양상은 바뀌기 시작한다. 거란은 더 이상의 희생을 줄이고자 고려왕의 친조 조건으로 체면을 세우고 퇴각했다. 고려에 막대한 피해를 주었으나 결국은 고려 힘으로 퇴각시키고 2차 전쟁은 끝났다. 조선과 달리 위기를 넘기자 고려는 다시 일어섰다.

고려왕의 입조가 이루어지지 않자 거란은 1018년 다시 고려를 침공했다. 이 3차 전쟁은 고려가 군사 20만으로 미리 대기하고 있다가 강을 건너는 거란군에 수공(水攻)을 가하고 매복한 기병으로 거란군을 크게 격파하였다. 이는 한국의 외침사에 드물게 보는 대승리이다. 고려는 전쟁준비가 잘되어 있었고 훈련이 잘된 강군을 가지고 있었다. 지금와서 보면 마치 남의 나라 이야기처럼 들린다. 3차 전쟁에서 거란군은 거듭된 패배에도 계속 개경으로 남진한다. 수도 개경 공략에 실패한 거란군은 후퇴하다가 고려군에 대패하는데 이것이 유명한 귀주대첩이다.

이 3차 전쟁은 여기서의 주제인 수성적 방어전쟁이 나오지 않는다. 다행이다. 귀주대첩의 승리에도 고려는 거란에 군신관계를 맺는다. 완전한 승리는 아니었던 것 같다. 전쟁에 승리해도 강적에게 명분을 주었던 것 같다. 다시 쳐들어올 수도 있기 때문이다. 핀란드는 겨울전쟁에서 소련에 승리하고도 계속 저자세로 나갔고 소련에게 철수의 명분을 주었다. 고려의 대거란 승리는 고구려 이후 강적과 만나 대규모 전투로 대등하게 싸운 한반도에서의 마지막 전쟁이다.

우리는 대거란 전쟁을 통하여, 중국을 굴복시킨 전성기의 거란을 맞아 점점 더 강력해지는 고려군을 보았고, 방어에 급급하던 고려가 정면으로 맞부딪쳐 승리하는 것을 보았다. 한반도 국가 중 최후로 강력한 군사력을 떨친 때였다. 중국에서는 당태종을 물리친 연개소문과 몽골에 항전하는 고려의 모습이 퍽이나 인상적이었다. 중국의 경극에는 주인공이 가장 무서워하는 즉 저승사자같은 역할을 연개소문이 한다. 훗날 조선과의 전쟁 이야기가 나오면 "수양제도 당태종도 정복못한 조선이고 몽골에 수십년을 저항한" 역사적인 사실이 항상 거론된다. 조선은 그 덕을 많이 보았다. 하지만 만주족의 청나라는 고구려 고려의 찬란한 저항역사를 대단치 않게 여기고 조선을 가볍게 침략한다. 왜란 때 보여준 조선의 전투 능력이 그동안의 전설적 이미지에 먹칠을 하였다.

여진은 금을 세우고 송과 연합해 요를 멸망시키고 내친김에 송의 수도 개봉을 함락시키고 화북일대를 손에 넣는다. 금은 고려를 치지 않았다. 여진족이 진짜로 고려를 조상이 온 나라로 여겨서였는지 모른다. 그것보다는 아마 거란과의 싸움에서 고려가 보여준 군사력을 높게 평가해서였을 것이다. 금이 세워지기 전 고려는 여러차례 여진을 상대로 정벌을 벌였다. 궁극적으로 실패로 끝났으나 고려가 여러 차례 공세로 나가 여진과 일진일퇴를 거듭한 것은 금이 고려를 가볍게 볼 수 없게 만든 이유였을 것이다.

고려는 그 후 몽골과도 오래 전쟁을 벌이지만 그 전쟁은 여기서의 주제 곧 역사의 교훈에는 크게 기여하지 못한다. 외침에 성공적인 저항선을 형성하여 싸우지 못했고 계속 싸우면서 적을 지치게 하는 모습도 보이지 못하고 정규전에서 일방적인 패퇴를 거듭했기 때문이다. 다만 승병 등 일반 백성들의 항전은 임진왜란을 방불케한다. 하지만 여기서의 관심은 외침에 대비한 국가차원의 노력이다. 고려의 몽골 항전은 우리에게 외적에 맞서 항전하는 국가차원의 대비와 전략등 역사의 교훈을 많이 남기지 못했다.

〈예 2〉

대통령 탄핵

문재인 정권은 '촛불혁명'으로 지지자들을 결집하고 그 여세를 몰아 현직 대통령을 탄핵했고 그 후 선거를 통하여 정권교체에 성공했다. '촛불'을 들고 '혁명'에 참여한 일반대중은 말할 것 없고 법원과 심지어 당시 여당에서도 일부는 국회에서 찬성표를 던졌다. 지극히 당연한 절차이고 대통령의 실정에 대한 국민의 적절한 대응으로 비추어졌다. 기술적 측면에서는 하자가 없다. 국민은 하야를 요구할 권리가 있고 법원은 탄핵을 추인할 권리가 있고 국회의원들은 통과시킬 권리가 있다. 따지고 보면 대통령 탄핵을 먼저 시도한 것은 노무현 정권 당시 야당이었던 한나라당이었다. "시작한 것은 저쪽이니 탄핵 당해 마땅하다."가 당시 야당인 민주당의 일반적 정서였다.

　　과연 그러한가. 박근혜 대통령 탄핵은 당연한가. 그러나 역사적인 경험을 돌이켜보면 탄핵은 무서운 일이다. 다시는 돌아오기 힘든 영역으로 들어가는 길이다. 벌침을 쏜 벌은 생명을 잃는다. 인간은 스스로의 생명을 마감하는 최후의 병기는 끝까지 아껴야 한다. 상대방에 겁만 주고 끝내 쓰지 말아야 하는 최후의 무기이다. 이 무기는 쓰지 않음이 역할이고 존재가치이다. 핵무기가 좋은 예이다. 중국에서 핵무기가 최초로 개발되었을 때 핵무기의 중요성을 늦게나마 깨닫고 개발을 승인한 모택동은 개발성공 소식을 듣고 시큰둥하게 반응했다. "어차피 쓰지도 못할 무기인데……"

　　한국은 대통령 탄핵 시도가 두 번 있었다. 당시 야당인 한나라당의 노무현 대통령 탄핵은 바로 역풍을 맞았다. 탄핵 직후 실시된 국회의원 선거에서 대통령에 대한 '동정표'로 여당인 민주당은 기사회생했다. 그 정도에서 교훈을 얻었어야 했다. 탄핵은 한 번으로 끝나지 않는다. 노무현 탄핵이 박근혜 탄핵을 불렀듯이 박근혜 대통령 탄핵의 역풍은 이제 시작이다. 문재인 정권도 같은 기준으로 심판받는다면 다음 정권에서 심판을 벗어난다는 보장이 없다. 한국의 현 정치상황에서는 어느 정권 어느 대통령도 벗어나지 못한다. 그러지 않아도 한국은 매번 대통령을 선출하고 후에 그 대통령을 처벌하기를 반복한 나라이다. 거의 모든 전직 대통령이 감옥에 갔다. 노무현 대통령은 스스로 목숨을 끊었다. 박근혜 대통령 탄핵은 노무현 대통령 죽음에 대한 복수가 아님을 부정하기 어렵다.

한국은 대통령제를 실시한다. 전세계에서 선진국 문턱을 넘어선 나라 중에서 대통령제를 실시하고 있는 나라는 미국, 한국, 대만 세 나라 뿐이다. 대만의 총통제도 한국의 대통령제와 비슷하다고 간주한다. 대통령제를 택한 한국이 민주주의가 확립된, 앞서 나가는 나라 중 직접적으로 배울 나라는 미국밖에 없다. 그 미국도 강력한 대통령제로 민주주의를 하기가 쉽지 않음이 최근에 드러나고 있다. "민주주의의 위기"를 외치는 소리가 높아지고 있다. 몇 년 전 트럼프의 대통령 당선과 그의 대통령직 수행에 따라 일어난 현상이다. 쉽게 이야기하면 트럼프 같은 사람이 대통령에 당선될 정도로 양당이 극단으로 치닫게 된 것이 민주주의의 위기라는 것이다.

현행 체제에서 좌절된 일단의 사람들을 포퓰리즘으로 선동하고 이들에 힘입어 대통령에 당선까지 된다면 민주주의의 선도국으로 자부하는 미국의 입장에서는 이것은 분명 민주주의의 위기이다. 미국이 한참 아래로 보는 중남미 정치와 다를 바가 없다. 양당제에서 서로에 대한 적대감이 쌓여 선거 때마다 양극화되어 제로섬 게임이 되어가고 있으니 이것은 분명 민주주의의 위기이다. 정치적으로 한참 아래인 한국 정치와 다를 것 없다. 미국식 민주주의의 위기라고 하지 않고 그냥 "민주주의의 위기"라 하는 것은 미국이 민주주의의 본산이라고 믿는 미국사람들의 부풀려진 자존심의 발로이다.

양당제 민주주의에서 양당이 서로를 적대시하면 민주주의가 행해지지 않는다. 한국의 정치풍토처럼 아직 서로를 인정하지 않고 어떻게 해서든지 이겨야 하는 데에 모든 정치행위가 집중된다면 민주주의가 작동된다고 말하기 어렵다. 한국에서는 머리에 붉은 띠를 매고 "결사반대"라고 외치는 풍경이 낯설지 않다. "죽음을 무릅쓰고 반대한다"는 표현은 외국사람들이 보기에는 섬뜩하다. 더욱 섬뜩한 것은 당사자들이 진짜 죽음을 무릅쓰는 것으로 보인다는 점이다. "여기서 밀리면 죽는다."가 보통 정치판에서 아무렇지도 않게 나오는 끔찍한 말이다. 더욱 끔찍한 것은 진짜 그렇게 생각하고 행동한다는 점이다. 조국의 법무부 장관 임명에서 불거져 나온 비리가 도저히 그냥 넘어갈 수 없는 정도가 확실해 졌을 때, 사실상 그동안 청문회 역사상 가장 많은 비리가 터져 나온 상황에서 집권당에서 나온 이야기는 "여기서 밀리면 죽는다."였다. 신문기사로 나온 이야기이니 상황으로 보아서 기자가 지어낸 것 같지는 않다. 물론 한국 사람들은 무심히 보고 넘어가는 기사이다.

탄핵은 민주주의 실행에 큰 장애가 되는 양극화에서 가장 극단적인 정치행위이다. 두 세기 전 유럽에서는 군주를 단두대에서 처형하는 행위이고 조선에서는 반대당을 몰아낼 때 또는 반정으로 국왕을 갈아치우는 행위이다. 한국은 현재 5년마다 왕을 뽑고 왕이 바뀌면 전왕은 감옥에 보내졌는데 감옥을 가야할 전왕이 자살해 버리는 사건이 발생했다. 나름대로 질서가 있었던 정치 풍토는 더 살벌하게 바뀌었다. 다음 왕을 끌어내고 임기가 끝나기 전에 감옥에 보낸 것이다. 왕의 임기 내내 두 명의 전왕이 감옥에 있다. 다행인 것은 두 명이 모두 자살을 하지 않고 있어 상황이 더 악화되지는 않았다. 더 악화된 다음 단계를 걱정하여 주저하고 있는지도 모른다.

대통령을 몰아내는 탄핵과 조선조 반정 나아가 왕조의 교체는 많은 점을 공유한다. 본질적으로 같은 내용이 들어있다. 탄핵은 정치세력의 변화가 혁명적으로 바뀌는 것이다. 그나마 유지되던 정치적 질서가 교란된다. 혼란이 올 수밖에 없다. 보통 사람도 살던 터전이 바뀌면 삶이 힘들어진다. 이사를 자주 다니는 집의 어린 학생에게 학교가 계속 바뀌는 환경은 대처하기 힘들다. 후진국에서는 평화적인 정권 교체가 거의 불가능하다. 그래서 후진국이다. 경제적으로 선진국 문턱을 넘어선 한국은 얼핏 보면 평화적인 정권 교체를 하고 있는 것처럼 보이지만 사실은 평화적이 아니었다. 김영삼, 김대중의 불안정한 좌우 혼합 형태의 정부가 노무현 정부에 들어서 본격적으로 자리매김하게 되니 바로 탄핵이 들어왔다. 이에 복수의 칼날을 갈던 진보 세력은 바로 탄핵으로 보수정권을 무너뜨렸다. 한국의 민주주의는 앞길이 순탄치 않다. 다시 정권을 내주면 같은 보복을 받게 된다. 정권이 반환점도 돌지 못한 시점에서 민주당이 '영구집권론'을 내세우고 "여기서 밀리면 죽는다."는 비장한 말이 나오게 된 까닭이다. 죽고 사는 일이 걸렸기 때문이다.

한국의 왕조 역사를 일단 신라 때부터로 본다면, 통일신라부터 조선이 일제에 강점될 때까지 쿠데타에 의한 왕조 교체는 한번 밖에 없었다. 놀라운 일이다. 신라는 그대로 와해되어 나라를 들어 고려에 바쳤다. 고려는 외적의 침입, 몽골의 지배 등을 거치다가 쿠데타에 무너졌다. 고려는 무신의 난에도 왕조가 교체되지 않았다. 고려를 무너뜨린 쿠데타는 사실은 이성계를 등에 업은 유생 관료들의 쿠데타이지 군사 쿠데타조차 아니었다. 문인들의 쿠데타였다. 이성계는 추대되어 왕위에 올랐다. 정몽주의 반대는 성리학자의 도리에 입각한 반대가 아니었다. 문신의 반대였다. 이성계의 장남 이방우는 고려 조정에서 벼슬을 한 문신이다. 이방우는 아버지의 왕위 찬탈에 반대했다. 따라서 장남임에도 후계자 대상으로 오르지 못했고 조선 건국 이듬해에 죽었다. 죽은 이유는 알려지지 않았다.

전근대 한국사에 오직 한번 있었던 왕위찬탈은 후유증을 남겼다. 역사적으로 조선 건국은 전제개혁이 있었고 안정된 왕권과 세종 등의 문화적인 업적이 있었기에 긍정적으로 기록된다. 역사는 결과로 말한다. 끝이 좋으면 모든 것이 좋다. 정치적 변동은 크게 다른 업적을 남기지 못하면 사회의 불안을 조성하고 많은 사람들의 삶을 뒤엎어 놓기 때문에 비난의 대상이 된다. 이사를 많이 다니며 집값이 올라 돈을 많이 벌면 나머지 부정적인 것은 묻혀버리지만 어린 학생의 정신적 고통은 후에도 남는다.

조선 중기에 이르러 드디어 이념에 의하여, 조선 건국을 가능케 했던 바로 그 이념에 의하여 세조가 조카를 죽이고 왕위를 뺏은 것이 이슈가 되고 나아가 이성계의 왕위 찬탈도 간접적으로 비난받기까지 이르렀다. 정몽주가 높여지고, 신진 사대부들이 길재, 야은의 후계임을 공공연히 밝히면서 조선 왕조의 성립이 성리학적 이념으로 정당한지를 따졌다. 왕조의 정통성 시빗거리는 심각한 정치적 분규를 가지고 온다. 어떻게 보면 불필요한 국력낭비이다. 결과가 중시되는 역사의 입장에서 신진 사대부들의 등장은 조선의 불행이 된다. 조선 건국 때 있었던 근본적 개혁이 보이지 않고, 국방과 백성들의 삶의 관점에서 나아진 점이 없이, 다람쥐 쳇바퀴 도는 끝없는 정변의 연속으로 이어졌기 때문이다.

조선조에는 두 번의 반정이 있었다. 중종반정은 희대의 폭군 연산군을 몰아냈기에 심각한 반정의 후유증은 없었다. 인조반정은 다르다. 주로 광해군의 외교노선에 반기를 들고 반정에 성공한 노론은 오늘날의 관점에서는 당연한 광해군의 외교를 이념에 입각한 외교로 바꾸어 어느 정도는 병자호란을 자초했고 정치적으로도 당파싸움이 심화되었다. 이후 강한 왕들이 나와 몇 대는 신하들과의 권력 다툼을 이어갔으나 정조 사후는 신권이 세져 궁극적으로 세도정치라는 퇴보된 정치형태가 되었다. 왕조에서는 대체적으로 왕권강화가 신권강화보다는 국가의 번영과 백성의 삶에 긍정적이다. 조선의 반정도 역사가 예쁘게 보아 줄 수가 없게 되었다.

대한민국 초대 대통령 이승만도 국민들의 데모로 물러났고 이어 들어선 내각책임제 하의 장면 정권도 군사 쿠데타로 무너졌다. 당시 잠정적인 역사평가는 국민의 데모는 선이고 군사 쿠데타는 악이었다. 그러나 호흡이 더 긴 우리의 역사는(물속에 한번 들어가면 오천 년 있다가 나오는 우리의 역사는) 이런 선과 악에 둔감하다. 경과와 이유는 대충보고 결과만 챙긴다. 이 긴 역사는 한국의 군사 쿠데타를 높이 친다. 쿠데타를 단행한 조선 사대부들이 전제개혁을 하고 나라를 안정시킨 것에 좋은 점수를 준 이 무정한 역사는 박정희 정부가 경제성장에 기여한 공을 높이 평가했다. 박정희 자신도 이를 눈치채고 "내 무덤에 침을 뱉어라."고 했다. 박정희가 이 말을 한 것이 사실이라면 박정희는 선악을 바로 판단하는 당대의 역사보다 호흡이 긴 우리의 역사에 기대를 걸었던 것이다.

정권의 평가는 역시 호흡이 긴 역사에 맡겨야 한다. 세세한 정치 행위, 선전 구호, 선심행정, 정치적 복수, 당대 사람에게 인상을 준 이런 모든 정치적 행위는 곧 잊혀지고 만다. 개인도 죽게 되면 당장 '옷 한 벌은 건져 수지 맞은' 보통사람과 '비싼 장난감을 남긴' 부자와의 차이가 없어진다. 수백 년 단위의 역사적 평가에서도 박정희는 기억될 것이다. "역사를 바로 잡겠다."고 기고만장하는 정치인들은 수십 년 후의 역사에서도 거론되지 않을 것이다. 대단한 실패를 하게 되어 이름을 내지 않는다면 말이다. '상당한' 실패를 한 조선 성리학 관료/학자들도 이제 몇 백 년이 지나고 잊혀지기 시작한다.

대한민국은 아직 진정한 평화교체가 없었다. 진정한 민주주의가 실현되었다고 보기 어려운 까닭이다. 진정한 평화교체를 위해서는 현 진보 정치세력이 박근혜를 탄핵시키지 않고 임기 마치기를 기다렸다가 '촛불혁명' 없이 들어왔었어야 했다. 몇 번의 평화교체로 드디어 진정한 민주주의를 실현할 절호의 기회였다. 그러나 스스로 혁명세력이라 하고 정권을 잡았으니 도리 없이 혁명으로 정권을 잡은 수많은 역사적 사례를 살펴볼 수밖에 없게 되었다. 혁명 정권들의 결과는 통계적으로 어떻게 잡혔을까. 역사적 사례를 살펴보자.

미국에서 탄핵논의는 5번 있었다. 실제로 표결에 부쳐진 탄핵은 4번. 그중 트럼프가 2번을 기록하여 사실상 3명의 대통령에 탄핵 표결이 있었다고 보면 된다. 그중 아무도 탄핵이 가결되어 물러난 대통령은 없었다. 첫 번째는 암살당한 링컨 대통령의 뒤를 이은 남부 출신 앤드류 존슨 대통령이다. 남북전쟁 후 남부에 대한 처리문제에서 집권당인 공화당이 앤드류 존슨의 유화정책에 불만을 품고 탄핵을 발의하여 표결에 붙였다. 존슨은 민주당 출신인데 남북전쟁이 일어나고 남부 정치인들이 워싱턴을 떠나 남부로 돌아갔을 때 유일하게 남은 상원의원이었다. 이로 인해 남부에 대한 회유차원에서 링컨에 의해 부통령 러닝메이트로 발탁되었다. 1865년 부통령 취임 1개월 만에 링컨의 암살로 대통령이 되었으니 처음부터 집권 공화당과는 맞을 수가 없었다. 노예제에 대한 해결 없이 남부를 다시 연방으로 받아들이려 한 존슨은 공화당의 탄핵을 받았으나 상원에서 1표 차이로 부결되었다.

첫 탄핵에서 교훈을 얻은 미국은 그 뒤 100년 이상 탄핵을 거론치 않았다. 한국이 문민정부가 들어선 1993년 이후 2004년 노무현 당시 대통령에 대한 탄핵이 국회에서 가결되고 헌법재판소에서 기각되기까지 불과 11년이 지나지 않았다. 돌이켜보면 양극화된 정치풍토에서 대통령 탄핵은 시간문제였다. 탄핵이라는 양극화의 극단적인 정치는 당시 집권당인 한나라당이 시작했음은 역사적 사실로 기록되어야 한다. 한국정치의 양극화는 보수당이 먼저 불을 지폈다. 국민에 의해 선출된 대통령을 도저히 용납할 수 없었던 것이다. 그래서 탄핵을 해야 했다면 민주주의는 행해질 수 없다.

미국에서 두 번째 탄핵 논의는 1974년 닉슨이 워터게이트 사건으로 탄핵이 현실화 될 것 같아 사임함으로써 표결까지는 가지 않았다. 재선이 확실시되던 상황에서 상대인 민주당 도청을 시도하다가 발각된 워터게이트는 그 자체로는 탄핵으로까지 갈만한 상황은 아니었다. 사건 은폐 기도, 대통령의 거짓말, 명령을 듣지 않는 법무장관 해임 시도 등이 대통령의 도덕에 결정적인 타격을 주었다. 당시 대통령에 걸었던 도덕적인 기대가 무너진 데 대한 시민의 분노가 만들어 낸 상황이지만 오늘날 기준으로는 탄핵까지 갈만한 사항은 안 된다.

그동안 시민들은 정치인들의 민낯을 가감 없이 알게 되었다. 훗날 트럼프에 비하면 닉슨은 아주 도덕적으로 보인다.

탄핵 못지 않게 중요했던 것이 사면이었다. 당시 닉슨이 부통령으로 지명한(마침 현직 부통령이 부패문제로 사임한 상태였다) 포드가 닉슨의 사임으로 대통령이 되고 닉슨을 사면하여 사임 후 예상되는 형사처벌을 차단하였다. 이는 시민들에게 포드를 대통령 시켜주는 대가로 자신의 사면을 보장받는 딜을 한 것이 아니냐는 의심을 갖게 했고 포드는 이것이 주요 원인이 되어 다음 대통령 선거에서 떨어진다. 당시에는 닉슨의 사면으로 포드가 선거에서 심판을 받았으나 그 후 시간이 흐름에 따라 점점 포드의 결단은 정치학자나 역사가들에게서 궁극적으로 미국에 유리하게 작용했다는 평가를 받기에 이르렀다. 당시에는 당연해 보이는 대통령의 처벌은 두 정당 간에 순환적인 복수극이 될 가능성이 있다는 현실적인 우려가 들어가 있다.

돌이켜보면 당시 닉슨에게 탄핵이 상원에 올라올 경우 가결될 것이라 통보하여 닉슨을 사직하게 만든 집권당 공화당의 상원의원들이 탄핵을 막았어야 했다. 여기서 교훈을 얻은 공화당은 트럼프 때는 단호하게 탄핵을 막아낸다. 한국에서 박근혜 대통령 탄핵 시 여당 국회의원들은 닉슨 때 공화당 상원의원들과 비슷한 역할을 했다. 비등한 여론에 밀려 탄핵을 허용했다. 이 책은 누구를 옹호하고 누구를 편드는 입장이 아니다. 탄핵과 그와 비슷한 역사적 사건들을 돌이켜 보니 탄핵이 주는 정치의 부정적 영향과 전개가 예상되기 때문이다.

한국에서 이후 서로를 탄핵하는 '대통령 탄핵전'이 전개될지는 잘 모르겠으나 한 가지 예상되는 것은 이후에는 여당이 탄핵에 섣불리 동조하지 않고 자신이 속한 당의 대통령을 옹호할 것이다. 미국이 역사에서 교훈을 얻었다면 한국도 그 정도의 교훈은 얻을 것이 틀림없다. 현재 상황은 여당이 국회의 다수를 점하고 있어 탄핵 논의가 없으나 분위기로 보아서는 만일 야당이 다수라면 틀림없이 탄핵이 거론되었을 것이다. 현 문재인 대통령이 가지고 있는 야당에서의 인기는 전 노무현 대통령의 인기에 비해 많이 떨어진다. 노무현에게 '노사모'가 있었다면 문재인에게도 '문빠'가 있다. 야당의원 중 몰래 '노사모'에 들고 싶어 하는 사람이 있었을지 모르지만 현재 '문빠'에 들고 싶어 하는 사람은 하나도 없어 보인다.

미국의 세 번째 탄핵논의는 민주당 클린턴 대통령의 섹스 스캔들로 시작되었다. 실제로 탄핵 표결까지 갔다가 상원에서 부결되었다. 헌법의 문자적인 해석에서 본다면 섹스 스캔들은 탄핵 대상이 안 된다. 도덕적인 결함은 대통령 탄핵에 관한 헌법에 명시되어 있지 않다. 단지 거짓말은 문제가 된다. 직접적인 탄핵대상은 아니나 거짓말은 명백히 법률위반이고 법률위반이 확실하게 나타날 경우 미국은 한국보다 더 확실하게 처벌 받는다. 클린턴은 반쯤 거짓말을 함으로써 위기를 벗어났다. 법률적인 섹스의 정의를 이용해 섹스를 하지 않았다고 우겼다. 볍률적으로 오랄섹스는 섹스가 아니라고 해석될 여지를 이용한 것이다. 결정적인 증거가 나오게 되자 클린턴은 얼른 자수하였고 탄핵표결에서 살아남았다. 공화당의 클린턴 탄핵시도는 닉슨의 사임에 대한 보복일 가능성이 크다. 공화당의 클린턴 증오는 그동안 미국의 정치풍토에서 유례 없이 감정적이다. 공화당이 호감을 갖는 민주당 대통령이었다면 탄핵까지 가지 않았을 것이다.

닉슨과 클린턴은 양자가 동시대에 가장 유능한 정치가이면서 탄핵을 받았다는 점에서 아이러니하다. 전 세기의 존슨은 정치풍토가 다르고 남북전쟁이라는 특별한 상황임을 고려해 논의에서 빼고 트럼프는 애당초 대통령의 자격조차 없는 사람이니 탄핵이 처음부터 예상된다는 점에서 제외한다면, 실제로 탄핵을 받았거나 탄핵이 확실시되어 물러난 두 사람이 사실은 21세기 미국정치에서 가장 유능한 사람들이었다. 아마 그렇기 때문에 상대당의 적개감이 더 컸을지 모른다.

대중적인 인기가 높았고 상대당에서의 적개감도 적었던 레이건은 대통령 2기에 일어난 이란 콘트라 스캔들로 탄핵을 받지 않았다. 레이건 행정부는 이란의 호메이니 정부에 몰래 무기를 판매하였고 여기서 나온 대금을 니카라과 반군 지원으로 썼다. 이란에 대한 무기 판매는 정부의 적성국 무기판매 금지법을 정면으로 위반하는 것이고 니카라과 반군 지원은 이를 금하는 국회가 가결한 법률을 어기는 것이다. 법률적으로는 닉슨이나 클린턴보다 죄질이 무겁다. 탄핵의 기본 구성요인은 직접적으로 통치에 문제가 되는 사항이다. 이란 콘트라 스캔들은 탄핵을 당할 수 있는 중요한 일이다.

레이건은 대통령으로서 이란 콘트라 스캔들을 알았느냐 몰랐느냐가 문제의 관건이었다. 알고 묵인하였으면 대통령 자신이 법률을 어긴 것이고 몰랐다면 부하들이 대통령을 무시하고 중요한 법률을 어긴 것으로 두 가지 어떤 경우라도 빠져나갈 구멍이 없었다. 현실적으로 대통령 후반기 레이건의 스타일이나 쇠퇴하는 능력으로 보아서 (레이건은 임기를 마치고 얼마 안 있어 치매증세가 있는 것으로 알려졌다) 보고를 받고 묵인했거나 아예 상관을 안했거나 둘 중 하나일 가능성이 있는데 이는 민주당도 알고 있었고 시민들도 대충 짐작할 수 있는 일이었다. 민주당은 청문회를 열었으나 대통령에 이르러서는 더 이상 문제 삼지 않고 그대로 넘어갔다. 대중적인 인기가 높고 상대당에게서도 반감을 사지 않은 것이 주효했다

닉슨이나 클린턴, 특히 클린턴은 미국의 양대정당이 본격적으로 서로를 적대시하기 시작할 때의 대통령이었다. 클린턴 자신이 이 양극화에 전적으로 책임이 있는 것은 아니었으나 양극화의 시작에 역할을 담당했다. 1980년대 레이건이 대표하는 미국의 보수화 물결은 1990년대 클린턴 대통령 8년 집권 시 경직화되고 호전성을 띠고 포퓰리즘의 양상을 띠게 되었다. 보수 쪽에서 보았을 때는 그 동안 진보가 너무 지나치게 갔다. 그 동안 미국을 최강국으로 만든 미국의 건전한 가치관, 가족관념을 무시하고 지나치게 여권, 동성애, 개인주의, 탈종교 등으로 나갔다. 경제적으로는 번영에서 소외된 중산층 이하 시골에 거주하는 백인들의 상대적인 박탈감을 대변했다. 대통령 탄핵은 이 정치적 양극화가 극단적으로 나타나는 양상이다.

한국은 선진국 중 미국과 더불어 전세계에서 드물게 대통령 중심제를 하는 나라임을 먼저 밝혔다. 세계에서 가장 민주주의가 오래되고 잘 운영된다고 자랑하는 미국에서 대통령 중심제가 흔들린다면 전 시대 권위주의적 전통이 많이 남아있는 한국에서는 민주주의에 커다란 기대를 걸기가 어렵다. 유능하지 못하고 비대한 권력을 가진 대통령이 실정할 가능성은 아주 높고 거기에 상대당의 가혹한 공격은 감당하기 어렵다. 성리학적 이념 교육을 바탕으로 과거에 합격하고 주로 언관으로 성장해온 조선의 정치적 전통은 오늘날 한국에 면면히 이어져 내려온다. 주로 학벌과 고시를 통해 정치인으로 입문하고 상대방의 실정을 비판하는 것으로 정치인의 능력을 가늠받는 오늘날 한

국 정치 풍토는 특히 진보 쪽에 그 경향이 더 두드러진다.

대통령 탄핵은 몇 세기 전 유럽에서 혁명으로 국왕을 살해하는 것과 마찬가지 개념이다. 이 개념은 왕정에서 민주정으로 넘어오는 역사의 전개와 연관되었다. 역사의 교훈을 탐구할 때 중요한 것은 비슷한 개념을 찾아내어 사례를 가능한 한 많이 만드는 일이다. 물론 연관성을 따져 경중의 비중을 달리 두어야 할 때도 있다. 여기서는 국왕을 바꾸는 개념이 대통령 탄핵과 밀접한 연관성이 있음을 전제로 하고 예를 계속하겠다.

유럽의 근대화에 정치적으로 기여한 것 중 하나는 직업관료제의 확립이다. 나라가 복잡해지고 산업이 발달하여 정치 주체가 많아짐에 따라 국왕의 역할은 점점 축소된다. 국왕이 아무리 뛰어나도 보통은 직업관료의 능력을 따라가지 못한다. 국왕은 자신의 권력을 바로 내놓지 않기 때문에 누군가 빼앗아야 한다. 귀족이 왕의 권한을 빼앗는 것은 바람직하지 않다는 것은 우리가 많이 보아온 바이다. 민주주의가 본격적으로 시작되었다고 알려진 영국에서는 국회가 왕의 권력을 점진적으로 빼앗았다. 처음에 국왕은 자신의 권력을 빼앗기는 것을 상상조차 하지 않았다. 국회를 이용한다고 생각했다. 사실상 영국에서 국회는 국왕이 필요할 때 소집하여 세금을 승인받을 때 이용했다. 국회의 소집도 해산도 왕의 권한이었다. 자신이 마음대로 소집하고 해산하는 국회에 궁극적으로 권력이 넘어간다는 것은 상상도 못하는 일이었다.

징세에 국회의 승인이 필요한 것은 전쟁자금을 조달해야 되기 때문이다. 중세 때 지방에 거점을 둔 귀족들이 자신들의 군대를 끌고 나가 전쟁하던 시대가 지나고 국가가 재원을 마련하여 지원병의 월급과 물자를 부담하기 때문에 가장 세금을 쉽게 징수할 수 있는 부농, 상공업 등에 종사하는 중산층의 동의를 얻는 것이 필수적이 되었다. 일반적으로 중산층과 귀족은 적대관계이고 귀족과 국왕은 라이벌 관계이니 중산층과 국왕은 이해관계가 맞아 떨어지는 편이 많았다. 적의 적은 친구인 등식이 성립한다. 근대로 접어들 때 귀족의 권력이 축소되고 국왕과 중산층의 힘이 늘어나는 것이 일반적 추세이다.

한편 관료층도 국왕을 대신하여 성장하여 권력의 한 축이 된다. 다만 국회보다 국왕을 위해 일하는 것이 명확한 한계는 있다. 영국에서 국왕이 권력을 점차 빼앗기는 데는 우연적인 사건들이 큰 역할을 한다. 그러한 우연들의 연속이 없었으면 과연 영국이 민주주의로 나아갈 수 있었을까 하는 의심이 가기도 한다. 역사의 필연성에 의심이 든다는 뜻이다. 첫째 언급할 것은 여왕의 등장이다. 영국 최초의 여왕 엘리자베스 1세는 아버지 헨리 8세와 달리 그리고 이복언니 메리여왕과 달리 군림하되 직접적인 고압적인 통치를 하지 않았다. 국왕으로서 최소의 역할을 하고 군림하는 모범을 보여 모두가 만족했다. 대단히 지적이지는 않지만 국왕에게 필요한 정치적 감각과 세상 물정에 밝은 쪽으로 머리가 발달한 엘리자베스 1세의 국왕으로의 통치는 영국 사람들에게 깊은 인상을 주었다. 엘리자베스 1세는 자신은 영국과 결혼했다고 하여 독신으로 일생을 마쳤다.

뒤에 빅토리아 여왕 때 영국의 전성시기가 온다. 토리로 알려진 보수당의 디즈레일리(1804~1881)와 진보당(당시는 직역하면 자유당이다)의 글래드스톤(1809~1898) 등의 거물들이 보수 진보 양당제를 확립한 것도 이때이다. 현 국왕 엘리자베스 2세는 2021년 현재 69년을 재직하며 빅토리아 여왕의 63년의 재직 기록을 경신했다. 1952년 엘리자베스 2세가 등극할 때 영국국민들은 1세와 빅토리아 여왕 때를 기억하며 다시 한번 여왕치세 하의 영국의 번영을 꿈꾸었다. 대부분의 식민지를 독립시키고 영국은 이미 제국이 아니다. 영광된 과거를 뒤로 하고 작은 나라가 살아남기도 쉬운 일은 아니다. 엘리자베스 2세는 자신의 역할을 충분히 했고 영국 국민들의 평가도 너그러운 편이다. 여왕의 역할이 무엇이었냐고 반문하는 독자들을 위하여 여기서 대통령의 탄핵과 관련하여 더욱 자세한 관찰이 필요하다.

엘리자베스 1세는 결혼을 하지 않음으로써 왕위 계승의 위기를 초래했다. 당시는 위기로 여겨졌으나 훗날 돌이켜보면 축복이었다. 위기를 가장한 축복이었다. 왕위는 스코틀랜드의 제임스 6세(영국에서는 제임스 1세)로 돌아가고 영국과 스코틀랜드는 병합하였다. 제임스는 영국의 헨리 7세의 딸이 스코틀랜드에 시집가서 제임스의 증조할머니가 되었기에 핏줄을 인정 받아 영국의 왕위에 올랐다. 오래 싸우던 두 나라가 병합되었으니 영국으로서는 큰 축복이다. 수백 년 동안 싸웠어도 제압하지 못한 스코틀랜드와 병합했으니 영국의 행운이다. 스코틀랜드는 자치를 약속받고 자신들의 왕이 영국의 왕이 되었으니 손해 볼 것 없다. 그러나 제임스는 영국에 와서 왕 노릇을 하되 왕 대접을 못 받았다. 영국의 입장에서는 그것을 노리고 왕을 시킨 것은 아니었지만 결과적으로는 왕권을 제약하고 국회가 권력을 쥐는 중요한 계기가 된다.

여기서 영국의(일반적으로 유럽의) 왕위계승 제도를 잠깐 살펴볼 필요가 있다. 왕권 제약에 결정적인 역할을 했기 때문이다. 왕위가 남자로 상속되는 조선과 달리 유럽 특히 영국은 여자가 자주 왕위를 잇는 이유가 정통과 비정통의 차이 때문이다. 여자를 우대해서가 아니고 정식으로 결혼한 사이가 아니면 정통이 아니고 자식을 낳아도 사생아(Bastard)가 되어 왕위 계승권이 없다. (주교를 통해) 신으로부터 정식으로 세례/허락 받지 않은 결혼은 정통성이 없다. 따라서 남자가 없으면 왕위는 그나마 피가 흐르는(정통성이 있는) 딸의 자손으로 이어진다. 딸의 자손으로 연결되면 왕조의 이름이 바뀐다. 엘리자베스 1세의 튜더왕조는 끝이 나고 제임스 1세의 스튜어드 왕조가 시작된 것이다. 스튜어드는 제임스의 아버지 쪽 이름이다. 동아시아의 역성혁명까지는 안 가더라도 사실상 새 왕조가 개창된 것으로 본다.

얼마 전 작고한 엘리자베스 2세의 남편 필립공의 영국식 이름은 마운트베튼 인데 필립공은 이 이름을 새로운 왕조의 개창으로 하고자 하였으나 처칠의(국회의) 반대로 이루지 못했다. 필립공은 자식에게 이름을 남기지 못하는 사람은 이 세상에 자기 하나밖에 없다고 한탄하였다. 왕위를 잇지 못하거나 작위가 없는 기타 왕족은 엘리자베스 2세의 성을 따서 윈저로 불린다. 그 윈저도 1차 세계대전 중 독일과의 전쟁으로 국민감정이 나빠져 독일이름이었던 삭스-코버트, 고타라는 이름을 영국이름으로 바꾼 것이다. 이 긴 독일이름은 빅토리아의 남편이었던 알버트 공의 독일이름이었다. 스튜어드에서 삭스-코버트, 고타까지도 한 번에 바로 바뀐 것이 아니다. 이렇게 유별나게 왕가의 이름이 바뀐 이유는 외국에 있는 딸의 후손으로 왕위를 잇기 때문이고 카톨릭 쪽 후손은 빼고 개신교 쪽 후손만을 왕으로 받아들여야 하는 영국의 사정이 있어서이다. 어쩔 수 없이 한 일이었지만 본의 아니게 왕권의 제약에 큰 기여를 했다.

원래 노르만 정복 이후 노르만의 후손인 영국의 왕들은 영국왕 노릇 하는 것보다는 프랑스 쪽 영토와 작위 그리고 궁극적으로는 프랑스왕이 되고자 하는데 더 관심이 많았다. 먼 훗날까지도 영국왕들은 프랑스가 모국어였다. 보통 어머니가 프랑스 공주이고 유모가 프랑스 여인이고 궁중에서 쓰는 말이 프랑스어이었기에 프랑스어가 모국어가 되고 자신들을 프랑스인으로 생각했다. 영국왕 중 처음으로 영어를 모국어로 배운 왕은1399년에 등극한 헨리 4세였다. 실질적으로 프랑스인이 아니고 영국인이 왕이 된 것이 노르만 정복 이후 333년 만이다. 이렇게 초창기 왕들이 자신들의 왕국에 관심을 덜 가진 것도 훗날 왕권제약에 도움이 되었다.

1714년 앤 여왕이 죽고 독일에서 건너와 영국왕에 등극한 죠지 1세가 하노버 왕조를 시작했다. 죠지 1세의 증손자인 죠지 3세 때에 이르러서야 독일말이 아닌 영어를 모국어로 쓰는 왕이 되었다. 이렇게 영국왕들의 출생지와 언어사용에 대한 장황한 정보를 제공하는 것은 제임스 1세의 아들 찰스 1세의 처형의 의미를 전달하려함이다. 영국은 청교도 혁명 와중에 찰스 1세를 처형했다.(1649년) 그러나 크롬웰의 공포정치를 경험한 영국시민들은 크롬웰이 죽자(1658년) 찰스 1세의 아들 찰스 2세를 불러들여 왕정을 복구시켰다. 지금 돌이켜보면 이 놀라운 결정은 이때부터 영국의 정치적 안정을 기약하는 '신의 한 수'가 되었다. 정치제도가 번영을 기약하지 않는다. 그러나 정치제도는 번영을 막을 수가 있다. 역사는 거듭해서 정치의 안정이 번영의 첫 단추임을 보여준다. 왕정복고를 실행한 영국시민의 결정은 오랜 역사의 눈으로 볼 때 결과적으로 영국의 번영을 기약하였다.

잘되는 나라는 모든 것이 우연히도 잘되는 쪽으로 나가게끔 되어 있는 듯 보인다. 우연과 필연 어느 것이 우세한지 알 수 없을 때가 있다. 강자가 이기는 것인지 이기기 때문에 강자가 되는 것인지 인과관계가 확실치 않다. 영국의 왕정복구는 우연적인 요소도 있다. 시기적으로는 17세기, 근대국가가 형성되는 유아기에 홍역을 치른 것은 분명히 우연이고 행운이다. 19세기에 왕을 단두대로 보낸 프랑스는 성년이 되어서야 홍역을 치르고 오래 병을 앓았다. 물론 왕정복고가 훗날을 내다보고 계산된 행동은 아니다. 가장 큰 원인은 이념이 지배하는 숨막히는 정치가 "구관이 명관"이라는 역사적으로 확률 높은 격언을 상기시켜 주었다는 점이다. 다음은 당시 기독교 국가에서 신이 지정해준(Anointed) 왕을 자신들이 죽였다는 죄의식이다. 당시 이 죄의식은 지금 사람들이 상상하는 것보다 훨씬 컸다. 17세기에 홍역을 치른 것이 도움이 되었다.

왕정복고가 중요한 이유는 이후 영국이 왕의 권력이 점점 약해지며 국회와 관료들이 나라를 다스리게 되었다는 점이다. 중국과 한국에서는 황제나 왕이 무능하지 않으면 언제든지 권력을 행사할 수 있었다. 인류가 역사를 가지기 시작하기 이전부터 시행된 군왕제도는 무능한 왕이 나오면 어떻게 해볼 수 없는 치명적 단점을 가졌다. 세종, 성종을 거쳐 갑자기 연산군이 나타난 조선을 상기하자. 강희제와 건륭제라는 역사상 최강의 원투펀치를 가진 청나라는 보통 사람이 황제가 되자 무너지기 시작했다. 왕조의 몰락은 황제의 유/무능으로만 결정되는 것은 아니지만 무능한 황제/왕은 물론 몰락을 재촉한다. 영국의 경우 이 시기는 근대화가 진행되며(영국사에 있어 17세기는 상공업과 과학기술의 발전으로 산업혁명을 예고하던 시기이다) 번영의 길로 들어설 때이다. 이미 무능한 국왕이 지배하기에는 너무나도 복잡한 사회가 되었다.

그러나 왕이 아닌 세력이 절대권력을 행사하는 것은 더욱 위험한 것으로 판명되었다. 청교도 혁명후 크롬웰의 강압정치를 경험한 시민들은 왕을 다시 불러들였다. 그 대신 국민이 원하지 않는 정책을 쓰지 않고 그 정책은 점점 더 국회의 소관이 되었다. 영국의 해법은 민주주의란 이름으로 정착되고 다른 나라에 퍼졌다. 무능한 왕이 나타나도 어떻게 할 수 없는 오래된 딜레마가 해결되는 순간이다. 민주주의는 이 종합적인 시스템의 한 면을 일컫는 용어에 불과하다. 흔히 유권자가 지도자를 뽑는 직접선거로만 알려지기 쉬운 민주주의는 1) 권력 없이 군림하며 나라를 대표하고 전통의 심볼(상징)로 남는 국왕 2) 직업 정치인이 중요한 정책을 결정하는 입법부 3) 정책을 집행하는 전문관료의 행정부 4) 법의 해석과 정당한 집행을 판단해주는 사법부 사이의 견제와 균형을 추구하는 전체 시스템을 가리킨다.

이 딜레마를 일본은 이미 오래 전부터 약간은 해소했다. 무인이 권력을 잡되 실권 없는 명목상의 천황은 남겨 둔다는 것이다. 막부의 우두머리 쇼군의 정식 명칭은 '세이이 다이쇼군(征夷大將軍)'이다. 오랑캐를 정벌하는 장군이란다. 중국이나 한국에서 볼 때에는 일본 자신이 오랑캐이니 어불성설(語不成說)이지만 사실은 침략군으로부터 방어하는 임무를 띠고 황권을 수호하고 국내의 질서를 잡는 직책이라는 뜻이다. 이런 명백한 임무가 있기 때문에 일본에서 질서가 깨지고 전란이 생기면 쇼군은 계속 지위를 지킬 수 있는 명분이 없어진다. 자연스럽게 막부 교체가 이루어진다. 중국이나 한국처럼 역성혁명이라는 정치적, 사상적으로 힘든 과정을 겪지 않아도 되었다.

쇼군은 황제 한 단계 밑에서 작은 황제 노릇을 하고 실질적으로 나라를 이끌어가는 것은 쇼군의 가신들, 그 가신들도 세습직이기 때문에 가신들의 가신인 전문집단이 실권을 쥐었다. 가신의 가신은 가신을, 가신은 쇼군을, 쇼군은 천황의 체면을 살려주며 모두의 합의를 이끌어야 한다. 몹시 복잡하고 비능률적으로 보이나 정치의 제일 목표 즉 사회 안정이라는 데는 기여도가 크다. 결과가 좋으면 좋은 제도이다. 이 제도로 일본은 남의 나라에 먹히지 않고 번영했으니 좋은 제도이다. 또는 제도 자체의 선악은 없으니 제도를 잘 운영했다고 보아야 한다. 성공에 시비를 걸기는 어렵다.

조선의 사대부는 태생적으로 나라를 방어한다는 제일의 목적을 달성하기 어려웠으니 시작부터 실패할 확률이 높았다. 시험으로 선수를 뽑았으니 올림픽에서 등수에 들기가 어렵다. 대신 이들은 나라를 다스리는 것은 도덕적 이념을 실현하는 것이라는 신념을 고수했다. 유럽과 일본의 무인정권이 가지고 있는 물리적 힘이 없는 조선의 문인정부는 이념에 의지하였기에 나라경영이 어려워지면 정통성 확보를 위해 더욱 더 이 이념에 매달렸다. 조선에서 성리학이 더욱 더 교조화 되어간 이유이다. 이 고상한 목표는 무식한 백성들에게 잘 먹히지 않았다. 결국 이들의 주장은 스스로를 납득시키는 자기 최면정도로 전락했다. 올림픽 정신이 중요하지 메달은 중요하지 않다는 "정신승리"를 외쳤으나 현실의 살벌한 국제 올림픽은 메달을 딴 나라에 먹히는 게임의 장이었다.

미국 영국 일본이 동원된 이 전체 그림에서 '대통령의 탄핵'이라는 이슈와 상관성을 가지고 있는 곳은 바로 왕과 수상과의 관계 설정에 있다. 수상은 입법부와 행정부를 총괄하는 실질적인 권력자이다. 이 수상이 절대권력을 휘두르지 못하게 하는 것이 왕의 역할이다. 아무 권력이 없는 왕이지만 이론상으로 수상은 왕이 임명하는 것으로 되어있다. 수상은 국민이 직접 뽑지 않는다. 매 선거에서 가장 국회의

원을 많이 배출한 당의 수장이 형식적이지만 왕으로부터 조각을 위임받아 수상의 역할을 수행한다. 수상의 임명은 왕이 "나를 대신해서 나라를 다스려주시오." 하는 권력의 위임이다. 형식적인 이 행위가 중요한 이유는 수상이 절대권력을 꿈꿀 수 없다는 점이다. 이론상으로 왕의 부여한 권리는 왕이 거두어 들일 수 있다. 그러나 이 권리는 대통령의 탄핵과 같이, 침을 쏜 벌은 죽는 것처럼 권리를 쓰는 순간 왕의 무기는 없어지고 왕은 죽게 된다.

영국은 빅토리아 여왕 이후(길게 본다면 1688년 명예혁명으로 쫓겨난 제임스 2세 이후) 지금까지 이 권리를 한 번도 쓰지 않았다. 이 권리는 일단 쓰면 파국으로 치닫는 핵무기와 마찬가지이다. 이 미묘한 게임이 성립하려면 참가자가 모두 게임의 성격을 깨닫고 자신의 한계에서만 행동하여야 한다. 왕은 정치적인 이슈에 절대 자신의 의견을 나타내서는 안 된다. 정치에 간섭이 되기 때문이다. 그러나 정기적인 수상과의 대면에서 국정현황을 보고 받는 자리에서 최소한도 상황을 이해하는 수준은 갖추고 있어야한다. 아주 중요한 사항은 국왕이 '우려'를 나타내는 정도는 되어야 수상이 최선을 다하도록 격려하는 효과가 난다.

20세기 초 이미 왕의 실권이 없어졌을 때 어느 영국왕은 수상에게 국정을 보고 받는 자리가 힘들었다. 총명하지 못한 그는 국정을 파악할 능력이 안 되었던 것이다. 이 왕은 수상과의 대면에서 계속 같은 말만 했던 것으로 알려져 있다. "그일이 가능한가요?(Is it possible?)"이다. 이 영국왕의 이름은 왕의 체면을 보아서 직접 언급하지 않는 것이 역사가들의 관례이다. 여기서도 이 관례를 깰 이유는 없다. 한편 선거를 통하여 절대권력을 쥔 한국의 현 대통령은(2017~2022) 영국의 왕과 수상의 자리를 겸했으나 영국 수상같이 정치적 수완도 경험도 없고 프로페셔널하지 못하기에 필요에 따라 영국의 왕처럼 행동한다. 대통령은 국민연금이 적자가 쌓여 제도를 손을 봐야 하는 시점에서 관료가 애써 마련해온 개혁안을 들여다보고는 다음과 같이 호통을 쳤다고 전한다. "국민의 눈높이에 맞추시오.".

연금의 개혁은 수혜를 깎고 기부금을 올리는 것 외에는 다른 방법이 없다. "국민의 눈높이"는 수혜를 높이고 기부금을 적게 내고자 하는 높이이다. 양자를 모두 충족할 어떠한 마술적인 해법도 없다. 정치인의 역할은 그 중간에 양쪽의 저항이 가장 적을 타협점을 찾아내고 이해 당사자들을 설득하고 타이밍을 맞추어 정책을 시행해 나가는 데 있다. 조선 사대부와 현재 한국의 진보 집권 세력은 여기에 대해 생각이 다르다. 정치를 '사회정의'를 실행하는 것으로 본다. 진짜로 그렇게 생각하는가는 따져볼 일이지만 적어도 자신들이 집권하는 명분이다.

조선시대 과거에 합격하여 지방관으로 간 학자/관료가 있다고 하자. 관청의 업무를 보고하는 자리에서 향리가 (호방이라고 하자) 젊은 지방관에 다음과 같이 물었다. "백성들에게서 이만큼 조세를 거두었는데 얼마만큼 서울로 보내고, 얼마만큼 사또 당신이 먹고, 얼마만큼 우리가 먹어야겠습니까?" 향리가 직책 수행을 위해 당연히 알아야 할 사항이다. 사또마다 배분이 다르기 때문이다. 당황한 새내기 사또는 할 말이 생각나지 않아 호통을 쳤다. "정도(正道)에 따라 하시오."

불행히도 대부분의 정책이 그렇듯 연금의 개혁에 '정의'는 들어갈 곳이 없다. 대개의 정책은 방향이 잡히면 집행은 세부적으로 전문가의 영역이다. 어느 정도 틀이 잡힌 사회는 그 틀에 시비를 걸지 않고 세부적인 정책으로 잘 잘못이 평가된다. 군사혁명으로 정권을 잡았어도 정책을 잘 쓰면 사회가 안정되고 번영한다. 촛불혁명으로 정권을 잡았어도 정책을 어떻게 쓸 줄 모르면 혼란이 오고 번영을 가로막는다. 연금개혁은 사실은 역대정권에서 필요한 시기를 보았다가 실행하는 정책이다. 정권 초기에는 인기가 없어 시행을 하지 않고 있다가 정권 말기가 오면 국민의 관심이 다른 데 쏠릴 때 – 예를 들면 선거철이던가 – 조용히 수혜액을 깎고 기부금을 올린다.

현 대통령은 적당히 얼버무리고 임기 말로 넘기기가 어려운 것이 전 대통령을 탄핵으로 몰아내어 연금을 개혁할 기회를 안주었기 때문에 자신의 임기 초에 해야 했던 것이다. "국민의 눈높이" 운운은 실권 없고 총명하지 못한 영국왕이 했어도 크게 칭찬받지 못할 언급이다. 연금개혁은 조국파동과 검찰총장과의 갈등에 따른 사법개혁 등 이슈에 묻혀 주목을 못 끌었는데 코로나 바이러스 등으로 이미 나랏돈을 물 쓰듯 하는 입장에서 굳이 인기 없는 개혁을 할 이유가 없다. 결국 누가 당선되든 다음 정권으로 넘기기만 하면 된다. 이 책은 현 대통령의 임기가 끝나지 않았을 때 쓰여 졌다. 장담하건대 이 정권 안에서는 연금개혁이 없을 것이다. 최근 모든 대통령이 임기 중 어느 정도이든 연금에 손을 보아왔다. 이런 점으로만 본다면 현 대통령이 최악이다. 자세한 항목을 합계해 대통령을 평가한다면(가장 좋은 방법이기도 하다) 현 대통령은 하위권에서 벗어나기 어렵다.

영국 수상으로 돌아가서...... 수상의 입장에서는 매번 국왕과 만나 국정을 보고하며 자신의 생각을 다듬을 기회가 생긴다. 책임 있는 국정을 펼칠 수 있는 제도적 장치이다. 절대권력을 영구히 장악할 야욕이 원천봉쇄 되었기 때문에 수상의 입장에서도 정치적으로 홀가분하다. 자신의 권한 안에서 최선을 다하면 되기 때문이다. 총명치 않은 영국의 왕이 직책수행에 힘들어 하는 예를 들었는데 사실은 최근 200년에 가까운 영국역사는 자연적으로 또는 인위적으로 왕들이 의욕 있고 재능 있는 사람들보다 재능이 떨어지나, 일신의 향락에 몰입하거나 또는 어떻게 해서든지 시민들에게 거부감을 안주려고 애쓰는 사람들이 왕이 되었고 이것이 결과적으로 정치가 안정되고 왕 제도가 무난히 존속하는 원인이 되었다.

영국역사에는 향락을 일삼고 플레이보이 기질이 있는 왕들이 의외로 인기가 많은데 실은 잘 들여다보면 일부러 그런 행동을 한 경향이 보인다. 조선의 양녕대군을 그런 식으로 해석하는 사람들도 있고 대원군이 되기 전 이하응의 행동도 비슷한 데가 있다. 영국왕 중에서 퇴폐적인 행동을 하는 것은 영국 특유의 정치풍토에서 나오는 것으로 역사가 깊다. 근대적인 시작은 청교도 혁명으로 아버지 찰스 1세가 목이 잘리고 다시 왕위로 불려나가는 아들 찰스 2세기 있다. 그는 알려진 것보다 영리한 군주로 당시 자신에게 주어진 역할이 무엇인지 잘 파악하고 있었다. 정치에는 될 수 있는 대로 관여 안하고 특히 이 모든 난장판의 가장 큰 원인인 종교문제에 절대 관여하지 않는 자세를 유지하며 자신의 환락에만 몰두했다. 혁명이 가져다준 종교적 도덕성에 지친 영국백성들은 왕에게 환호했다.

찰스 2세보다 덜 영리한 동생 제임스 2세는 고지식하고 세상물정을 잘 모르면서 열정이 있는 타입이었다. 정치인으로 최악의 타입이다. 제임스 2세의 열정은 가톨릭에서 온다. 당시 영국의 많은 왕들이 그렇듯 어머니가 프랑스 공주였고 프랑스 말로 대화하고 프랑스 문화에서 자란 왕들은 이미 영국국교가 된 개신교하고는 척이 진다.

가톨릭을 믿는 왕들은 이미 영국왕으로 행세할 수가 없는 세상이 되었다. 이를 잘 알고 처신을 한 찰스 2세와 고지식한 제임스 2세의 운명은 이렇게 갈렸다. 제임스 2세는 아버지처럼 잡혀 처형당할 수도 있었지만 한번 왕을 살해하고 죄의식에 시달리는 영국시민들은 짐짓 제임스를 도망가게 놓아준다. 빅토리아 여왕 때 영국의 전성시대를 맞았으나 시대가 주는 도덕적인 압박에 지친 영국 국민들은 전 세대 찰스2세에게 한 것처럼 빅토리아 여왕의 플레이보이 장남 에드워드 7세(재위 1901~1910)의 현란한 패션과 문란한 사생활에 갈채를 보낸다.

그 뒤를 이은 조지 5세(재위 1910~1936)는 왕위를 이을 것으로 보였던, 자신보다 재능이 있었던 형의 급작스러운 죽음으로 얼떨결에 왕위를 이은 인물로 우표수집 등 취미생활을 제외하고는 이렇다 할 얘깃거리조차 남기지 않았다. 그 뒤로 재능 있고 잘생기고 능력 있어 보이는 장남이 미국의 이혼녀와 세기의 사랑으로 왕위까지 버린 에드워드 8세이다. 왕위가 싫어서였는지 자기처럼 잘난 왕이면 자신이 원하는 부인을 얻을 자격이 있다고 믿고 버티다가 일이 그렇게까지 되어버린 것인지 명확치 않다. 결국은 능력이 달리고 왕 노릇하는 것이 큰 부담인 조지 6세(재위 1936~1952)에게 왕위가 넘어간다. 조지 6세가 이 책이 쓰여질 당시 여왕인 엘리자베스 2세(재위 1952~)의 아버지이다. 조지 6세 가족은 오랫동안 왕위를 버린 에드워드 8세에 대한 반감을 가지고 있었다. 자신이 해야 될 의무를 저버리고 능력이 달리는 동생에게 힘든 일을 떠넘겨 가족이 모두 힘들게 살아야 한다는 원망이 오래 서려있었다.

엘리자베스 2세 동생 마가레트는 자신이 똑똑하지만 왕이 못된 계열의 인물이고 언니는 덜 똑똑하면서 왕 노릇을 하고 있는 계열의 인물로 생각하고 있었다는 일화를 남겼지만 이는 일화 자체가 과장이다. 마가레트가 진짜 그렇게 생각했다면 그릇된 생각이다. 엘리자베스 2세 여왕은 어릴 적 닉네임인 '셜리 템플'이 보여주듯 다소 피상적으로 주위 사람들을 즐겁게 해주고자 애쓰는 측면도 있었다. 하지만 자신의 역할을 정확히 파악하고 거기에 맞추어 조금도 선을 넘지 않고 오래 국왕의 임무를 수행하는 것은 대단히 어려운 일이다. 스스로 재능이 있다고 생각하는 사람이라도 쉽게 할 수 있는 자리가 아니다. 항상 겸손하게 국민에게 봉사하고 노력하는 것은 약간의 재능있는 것보다 더 힘들고 결과적으로 성취도도 크다. 영국왕들은 겸손하고 부단한 노력으로 20세기를 살아남았다.

몇 개의 영국과 라이벌 관계 나라들의 군주들의 운명은 영국과는 달랐다. 독일은 1871년 통일을 이루고 오랫동안(정확히 20년) 비스마르크가 연방 수상으로 정치를 도맡았다. 그 배후에는 비스마르크에게 정치를 전적으로 일임한 빌헬름 1세(프러시아 국왕, 1861~1888, 독일황제 1871~1888)가 있다. 프러시아는 강력한 군주제로 부강한 나라를 이끈 프리드리히 대왕의 전통도 있고 해서 당시 영국의 왕에 비하면 월등하게 권력이 셌다. 빌헬름 1세도 능력이 있어 보였으나 자신이 나서지 않고 철저하게 비스마르크에게 일임했다. 빌헬름 1세는 개인적으로는 비스마르크를 좋아하지 않았다. 중산층에 가까운 하급 귀족 출신에 개인적으로 큰 매력이 없는 비스마르크에게는 황제가 좋아할 만한 구석이 없었다. 그러나 비스마르크는 한 세기에 하나 나올까 말까 하는 대형 전략가, 정치인, 외교인이었다. 이를 간파하고 그에게 모든 것을 일임한 독일황제에게도 독일의 번영이라는 크레딧이 가야 한다.

문제는 그가 죽고 나서이다. 아들 프레드릭 3세는 등극하고 3개월 후 죽는다. 보수적인 아버지와 달리 자유주의자로 알려진 그의 치세가 어찌되었을지는 짐작하기 어렵다. 그 해에 아들 빌헬름 2세가 등극하여 독일에서 1888년은 1년에 황제가 3명이나 있었던 해로 기억된다. 빌헬름 2세는 우둔한 사람은 아니었으나 자신이 생각한 만큼 똑똑한 사람도 아니었다. 머리 회전력이 다소 빠른 것을 머리가 좋은 것으로 자신을 과대평가한 빌헬름 2세는 비스마르크를 해고하고 자신이 어느 정도 정사에 참여한다. 특히 외교에서 지나치게 자신의 능력을 과시한다. 당시 외교는 대단히 중요한 정치행위이다. 비스마르크가 짜놓은 유럽의 시스템은 너무 복잡하여 비스마르크 정도가 아니면 유지하기 어렵다. 1차 세계대전이 일어난 원인 중 하나이다. 비스마르크가 아닌 다른 사람이 잘 한다는 보장도 없지만 빌헬름 2세는 자신이 나서지 말았어야 했다. 우리는 후세의 입장에서 바라보는 장점이 있기는 하지만 빌헬름 2세는 몰랐다. 자신이 황제의 이름을 딴 할아버지가 어떻게 했는지를 보아야 했었다.

뛰어난 군주는 역사의 교훈을 새기지만 막상 역사의 교훈이 필요한 열등한 군주는 이를 등한시한다. 성현들이 누누이 지적한 대로 못난 것이 달리 못난 것이 아니라 자신이 못난 것을 알지 못하는 것이 못난 것이다. 어쨌든 빌헬름 2세는 1차 세계대전 패전의 책임을 지고 황제자리에서 쫓겨나고 독일은 공화국으로 바뀌었다. 우리가 익히 들은 히틀러는 이러한 정치적 토양에서 일어섰다.

강력한 군주제를 그리고 강한 군대를 가진 나라가 갑자기 자유선거에 의한 민주정으로 바뀌면 군사력에 의지한 전체주의로 바뀌는 것을 우리는 많이 보아왔다. 1920년 '민주화의 봄'이 온 일본은 끝내 군부가 정권을 잡고 군국주의 전체주의로 나갔다. 1910년 신해혁명 후 중국은 청말에 배양한 군부들로 나라가 쪼개져서 오랜 내전상태로 들어갔다. 6·25를 경험하고 60만 대군을 갖게 된 한국은 강한 문민정권의 전통에도 불구하고 잠깐의 '민주화 정권'을 거쳐 쿠데타로 군부가 권력을 잡았다. 중국의 예는 바로 뒤에 나오는 〈예3〉에서 논의를 계속할 예정이다.

만일 독일이 영국식으로 황제를 존속시키고 수상들이 황제를 위하여 일하는 형식을 계속하였다면 히틀러의 등장은 없었을 것이다. 영국이나 독일보다 덜 발달된 나라 같으면 정치적 환경과 상황이 다르니 일률적으로 말하기는 힘들다. 그렇지만 영국과 비슷한 지역의 비슷하게 발달한 나라들은 대개 영국식으로 국왕을 존속시키고 정치의 안정을 이루었다. 갑자기 황제를 없앤 독일 만이 극단적인 정치로 나가는 것을 허용했다. 이탈리아의 무솔리니나 스페인의 프랑코는 당시는 서구에 비해 사회발달이 늦어서 정치적 환경이 다른 것을 염두에 두어야한다.

서유럽에는 현재 왕정을 유지하고 있는 나라가 11개 있고 그 중 아주 작은 나라를 빼면 7개 나라(벨기에, 덴마크, 네덜란드, 노르웨이, 스페인, 스웨덴, 영국)이다. 근대에 들어와서 왕정을 폐지했거나 새로 독립한 나라들은 9개국(오스트리아, 체코, 프랑스, 독일, 헝가리, 아이랜드, 폴란드, 이탈리아, 슬로바키아)로 숫자가 비슷하다. 왕정을 폐지한 나라는 대개 대통령제를 택하고 대통령은 권력을 약간 공유하거나 거의 공유하지 않는다. 국왕이 역할을 어느 정도 한다고 보아야 한다. 얼핏 눈에 띠는 것은 왕정을 유지하고 있는 나라들이 서유럽에서 잘 사는 나라들의 대부분이라는 점이다. 왕정을 폐지시킨 나라들은 대개 정치적으로 불안정했던 나라들이다. 혁명 이후 정치가 안정이 안 된 나라들도 있다. 종합하면 왕정의 유무와 정치적 안정은 상당한 상관관계가 있다 하겠다.

한국은 왕정도 아니고 내각책임제도 아니고 강력한 대통령제이다. 5년 단임으로 강력한 대통령은 왕과 수상의 역할을 동시에 담당하여 책임을 물을 사람도 없다. 영국에서 조국 사태 같은 것이 일어나 수상이 매주 국왕에게 사태를 보고하는 것을 상상해보자. 스스로가 왕인 한국에서는 책임을 물을 사람이 없다. 여기 주제로 돌아와서 대통령이 탄핵당하는 것은 권력의 진원이고 나라의 중심인 왕이 참수당하는 것과 같은 효과가 난다. 나라의 중심이 바뀌면 혼란이 온다. 5년마다 왕을 선거로 뽑고 5년 후에는 왕을 참수하는 것이 민주주의이면 그 민주주의를 해서 무엇하나.

여기서 잠깐 샛길로 빠져보자. 논어에 공자가 다음과 같은 말을 했다고 기록되어있다.

오랑캐 나라에 군주가 있는 것이 중국에 왕이 없는 것만 같지 못하다.
(夷狄之有君 不如諸夏之亡也)

《논어》〈팔일〉편에 나오는 말이다. 여기서 오랑캐라 하는 것은 중국 변방의 이민족을 가리킨다. "A가 B만 같지 못하다."는 일반적으로 "B가 A보다 낫다."로 쓰여진다. 따라서 이 말을 풀어쓰면 "중국에 군주가 없는 것이 변방 민족에 군주가 있는 것보다 낫다."라는 뜻이 된다. 군주의 유무에 따라 좋고 나쁜 것이 가려지지는 않는다는 것이다. 그러면 중국에는 무엇이 있어 군주가 없는데도 변방민족보다 우월하다는 것일까. 공자가 생각한 개념으로 현대에 가장 가까운 것은 문화개념이다. 같은《논어》의〈팔일〉편 안에는 공자가 형식적인 예를 갖추어도 근본개념을 잃는다면 그런 예를 무엇에 쓸 것이냐는 탄식이 많이 나온다. 공자에게 군주는 형식적인 제도이다. 변방 민족들이 군주제도를 가져도 군주제도가 가지고 있는 근본개념 즉 군신 간의 기본적인 문화개념이 없다면 군주제가 있다 한들 군주제가 타락한 중국만 못하다는 것이다. 공자 당시에 이미 제후국가들은 군신의 관계가 무너져 타락한 국가들이 많았다. 앞의 문장은 문화가 붙어 다음과 같이 바뀌어진다. "군주제의 기본 문화개념이 남아있는 중국은 군주가 없어진다고 해도 문화가 없는 변방 민족에 군주가 있는 것보다 낫다."

그러나 이 해석은 성리학의 전통적인 해석이 아니다. 주자(朱子)는 《논어집주》에 바로 위에 나오는 해석과 반대가 되는 정이천(程伊川)의 해석을 집어넣었다. 이후 성리학에서는 이것 외에 다른 해석은 존재하지 않는다. "변방민족에도 군주가 있으니 그것은(현재 우리주위에서 보듯) 중국에서 참람되이 상하의 분별이 없어져 버린 것과(비교하면) 같지 않다." 주자는 《논어집주》에서 "이는 공자가 당시의 난맥상에 상심하여 한탄한 말이다." 라는 윤씨의 말을 덧붙인다. 정이천과 주자가 "A가 B만 같지 못하다(不如)."라는 일반적 용법을 거슬러 가면서 말을 뒤집은 이유는 무엇일까.

아무리 비유이기는 하지만 군주가 없는 중국이 낫다는 말은 대단히 거북하다. 공자는 거리낌 없이 할 수 있었던 말을 후대 성리학은 할 수가 없다. 공자에게는 주 왕실이 무너져가고 제후들이 천자 행세하는 것을 보아줄 수가 없었고 심지어는 제후들의 신하가 제후를 대신하여 임금 행세하는 것을 보아줄 수가 없었다. 공자가 중국에는 군주가 없어져 버렸다는 것은 실제로 일어나고 있는 일이니 자연스럽게 말할 수 있었다. 송대의 성리학은 중국을 지배하는 황제가 엄연히 존재하는 세상에서 나왔다. 중국이 낫다 한들 임금 없는 중국이 낫다는 말은 차마 할 수가 없었다.

논어의 인용과 설명이 하도 길어 그전에 무슨 논의가 있었는지 기억나지 않는 독자를 위하여 다시 설명해본다. "5년마다 왕을 선거로 뽑고 5년 후에는 왕을 참수하는 것이 민주주의이면 그 민주주의를 해서 무엇하나."였다. 한눈을 판 이유가 있었다. 이 책은 역사에서 확률적으로 작동할 가능성이 높은 교훈을 찾아내 보고자 하는 책이다. 그럼에도 여기서 중간단계를 생략하고 일단 교훈을 찾아냈다 치고 그 교훈을 제시한다.

현대 민주주의는 영국에서 나왔다. 그러나 현대 민주주의 정치에서 민주주의라는 추상적 개념 그 자체보다 현실적으로 더 중요한 개념은 법치주의라 생각한다. 서유럽이 로마시대에서 받은 가장 유용한 유산은 법치주의이다. 여기서 공자의 말을 다음과 같이 바꿔보자. "문화가 없는 변방 민족이 민주주의를 시행한다 하더라도 법치제도가 기본 문화개념으로 남아있는 영국에 민주주의가 없느니만 못하다." 영국인은 그 이야기를 할 수 있다. 왜냐하면 영국인들은 자신들이 민주주의를 현대 정치에 직접 시행한 사람들이었으니. 한국인은 할 수가 없다. 왜냐하면 한국인들은 전에는 성리학을 수입하여 절대선으로 여기다가 지금은 민주주의를 금과옥조로 여기고 있으니 그런 말을 못한다. 각도를 조금 바꾸어 일본의 도쿠가와 막부시대로 가보자 "문화가 없는 변방 민족이 막부제도를 시행한다 하더라도 사무라이 제도가 기본 문화개념으로 남아있는 일본에 막부제도가 없느니만 못하다."

호흡이 긴 역사를 빽으로 삼고 민주주의 같은 성역도 좀 건드려

보자는 것이다. 성리학을 집대성한 정자, 주자에게는 왕정은 절대적인지라 글귀 해석도 자유롭지 못하였다. 성리학을 받아들인 조선 사대부들은 조선 중반을 넘어가며 성리학 이념을 점점 교조적으로 바꾸었다. 현대 한국의 정치인들은 민주주의라는 이름 하에 민주주의를 더 발전시키지 못하고 퇴행하고 있다.

〈예 3〉

대만과 중국

두 번째 역사적 교훈의 대상은 자신이나 자신과 비슷한 개체, 단체, 사회, 나라이다. 자신의 과거를 교훈으로 삼을 수 있으면 가장 좋다. 사업에 성공한 사람은 거의 대부분 과거 자신의 실패로부터 배운다. 이 경우 개인의 경험은 거의 유일한 교훈이다. 조선은 고려를 교훈의 대상으로 삼지 않았다. 조선이 불교를 억압하고 유교를 나라의 이념으로 삼으면서 사상적인 계승이 없었다. 고려는 불교의 나라 또는 불교가 도교, 풍수설등 기타 민속신앙과 합쳐진 나라로 인식되어 사상적으로 역사를 단절시켰다. 고려의 일이 조선의 교훈이 되기가 어려워졌다. 불행한 일이다. 조선은 '한 번도 간 적이 없는 길'로 가는 나라가 되어버렸다. 현재 한국의 진보정권은 다행이다. 비장하게 새로운 길로 간다고 선언하였지만 사실은 조선의 사대부가 이미 가본 길이다. 당사자들만 모르고 있을 뿐이다. 모르고 있기에 과거에서 교훈을 얻는가에 대해서는 회의가 든다.

고려도 말로는 고구려를 모델로 삼았다. 하지만 현실적으로 신라의 영토에서 신라의 사회제도를 이어 건국한 고려가 만주가 기반이었던 다민족 정복국가인 고구려를 닮기는 어려웠다. 당장 과거제도 이후 세력이 커진 문관들은 묘청의 난을 통해 건국부터 내려온 고려의 꿈을 접게 만들었다. 고려가 건국 이후 얼마나 고구려의 길을 가고자 했는지는 알 수 없다. 자료의 공백과 그 후 고구려의 길을 마다하는 문관들의 역사의 왜곡까지 생각해야 한다. 고려가 외적침입을 잘 막아낸 것은 그래도 고구려의 교훈을 잘 살렸다고도 볼 수 있겠다. 〈예 1〉에서 보았듯이 조선은 외적침입에 있어서는 고구려, 고려의 교훈을 얻지 못했다.

역사의 교훈을 얻으려면 역사적 사실들에 구체적으로 초점을 맞추어야한다. 나는 커서 훌륭한 사람이 되겠다고 하여 훌륭한 사람들을 찾고 그들에게 교훈을 얻으려면 성과가 나기 어렵다. 훌륭하다는 것이 추상적인 어휘라 여러 가지로 해석될 수 있기 때문이다. 나는 커서 훌륭한 군인이 되겠다면 훌륭한 군인은 훌륭한 사람보다 좀 더 초점이 좁아져서 더 효과적인 교훈을 얻을 수 있다. 나는 커서 세계를 정복하겠다는 꿈은 현실적으로 실현하기 어렵다. 알렉산더도 했고 징기스칸도 했고 나폴레옹도 했는데 나라고 못할 것이 무엇이 있느냐 하면 할 말은 없다. 굳이 말릴 이유는 없다. 그렇다면 위의 정복자들의 행적을 열심히 배울 일이다.

세계를 정복하겠다는 꿈을 이룬 몽골족은 실은 오랫동안 아시아의 유목민족들이 가지고 있었던 중국 정복의 꿈을 배우고 이에 한걸음 더 나가 세계를 정복했다. 여진족은 금나라를 세우고 중국의 북부를 지배했었다.(1115~1234) 그 후손인 만주족은 선조의 업적을 잘 배워 다시 후금을 세우고 중국 전역을 지배하고(1636~1912) 나라 이름도 중국식으로 청이라 하였다. 사실은 요나라(916~1125) 이후 중국을 지배한 유목민족들은 전대를 학습하고 서로 도와 중국 침공 기술을 점점 세련되게 다듬었다.

그 이전부터 중국 주변 국가들은 만주의 고구려만 제외하고 모두 중국으로 쳐들어가 각각의 국가를 세우고 서로 싸우다 결국은 중국에 동화되었다.(오호십육국 시대) 요나라부터는 우선 주변국들을 정리하고 중국을 침공하여 북부에 자신들이 관장할 수 있는 범위까지만 점령했다. 오호십육국 시대에서 교훈을 얻었다. 요나라는 군사적으로 이미 중국이 상대하기 벅찬 상대였는데 요를 멸망시키고 나타난 금은 더욱 강력한 군사력을 갖추었다. 이때의 금이 하도 인상적이라 중국에서는 그 후 세계적으로 명성을 떨친 몽골보다도 어떤 의미에서는 여진족을 더 경계했다.

여진은 몽골처럼 순 유목민족이 아니고 반목반농이었다. 상황이 여의치 않을 때는 이도 저도 아니지만 한번 때를 만나면 목축과 농경 양쪽의 장점이 나타난다. 발해를 구성하는 일원이었고 일찍이 중국과 접촉하여 다른 유목민족보다 중국 사정에 밝은 금은 요나라를 멸한 이후 중국의 제도를 많이 받아들여 짧지만 가장 성공적으로 북중국을 지배했다. 중국이 일찍이 여진족에 경계를 많이 한 것은 괜한 것이 아니었다. 만주족 청의 성공은 진실로 눈부셨다. 한국이 일찌감치 길을 달리하여 거란, 여진, 몽골, 만주족의 성공을 배우고 이들의 중국 정복사업에 동참하지 못한 것은 역사의 유감으로 남는다.

몽골은 중국정벌에 있어 거란의 후예들과 여진족의 협조를 받았다. 유목민족 최초로 중국 남부를 정복한 것이 (1271) 몽골만의 힘은 아니었다. 몽골은 서역인을 포함한 여러 유목민족의 도움을 받아 세계를 정복하고 통치했다. 여진은 이후 만주라는 이름으로 다시 중국을 정복하는데 이때 다시 유목민족들의 연합이라는 몽골 이후 새로운 전통이 동원된다. 중국 정벌 전 만주족은 몽고족에서 왕비를 얻어오고 몽골기병은 만주군의 주요한 일원이 된다. 만주족은 또 중국 외래왕조 역사상 가장 넓은 지역을 정벌하여 중국에 보태줌으로 정벌을 대신한 보상을 해주었다. 다른 정복왕조와는 다르게 중국식 제도를 잘 이용하여 가장 중국지배에 성공한 이민족이 되었다. 만주족의 성공은 요, 금, 몽골, 중국 등 자신의 경험을 살리고 주변 모든 나라에게 잘 배워서 이루어낸 결과이다.

이 세상에서 한국과 가장 비슷한 나라는 대만이다. 가장 가깝다고는 할 수 없으나 역사적 경험과 경제적 정치적 발달 정도 등을 고려하면 한국과 가장 비슷한 나라이다. 보통 '가까우면서 먼 나라' 일본을 거론하기도 한다. 그러나 일본을 일반적으로 비슷하다고 보는 선입견을 가지고 보면 비슷한 것이 피상적이고 내면으로는 상당히 다른 면이 있음을 알고 놀라게 된다. 혹 일본을 한국과 전혀 다르다는 선입관을 가지고 시작한다면 비슷한 점만 강조되어 한국과 비슷하다고 느낄지 모르겠다. 여기서 대만이 가깝다고 느껴지는 것은 비슷한 역사적 경험에 기인한다. 장기적으로 보아서 개개 나라 미래의 행적과 궤도는 다른 무엇보다도 역사적 경험이 가장 큰 배경이 된다고 본다. 이런 점에서 대만이 〈예 3〉의 주인공이 되었다.

현재 한국국민들은, 특히 젊은이들은 대만이 한국과 비교대상이 안된다고 생각하는 경향이 있으나 이는 피상적 관찰이다. 젊은이들은 일견 대만이 한국보다 외양으로 화려해 보이지 않아 한국보다 뒤떨어져있다는 생각을 하게 된다. 착각이다. 외양이 화려한 한국인과 상대적으로 실용적인 대만(중국)과는 비교를 할 때 조심하여야 한다. 한국과 일인당 소득이 비슷하나 빈부의 차이는 대만이 적다. 한국의 빈부차이가 상대적으로 크다는 이야기이다. 피상적으로 부자들의 외양만을 비교할 때 한국이 앞선 것처럼 보이는 이유이다.

대만은 한국과 어깨를 겨누며 앞서거니 뒷서거니 성장해왔다. 대만이 잘 나갈 때는 한국에서는 허황되게 중공업만 육성하다가 실속이 없다며 중소기업이 견실한 대만을 본받아야 된다는 자성론이 나왔다. 반대로 3저(低)의 호황으로 한국이 경제적 팽창을 할 때는 대만에서는 한국의 철강 조선 자동차등 대만이 없는 중후 산업을 부러워했다. 둘이 수준이 비슷하기 때문에 비교가 가능하였다. 최근 한국의 대표 수출산업인 반도체산업에서 시스템 반도체에 주력한 대만의 TSMC가 한국기업들을 능가하기 시작했다. 경제지표에서도 한국이 대만보다 낫지 않은 것이 나타난다. 한국의 2020년 IMF 추정 개인당 국민소득은 $34,866으로 대만의 $32,123보다 간발의 차이로 앞선다. 그러나 구매력에 따른 소득은 $47,027로 대만의 $59,398보다 한참 뒤진다. 대만이 약 25% 높은 이 수치는 한국의 물가가 대만보다 높은 것을 반영한다.

한국과 대만의 유사성은 역사적인 경험에 있다. 우선 두 나라는 중국문화권에 속해있다는 결정적 요인이 있다. 인종과 언어가 가까운 일본보다 문화가 유사한 대만이 한국에게 가장 가까운 나라가 되게 한다. 한국인만 잘 인식하지 못하고 있다. 문화의 유사성은 중국 본토인이 대거 대만으로 들어가는 명나라 말부터 시작한다. 최근 100여 년의 양국의 역사는 문화적 유사성을 더욱 높인다. 같은 일제의 식민 역사를 받고 비슷한 권위주의 정부 밑에서 경제성장을 했으며 비슷한 시기에 문민정부로 민주화를 이루었다. 아직도 같은 민족끼리 대치하여 통일이 안 된 것도 같다.

세부적으로는 물론 꼭 같지는 않다. 일본의 대만 지배는 청일전쟁 후부터 시작되었으니 대만이 한국보다 15년을 더 식민지배를 받았다. 일본통치 초창기 물론 대만인의 저항이 있었으나 곧 한국보다는 일제에 더 순응하였다. 상대적으로 일제의 한국통치가 더 착취적이고 가혹한 점도 있었고 대만인은 이전 대만에 대한 가혹한 청제국과의 비교도 있었을 것이다. 지금도 대만의 나이든 사람들은 일제 때가 좋았다고 하는 사람들도 있다.

최근 작고한 리덩후이(李登輝)는 대만 출신으로 장징궈를 이어 국민당 총재와 총통을 12년 지낸 사람이다. 그는 최근 일제 때 식민 경험을 긍정적으로 언급하여 물의를 빚었다. 솔직하고 개인적인 평인데 한국서는 그 정도도 용납할 분위기는 아니다. 아마 청제국의 가혹한 정치와 본토에서 건너온 장개석 정부의 비슷한 강압정치가 상대적으로 일본의 식민정치에 덜 거부감을 느끼는 점도 있을 듯하다. 한국과 대만의 유사성 중 간과(看過)하지 못할 점은 일본치하에 형성된 국민교육(한국에서는 신민교육으로 더욱 억압적이고 민족 말살적인 측면이 있었지만)과 철도 등 기간산업의 초기적 형성도 한국과 비슷한 점이 있어서이다. 대만과 한국의 경제성장이 비슷한 것도 양국의 문화 사회적인 배경이 비슷하기 때문일 것이다.

한국이 대만과 다른 점들은 물론 많이 있다. 문화적으로 여러 곳에서 명백한 차이가 나는 것은 당연하다. 그러나 민도의 수준 등은 차이가 예상보다 크지 않았다. 필자는 의시저으로 양국의 실서의식을 비교해 보았다. 서울과 타이페이에서 하루 종일 전철을 타보고 비교해 보았다. 돌아다닌 곳이 서울이 약간 더 번화한 곳이기 때문에 소득에 따른 질서의식의 차이가 있을지도 모르겠지만 그 요인은 크게 염두에 두지 않았다. 에스컬레이터에서는 한국이 약간이나마 줄을 더 잘 섰던 것 같은데 서울에서는 전동차 안에 들어갈 때 2건의 새치기를 목격했다. 대만에서는 1건이 해당되는지 아닌지 명확치 않았다. 서울의 새치기는 문화적으로 익숙하니 곧 판별되었지만 대만 풍토에서 그것이 새치기가 되는지 아닌지 알 수 없었다. 종합적으로 양자가 거의 같았다.

대만과의 다른 점들을 보며 한국의 제도를 다시 생각해 본다. 다른 외국에서 목격하는 한국과 다른 점들은 대개 환경, 정치, 경제, 문화, 인종 등의 차이로 인해 한국의 장단점에 대한 비판의식이 바로 생기지 않으나 대만은 즉각적으로 한국을 돌이켜보게 한다. 그 점은 대만사람들도 마찬가지일 것이다. 대만 사람들은 두 나라가 같이 권위적 정부 하에 있을 때 한국에 와 보고 한국 사람들의 거침없는 정부 비판에 놀랐다. 아마 지금은 길거리에 다니는 차가 거의 한국차인 것에 놀랄 것이다. 대만뿐 아니라 중국 사람들은 한국에 와서 화교가 거의 없음에 놀라게 될지 모른다. 동남 아시아 거의 모든 나라에서 화교가 경제권을 쥐고 있다는 사실을 모두 알고 있는데 한국은 어떻게 된 일인가. 20세기 초반에는 10만 명이 넘었던 화교가 1980년대가 되면 만 명도 남지 않았다. 이에 민감한 중국 지식인들은 한국의 중국인 차별정책을 비난한다. 그 비난에는 근거가 없지 않다. 이 세상에서 중국 사람을 내쫓고 자기네가 중국 음식점을 차리고 자장면을 파는 나라는 한국뿐인 것으로 보아 한국에 차별정책이 있었음을 짐작할 수 있다.

다시 대만과의 다른 점으로 돌아가자. 앞에서 언급한 한국의 높은 물가는 한번 생각해 볼 문제이다. 한국은 경제성장에 대만보다도 일본을 따라했기에 고물가정책을 당연시하는 경향이 있다. 일본식 경제성장이라도 고물가 정책을 꼭 쓸 필요가 있는가는 의문을 가질 수 있다. 대만이 일반적으로 한국보다 물가가 싼 것은 그냥 넘어가기가 쉽다. 한국보다 더운 기후라 농작물이 더 잘자라는 점도 있고 값비싼 외제 물건에 대한 숭상, 상류층의 집착도 한국보다 덜한 편이라 이해할 만은 하다. 그러나 수입 소고기 값이 대만이 월등히 쌌었던 것은 이해가 어렵다. 쌌었다고 한 것은 지금은 한국도 수입 소고기 값이 많이 싸졌고 필자가 10년 전 대만 생활에서 경험한 것이기에 과거형태로 쓴 것이다.

　같은 수입 소고기가 가격이 얼핏 보아도 차이가 많이 나는 것을 알 수 있을 정도로 차이가 났다. 수입선도 같은 미국과 호주인데 이 두 나라와 한국과 대만과의 거리 차이가 나지 않는다. 수입량도 인구가 많은 한국이 더 많을 터이니 물량에 따른 원가도 싸져야 마땅하나 그렇지 않았다. 혹시 대만이 소고기국수(牛肉麵)가 국민음식이 되어 섭취량이 많아서 그런가하고 들여다보니 섭취량도 한국이 월등 많다.(2020년 기준 4.2배) 한국과 마찬가지로 대만에도 미국 스테이크 체인점이 있는데 한국보다 싸다. 미국의 체인점과 경쟁하는 대만 자생 스테이크 식당은 더 싸다. 이유는 수입상의 이윤과 복잡한 유통과정, 세금의 차이 등에 따른 것일 텐데 왜 개선이 안 되나 궁금했다.

　한국은 농산품 가격이 비싸져도 이익이 재배자에게 다 돌아가지 않는다 하니 수입상보다도 유통과정에 의심이 간다. 일본은 잃어버린 10년(혹은 20년, 혹은 30년)에 유통혁명이 일어나 일본의 복잡하기로 유명한 유통과정에도 가격파괴가 일어났다. 유통과정도 일본한테 배운 한국은 기존 유통망이 줄기차게 버티고 있는 것일까. 궁금하기만 하고 시원하게 답변들을 곳은 없다. 그나마 이것도 우리와 상황이 비슷한 대만과 비교가 있기에 가능하다. 소득수준이 비슷하고 소고기에 대한 선호도 비슷하고(전통적인 돼지고기 선호가 바뀌고 있다) 수입선도 비슷하고 수송거리도 비슷하고 소비량도 비슷하여 세금도 큰 차이가 없을 테니 바로 유통과정으로 의심이 가게 된 것이다.

　유통과정이라면 재래시장과 슈퍼마켓을 거론하지 않을 수 없는데 한국은 슈퍼마켓이 대만보다 훨씬 많이 생기고 요즈음은 편의점이 많아지면서 전통적인 시장이나 가게들은 내리막길을 걸었다. 얼핏 보면 현대화를 한국이 더 빨리 잘하는 것 같지만 실제로 국민의 생활향상 면에서는 반드시 그렇지도 않다. 우선 대만은 주택가에 아직도 전통적으로 일상 음식을 파는 가게들이 즐비하다. 주민들은 집에서 해먹기 귀찮은 것들을 대개 여기서 사서 집으로 들어간다. 음식들이 집에서 해먹는 음식들이고 가격이 싸서 부담이 없다. 서민들에게 편리할 뿐만 아니라 비록 저임금이라 하여도 여기서 고용하는 인원은 대단히 많다. 시내에 즐비한 서민용 식당들과 합하여 상당히 많은 사람들을 고용한다.

서민들을 편리하게 하고 서민들을 많이 고용하는 것은 대만이 한국보다 빈부의 차가 적을 것임을 통계자료 없이도 쉽게 알 수 있게 한다. 고용의 문제는 항상 심각하게 다루어야 하는데 대만은 이 즐비한 서민 식당과 거주지 근처의 음식점으로 기본 고용 문제를 한국보다 쉽게 해결하고 있는 것으로 보인다. 한국도 고급 음식점과 편의점에서 고용을 담당하지만 대만의 소박한 자영업에 비해 한국의 자영업은 진입에 많은 자본이 들고 실패의 부담이 크다. 더구나 기본소득을 강제로 마구 올리는 정책까지 있으면 한국의 자영업자들은 그러지 않아도 위험부담이 큰데 살아남기가 어렵다.

대만에도 비싼 고급 음식점은 즐비하다. 중국 본토와 마찬가지로 대만의 고급 음식의 수요는 한국의 그것을 능가한다. 먹는 데서는 중국을 이기기 어렵다. 그러나 한국과의 차이는 서민이 쉽게 찾을 수 있는 음식점들은 대만이 압도적으로 많다는 데 있다. 한국은 서민들이 찾는 음식점들이 고급 음식점에 눌려 자취를 감추고 있다. 소박한 반찬만 있는 간단한 재래 음식점들은 숫자적으로 고급 음식점에 점점 압도당하고 있다. 이른바 맛집이라고 하는 곳들은 대개 대단히 비싼 음식들이 나오거나 수많은 사이드 음식들로 상다리가 휘어진다. 부자들에게는 여러 면에서 한국이 대만보다 더 편리해 보인다. 그러나 서민들에게는 대만이 살기 편하다. 한국이 대만보다 낫다고 주장하려면 부자들에게만 편리한 것으로는 부족하다.

중국을 이야기하자면 먹는 이야기가 나오지 않고는 시작하기가 어렵다. 중국을 어느 정도 아는 사람들은 이해하리라 믿는다. 한국 사람들에게는 정치 이야기가 빠지기 어려우니 정치 이야기로 넘어가 보자. 민주화로 넘어가는 과정에서는 한국의 경험이 대만에 교훈이 되었던 것으로 보인다. 정치적인 민주화에서는 대만이 약간의 시차를 두고 한국을 따라오는 모양새가 되었다. 국민당의 강압적인 정치가 한국보다 더 철저했던 것이 이유가 될 것이다. 민주화 이전 대만사람들은 한국에서 사람들이 공공연히 정부를 비판하고 반정부데모를 서슴치 않는 것을 보고 놀랐다. 당시 대만서는 그 정도는 상상하지 못하는 행위이었다.

한국은 자신들의 민주화 달성을 크게 높이 보는 경향이 있고 대만보다 앞서고 있다고 자부하는 듯하나 자세히 들여다보면 꼭 그렇지 않은 것도 보인다. 우선 민주주의의 근간인 지방자치에서 대만이 앞서고 있다. 한국은 지방자치가 낮은 경제적 자립도로 중앙정부에 심하게 의존하며 중앙정치의 풍향에 지나치게 흔들리는 경향을 보인다. 도지사와 대도시 시장의 선출은 중앙정치의 연장이고 지방의 발전은 중앙정부의 경제적으로 심히 왜곡된 선거용 선심성에 크게 의존한다. 각도에 월드컵 축구장 하나씩 짓고, 동남부 공항은 결정을 못하고, 대학들이 정원을 못 채우는 판에 정부 돈도 아니고 전북에 한전을 시켜 또 하나의 공대를 짓게 하는 등 지방자치가 과연 국가발전에 득이 되는지 의심이 가게 한다.

대만은 주요 시장선거에서 중앙정치와 똑같이 가지는 않아 보인다. 중앙정부에 목을 매는 경향이 한국처럼 심해보이지 않는다. 관료조직은 정확한 비교가 되지는 않는다. 아마 둘이 비슷하다고 보아야 할 것이다. 코비드19에 대처하는 능력을 보면 한국과 비슷하거나 조금 나아 보인다. 정치권도 대만이 비슷하거나 조금 앞선다고 볼 수 있다. 국회에서의 몸싸움 등 정당의 국회운영은 비슷해 보이나 적어도 최고 지도자인 총통의 자질과 업적은 대만이 앞서 보인다. 대만의 전임 총통인 국민당의 마잉주(馬英九)는 확실히 이명박이나 박근혜보다 나아 보인다. 진보 쪽에서 처음으로 정권을 잡은 천수이벤(陳水扁)이 뇌물로 얼룩진 좋지 않은 끝을 보였지만 마잉주의 뒤를 이은 현행 차이잉원(蔡英文)은 확실히 현 한국 대통령보다 능력이 돋보인다.

여기서 이 3명의 대만 총통에 대한 관심은 사실은 제3장에서 자세히 언급할 한국의 기괴한 지도자 선출, 즉 조선 때와 같은 과거제도를 통한 지도자 선출과 비교가 되기 때문이다. 한국과 대만을 같이 비교하는 큰 이유이다. 대만도 역시 한국과 마찬가지로 옛 과거제도를 따르고 있다. 세 사람의 대만 총통은 모두 국립 대만대학교 법과대학 출신이다. 국립 대만대학교는 대만사람들이 애칭으로 "타이따(臺大)"라 부르는데 대만에 하나 있었던 일본이 세운 제국대학이다. 경성제국대학이 국립 서울대학교가 되듯 대만제국대학이 국립 대만대학교가 된다. 한국과 대만은 똑같이 일제가 확립한 권위에 의거해 학벌을 세우고 고등고시를 과거의 변형으로 정치의 정점에 이 출신들이 차지하는 것을 국민들이 양해한 것으로 보인다. 조금 전에 나온 리덩후이도 일본의 교토제국대학을 다녔다. 일본군에 복무하다가 중위로 제대하고 대학을 마친 후 다시 대만대학을 다닌 것으로 되어있다. 리덩후이는 법과대학이 아닌 농과대학을 다녔다. 리덩후이는 사대부가 아닌 테크노크라트로 분류해야 될지 모르겠다.

　　장개석 부자 이후 대만의 총통들이 한국과 다른 점은 이들이 철저히 엘리트이고 총통이 되기 전에 정치적 훈련을 충분히 쌓았다는 점이다. 한국은 김영삼 이후 이른바 "아홉 용"이라 해서 대부분이 서울대 법대 출신들이 대통령은 당연히 자신들이 차지해야 된다고 나선 이래 모든 선거에서 서울대 법대, 고시패스한 인물들이 항상 대통령을 차지하는 듯 보였다. 그중 가장 엘리트라 할 수 있는 이회창은 "떼어놓은 당상"처럼 보이는 대통령 당선을 두 번이나 놓쳤다. 서울대 법대 출신이 당연히 되어야 하는 분위기를 띠운 것 치고는 의외의 결과이다. 그 뒤 사법고시 출신이기는 하지만 검정고시 출신, 비서울대 출신의 정통에서 다소 비끼는 인물이 대통령이 되는 이변이 연출되었다. 고시 출신까지는 이해하지만 일류대학은 용납하지 못한다는 것인지. 현 정권 하에서는 고시를 통과하지 않은 서울법대 교수 출신이 지지자들의 광적인 성원 속에서도 낙마하는 현상이 벌어졌다. 한국이 조선처럼 과거제도로 지도자로 뽑겠다는 것이지만 최고 엘리트는 안 된다는 것인지 모든 것이 명확치가 않다.

　　대만은 그런 점에서 명확하다. 리덩후이 이후 3명의 총통은 모두 대만대학 법학부 출신이고 고시를 거쳤다. 끝이 좋지 못한 천수이벤을 빼고는 모두 외국유학마저 마쳤다. 마잉주는 뉴욕대 로스쿨을 거쳐 하버드대 로스쿨을 나왔으며 차이잉원은 코넬대를 거쳐 영국 런던 정경대에서 박사까지 했다. 테크노크라트였던 리덩후이도 미국서 농경제로 석사를 마쳤다. 아마 대만서는 과거시험에 준하는 자격으로 자국의 법대 하나 나온 것으로는 부족하다고 느꼈을 수 있다. 충분히 이해가 가는 것이 법과대학교를 나오고 고시에 패스하는 것은 사실상 청이나 조선왕조의 과거에 합격하는 것만 못하다. 과거준비에 따르는 고전공부와 에세이 작성능력은 현대 대학교육이 줄 수 있는 것보다 훨씬 높은 경지를 요구한다. 대만 사람들은 미국정도에서 학위를 따고 와야 그 차이를 보충할 수 있다고 생각하는 것 같다.

지도자로 국제감각을 갖추는 점에서는 긍적적인 면이 있다. 경험을 중시하는 이 책의 입장에서는 미국교육보다 더 중요한 것이 이들의 정치경력이다. 리덩후이는 말할 것 없고 다음 3인의 총통들도 15년에서 25년의 정치경력을 가졌다. 한국의 최근 지도자들이 양당정치가 확립되지 않은 국회에서 별 의미 없는 경력을 조금 쌓고 정치경력은 주로 여당 비판, 선거운동 등 능력을 알 수 없는 활동이 주인 반면에 대만의 지도자들은 장관이나 총통 보좌관 또는 지방 정치인으로 착실한 경력을 쌓았다. 대만 지도자들의 수행능력이 나아 보이는 것도 이 때문일 것이다.

대만도 한국과 대만과의 관계를 간혹 정치적으로 이용한다. 한국이 반일감정을 가지고 정치적으로 이용하는 것까지는 안 가더라도 선거 때 간혹 한국과의 라이벌 관계가 거론된다. 대만은 라이벌 관계를 차치하더라도 그렇게 할 이유가 없지 않다. 한국은 중국과 수교하고 대만과의 관계를 끊을 때 지나치게 대만을 푸대접했다. 꼭 그렇게 무정하게 했을 이유가 없는데도 다시는 안 볼 처지처럼 관계를 끊었다. 어느 정도는 이해할 준비가 되어 있었던 대만에게도 한국의 태도는 너무 심했다. 특히 한국의 임시정부를 거두어 준 장개석 총통의 한국과의 인연과 냉전 때 한국과 가까이 지낸 국민당으로서는 배신감이 남 달랐다. 아직도 국민당에는 한국에 섭섭한 앙금이 남아있다.

한국은 일본을 어느 정도 따라 잡았을 때부터 일본도 무시하는 나라이다. 일본에 불황이 오고 한국은 상대적으로 선전하여 앞서가는 일본이 어느 정도 보이기 시작했을 때《일본은 없다》라는 책이 베스트셀러가 되었다. 1990년 경 한국의 약진이 보일 때 미국의 어떤 시사잡지는 "일본을 게으르다고 할 수 있는 민족은 한국인뿐이다." 라고 기사의 제목을 뽑았다. 한국 밖에 나가면 이 세상에 일본을 무시하는 나라는 한국뿐이라는 것을 알게 된다. 이런 한국에게 대만이 라이벌로 인식될 리가 없다.

그러나 앞서 말했듯 대만은 우리와 문화적 측면이나 산업화의 발달단계에서 가장 가까운 나라이다. 대만을 알고 비교하여 보면 우리가 느끼지 못했던 우리의 미흡한 점들이 보인다. 교훈의 풍부한 예를 스스로 걷어차는 우를 범하지 않는 것이 좋다. 그런 점에서 젊은 세대가 희망이다. 과거의 열등감, 이에서 파생되는 터무니 없는 자신감 등에서 비교적 자유로운 세대는 현재 대만을 방문하여 있는 것은 있는 대로 보고 느낀 점을 그대로 표현한다. 대만의 젊은 세대도 마찬가지이다. 중국본토의 기성세대, 특히 지식인들은 한류(韓流)에 대해 부정적이다. 중국의 전통적인 자존감을 갖고 한국을 인정하지 않고자 하는 기성세대보다는 대만 또는 중국의 젊은 세대가 좀 더 한국과 말이 통하고 서로를 이해하고 서로에게 배울 수 있을 것이다.

한국과 대만처럼 인종과 언어가 다르더라도 문화적인 유사성으로 타국의 경험을 교훈으로 삼는 나라는 많다. 독일과 국경이 맞닿았거나 가까운 폴란드, 체코, 오스트리아, 스위스, 이탈리아, 프랑스, 벨기에, 네덜란드, 덴마크, 스웨덴 등의 나라는 인종과 말이 달라도 같은 문화권에 속하며 종교와 많은 역사적 경험을 공유하여 독일의 역사는 주변 국가들이 먼 나라 이야기처럼 바라 볼수 없는 처지이다. 때로는 독일이 앞서가는 분야를 배워야 하며 때로는 독일에 무엇을 팔아먹을까 알아보아야 하고 때로는 독일이 쳐들어오면 어떻게 하나 신경을 곤두 세워야 한다. 유럽에서 문화 교류는 최근 몇백 년 간 지속되어왔고 유럽 전체는 하나의 문명으로 같이 싸우고 성장해왔다. 중국은 지리적 문화적으로 한국과 가까운 나라이고 큰 나라이다. 한국에 있어 중국에 대한 관심은 예나 지금이나 지속되고 있다.

중국은 한국보다 월등히 큰 나라라서 어떤 것은 직접적인 비교가 큰 의미가 없을 때도 있지만 앞서 나온 대로 특정한 사항을 특정한 환경에 놓아서 비교할 수 있을 때가 있다. 중국의 신해혁명 이후의 정치를 예로 들어보자. 신해혁명은 1911년 지방 각처에서 입헌군주제를 지향하는 여러 정치단체와 비밀결사대가 해외물을 먹은 지식인들과 합세하여 청조를 무너뜨린 혁명이다. 특히 손문(孫文)을 중심으로 한 중국 혁명 동맹회의 활약이 컸고 결사단체들의 배후에서는 지방 유력자인 향신, 상공업계가 혁명을 지지했다. 우창에서 시작한 혁명은 전국으로 파급되어 다음해 손문을 임시 대총통으로 내세운 중화민국이 수립되었다.

그러나 혁명은 무력이 없으면 성공할 수 없다. 러시아 혁명이 그러했고 훗날 중국도 무력으로 결판을 내고 공산혁명이 성공했다. 중국은 청말에 신식무기를 도입하고 신식군대를 양성했다. 증국번(曾國藩) 이홍장(李鴻章) 원세개(袁世凱)로 이어지는 중앙관료들이 군대를 장악하고 있었다. 혁명 후 원세개는 황제가 되려했으나 실패하고 권력은 청조가 양성한 군인들에게 돌아갔다. 전통적으로 왕조가 망하면 으레 그렇듯 천하 패권을 놓고 군벌들의 싸움이 일어나지 않을 수 없었다. 군벌 중 초창기 수도권에 있었던 제도권 군벌이 가장 강했지만 곧 혁명의 발상지 중 하나이고 외래세력과 접촉이 잦은 광동을 중심으로 하는 장개석(蔣介石)의 군대가 두각을 나타냈다. 손문을 계승하는 명분도 있고 상공인과 전통적인 결사단체 등의 지지를 얻고 또한 국공합작으로 소련의 지원도 받는 장개석 군대는 가장 경쟁력이 있었다.

장개석은 혁명가라기보다는 여타 군벌과 비슷해서 결국은 이 시기의 싸움은 군벌들끼리의 싸움으로 이해하는 것이 빠르다. 혁명의 명분을 가진 장개석 군대가 중국을 거의 통일했다. 하지만 개별 군벌 하나하나를 모두 격파한 것은 아니고 군벌들이 사세를 짐작하고 장개석에 항복 내지는 협조를 해서 생긴 통일이다. 남은 군벌 중 가장 센 장학량(張學良)의 동북군벌도 강개식의 휘하에 들어와 거의 통일이 완성되었다. 특이한 군벌 즉 농민 등 하층계급에 기반을 둔 비전통적인 군벌인 주덕(朱德)과 모택동(毛澤東)의 군대만 남았는데 이를 격파하는 것은 시간문제로 보였다. 그러나 일본의 중국본토 침공으로 공산당을 먼저 제압하려는 장개석의 전략에 차질이 생기고 두 번째 국공합작으로 일본과의 공동전선을 편 장개석의 국민당과 모택동의 공산당의 대결은 결국 공산당의 승리로 끝나고 중국은 중화 인민공화국을 출범시킨다.

여기까지가 신해혁명 후 인민공화국 수립까지의(1911~1949) 간략한 정치사이다. 신해혁명 후 공화국이 창설되었으나 사실상 군권을 장악했던 원세개가 죽은 1916년 후 북양군벌이 장악한 기간

(1916~1928)을 군벌시대라 하기도 한다. 이는 좁은 의미의 군벌시대이지만 넓게 보자면 이 시기의 역사의 주인공들을 모두 군벌로 볼 수도 있기에 이 시기를 통틀어 군벌시대라고 해도 과언이 아니다. 공산주의로 정권을 장악한 나라들, 소련 중국 등은 모두 무력으로 혁명을 했다. 정권을 장악한 이후도 군대는 서구 민주 자유주의적 나라들보다 더 큰 영향력을 행사했고 계속 행사하고 있다. 공산주의 국가들은 반(半) 군부사회라고 보아야 한다. 따라서 중국은 1911년부터 1949년까지 군벌사회, 1949년 부터 현재까지 반(半) 군부사회이다.

한국은 어떠한가. 지금 중국의 군벌 정치가 〈예 3〉에 들어 왔을 때는 현대 한국과 어떤 형태로든 연관성이 있어야 한다. 실은 큰 연관성이 있다. 중국의 군벌 역사는 한국의 역사와 중첩되거나 비슷한 양상을 보여 우리와 비슷한 예로 참조할 수 있기 때문이다. 중국과 한국은 같은 문화권에 속하기에 터무니없이 이상한 현상이 아니다. 한국은 1910년부터 1945년까지 외국의 군벌이 들어와 지배했다. 공교롭게 중국과 같은 시기이다. 일제의 한국지배는 군부 독재이다. 조선 총독은 일제 육군 장성들로부터 시작했다. 한국은 만주로 중국으로 뻗어나가는 일제의 군사적 모험에 입각한 팽창주의 정책의 후방기지이다. 일본 본토보다 더한 군국주의의 통제 하에 있었다.

해방 후에는 미국과 소련의 군대가 주둔하였다. 남북에서 각각 다른 정부가 들어서자마자 군사력이 강한 북한은 바로 남한을 침공하였다. 도중 중국이 참전하여 다른 나라 군부의 개입은 점점 커져 갔다. 전쟁이 끝났을 때 마침내 남한은 군대라고 할 만한 군대를 가지게 되고 이 군대는 곧 정국을 장악하고 군부정권을 세웠다. 그리하여 한국은 1961년에서 1993년까지 남의 나라의 군벌이 아닌 자신의 군벌

정권을 갖게 되었다. 단지 이 때의 한국정권은 군부가 직접 지배하지 않고 군 출신들이 민간정부의 형태로 민간인들과 합작으로 정부를 구성하고 경제성장을 주도했다. 여기서는 편리하게 반(半) 군부정권 또는 간접 군부정치라 하겠다. 이는 1949년 이후의 중국의 반(半) 군부 사회와 크게 다르지 않다. 중국은 1911년~1949년 군벌, 1949년~현재까지 반(半) 군부로 이어졌고 한국은 1910년~1953년 외부군벌, 1953년~1961년 민간정부, 1961년~1993년 반(半) 군부정권, 1993년~현재를 민간정부라고 볼 수 있다.

여기서 민간 대 군부를 선과 악으로 보고 싶은 생각은 없다. 역사에는 선과 악이 없기 때문이다. 군부가 들어섰으면 군부가 들어섰을 만한 이유가 있을 터이고 군부정권은 통치의 결과로 평가받으면 된다. 여기서는 단지 한국과 같은 문화권에서 같은 시기에 중국사회를 주도한 중국의 군벌 역사를 살펴보며 한국의 군부사회에 대한 이해와 비교, 나아가 역사의 교훈이 있다면 찾아볼 뿐이다.

중국 군벌의 역사는 청말 태평천국의 난(1850~1864)부터 시작한다. 난을 진압하기 위하여 청은 각성의 총독들이 군대를 양성하는 것을 묵인할 수밖에 없었는데 이중 대표적인 것이 이홍장의 회군(淮軍)이다. 중앙 정규군이 아니어서 자신을 뽑은 개인에게 충성하는 이들 청말의 군대가 군벌의 시작이다. 권력유지가 힘들어지는 청조는 점점 이들 권력자들의 군대에 의지해 왕조를 지탱했고 신해혁명이 일어나 청이 무너진 뒤 권력은 자연히 군대를 가진 실력자들에게 넘어간다. 전체 군벌을 총괄하던 원세개가 죽고 나서는 중국은 각지에 산재한 군벌들의 각축장이 되었다. 이들 군벌의 존재가 두드러진 곳은 사천, 섬서, 청해, 영하, 광동, 광서, 감숙, 운남, 신장 등의 성(省)이다.

대략 각 성 단위로 군인들의 지배에 들어간 중국과 한국의 군부 쿠데타 이후 나라 경영을 어떻게 했는지가 비교 대상이다. 지역단위나 사회의 발전단계, 군부의 입장과 지도자의 자질 등이 시대의 차이에도 불구하고 비교할 만하다. 50년이라는 시차가 있으나 한국도 일제의 치하에서 정치적 훈련을 쌓지 못했고 해방 후 6·25 동란까지 혼잡한 정국으로 정치, 경제, 사회적으로 조선조의 낙후된 상태에서 크게 벗어나지 못하였다. 한국이 1945년 해방이 되었지만 1911년 중국보다 크게 앞서는 사회는 아니었고, 한국에서 쿠데타가 일어났던 1961년도 중국에서 군벌이 경쟁하던, 예를 들면 1928년 중국보다 사회가 많이 발달되었던 것도 아니다.

중국과 한국은 유교적 질서로 조직된 사회로 군부가 권력을 잡는 것을 극도로 경계한 사회이다. 중국은 송나라부터, 한국은 고려중기, 조선시대를 내려온 이 전통은 그러나 일단 그 질서가 와해되었을 때 작동하지 않는다. 무력 밖에는 질서를 잡을 수 없기에 무력이 등장한다. 군부의 등장을 긍정적으로 보는 관점에서는 - 유교적 관념에서는 어떻게 하더라도 긍정적인 시각이 있을 수 없지만 - 무력 자체가 없다면 바로 다른 나라에 먹힌다. 청조가 망했을 때 중국을 점령하고자 하는 나라는 넘쳐났다. 영국, 독일, 미국, 일본, 러시아 모두가 중국의 한 조각이라도 얻고자 했다. 아마 그나마 군벌이 없었으면 중국은 전국이 조각조각 났었을 것이다. 군벌이 있음에도 불구하고 상해는 일정한 지역이 열강에 의해 조각나 치외법권 지역이 되었다. 그곳에 있었다는 "개와 중국인은 들어오지 마시오."라는 표지판은 두고두고 중국인들의 애국심을 일깨워주는 경구가 되었다. 공산당이 최초의 집회를 연 곳도 한국인이 임시정부를 조직한 곳도 이 열강의 치외법권 지역이었다. 한국은 물론 무력이랄 게 없어 바로 일본에게 먹혔다.

해방을 맞고 미국과 소련이 진주할 때도 우리에게는 무력이 없었다. 최근 진보 쪽에서 누군가가 미군과 소련군 중 누가 점령군이고 누가 해방군이냐를 따졌는데 참으로 부질없는 논의이다. 소련군의 포고문에는 조선 인민을 위하여 왔다는 문구가 있고 미군의 포고문에는 점령군의 오만이 담겨있다는 것인데 어떤 문구를 사용했든 우리에게는 둘 다 해방군이자 점령군이다. 둘 다 우리를 점령했던 일본을 몰아내려 왔고 그 덕에 우리가 해방이 되었으니 우리에게는 둘 다 해방군이다. 동시에 소련은 극동에서 부동항을 얻고 나아가 한국을 자기네 위성국가로 만들 수 있으면 다행이라 생각했고 미국은 어떤 식으로든 소련의 진출을 막으려 하는 목적이 있었고 우리의 입장은 전혀 고려하지 않았으니 둘 다 점령국이다. 주변 국가를 공산화하려는 소련은 미국보다 열세임으로 그 나라 인민에게 호소하는 전략을 쓰고 있었을 뿐이고 미국은 압도적인 힘을 가진 나라로 그 나라 인민들은 안중에도 없었을 뿐이다. 실제로 "점령군" 미국은 우리들을 불쌍하게 보아 초콜릿을 나누어 주었고 "해방군" 소련군은 그 가난한 조선인들의 시계를 빼앗아 팔뚝에 여러 개의 시계를 찼다.

이 논의는 미국은 나쁜 나라 소련은 우리 편이라는 반제국주의자 또는 사회주의자의 의식이 반영된 것으로 보인다. 나의 힘이 없는 상황에서 이념의 편가르기가 무슨 소용이 있으랴. 조선 사대부의 위정척사(衛正斥邪)도, 서구식 민주주의도, 전세계의 단결된 노동자들의 연대도 소용이 없다. 북한의 김일성에게는 다행히 중국전선에서 조선의 용군으로 불리며 팔로군(八路軍)의 일원으로 일본군과 국민당 군대와 싸워 실전을 쌓은 당시 한국인으로서는 가장 막강한 군대가 있었다. 소련으로부터 물자를 보급 받는 북한은 남한보다 훨씬 센 군대를 가지고 있었다. 전통질서가 무너진 곳에서 권력은 총구에서 나오는 법칙은 중국에서도 한국에서도 적용된다. 북한이 무력으로 통일을 기도한 것은 잘잘못 호불호(好不好)를 떠나 이 책의 주제인 "일어날 확률이 높은" 역사적 측면이 있다.

한국전쟁은 북한이 의도한대로 북남통일로 끝나지 않았다. 전쟁이 낳은 것은 한국의 강한 군대였다. 초기의 오합지졸 이미지를 벗어나 강력한 군대로 탈바꿈한 한국군은 아직도 전근대성을 크게 벗어나지 못한 한국사회를 압도했다. 이렇게 강한 군대를 가져본 것은 아마 고려말 최영, 이성계의 군대 이후 처음인 듯싶다. 장성과 고급장교들은 거의 중. 단기로 미국에서 군사교육을 통하여 피상적으로나마 서구적 경영의 맛을 보았다. 대규모 조직을 거느리고 작전을 해본 경험을 국가경영에 직접 적용해 보고자 하는 의욕을 부추겼다. 자신들이 보기에 민간인 정치지도자들은 전혀 질서를 잡을 능력이 없고 북한과의 경쟁을 감당할 능력이 없어 보였다. 사실이었다.

무엇보다도 중요한 것은 국가경영에 관한 비전이다. 박정희에게는 일본 메이지 유신이라는 모델이 있었다. 막연하나마 모델을 삼기에는 충분했다. 50년대부터 시작한 일본의 발전모델은 더욱 구체적이었다. 혁명 초창기 부패혐의로 구속한 한국의 재벌들을 풀어주고 이들을 앞장세운 경제개발이 시작되었다. 군부에서 익힌 조직관리능력과 제3세계 기준으로는 유능한 정부관료들과 재벌들을 감시 독려하여 산업발달에 매진케 했다. 그리고 무엇보다도 잘 살아보고자 하는 국민들의 열망을 풀어주었다.

이 글에서 되풀이 나오는 개념 중 하나는 "정치가 경제, 사회발전을 이루는 것은 아니고 정치는 질서를 잡고 경제 사회발전에 걸림돌이 되지 않으면 가장 좋다."는 것이다. 한국군부는 이 정치를 실행했다. 오래 문민정치로 침체된 한국에서 모처럼 국민의 에너지가 분출되었다. 기존의 정치 엘리트가 군부만한 비전을 보여주지 못했기 때문이다. 자유 민주주의를 표방했으나 구시대 지주계급이 주를 이루는 이들은 자신들의 이익에서 자유롭지 못했고 무엇보다도 새로운 이념 자유주의 민주주의는 너무 추상적이고 경제적 사회적 기반이 없이는 실현될 수 없는 신기루 같은 개념이었다.

이승만, 조병옥, 윤보선, 장면 등 기존 정치인들은 조선 사대부들의 관념이 그대로 남아있었다. 과거 합격 대신 미국, 영국에서 받은 학위가 이들의 지도자 자격을 뒷받침했다. 중국에서는 전통적 지배계급이 와해되고 서양학문을 한 세력은 아직 충분한 세력을 쌓지 못한 상태에서 바로 군벌의 시대로 들어갔다. 한국은 전통적 지배계급 중 직접적으로 또는 일본을 통해 서양학문을 익힌 정치인들이 효과적으로 사회질서 이념을 창출하지 못하고 군부에게 권력을 내주었다. 한마디로 전통 지배계층의 힘과 정당성은 너무 약했고 군부의 물리적 힘은 너무 강했다. 그리고 결과적으로는 군부의 통치가 경제발전을 효과적으로 수행하였다.

여기서 중국의 군벌과 비교해보는 것은 한국과 비슷한 사회 문화적 배경을 가진 중국이 모처럼 한국과 비슷한 사이즈로 비슷하게 군부통치를 경험한 것을 살펴보고 한국의 경험이 다수의 예에서 어느 정도의 위치를 차지하고 있는지를 평가해보고 싶어서이다. 다시 말하면 한국의 성적을 비슷한 다른 학생들의 성적과 비교해보고 싶은 것이다. 여기서 군벌시대 중국보다 1960년대 한국의 사정이 더 나은 점을 고려해야 한다. 한국은 이미 독립한 나라이고 미국이 안보를 어느 정도 보장해주었고, 미국 질서 하의 국제적 자본주의의 틀 안에서 경제에만 매진할 수 있는 훨씬 나은 조건임을 밝히고 출발한다. 북한은 이 기회를 잡지 못하고 낙후되었으니 북한의 군부정치야말로 아래 중국의 각성의 정치상황과 비교된다. 남한보다도 북한의 군부정치상황을 염두에 두고 보아주기 바란다.

중국 군벌 중 가장 먼저 두각을 나타내고 중요한 역할을 한 것은 물론 중앙군벌이다. 청말에 형성되어 청조를 지탱했던 북양군(北洋軍)은 원세개 사후 바로 분열된다. 먼저 초창기 안휘성에 기반이 있다 하여 "안휘 군벌"이라 불리는 세력은 단기서(段祺瑞)를 우두머리로 한다. 안휘파에 대항한 세력이 직예(直隸, zhili) 군벌로 풍국장(馮國璋)으로부터 시작한다. 직예는 청조까지는 수도 북경의 직할구역으로 간주되었던 지금의 하북성에서 시작한다. 직예 군벌의 영향력은 강소성, 강서성, 호북성에 이른다. 1920년에 일어난 두 군벌의 싸움은 중국이 본격적이 내란에 돌입했음을 알린다.

이 싸움은 전전(戰前) 예상과는 달리 직예 군벌의 승리로 끝났다. 안휘 군벌은 서서히 힘을 잃어갔다. 이 싸움에서 직예 군벌은 세의 균형을 맞추기 위하여 만주에 근거를 둔 봉계(奉系) 군벌의 힘을 빌리지만 큰 도움은 안 되었다. 이제는 직예 군벌과 봉계 군벌이 북경을 누가 차지하느냐를 두고 힘을 겨룰 차례가 되었다. 두 군벌의 싸움은 직봉(直奉)전쟁이라 일컫는데 2차에 걸쳐 진행된다. 1차 직봉전쟁(1922)도 예상을 깨고 직예가 승리한다. 두 차례의 승리는 많은 부분, 군벌시대 최대 전략가로 알려진 오패부(吳佩孚)의 활약에 힘입었다. 군벌시대를 1949년까지 본다면 오패부는 아마 공산당의 전쟁영웅 임표(林彪)와 더불어 누가 이 시대의 가장 뛰어난 전략가이냐를 다툴 수 있겠다.

여기서는 전쟁이나 뛰어난 군인을 다루지 않고 군벌의 정치를 다루기 때문에 전략가, 용맹한 장군들의 활약상은 생략한다. 오패부는 군사적인 지위만 가지고 있었고 정치 행정 등의 직함은 가지고 있지 않았다.

2차 직봉전쟁(1924)은 우여곡절 끝에 장작림(張作霖)이 이끄는 봉계 군벌의 승리로 끝났다. 그러나 이 전쟁에 관여한 여러 요인과 세력 그리고 전쟁의 결과가 중국에 미친 영향은 앞의 두 전쟁과 비교할 바가 아니었다. 우선 외국세력이 좀 더 관여했다. 봉계 군벌은 점점 일본의 영향을 받기 시작했고 직예 군벌은 새롭게 대두되는 진보세력과 서양세력의 압력을 수용해야 했다. 구세대에 속하는 북방 군벌은 점점 혁명세력을 대표하는 국민당에게 명분에서 밀리기 시작했다. 2차 직봉전쟁은 비록 봉계 군벌의 승리로 끝났지만 궁극적으로 1926년 국민당의 북벌을 불러오는 계기가 되어 전통적 군벌의 종말로 이어졌다. 이 전쟁에서 주목을 끈 장군은 풍옥상(馮玉祥)이다. 크리스찬 장군이라 하여 서구에서도 인기가 있었다. 풍은 직예 군벌에 속해 있었지만 북경정변이라 하여 당시 직예 군벌의 지도자를 쿠데타로 몰아내어 봉계 군벌에게 승리를 가져다준 장본인이다. 후에 손문을 북경으로 부르고 자신도 국민당에 가입하여 국민당의 북벌에 도움을 주었다.

국민당의 북벌은 바로 중국의 통일로 이어지지 않는다. 주로 국민당에 복속한 군벌들의 저항으로 인해 중국은 바로 그때까지 있었던 국지적 전쟁을 넘어서는 더 큰 규모의 전쟁을 치러야 했다. 이것이 1929년~1930년에 있었던 중원(中原)대전이다. 염석산(閻錫山), 풍옥상(馮玉祥), 이종인(李宗仁) 등이 반장개석 연합으로 싸운 중원대전은 양측이 합계 백만 명을 동원하고 하남, 산동, 안휘성 등지에서 싸운 군벌시대 최대의 전쟁이다. 한국인에게 친숙한 삼국지에 나오는 적벽대전을 방불케 하는데 조조의 위가 패한 적벽대전과 달리 중원대전은 국민당 군대가 승리한다. 그러나 이 힘든 승리는 중국인에게 국민당이 중국을 통일한 명실상부한 정부라는 인식을 주는데 실패했다. 이후 전개되는 공산당과의 싸움에서 국민당은 조금씩 정당성과 명분을 잃기 시작한다. 이후는 이 글의 범주에서 벗어나기 때문에 군벌의 개략적인 역사는 여기서 그친다.

각 군벌은 한 개 또는 여러 개의 성을 관할하였다. 군벌은 각성을 직접 통치하기도 하지만 대부분은 여러 형태의 민간정부 즉 청조 이래 전통적인 정부, 지방 토호와 상공인이 중심이 된 일종의 부르주아 정부, 혁명정부 등이 각각 섞인 민간정부를 용인하며 군사권과 치안권만 장악하고 있었다. 따라서 각종 민간정부를 용인한 군벌 간의 확실한 경계선은 그을 수가 없다. 지금까지 나온 군벌들을 포함하여 주요 군벌을 정리해보자.

1. 안휘(安輝) 군벌

주요 멤버가 안휘성에서 나왔다. 일본과 밀접한 관계를 맺고 물자지원과 군사훈련의 지원을 받고 많은 권리를 양도하였고 국민당을 탄압하였다. 1920년 직예 군벌과의 싸움에서 패하고 서서히 세력이 소멸되었다. *단기서(段祺瑞)

2. 직예(直隷) 군벌

북경 외곽 지금의 하북성에 근거를 두고 강소, 강서, 호북성까지 관장하였다. 서양세력과 가까운 관계를 유지하였다. 안휘 군벌을 물리치고 세력을 얻었으나 2차 직봉전쟁(1924)에서 패하고 명맥을 유지하다 국민당의 북벌 때 세력이 소멸되었다. *풍국장(馮國璋) 조곤(曹錕) 오패부(吳佩孚)

3. 봉계(奉系) 군벌

동북 3성(흑룡강, 길림, 요동)과 산동반도를 관장하고 초창기 일본과 밀접한 관계를 유지하였다. 교통계(交通系)라 부르는 정치인, 관료, 기술 상공인들을 망라하는 민간단체의 협조를 받았다. 2차 직봉전쟁에서 승리하여 권세를 가지나 북벌 때 국민당에 패배하고 만주에서는 일본군에 쫓겨 결국은 국민당에 흡수되고 말았다. *장작림(張作霖) 장학량(張學良) 장종창(張宗昌)

4. 산서(山西) 군벌

안휘 군벌에 속하는 것으로 되어있으나 국민당의 북벌까지 중립을 유지하여 어떤 전쟁에도 휩쓸리지 않았다가 후에 국민당의 편을 들었다. 공산당과 힘든 전쟁을 치르고 공산당에 함락되었다. 관할은 산서성 하나이다. 옛 진(晉) 땅이라하여 진계(晉系)라고도 한다. 처음부터 끝까지 기록적으로 38년 동안 산서성을 통치한 염석산(閻錫山)은 아래에서 살펴본다.

5. 국민군(國民軍)

서북군이라고도 한다. 풍옥상이 제 2차 직봉전쟁에서 직예 군벌을 배반하여 지도자 조곤을 체포하고 북경에서 창설됐다. 다음해 봉계 군벌과 싸웠고 북벌 때 국민당에 편입되었다. *풍옥상(馮玉祥)

6. 마가(馬家) 군벌

1919년부터 1928년까지 중국 서북부(청해, 감숙성, 영하 자치구)를 다스린 무슬림(회족回族) 계통의 군벌이다. 세 마씨가 각각 청해성, 감숙성, 영하를 다스렸다. 마는 무슬림에 흔한 이름인 무함마드의 중국식 이름이다. 마가 군벌의 연원은 청조에 봉사한 무슬림군으로 부터 시작한다. 1895년 무슬림 반란을 진압한 공로로 감군(甘軍, 감숙의 군대)은 북경으로 가서 황성을 보호하는 역할을 한다. 군벌시대에는 국민당을 지지하여 독립을 시도하는 몽골과 티베트와는 상반된 길을 걷는다. 국민당에 충성을 바쳐 공산당과 끝까지 대척해 싸웠다. *마안량(馬安良) 마복상(馬福祥)

7. 신장(新疆) 군벌

최초의 지도자 양증신은 운남성에서 와서 신장의 반란을 진압하고 신장에 눌러앉아 통치를 했다. 그는 운남의 채악(蔡鍔)을 따르는 장교들을 숙청하여 신장 군벌의 독자성을 확보하고 어떤 군벌이 북경을 장악해도 그것을 인정하고 순응하여 신장을 중앙의 소요에서 멀리하고 신장의 독자성과 안정을 지켰다. 처음에는 소련의 접근을 막았으나 나중에는 소련과 가까워진다. *양증신(楊增新)

8. 운남(雲南) 군벌

가장 오래 안정되고 번영한 군벌이다. 아래에서 개개의 지도자를 살펴본다.

9. 귀주(貴州) 군벌

귀주는 경제적으로 낙후된 지역으로 군벌도 세가 미약하여 주변의 운남 군벌이나 호남 군벌에 예속당하는 경우가 많아 독자성을 인정하기 어렵다.

10. 구 광서(廣西) 군벌, 신 광서군벌

귀주와 마찬가지로 광동 군벌의 영향 하에 있었다.

11. 광동(廣東) 군벌

광동은 초창기 중국혁명에 기여한 공이 큰 지역이고 장개석의 북벌이 시작된 곳이라 군벌이 독자적이고 강압적으로 통치할 형편이 못되었다. 국민당이 결성되었을 때 처음에는 국민당을 지지하였으나 잠시 이탈하여 직예 군벌에 붙은 적이 있었으나 장개석의 군대에 패배하고 다시 국민당의 휘하에 들어간다. *용제광(龍濟光) 진형명(陳炯明) 진제당(陳濟棠)

12. 사천(四川) 군벌

사천은 하나의 강력한 군벌이 통일을 하지 못하고 몇 개의 작은 군벌이 서로 다투고 있었다.

13. 호남(湖南) 군벌

호남은 신해혁명 후 국민당 정치인이 권력을 잡았다가 직예 군벌에 가까운 군벌이 들어섰었고 다시 북벌 때는 국민당에 복종했다가 중원전쟁에서는 장개석에게 반발했다. 국민당 정부와 가까워 완전 독립기간이 짧았고 국민당과의 친소(親疎) 관계에 진폭이 있었다.

여기서는 독립성을 보이며 자신의 성에서 통치를 한 예를 한국의 군부통치와의 비교를 염두에 두고 살펴보겠다. 운남성에서는 채악(蔡鍔, 재임 1911~1913), 당계요(탓继尧, 재임 1913~1927), 용운(龍雲, 재임 1927~1945)이 대를 이어 통치했다. 운남의 군벌들은 혁명가이자 군벌이었다. 채악은 원세개가 황제가 되는 것에 반대한 것으로 이름을 날렸다. 그는 공화주의자였다. 채악은 양계초(梁啓超)가 선생으로 있었던 당시 첨단의 신식학당에서 교육을 받았다. 일본으로 가서 교육도 받은 채악은 중국으로 돌아와 18세에 선생 중 하나가 주도한 실패한 반란사건(혁명사건)에 연루되었고 다시 일본으로 돌아가 일본육군사관학교를 졸업했다. 중국으로 돌아와 광시성에서 무관학교를 세우고 군관을 양성한다. 거기에서 손문이 세운 중국동맹회라는 비밀 혁명결사대에 가입한다.

1910년 운남성으로 간 채악은 "신군부"라 불리는 운남군에서 연대장을 하며 곤명에서 역시 무관학교를 열고 군관을 양성한다. 그중 한 명이 훗날 중국 인민군의 아버지 주덕이다. 신해혁명이 나고 채악은 자기의 휘하 병력으로 운남을 접수한다. 혁명가 채악이 군벌 채악이 되는 순간이다. 채악은 국민당의 온건한 공화주의자 송자문(宋子文)을 지지했다. 원세개는 자신을 반대하는 채악을 북경에 가둔다. 북경을 탈출한 채악은 운남으로 돌아와 원세개가 황제가 되면 운남이 독립하고 중앙정부와 싸우겠다는 것을 공표하고 실제로 사천성을 공격하여 점령한다. 원세개가 파병한 군대가 운남군을 칠 의사도 능력도 없는 것이 판명된 것을 보고 다른 성들, 광서, 산동, 광동, 저장, 사천, 저장 등이 독립을 선언하고 원세개에 반발하고 나선다. 원세개는 그 후 곧 암살당하는데 중국에서 다시 황제가 나타나는 것을 저지하는데 가장 큰 공을 세운 사람이 채악이다. 군벌이라기보다는 공화주의자

혁명가로 알려진다. 아마 손문을 이은 장개석보다 더 혁명사상에 투철했을 것이다. 채악은 잠시 사천성의 도독으로 있다가 결핵으로 일본서 사망한다.

채악을 계승한 당계요도 채악과 비슷한 성장배경을 갖는다. 운남성 출신인 당은 과거에 합격하고 청조가 보내주는 관비유학생으로 일본에 가서 수학하고 일본 육군사관학교를 졸업한다. 거기서 손문을 만나 중국동맹회에 가입한다. 중국으로 돌아와 채악 밑에서 '신군부'에 근무하던 당은 신해혁명의 시초가 되는 무창반란에 참여한다. 1912년 당의 군대는 인근 귀주성에 침입하여 접수한다. 선임자인 채악이 북경에서 잡히는 동안 당이 운남성의 (군사)도독으로 취임한다. 당은 혁명 당시 군대가 사회질서를 유지하는 가장 중요한 기관이라는 데에 채악과 생각을 같이하고 운남의 군대를 강군으로 유지하며 사회질서를 잡는데 주력한다. 그의 지휘 하에 운남성은 영향력을 광서성과 사천성까지 끼친다.

당은 운남성에서 마약을 재배하여 중국 각지와 외국에 팔아 재정을 확보했다. 공군 육성에도 힘을 기울여 공군기지와 비행학교도 운영했다. 훗날 사천성에 일본에 대항하는 국민당 임시정부가 설치되고 운남의 수도인 곤명이 서방에서 중국에 전쟁물자를 제공하는 기지가 되는 것도 채악과 당계요가 남긴 업적이요 유산이다. 채악의 커리어가 지병으로 끝났다면 당의 몰락은 자신의 정치적 판단 실패에 기인한다. 1925년 손문이 죽자 당은 자신이 손문의 후계자임을 자처하자 국민당은 이를 거부한다. 당은 광동성과 광서성을 침입하였으나 이종인에게 패배한다. 그는 용운 등의 쿠데타로 쫓겨나 운남에서의 모든 권력을 잃고 지병으로 곧 죽는다. 용운은 당이 소속된 개인 정당을 해체하고 장개석이 수장으로 있는 남경의 국민당 정부에 충성한다. 당계요는 채악과 뜻을 같이하는 혁명가였고 운남성을 강한 성으로 만들었으나 무력을 지나치게 과신하고 정치적 야욕이 너무 컸다.

용운은 18년이란 오랜 기간 운남성을 통치했다. 장개석에 대한 충성으로 시작한 그의 통치는 장개석이 지시한 쿠데타로 끝나고 만다. 용운은 소수민족 이족(彝族) 출신이다. 지방의 작은 군벌의 군대에서 커리어를 시작한 용운은 차츰 성공의 사다리를 올라 당계요의 휘하에 있게 된다. 당을 몰아내는 쿠데타에 성공한 용운은 그 후 오래 운남의 실력자로 군림한다. 혁명가들이었던 전임자들하고 달리 용운은 내치에 힘쓴다. 제도의 개혁을 통하여 새로운 운남을 건설하고자 했다. 그의 개혁은 정치, 경제, 군사, 문화, 교육 등 모든 분야에 걸쳤다. 그의 치세에 운남은(당시 중국기준으로는) 정치적으로 깨끗하고 사회는 안정되어 민주적인 분위기를 띠었다. 경제적인 업적 중에는 화폐경제를 확산하고 관세를 확립하는 등 중국 변방에 있는 운남성을 선진적으로 이끌었다. 도로확충에도 힘써 운남-버마 하이웨이, 운남-사천 도로 등을 건설했다. 곡물에 붙는 세금을 내리고 생산 증진에도 힘을 기울여 곡물 자립도를 높이려 애썼다. 용운의 개혁성과로 운남의 수도인 곤명은 "민주화 기지"라는 애칭을 얻었다. 물론 서방세계의 평가이다. 운남의 용운은 전임자 채악과 크리스찬 군벌 풍옥상과 더불어 서방세계에 잘 알려지고 인기가 있었던 중국의 혁명/개혁 군벌들이다. 중간에 낀 당계요도 프랑스 책에 자세히 소개되어 프랑스에서는 잘 알려졌다.

국민당이 일본과의 항전을 장기전으로 이끌며 운남성을 배후 거점으로 함에 따라 운남성은 더욱 발전하게 되었다. 서방의 물자가 들어오는 버마로드는 운남이 중국측 목적지였다. 운남의 수도 곤명에는 미군 공군기지가 있었다. 운남은 항일전쟁에서 중국을 지키는 보루가 되었다. 그러나 성공은 종종 몰락의 원인이 된다. 전쟁 때 운남성의 중요성은 용운의 몰락으로 이어진다. 전쟁 중 자신의 연고와 먼 지방(사천과 운남)에서 전쟁을 치른 장개석은 자신의 권력의 원천인 중국의 중심부와 멀어졌고 자신과 연고가 없는 지방에 파묻혀 지방 군벌의 권력과 요구가 자라는 것을 무기력하게 지켜보아야 했다.

권력을 회복한 장개석은 먼저 사천성의 군벌을 내쳤다. 상대적으로 능률적이고 통치가 잘 되고 있는 운남성은 전쟁이 끝날 때까지 기다려주었다. 결국 장개석의 지시에 따른 군대의 쿠데타로 용운은 권력을 잃었다. 자신의 체면을 세워주기에 지나지 않은 형식적인 중경의 자리를 뒤로하고 용운은 홍콩으로 망명했다. 홍콩서 용운이 국민당 혁명 위원회라는 반 장개석 정당에 가입했다. 중국에 공산정권이 들어서며 그의 반장개석 활동을 인정받아 용운은 중국으로 돌아가 대접을 받았다. 비록 명예직이기는 하지만 많은 공식 직함들이 따랐다. 그는 죽기 전 잠시 반혁명 우파로 지목되어 비판을 받은 적도 있으나 후에 다시 명예를 회복했다. 용운은 지나치게 정치적 야욕을 가진 상관을 몰아내고 운남성의 발전에 큰 공헌을 하였고 충성을 바친 장개석에게 내침을 당했을 때 적극적으로 반항하지 않고 순순히 운명을 받아들였다. 운남은 군벌이 가장 내치에 성공한 사례로 뽑힌다.

산서(山西)성의 군벌로 군림한 염석산(閻錫山, 재임 1911~1949)은 용운과 쌍벽을 이루는 개혁 군벌이다. 산서성은 중국의 성 중 다소 작고 가난하여 권력중심과 떨어진 지방이다. 그렇기에 많은 지역이 겪은 환란을 피할 수 있었을지 모른다. 신해혁명과 원세개의 황제와 같은 권력, 싸움이 빈번한 군벌시대, 장개석의 패권시대, 일본의 침입, 국민당과 공산당의 내전 등을 모두 피해 산서성은 염석산의 강력하고도 효과적인 통치 하에 안정과 번영을 누렸다. 38년의 안정된 통치는 당시 중국 기준으로 태평성대라 불릴만하다. 작고 가난한 지역들이 다 산서성 같은 안정을 누린 것은 아니다. 염석산은 혁명가는 아니었다. 그는 중국전통을 존중하는 한도에서 서양문물을 받아들였다. 하지만 산시성은 온건한 정치적, 경제적, 사회적 개혁을 지속하여 훗날 과격한 사회주의 개혁이 시도되어도 어느 정도 감당할 체질이 양성되었다. 그는 화려한 개혁보다 정치적 안정을 추구하고 전통이 무너지는 것을 방관하지 않았다.

염석산은 몇 대째 대금업과 상업에 종사한 부유한 상공인 가문 출신이다. 아버지의 은행에서 일을 보며 전통적인 유교 교양을 쌓고 있었다. 그러다 당시 중국에 닥친 불황에 아버지의 사업이 기울었다. 할 수 없이 당시 산서성의 만주족 정부가 제공하는 공짜 무관학교에 들어갔고 결국 앞에 나온 중국의 군벌 영웅들과 같이 일본의 사관예비학교, 육군사관학교를 나왔다. 역시 손문을 만났고 중국 동맹회에 가입했다. 염은 오년간의 일본 체류에 특히 일본의 근대화에 감명 받았다. 중국이 근대화를 게을리하면 어떻게 될까 하는 자각이 있었다. 염의 관심은 정부의 강력한 중앙집권세력이 또는 군부가 국민들과 어떻게 교류하고 개혁을 이끌었는가에 있었다. 중국에 돌아와서 그는 소책자에서 일본 모델을 소개하고 중국이 일본의 무사도같은 지배층의 도덕감을 가지고 있지 않으면 일본에 먹힐 것이라 경고했다.

산서의 "신군대"에 들어간 염은 1911년 신해혁명 때 만주군을 몰아내고 산서성의 독립을 선언했다. 염도 황제가 되고자 하는 원세개에 저항했다. 그러나 산서성은 북경과 너무 가까웠다. 원세개 군대의 침입에 쫓겨 성의 궁벽한 변방에서 연명하던 염은 운남의 군벌들과 달리 노골적으로 손문 쪽을 지지하지 못하고 원세개와 타협을 했다. 원세개가 세상을 떠남에 따라 염은 산서성을 접수하고 군사도독 즉 군벌이 되었다. 염은 산서성이 너무 가난하여 다른 군벌들과 군사적으로 경쟁하면 가망이 없다는 것을 알았다. 다른 성과 분쟁을 될 수 있는 대로 줄이고 근대화에 주력하는 것이 가장 합리적인 해결책이었다. 염은 그대로 자신의 해결책을 따랐다. 산서성이 가난하고 정치적으로 중요한 길목에 있지 않는 지역인 것도 도움이 되었을 것이다. 염의 개혁은 사람들의 주목을 끌었고 그는 서방세계에 모범 주지사(Model Governor)로 알려졌다. 1918년 페스트가 퍼졌을 때 당시 과학에 상당한 이해가 있던 염은 시간을 지체치 않고 전염병의 원인과 대처 방법을 지시하고 관료들에게 전염병을 합당하게 처리하게 하였다. 지방 유지 중에는 염을 믿지 못하고 염의 지시에 반항하던 사람들도 꽤 많았던 것으로 알려졌다. 근대화에 대한 염의 열정은 구체적인 서양 의술 학문 기술에 대한 이해와 믿음이 뒷받침되어 있다.

염석산은 가능한 한 직접적으로 다른 군벌과 충돌을 어떤 방법을 쓰더라도 피하고자 노력했다. 피치 못할 때는 이길 수 있는 편으로 들어갔다. 장개석의 북벌에는 동북왕 장작림의 위협에도 계산 끝에 장개석의 편에 섰다. 국민당의 북경 점령과 공산당 토벌에 인근 산서성의 도움이 컸다. 장개석의 통일 후에도 산서성은 독자성을 유지하고 그 자신은 새 정부의 내무상이 되었다. 염석산의 줄타기가 항상 성공한 것은 아니다. 장개석의 군대와 풍옥상의 군대가 소모전을 벌이고 있을 때 염은 산동성을 쉽게 점령했다. 이길 수 있는 전쟁만을 하는 영리한 군벌이었다. 사태는 예기치 않게 돌아가 풍옥상을 꺾은 장개석 군대가 산동성으로 쳐들어와 염석산의 군대가 패배했다. 장작림의 아들 장학량이 일본과 러시아의 압박이 심해지자 장개석과 손을 잡는 바람에 위태해진 염석산은 대련(大連)의 일본점령지역으로 피신했다. 염은 결국 다시 산서성으로 무사히 돌아올 수 있었다. 그의 다소 친일적인 경향은 후에 일본의 침략이 노골화되면 반일로 바뀐다.

친일이냐 반일이냐 하는 구분은 염에게는 별로 의미가 없다. 그에게 있어 모든 군사적 외교적 모험은 산서성을 지키고 근대화에 매진하는데 있다는 것에 있다. 군벌들과의 여러 회합들 중 나타나는 조약에는 염석산을 "중국의 장래 대통령"이라 칭하는 문구가 있고 이는 미국 타임지의 표지로도 나온다. 미국의 미디어는 당시 중국의 정세에 강한 흥미를 보이고 있었다. 국내외 당시 사람들은 염이 군사적 약세에도 불구하고 보이는 정치적 능력, 특히 근대화를 이루는 능력을 높이 평가하고 있었다. 염의 생존을 위한 현실과의 타협은 그 후에도 장개석과 장학량 간 갈등, 국민당과 공산당과의 싸움, 국공합작과 일본과의 전쟁 등 정치적 격랑 속에서도 계속된다.

염석산의 개혁은 전방위적이다. 농지개혁으로 지주들의 힘을 약화시키지만 급진적으로 하지는 않는다. 염은 사상교육 또는 문화교육에도 중점을 두어 병사들에게 인민들이 주인이라는 인식을 고취시키려 애쓴다. 염이 계몽군주라는 애칭을 갖게 되는 이유이다. 후에 염의 사상교육이 공산당을 따왔다고 비평하는 사람들이 있으나 염은 공산당 이전 이미 군벌 초창기에 시작한 기록이 있어서 오히려 공산당이 염의 방식을 따왔다고 보는 편이 정확할 것이다. 염은 군대의 징집과 운영을 일본을 본따 왔고 일본이 본딴 독일도 많이 본따서 다른 곳에서는 볼 수 없는 특이한 군대운영방식을 보였다. 그의 군대는 거의 모든 병사가 산서성 출신들로만 이루어졌고 군대생활 중 지방 인프라사업에 동원되었으며 일을 하면 반드시 돈으로 보상을 받았다. 반드시 돈으로 보상받는다는 확신은 당시 중국의 병사에게 대단히 새로운 개념으로 병사들의 사기는 높았다.

앞에서 언급했던 그의 교육과정에 전통적인 유학교양이 들어가 있었다. 염석산의 사상은 유학사상과 일본 군국주의의 결합으로 궁극적인 목적은 근대화이다. 유학적 교양에서 나오는 그의 개혁은 항상 급진을 피하고 온화하고 점진적이었다. 산서성과 일본군 정예군과의 싸움은 장렬한 것으로 일본군의 중국전장에서 사상자의 많은 부분이 염의 군대와 산서침략에서 나온다. 공산당과의 관계 장개석과의 관계도 많은 이야깃거리가 있다. 염은 말년을 장개석을 따라 대만에 가서 지내는데 장학량이 일생 한 집에 갇혀 귀양살이를 한 반면 염석산은 '특별고문'으로 편안히 지낸다. 실권은 없는 자리라 한가한 생활 속에 그는 많은 책을 쓴다. 그중에서 한국인들의 눈길을 끄는 것은 한국전쟁 몇 개월 전 발간한 《평화와 세계전쟁》이라는 책에서 북한이 남한을 침공하고 남한이 쉽게 정복당하지만 미국이 남한을 위해 참전하고 공산 중국이 북한을 위해 참전할 것이라는 내용이 나온다. 이 모든 것은 한국전쟁에서 실제로 일어난다. 염석산은 대단한 예지(豫知)를 가졌다.

봉계(奉系) 군벌 중 하나인 장종창(張宗昌, 재임 1925~28)은 산동의 가난한 집에서 태어나 만주로 건너가 밑바닥에서 힘한 일을 하다 러시아어를 배우고 러시아에 협조하는 비적이 되었다. 봉계 군벌에 들어가 공을 세우고 점점 지위가 올라갔고 국민당에 대항하여 봉계 군벌에 충성을 바쳐 산동을 다스리는 군사도독이 되었다. 장종창은 군대 지휘관일 때는 대체적으로 유능한 지휘관으로 알려졌다. 습격을 자주 받는 기차를 중무장시켜 운행하기도 하고 러시아의 난민을 받아들여 이들로 이루어진 부대를 만들었다. 중국에서 처음으로 여자들을 군대에 받아들인 장군으로 알려졌다. 그러나 산동을 다스릴 때의 기록은 부정적이다. 그의 정부는 부패와 무능으로 얼룩졌다. 과중한 세금과 남발되는 화폐발행은 산동경제를 침체시켰으며 공공기관은 기금이 고갈되어 시민의 서비스는 낮은 수준으로 떨어졌다. 정부에 대한 항의는 무자비하게 탄압되었다. 장종창의 예는 군벌정치의 최악의 예이다.

마가(馬家) 군벌이 중국의 중앙정부의 힘이 미치지 못했을 때 어떻게 자신들의 위치를 규정짓고 관할구역을 어떻게 다스렸는가는 흥미로운 주제이다. 여기에 관해서는 자료를 쉽게 찾을 수 없다. 군벌에서 가장 잘 알려진 장군들 중 둘을 뽑아 간단히 살펴본다. 마안량(馬安良, 재임 1912~1918, 감숙성)은 청조부터 시작한 무슬림 장군들의 계보를 이어 이후 군벌시대 무슬림 장군들의 시조가 된다. 그의 위상은 여타 무수한 마가 장군들보다 높다. 청조에 충성을 바치는 그는 보수반동으로 알려져 있다. 사회의 질서를 유지한 것이 그의 가장 큰 업적으로 남는다. 마안량은 질서를 위해서는 무슬림의 반발을 억압했다. 질서를 지키고 종교나 이념의 급진성을 지지하지 않는 것은 이 시대 군벌의 일반적인 특성이었는데 마안량은 구세대 권위에 특별히 복종했다.

마복상(馬福祥, 재임 1912~1928, 감숙성, 닝샤)은 지역 종교인 무슬림과의 관계, 비슷한 처지의 몽골, 티베트와의 관계 등에서 중요한 역할을 한다. 마복상은 중국 고전교육과 서양 신식교육 모두에 관심이 있었다. 그는 자신의 백성 무슬림들에게 중국문화와 정치적 위상을 인정하고 배울 것을 기대했다. 학자 타입의 마복상은 이슬람과 중국문화가 같이 갈 수 있음을 확신하고 동화정책을 지지했고 자연히 종교적 급진주의와 중국과의 분리를 지지하지 않았다. 그는 독립을 원하는 내몽골과 티베트에 중국에 남아있을 것을 설득하였다. 현실을 인정하는 실용적인 입장에서 점진적 개혁을 주도했다. 그는 특별히 교육에 힘써 각급 학교와 도서관을 지었다. 자신의 권한 안에서 가급적 많은 예산을 교육에 투자하였고 비회교권 중국인들도 그에게 공감하여 자금을 지원해주었다.

국민당과 공산당도 군벌로 간주되나 전국적인 규모로 성장하여 패권을 다투었다. 일정한 지역에 한정하여 통치하는 개별 군벌을 간략히 살펴보는 우리의 범주에서는 벗어나기에 여기서 제외했다.

1960~70년대 한국과 1920~30년대 중국이 똑같은 상황은 아니지만 역사적 성장배경으로는 상당한 유사점이 있다. 전근대사회의 배경도 비슷하고 서양의 문물을 수입하여 근대적 사회로 나아가는 항로도 비슷했다. 서양과 접촉이 오래되고 1920~30년대에 서양의 문물을 직접 배웠던 중국에 비해 같은 시기 한국은 일제 하에 간접적으로 서양문물을 받아들였다. 청조가 망할 때 중국은 그동안 길러놓았던 군사력이 정국을 주도했다. 서양과는(일본과도) 상대가 안 되는 군사력이지만 정치의 공백기를 메우기에는 충분한 무력이다. 한국은 무력을 가진 북이 남을 병합하려 했으나 외세의 개입으로 실패했다. 전쟁을 통해 무력을 키운 남한의 군부는 쿠데타를 통하여 정권을 잡았다. 1960년대 한국은 1920년대 중국과는 시간적으로는 수십 년의 차이가 나지만 본격적인 사회발달의 차이는 크게 나지 않았다고 보아야 한다. 초창기 한국의 군부통치와 성 단위에서 안정적인 통치를 한 중국 군벌과는 비교가 어느 정도 가능하다.

한국의 박정희는 산서의 염석산, 운남의 채악, 탕지야오, 용운, 그리고 마가 군벌의 통치자들과 모두 조금씩 닮았다. 교육배경에서는 염석산, 채악, 당계요와 닮았으며 성장배경은 용운과 비슷하다. 합리적이고 실용적인 사고로 서양을 배워 근대화로 나가고자 하는 데서는 염석산과 가장 비슷하나 박정희 쪽이 좀 더 적극적이고 과감했다. 힘든 주변 상황을 생각하면 염석산의 역할이 더 어려웠다. 염석산은 군벌들의 각축장에서 살아남기 위하여 필사적인 생존경쟁을 벌여야 했다. 박정희의 한국은 북한과 대치하고는 있었으나 안보 면에서 상대적으로 안정된 이점이 있었다. 한국의 눈부신 성공은 여기에 많이 기인한다고 보아야한다.

중국은 1950년 시점에서 한국보다 더 희망적으로 보였다. 그러나 30년 동안 중국은 제대로 근대화로 들어서지 못했다. 1950년에 덜 희망적으로 보였던 한국은 전쟁을 겪었음에도, 어쩌면 전쟁을 겪었기 때문에 10년 후 본격적인 근대화를 시작해 중국보다 20년을 앞서 달렸다. 그러나 이미 원자탄 개발 등 기초과학 면에서 한국에 앞서 있던 중국은 오늘날 우주산업, 인공지능, 재정테크닉 산업 등 앞서나가는 분야가 많이 생겼다. 과학기술의 실용화, 실생활과 연결된 산업화에서 한국보다 20년 늦게 출발했지만 빠르게 따라잡았다. 일본과 한국이 대략 20년 정도 차이가 나다가 한국이 많이 따라잡은 것처럼 중국도 실용 산업화에서 한국을 20년 정도 차이로 따라오다가 이제 따라잡았다. 삼국의 경쟁에서 한국은 눈부신 성공을 보였으나 이제는 중국의 추월을 허용하고 잘못하면 처지게 되는 위치에 있다.

중국이 1950년대부터 염석산 같은, 박정희 같은 지도자가 있었으면 어떻게 되었을까. 또는 장개석의 국민당이 최종 승리를 거두었으면 어떻게 되었을까. 역사의 가정이 부질없음은 대부분의 사람이 공감한다. 우선 중국은 방대한 영토와 많은 인구를 가진 대국이다. 큰 나라는 전통에서 벗어나 새로운 틀로 나가는데 시간이 걸린다. 트레일러는 시동을 걸고 속력을 내는 데 많은 시간이 필요하다. 신호등이 바뀌고 누가 앞장서 달리는가는 당장은 오토바이와 경쟁이 되지 않는다.

염석산의 산서성, 박정희의 남한, 장개석의 대만은 억압적인 통치가 가능하고 주변과 사활을 건 생존경쟁에서 벗어나 경제개발 사회발전에 매진할 수 있는 여건이 가능했다. 중국의 여러 군벌 사례와 한국의 비교는 비록 완전한 비교대상은 아니나 박정희의 경제개발이 한국이 처한 그 상황에서 그나마 가장 바람직한 방향으로 나갔던 것을 확인해 보는 작업이다. 나와 비슷한 처지의 학생들의 성적표를 보고 나의 성적이 그중 나은 성적들과 크게 차이가 없음은 안도가 되는 것이고 비슷한 처지, 비슷한 노력, 비슷한 두뇌를 가진 학생들은 결국은 비슷한 성적이 나온다는 것을 확인해 본 것이다.

〈예 4〉

중남미

자신과 비슷한 개체, 단체, 사회, 나라와 비교하는 예를 한번 더 들어보자. 사회주의적 정책을 펼치고 싶어 하는 현재 한국 진보세력의 정치를 중남미와 비교해본다. 두 곳이 모두 사회주의라기보다는 포퓰리즘에 더 가깝다는 공통점 때문에 더욱 비교의 유혹이 커진다. 앞에 나온 중국의 예와 같이 중남미의 많은 나라들은 한국 상황과 비교해 볼 수 있을 정도로 정치적인 상황이 충분히 비슷하다.

이미 자신의 나라가 선진국에 진입했다고 생각하는 한국인은 한국보다 일인당 소득이 낮은 나라는 아래로 보는 경향이 있다. 이해는 가지만 경제적 수치만으로 따지기 어려운 여러 가지 요소들이 있다. 우선 올챙이 적 시절이 바로 얼마 전이다. 1961년도에 일인당 소득이 백불 정도 밖에 안 되었을 때 당시 한국보다 사정이 나은 나라가, 예를 들면 필리핀이 한국을 100불어치 만큼 얕잡아 보았다면 한국으로서는 얼마나 억울했었겠는가. 이제 한국이 일인당 소득이 삼만 불이 되었다하여 남미의 큰 나라, 예를 들면 멕시코를 만 불짜리로 얕잡아 본다면 우리가 당할 때나 마찬가지로 상대는 억울하고 부당하게 느낀다.

큰 나라는 넓은 국토와 많고 다양한 인구를 가지고 있어 빠른 경제성장이 어렵고 개인 평균소득은 보통 높지 않다. 대국 중 미국만이 예외이다. 중국과 러시아의 2020년 IMF 추정 개인당 국민소득은 각각 $11,819와 $11,654로 한국보다 한참 밑이다. 그러나 한국이 어떻게 중국과 러시아를 무시할 수 있을까. 우선 두 나라는 군사적 강국이다. 이를 달성하고 유지하기 위해서는 군수산업이 발달하고 보급이 원활하고 복잡한 편제를 운용하는 능력이 있어야한다. 군수산업은 과학과 기술의 뒷받침이 있어야한다. 중국과 러시아는 과학에서도 한국을 앞지른다. 싱가포르는 개인당 국민소득이 $64,103으로 한국의 두

배이다. 한국이 개인소득으로 중국과 러시아를 무시하고 싶다면 같은 이유로 싱가포르가 한국을 얕보는 것을 용납하여야 한다.

중남미(여기서는 카리브 연안의 나라들 포함)가 전체적으로 한국보다 경제적으로 낙후된 것은 맞다. 특히 이번 코비드-19로 세계 여러 지역 중 중남미가 가장 타격을 받았다. 2020년 경제는 7%나 떨어졌고 2021년 9월 기준 희생자는 2백만 명이 넘었다. 이전 20여년 간 빠른 성장을 생각하면 이번의 후퇴는 뼈아프게 느껴진다. 중남미는 2000년대 들어서서 구미 선진국 중 가장 성적이 좋은 미국과 비교하여 80% 더 빠른 성장을 보였다. 이는 1980년대 30% 정도 빠른 성장과 비교하면 선진국을 따라잡는데 속도가 붙었음을 나타낸다. 특히 멕시코는 2005년 정도에는 캐나다와 미국과의 교역이 10년 사이에 두 배 정도 성장을 보여 성장을 주도했다. 북미자유무역협정 덕분이다.

중남미의 성장이 한국 중국 등 동아시아 국가들의 빠른 성장에 가려 별로 인상적이지 못하지만 각 지역은 자기 나름대로의 경제운용 방식과 성장속도가 있다. 지나치게 빠른 경제성장에는 후유증이 따른다. 일본이 눈부신 성장을 보이다 침체되었 듯 한국과 중국도 비슷한 코스를 따라갈지 모른다. 한국은 이미 3% 이내로 선진국형의 완만한 성장 패턴으로 정착한 듯싶다. 그렇게 해서 일본의 전철을 따르지 않는다면 다행이다. 중국은 현재 부동산 과열로 인한 재정위기에 봉착했다. 심각한 경제 사회 위기로 갈지도 모른다. 고도성장의 대가를 치르고 있다고 보아야 한다.

여기서 관심은 경제발전보다 정치형태이다. 한 가지 짚고 넘어갈 것은 한국이 경제적으로 성공하고 민주화를 달성했으니 정치적으로도 선진국이 되었을 것이라는 착각이다. 민주주의는 복잡하고 미묘하고 실행에 전제조건이 많은 제도이다. 민주주의를 구성하는 일부 즉 국민이 직접 선거하는 제도만 채택했다고 민주주의가 전부 시행되는 것도 아니고 정치가 선진화되는 것도 아니다. 선진국을 제외한 대부분의 나라는 민주주의를 실행할 준비가 안 되어 있거나, 민주주의를 실행할 의사가 없거나 또는 민주주의는 실시할 가치가 없다고 생각한다. 세 가지 중 하나 둘 또는 셋 모두를 가지고 있다. 민주주의를 표방했거나 사회주의를 채택했거나 모든 나라들은 각자가 가지고 있는 정치적 전통에서 크게 변하지 않는 자신만의 정치 형태를 가지고 있을 뿐이다.

현대 중국은 사회주의를 표방하였지만 경제적으로는 자본주의로 선회하였다. 정치적으로는 전통적인 정치형태가 집단정치로 나타났지만 그것도 일인이 강력한 권한을 가지는 전통의 황제정치로 선회 중이다. 일본은 서구 민주주의의 틀 안에서 막부시대의 정치를 계속하고 있다. 양당이나 다당제도가 확립되지 못하고 하나의 당(자유민주당) 안에서 다른 파벌들이 이합집산을 하며 복잡하게 정치적 논의를 이끌어간다. 중국이 진정한 사회주의 국가인가 또는 일본이 진정한 민주주의를 행하고 있는가 하는 질문은 우문(愚問)이다. 사회주의나 민주주의나 하나의 모호한 관념(idea)일 뿐이다. 관념이 얼마나 진정한가를 따지는 것은 구름 잡는 이야기이다. 역사적인 관점에서 정치제도에 대한 현명한 질문은 전통을 얼마나 잘 살리고 주어진 상황에서 얼마나 효율적으로 운용하고 있느냐 하는 물음이다.

현재 한국은 양당정치이면서 한 쪽이 다른 쪽을 인정 안하고 타협 없이 제로섬게임을 반복하는 정치형태를 가지고 있다. 권위주의적 군부 통치 이후 이른바 민주화 시대의 정치형태이다. 국민이 투표로 지도자를 뽑으니 겉으로는 민주주의의 틀을 갖추었지만 사실은 조선시대의 붕당정치를 재현하고 있다. 적대시하는 양당이 서로 번갈아가며 정권을 잡고 상대방을 처벌한다. 사화와 정변과 환국을 되풀이하는 정치는 제도적으로는 민주주의로 보여도 민주주의라 하기 어렵다. 적대적인 세력 간의 양극화는 민주주의건 아니건 자기 파괴적이다. 왕이 정권을 내주는 대신 지금은 국민이 그때마다 손을 들어준다. 다른 점은 그것뿐이다. 국민의 입장에서는 여당이건 야당이건 비슷한 집단(사대부 집단)에서 나온 비슷한 정치 지도자(과거에 합격한 사대부)를 선택의 여지없이 뽑아야 한다. 조선시대와 달라진 것이 별로 없다.

여기서 중남미와 한국을 비교하는 것은 양자가 경제, 사회의 상이점에도 불구하고 정치적인 패턴이 비슷한 점에 착안해서이다. 중남미는 우리보다 더 긴 현대정치의 역사를 가졌다. 대개 독립 후 150~200년의 역사를 가져 한국보다 평균 100년 이상 앞선다. 한국처럼 대개가 군부통치도 겪었다. 스페인 포르투갈의 식민지였기에 서구의 전통에도 더 오래 노출되었다. 일본을 통해 서구의 전통을 받아들인 한국보다 더 서구의 정치형태에 이해가 깊다. 중남미는 전통적으로 빈부의 차이가 커 사회주의, 포퓰리즘의 유혹이 크다. 역시 스페인 포르투갈의 문화적 사회적 유산이다.

한국의 계급갈등은 남미에 비교한다면 경제적이라기보다는 관념적으로 보인다. 어떤 이유에서든지 중남미의 사회주의적 정치형태는 한국이 바로 수평적으로 비교해 보아야 할 좋은 예이다. 그런 점에서 한국 언론에서 중남미의 포퓰리즘을 자주 다루는 것은 바람직하다. 특히 《중앙일보》에서 2020년에 다룬 〈포퓰리즘을 쏘다〉는 현지에서 외교관을 지낸 전문가들의 경험과 충고를 실어 인상적이다. 정치인들이 전문가들의 경험을 무시하는 한국 정치의 풍토에서 배워야 할 좋은 예이다.

한국은 역사적 상황으로 보아 사회주의, 포퓰리즘으로 나갈 이유가 별로 없다. 문화적 사회적으로 중남미보다 사회주의에 이끌릴 동기가 적다. 미국 일본식 자본주의로 경제성장을 한 나라가 새삼 사회주의에 관심을 보이는 것은 이상하기까지 하다. 우리와 비슷한 이웃을 살펴보면, 중국은 사회주의로 시작하였지만 경제적 이유로 자본주의로 선회하였다. 일본은 지식인들 사이에 잠시 흥미가 있었으나 일찍이 사회주의와 포퓰리즘을 포기하였다. 우리 이웃의 예를 보면 한국이 이 길로 가야할 이유가 없어 보인다. 그런데도 굳이 가야겠다면 중남미의 경험에서 배우라고 권하고 싶다. 여기서는 앞에서 든 중국의 예처럼 멕시코를 우리와 가장 가까운 예로 살펴보고 다른 나라들과 함께 살펴보자.

멕시코

멕시코는, 한번 더 국민소득이 동원되는 것이 허용된다면 2020년 IMF 추정 개인당 국민소득이 $9,246이다. 중국 러시아보다 약간 낮다. 그러나 멕시코도 인구와 국토의 넓이로 보아 한국보다 대국이다. 중남미는 사회구조나 국민의식 등으로 보아 동아시아 같은 빠른 성장을 기대하기 어렵다. 그러나 빠르고 느림으로 모든 것이 결정되지는 않는다. 중남미는 동아시아에 비해 상대적으로 느리지만 행복지수가 높다. 가족과 이웃과의 관계를 중시하며 삶에 대한 자세가 개인의 행복에 기여하는 바가 크다.

영국의 시사잡지 《이코노미스트》(2021.5.29)는 멕시코의 로페즈 오브라도르 대통령(Andres Manuel Lopez Obrador 재임 2018 ~)에 대한 특집을 내며 타이틀을 "거짓 메시아"라 하고 그가 온당치 못한 정치수단으로 파멸적 정책을 추구한다고 맹렬히 비판했다. 스페인 이름은 뒤의 두 이름이 아버지와 어머니 성을 나타낸다. 공식적으로는 두 이름을 같이 거론한다. 멕시코에서 로페즈 오브라도르 대통령은 보통 AMLO로 알려진다. 멕시코에서 인기 있는 AMLO를 공정한 논조로 알려져 있는 《이코노미스트》가 왜 이렇게 신랄하게 비판하는가. 약간의 배경설명이 필요하다.

로페즈 오브라도르 대통령은 2018년 12월 1일 대통령에 취임하였다. 멕시코에서 2000년까지 70년 동안 집권한 만년 여당인 제도혁명당에서 정치에 입문한 그는 민주혁명당으로 옮겼다가 멕시코시티 정부수장이 되었다. 2017년부터 국가재건운동당(MORENA)을 창건하여 이끌고 있다. 온건 좌파로 분류되는 오브라도르는 정치적으로는 진보적 민주주의, 경제적으로는 민족주의자로 알려져 있다. 그는 대통령으로 당선되기 전부터 거의 30여년 간 전국적으로 이름이 있었다. 비판자들은 그가 코비드-19에 대한 대처를 잘못하여 경제가 추락하기 시작했다고 하나 사실은 코비드 이전부터 멕시코 경제는 휘청거리기 시작했다고 보아야 한다.

국제사회는 요근래 민주적 규범을 해치는 지도자의 사례로 헝가리의 오르반, 브라질의 볼소나로 등을 거론해왔다. 여기에 멕시코의 로페즈 오브라도르를 추가할 기세이다. 여기서 국제사회라는 것은 미국이 중심이 되는 '서방 자유 민주주의'의 입장을 말한다. 이 입장에서 제3세계의 정치뉴스는 항상 그 나라가 얼마만큼 민주주의를 하고 있나(또는 얼마만큼 못하고 있나)에 맞추어져 있었다. 한국의 경우는 이제 민주주의를 하고 있는 나라로 간주되기에 제3세계에서 벗어나서 선진국들과 동등하게 뉴스가 배당된다. 예를 들면 강남의 패션이 얼마나 빨리 세계의 흐름을 흡수하고 있나 등등.

그러나 불과 한 세대 전까지만 하여도 한국뉴스는 거의 전부 학생들의 반정부데모, 정부의 독재정치 등에 맞추어졌었다. 실례로 미국의 대표적 진보 미디어인 《뉴욕 타임즈》에 실린 한국의 뉴스는 전쟁 이후 88 서울 올림픽까지 30년이 넘는 기간 동안 거의 전부 독재정치, 반정부데모 등이었다. 미국, 영국 등 영향력 있는 진보미디어에게 제3세계는 그들의 자랑인 민주주의가 얼마만큼 되어 있는가에만 관심이 있다. 보수미디어는 그나마도 관심이 없어 아예 다루지 않는다. 한국은 자본주의에 따른 경제성장을 서구에서 배우느라고 한창이었고 박정희 정권은 상당한 성과를 이루었다. 그러나 막상 미국은 어떤 나라라도 민주주의를 해야만 선진사회를 이룬다는 이념적 환상이 있다. 한국의 경제성장과 한국인의 삶의 질적 향상 한국인의 의식변화 등을 다룬 기사는 그때까지 찾아볼 수 없었다.

멕시코의 로페즈 오브라도르 정권은 집권 초기 국민의 지지가 높은 온건 좌파 정권이지만 미국 영국의 입장에서는 자유 민주주의에서 멀어져 가고 있는 것으로 보여 주목하고 있었다. 이제 서서히 인기가 떨어지고 집권 후 크게 성과가 안보이기 시작하니 본격적으로 비판하고 있다. 로페즈 오브라도르는 우선 청렴하다. 부패가 계속되어온 멕시코의 정치 풍토에서는 참신하고 인기 있는 정치인이다. 그는 중남미의 많은 포퓰리스트 정치인들이 보이는 과격함 즉 동성연애자들을 내친다든가, 타종교에 대한 배타성이라든가, 미국 대기업을 대놓고 세게 친다든가 하는 거친 행동을 보이지 않았다. 온화한 외모와 그동안 보수정권에 핍박받은 이미지가 있어 더욱 비판하기가 어렵다.

그는 지지자들에게 절대적인 신뢰를 받는다. 진지하고 서민을 진실로 이해한다는 평이다. 작년에 물난리가 났을 때 그는 모든 수해를 입은 가구에 냉장고 침구 난로 등과 8,000페소(450,000원)를 나누어 주었다. 그는 숙달된 웅변가는 아니지만 (가끔 더듬고 같은 말을 또 하고) 서민의 심정을 잘 알고 있다는 진정성을 인정받는다. 멕시코 국민들은 과반수가 현재 진행되고 있는 진보정치가 무언가 잘못되고 있다고 느끼고는 있으나 아직 대통령의 인기는 60%나 된다.(2021 6월 기준) 대통령이 서민의 고충을 이해하고 있다고 생각하기 때문이다. 비록 피부에 느끼기에는 서민생활이 나아진 것은 없지만 문제는 야당이 대안을 제시하지 못하여 국민의 지지를 얻지 못하고 있다. 하원은 대통령당이 장악하고 있고 로페즈 오브라도르는 계속 '개혁'을 추구하고 있다.

그러나 반대자들은 그를 민주주의에 위험한 인물로 결론짓는다. 멕시코를 민주주의 이전으로 되돌리게 하는 무능한 선동정치가로 규정짓는다. 비판의 근거는 이 책 제3장의 주제와 일치한다. 첫째 내편과 적을 선명하게 나누어 편을 가른다. 좌익의 고질적인 경향이다. 인민은 자신의 지지자들이고 나머지는 기득권 세력이며 모든 멕시코의 문제를 만든 나쁜 놈들이다. 심지어 조국의 "배반자"라는 용어까지 등장한다. 그는 자신이 과거의 모든 잘못을 깨끗이 청소하여 도덕적인 사회를 건설하는 '역사적 사명'을 띠고 나타났다고 했다.

그는 대통령에 당선되고 자신의 월급을 반으로 깎았다. 문제는 밑의 각료들이 대통령보다 연봉이 많으면 안 되기 때문에 모두 연봉이 깎였고 거기에 많은 능력 있는 관료들이 떠났다. 전문적이어야 할 정부조직에 불안이 오기 시작했다. 그는 대통령 제트 전용기를 처분하고 경제석만 타고 다닌다. 제트전용기는 경제가 안 좋아 팔리지 않아 팔아도 반 이상을 밑지고 팔게 되었다. 두세 번의 기자회견에서 그에게 반대하는 기자들은 직접 대통령의 면박을 받거나 그의 지지자들에게 협박을 당한다. 그는 자신의 프로젝트가 법적인 난관에 부닥치면 투표에 부치는 것을 좋아한다. 공항을 옮기거나 공장을 더 이상 운영하지 못하게 할 때 쓰는 수법이다. 소수의 반대자들을 동원하여 투표를 하고는 국민의 이름으로 승리를 선언한다.(People spoke) 6명의 전 대통령 중 5명을(물론 보수정권의) 부패로 처단하는 국민투표를 요구하기도 하였다. 법치주의의 관점에서 보면, 따라서 민주주의 관점에서 보면 이는 물론 전 정권보다 퇴보임이 확실하다.

둘째 능력의 문제이다. 진보건 보수건 동기보다 결과가 중요한데 이 점에서 점수를 많이 따지 못한다. 역시 좌파의 결점이다. 보수의 부패를 성토하고 정권을 잡지만 결국은 보수보다 더 낫지 않고 전문성에서 떨어져 결과가 더 못하다. 좌와 우가 문제가 아니고 결국은 누가 더 유능한가의 문제이다. 로페즈 오브라도르는 국민연금을 올리고 청년들의 인턴십을 보조해주어 청년 실업을 완화시켰다. 정부재정에서 과다한 지출을 억제하고 정부 빚을 억제하여 아직도 멕시코의 재정건정성을 지키고 국제신용은 단단하다. 비슷한 상황의 한국과 비교하면 이 점은 한국보다 낫다.

그러나 가장 중요한 것은 그의 모든 시책이 근본적으로, 종합적으로, 전체적으로 서로 원활히 잘 돌아가고 잘 작동하지 않는다는 점이다. 궁극적으로 결과가 좋지 않다. 좌이건 우이건 포퓰리스트 정권의 경험이 한국보다 많은 중남미에서는(그런 점에서는 중남미가 우리보다 선진국이다) 이것은 익숙한 현상이다. 어떤 남미의 언론인은 이런 현상을 가리켜 "이념적 시간증(屍姦症)"이라는 다소 섬뜩한 표현을 쓰기도 했다. 궁극적으로 잘 작동하지 않는, 결과가 좋지 않은(죽은) 이념에 대한 사랑이라는 뜻이다. 한국인들이 이런 끔찍한 표현에 아주 낯선 사람들은 아니기 때문에 걱정하지 않고 소개한다.

철도에 대한 특별한 애정 또는 집착이 있는 로페즈 오브라도르 대통령은 7조원을 들여 디젤연료를 쓰는 전형적인 전시형 낭비 철도 사업(한 지역을 도는 순환철도)을 자기 출신지역에 넣고자 했다. 관료조직의 부정적인 행태에 지친 그는 마침내 군대를 집어넣었다. 군대는 항구건설에 범죄와의 전쟁에 동원된다. 경험상 총칼을 든 군대를 적절한 견제장치 없이 천문학적인 돈이 들어가는 대형사업을 담당하게 하는 것은 쉽게 파탄을 예상할 수 있다. 이집트나 파키스탄 등의 수많은 예를 일일이 들 것도 없다. 멕시코가 그런 나라들보다는 선진국이기는 하고 또 멕시코 군대가 비교적 깨끗하고 국민의 신뢰를 받고 있기는 하지만 장담을 못하는 일이라 당연히 그의 각료들도 반대가 심했다. "입닥쳐."라는 대통령의 말이 자주 각료회의에서 나왔다 한다. 전문성 무시는 우파보다 좌파가 자주 빠지는 함정인데 이는 정부의 능력저하를 야기한다.

가장 상식을 벗어난 것은 마약과의 전쟁인데 그의 모토는 "총알보다 포용"이다. 갱단에 아주 유화적인 조치를 취한다. 한국의 "같은 민족끼리"라는 것에 영감을 받은 것이 아닐까하는 의구심을 품게 만든다. 2019년에는 마약거물의 아들을 놓아주었다. 내가 은혜를 베풀면 상대방도 거기 맞출 것으로 예상했던 것 같다. 아마 갱단 소탕전에 시간을 벌려고 했을지 모른다. 그러나 이 바닥에 비슷한 경험이 있는 사람일 것 같으면, 예를 들면 동네 조폭이나 아니면 핵무기 협상을 해본 사람들 같으면 이 조치가 "너 마음대로 해라. 우리는 아무것도 기대하지 않는다."는 메세지를 준다고 쉽게 결론 내릴 수 있을 것이다.

로페즈 오브라도르 정부는 코비드-19를 눈에 띠게 대처를 못했다. 경제적 어려움을 완화시키는 구제금융에 인색했고 대처가 늦어 인구대비 사망률이 높았으며 경제적 타격(2020년 8.5% 경제 축소)도 또한 컸다. 멕시코는 사실 좋은 위치에 있었다. 다국적 기업들이 중국 의존도를 줄이려 다른 나라를 찾고 있을 때 멕시코는 미국에 인접하여 바로 그 혜택을 볼 수 있었다. 중남미 좌파의 함정이 반미주의인데 로페즈 오브라도르 대통령도 바로 그 함정에 들어갔다. 미국에 휘둘리지 않겠다는 좌파의 본능적인 경각심과 건전재정을 지향하는 그의 재정관이(멕시코는 1994년 유동성 위기에서 한국의 IMF 사태와 비슷한 트라우마가 있다) 결과적으로 코로나 바이러스에 제대로 대응하지 못했다. 거기까지는 이해할 수 있다.

그러나 미국과의 협력은 멕시코의 경제에 큰 요인이다. 이념으로 이에 반기를 들면 바로 손해이다. 좋으나 싫으나 미국과의 협력은 생존의 필수이다. 그가 제창한 "도덕경제"는 바로 좌파의 도덕 이념에서 나왔다. 로페즈 오브라도르 대통령이 인기가 높은 이유는 오랫동안 정권을 잡은 보수정권 하에서 그동안 혜택을 못 본 서민들의 애환을 대통령이 들어주었기 때문이다. 보수정권 하에서 혜택을 본 기존세력은 사실상 부패했다. 그러나 로페즈 오브라도르 대통령의 법을 무시하는 정책은 멕시코를 더 깨끗하게 만드는 것이 아니다. 단지 깨끗하게 만들어야 한다는 경각심을 주었을 뿐이다. 부패정권을 질타하는 것과 실제로 부패 없는 깨끗한 나라를 만드는 것은 별개이다. 아무리 유능한 좌파정권도 쉽게 하지 못했다. 부패를 근절하겠다고 부르짖고 등장한 좌파정권이 덜 부패하지 않았던 것이 중남미에서 배우는 역사의 교훈이다.

중요한 것은 도덕적으로 나은 사회를 만든다고 민주주의의 근간인 법치를 소홀히 하는 일이다. 역사는 결과가 좋지 않은 것에 애정을 주지 않는다. 로페즈 오브라도르는 반쯤 지어진 멕시코시티 공항을 취소했다. 아마 공항이 기득권세력을 위한 것이고 서민에게 도움이 안 된다고 판단했는지 또는 공항건설로 너무 많은 부정이 끼어 있다고 판단했는지는 모른다. 법원에서 제동이 걸리자 대통령은 법에 없는 국민투표를 제청했다. 소수의 선발된 유권자들이 물론 통과시키자 대통령은 밀고 나갔다. 한국의 원전사업 폐기를 연상시킨다. 나라의 입장에서 볼 때는 부패한 보수보다 도덕적 기치를 내건 진보가 결과적으로 더 나쁘다.

중남미 여러 나라의 정치가 한국 상황과 비교대상이 되는 또 하나의 이유는 미국이라는 강대국의 존재가 항상 배경에 있어서이다. 미국은 거의 모든 중남미 국가들에게 압도적인 존재로 다가온다. 미국과 친밀한 캐나다의 경우도(이웃한 나라끼리 싸우지 않고 친한 경우로는 미국과 캐나다를 능가할 경우는 없을 것이다) 어느 수상이 한 말이 인상적이다. 미국과 같이 사는 것은 코끼리와 함께 사는 것과 같다고 했다. 코끼리가 아무리 착한 짐승이라도 언제 코끼리에 깔려버릴지 모르니 조심해야 한다는 뜻이다.

한국 같은 나라는 친미가 되든 반미가 되든 항상 명심하여야 할 말이다. 중국과 같이 이웃을 하고 살아온 한국은 통일중국이 얼마나 주변국가에 위협을 주는가를 잘 알고 있다. 한, 당, 원, 명, 청 등 한족의 나라이건 외적의 나라이건 중국은 통일 후 항상 주변을 위협했다. 중국에 대해 한국의 현 정권이 취하는 저자세의 굴종외교가 중국의 힘에 눌려 미리 알아서 기는 것인지 아니면 집권층의 추구하는 이념이 중국에서 영감을 얻었기 때문에 일종의 사상적 종주국으로 모시는 것인지 확실치 않다.

멕시코의 정치는 미국에게도 관심거리이다. 멕시코에 좌파정권이 들어서는 것은 걱정거리이다. 현 정권처럼 온건좌파라 해도 미국의 입장에서는 자신들이 허용하는 선을 넘어가는 것이 된다. 미국은 오랫동안 아주 짧은 정치적 스펙트럼을 유지해왔다. 미국의 좌파는 현실적으로 정권을 잡을 수 있는 유럽의 좌파에 미치지 못한다. 미국의 진보와 보수는 그 거리가 하도 짧아 다른 나라 같으면 한 정당 내의 다른 계파정도로 취급할 수밖에 없다. 일본 자민당 내의 계파의 차이 정도로 생각해도 된다. 안보 외교의 차이도 없고 기업에 돈받는 것도 거의 차이 없다. 차이가 있다면 정부의 역할에 관한 의견 차이 정도이다. 큰 정부를 지향하는 민주당은 좀 더 일반의 복지에 신경 쓰고 공화당은 정부로부터 기업과 개인의 간섭을 가능하면 배제시키려는 차이 정도이다.

백분율로 보면 유럽이 25~75를 오가고 미국은 40~60을 오간다고 보면 되겠다. 미국은 자신의 스펙트럼에서 벗어나는 것은 다 극단으로 간주한다. 유럽의 일반적 사회주의 정도도 미국서는 허용되지 않는다. 멕시코의 로페즈 오브라도르 정부는 미국이 볼 때 한 30~35 정도 될까. 미국이 허용하는 선을 넘어선다. 로페즈 오브라도르 정부가 처음 국민의 높은 지지를 얻으며 출범한 이래 미국은 이를 조용히 지켜보았지만 이제 어느 정도 성과를 낼 시간이 지나고 결과가 시원치 않으니 이제 비판이 들어오는 것이다. 멕시코는 미국에 접근해 미국에 영향을 받고 지금도 미국과의 관계가 중요한 역할을 한다는 점에서 한국과 공통점이 있다. 미국은 한국의 진보세력에 못마땅함을 감추지 못한다. 그러나 한국의 주권을 감안하여 참고 있다. 멕시코는 바로 미국에 접해있고 중남미는 역사적으로 미국의 뒷마당으로 간주되어 왔다. 먼로주의(Monroe Doctrine)는 유럽의 열강에게 자기네 뒷마당을 건드리지 말라는 경고였다.

중남미가 우리보다 경제가 떨어진다거나, 한국이 민주화를 이루어 냈다는 자부심을 지나치게 많이 가지면 안 된다고 앞에서 언급한 바 있다. 또 다른 자부심, 우리는 유구한 역사를 가진 문화민족이라는 자부심도 역사의 교훈이라는 관점에서는 별로 도움이 안 된다. 한국이 반만년의 역사를 들먹이며 문화민족을 자랑하는 것도 별 의미 없다. 국민의 대다수는 글을 모르면서 소수의 지배층이 남의 문화를 받아들여 거기에 정통한 것이 문화민족이면 아프리카의 많은 나라들도 문화민족이다. 대다수가 유럽의 지배를 받은 아프리카 나라들은 소수의 지배층은 유럽의 교양을 쌓아 대단히 문화적이다. 아프리카 동부 해안에 있는 많은 나라들은 수백년 간 이슬람의 영향을 받아 역시 소수의 지배층은 이슬람 종교뿐 아니라 이슬람 문화에 정통해 유럽의 영향보다 더 오래고 더 뿌리깊은 이해가 있다.

중국문화의 영향을 받아 지배층이 한 문화에 정통한 한국의 전통사회가 아프리카의 유럽문화와 이슬람문화에 정통한 아프리카 나라들보다 더 문화적인 이유가 어디에 있는가. 근대 현대 유럽문화는 세계를 지배했고 중세 근대 이슬람문화 역시 세계에서 가장 높은 수준에 오른 문화 중의 하나이다. 전 세계적인 관점에서 전통사회에서 한국의 지배층이 중국문화에 깊이 들어갔다고 해서 크게 내세울 것은 없다. 중국문명 자체가 얼마 전까지 무시당했다는 것을 잊지 말자. 그것보다는 미국에 의해 개항을 당할 당시 일본국민의 문자 독해율이 당시 유럽의 문자 독해율보다 높았다는 것을 상기하자. 한국은 해방 후 첫선거가 있었을 때 개항 당시 일본의 문자 해독율보다 훨씬 못미쳤다. 동남아시아 아프리카 등의 나라보다 크게 높지 않았다. 문화민족을 너무 내세우지 말아야 할 이유이다.

중남미 나라들은 스페인이나 포르투갈로부터 대부분 전쟁을 통하여 독립을 쟁취하였다. 당연히 군부의 영향이 컸고 이베리아 반도의 권위적인 정치문화를 전해 받았다. 해방된 식민지가 종주국의 정치적 영향을 받는 것은 상식이다. 예를 들면 아프리카에서 포르투갈의 식민지였던 앙골라는 인구나 면적으로 브라질 다음으로 큰 식민지인데 1975년 마르크스 레닌식 공산당으로 독립하였다. 같은 해 동티모르도 '독립혁명전선'이 독립을 선언하였다. 역시 같은 해 모잠비크도 '인민공화국'으로 독립하였다. 포르투갈이 유럽 내에서 사회주의 성향이 강한 나라였기 때문이다. 포르투갈은 1834년부터 1910년까지 입헌군주국으로 있다가 혁명에 의해 공화정이 되었으나 15년 동안 45개의 정부를 가진 불안한 정국이 계속되었다 식민지 독립이 중요 이슈였다가 1974년 무혈 좌파 군부 쿠데타가 들어서면서 비로소 식민지들이 들고 일어섰다. 포르투갈의 대부분 큰 식민지들에 공산주의 정부가 들어선 이유이다.

스페인은 물론 중남미의 정치문화에 큰 영향을 끼쳤다. 권위적 문화에 군부의 역할이 큰 것은 한국이 일본의 군국주의에 36년간 통치 받은 것과 유사성을 보인다. 스페인에서 3년간 격렬한 내전을 거쳐 정권을 잡은 우파 프랑코 정권이 20년씩이나 오래 유지된 것도 중남미에 영향을 끼쳤을 것이다. 스페인 내전에서 우파는 민족주의자, 파시스트, 군주정 옹호자, 보수주의자, 전통주의자의 연합이고 좌파는 공화정파로 무정부주의자, 사회주의자, 공산주의자의 연합이다.

멕시코는 10년간의 독립전쟁 후 1821년 스페인으로부터 독립한다. 그 후 몇십 년을 왕정 공화정이었다가 다시 황제정으로 바뀌는 등 불안한 정국이 계속된다. 1867년 유럽에서 온 황제의 처형 이후 비교적 안정된, 그러나 경제가 정체된 시기를 보낸다. 이 시기에 형성된 진보와 보수파의 형성은 이후 멕시코 정국의 성격을 짓는다. 진보는 새로운 근대적 국가건설을 그리고 거기에 대항하는 보수는 기존 기득권세력의 옹호로 맞선다. 진보는 공화정, 자본주의, 개인주의 등 유럽이나 미국의 성향을 따르는 경향을 보인다. 교회의 국민교육담당 약화, 지주계급의 대지독점, 정치적 입지 약화 등을 주장하며 사상계를 주도하는 정치세력이 된다. 그러나 상황은 간단치 않은 것이 진보가 모든 바람직한 것을 대표하지는 않았다. 예를 들어 국민의 생활에 깊이 들어간 가톨릭과 각을 세우며 갈등을 빚었고 특히 원주민들의 특별한 입장을 인정치 않는 입장을 취하였다. 보수주의자들이 오히려 원주민들을 보호하는 입장에 섰기 때문에 원주민들 입장에서는 과연 누가 지배층이고 기득권 옹호자인가 하는 의문이 제기되기도 했다.

그러다가 포르피리오 디아즈(Porfirio Diaz)라는 군부지도자이면서 온건 자유주의자가 나타나 1876년부터 1911년까지, 35년 중 31년간 무려 7번에 걸쳐 대통령을 하면서 멕시코를 근대국가로 이끈다. 건전한 재정과 공공질서를 확보하고, 보건 철도 광산 무역 등에 광범위한 발전을 이루고, 군대를 근대화시켜 비적들을 퇴치하고, 경제를 발전시켰다. 멕시코는 그의 재위가 포함된 35년간 인구는 천백만에서 천오백만으로 늘고 연평균 2.3%의 성장을 보인다. 당시의 기준으로는 비약적인 발전이다. 구한말 대원군이 물러나고 고종이 친정을 할 때부터 일본에 합병될 때까지의 시기인데 공교롭게도 일본의 강제 통치기간과 같은 햇수이며 한국의 해방 후 제1공화국 제2공화국 그리고 제3공화국을 합친 햇수와 비슷하다.

　　한 가지 특기할 것은 멕시코에서 군대의 역할인데 무력으로 독립을 쟁취했고 독립 후에도 군대가 정치에 관여하는 전통이 계속되는 상황에서(대부분의 대통령이 군출신이었다) 군대의 역할은 정치에 중요한 변수이다. 멕시코의 해결방법은 우선 병력을 줄이고 근대화시켜 고급장교를 많이 두는 역피라미드 형태로 장교들의 인사적체로 인한 불평을 완화했다. 이때 2만 명으로 줄어든 군대는 장군을 포함한 고급장교가 5천명이나 되었다. 이 해결책은 원래 1860년대 혁명군을 대접하기 위한 것인데 1910년대 혁명군을 다시 대접해야하는 상황이 대두했다. 나라에 공을 세운 군인을 대접하는 것은 경우에 따라 심각한 문제가 야기될 수도 있다. 멕시코식 해결방법은 많은 나라가 시행하지 않는 낯선 방법이었다. 멕시코가 그 후 중남미 여러 나라가 겪은 쿠데타에서 벗어난 것을 생각하면 대단히 흥미로운 해결방법이고 궁극적으로는 경비가 덜 드는 해결책이라 하겠다.

　　참고로 한국의 5·16 쿠데타가 부분적으로는 심한 인사적체의 희생자였던 육사 8기생이 주동이 되었다는 것을 상기할 필요가 있다. 이들은 6·25를 겪으며 승승장구한 선배들에 막혀 하급장교로 오래 남아있었다. 선임장교들은(그들이 보기에) 더 부패하고 나이도 많지도 않고 교육도 더 받지 못했는데 높은 자리에 올라 있었던 것이다. 5·16이 났을 때 박정희 소장(육사2기)의 나이는 43세, 김종필 예비역 중령(육사8기)의 나이는 35세, 군사영어학교(육사 이전) 출신 장도영 참모총장의 나이는 38세 였다. 장도영은 김종필보다 3살 많았고 박정희보다 5살이

어렸다. 12·12 사태의 주역인 정규육사 1기생들도 5·16 군사혁명 때 인사적체에 대해서 육사 8기와 비슷한 심정을 가졌다. 후진국에서 막강한 군대는 항상 쿠데타의 위험성을 가지고 있다. 이 경우 군인에 대한 처우, 구체적으로 인사적체는 정치적 변동에 직접적 원인이 되기도 한다. 쿠데타를 막았다는 점에서 멕시코의 해결책은 점수를 얻는다.

멕시코는 다시 1910년부터 10년간의 혁명시기를 갖는다. 혁명가들은 사회적 경제적 개혁을 요구하고 국가권력을 공고히 하고 보수적인 교회 부자 지주 그리고 유럽 미국의 자본가들의 영향력을 약화시키기를 원했다. 그리하여 1929년에 창설된 '국가혁명당'은 몇 차례 이름을 바꾸다가 마침내 '제도혁명당'으로 낙착된다. 바로 이 정당이 1929년부터 2000년도까지 장장 71년 동안 권력을 잡은 정당이다.

제도혁명당이란 이름은 일종의 형용모순처럼 들리기도 한다. 혁명을 형용하는 단어들의 목록에 끼이기에는 제도(Institution)라는 단어가 좀 어색하다. 아마 트로츠키(Leon Trotsky)의 영구혁명론의 이상을 제도를 통해 달성하자는 것 같다. 트로츠키는 1940년 최후의 망명지였던 멕시코에서 소련 자객에 의해 죽는다. 제도혁명당의 역사에서는 누구든지 멕시코식 혁명에 동조하는 사람들은 제도를 통해 들어와서 같이 혁명을 하자는 의미가 읽혀진다. 대중적인 참여가 제도혁명당의 키워드이다.

멕시코는 1821년부터 2000년까지 180년간 여러 차례 혁명을 거쳤다. 71년간 정권을 잡은 제도혁명당도 정당의 이름대로 혁명을 한 것이라면 멕시코는 독립 이후 반 이상의 세월을 혁명으로 지세웠다. 여기서 한국보다 100년 이상 먼저 독립하고 한국보다 40년 이상 먼저 기틀을 다진 멕시코가 왜 한국보다 더 부강하고 더 평등한 사회가 되지 못했을까? 둘 중 어느 나라가 더 세계적 평균에 더 가깝고 누가 더 정상(正常)에 가까운 나라일까?

해답은 간단히 나오지 않겠지만 한번 거칠게 시도해보자. 한국은 비록 왕조 순환의 밑바닥에서 남의 나라 식민지로 떨어진 나라지만 강력한 중앙집권국가로 오랜 기간 스스로 나라를 다스린 경험을 가지고 있었다. 또한 상당한 수준의 평등한 사회(비록 평등하게 못사는 사회이기는 하지만)를 경험한 나라였다. 이것만으로는 충분치 못하다. 한국은 빨리 배우고 따라갈 모델이 옆에 있었다. 일본이 건설한 철도, 발전소 등 사회 인프라와 교육, 법률 등 인문 인프라는 일본이 먼저 한 근대화, 산업화를 따라할 때 도움이 되었다. 더 중요한 것은 미국이 주도하는 국제 무역체제에서는 먼저 간 나라가 나중 오는 나라에게 경제 하청이라는 기회를 줄 때 이 중요한 시기를 놓치지 않은 것이었다. 같은 민족, 같은 역사, 같은 식민지 경험을 했던 북한을 우리가 도저히 따라 오지 못할 정도로 제친 것을 보면 마지막 요인이 가장 중요했음을 알 수 있다. 그러나 세계적 평균에는 멕시코가 더 가깝고 더 정상에 가까운 나라이다.

멕시코는 제도 혁명당의 71년 치세 중 처음과 중간에 해당하는 30년간(1940~1970) '경제기적'을 경험한다. 정치안정이 우선 전제조건이 된다. 2차 세계대전 중 또 그 이후에 미국과의 교역 등 국제 무역에 동참하며 공업을 키우는 등 한국과 비슷한 경제발전을 한다. 1968년, 일본보다 4년 후 한국보다는 20년이나 앞서 올림픽을 개최한다. 1968년도에 올림픽을 개최할 수 있었다는 것은 멕시코의 경제성장과 정치안정이 상당히 인정을 받았다는 이야기이다.

그러나 멕시코의 전성시대는 유감스럽게도 여기까지였다. 멕시코는 1960년대 사회의 혼란을 겪고 여기에 80년대 은행의 국유화 등 과격한 정책으로 경제가 위기의 연속이었다. 장기적인 정권에 염증을 낸 정치세력에 정치가 불안정해지기 시작했다. 2000년 이후 6년 단임의 강력하지 못한 대통령이 번갈아 가며 안정되지 못한 시기를 보낸다. 멕시코는 2012년부터 2018년까지 다시 제도혁명당이 정권을 잡았다. 오래 안정된 정권 하에서 경제발전을 하고 그 뒤 단기로 바꾸어가며 정정이 불안하고 높은 성장률을 보이지 못하는 것은 한국과 비슷하다. 백년간 멕시코 정치사를 한마디로 요약하면 처음 35년은 온건 자유주의 군인출신의 집권이었고 나중 71년은 보수적인 혁명당의 집권이었다.

현재 국내외 비판에 직면한 진보정권의 변명은 다음과 같다. 서민과 빈민들을 위한 정치를 잘하고 있고 재정 건전성을 지키고 있다. 빚을 늘리지 않고 2021년 6%의 경제성장을 했으며 민주화에 기여하고 있다. 인기도가 아직도 60%인 것이 이를 증명한다. 그러나 2021년 6월에 열린 중간선거에서 대통령의 모레나당과 그 연합당은 하원에서 과반은 넘었으나 2/3의 압도적인 우세는 잃었다. 현 상황은 좋게 보아도 진보세력이 의욕적으로 멕시코를 변화시키겠다는 동력은 잃었다. 중간선거에서 집권당이 패배하는 것은 흔한 일이지만 모레나당이 500석이 있는 하원에서 256석에서 198석으로 줄어든 것은 타격이다. 더구나 멕시코 좌파의 정치기반인 수도 멕시코시티에서 진 것은 더욱 타격이다. 15개주 중에 11개의 주지사를 확보하고 아직도 제1여당인 것은 틀림없지만 앞으로가 힘들어졌다. 그러나 로페즈 오브라도르 대통령은 해오던 정치를 바꿀 생각은 없어 보인다. 그는 계속 개혁을 추구하겠지만 두고 볼일이다.

멕시코 현 로페즈 오브라도르 대통령을 길게 서술한 것은 물론 의도가 있다. 한국의 현 문재인 대통령과 비교하고자 함이다. 로페즈 오브라도르 대통령은 정치적 경력 즉 대통령이 되기까지 겪었던 정치적 시련, 대중적인 인지도와 지지도, 국민과의 소통, 빈민의 열망에 대한 이해와 호응 등이 모두 문재인보다 앞선다. 아마 김대중 전 대통령과 비교하는 것이 더 적절할 듯 싶다. 그러나 김대중이 보수와 어느 정도 타협하고 남북관계에 중점을 둔 것과는 다르게 로페즈 오브라도르 대통령은 빈민을 위한 자신의 정책을 자신 있게 과감히 타협 없이 시행한다. 노무현 전 대통령이 결정적으로 국익이 걸린 상황에서는 자기 쪽 세력의 반대를 무릅쓰고 보수적인 판단을 했던 것과 비슷한 결정을 한다. 과다한 지출을 억제하여 멕시코의 재정건정성을 지키고 있다. 그러나 멕시코 대통령은 어떤 국익이 걸린 정책에서는 노무현보다 더 형식적으로 얼버무리고 적당히 넘어간다. 미국과의 협력이 멕시코의 국익과 번영에 중요하나 로페즈 오브라도르 대통령은 이를 피해 다닌다. 앞에서 보듯 미국이 못 마땅하게 생각하는 이유이다. 이것은 문재인 대통령과 닮았다.

그러나 가장 큰 다른 점은 개혁에 확고한 계획을 가지고 과감히 실행한다는 점이다. 오래 준비된 지도자의 면모가 보인다. 자신이 오랫동안 구상했던 계획임이 확실하다. 절대 지지자에 업힌 바지사장이 아니다. 대중의 지지도 아직 견고하다. 계획된 과감한 개혁이 꼭 나라에 유익하다는 보장은 없다. 벌써 멕시코에는 보수의 극심한 반대를 무릅쓴 과감한 개혁이 부작용을 나타내기 시작한다. 오히려 자신 없이, 계획 없이, 초점 없이, 어정쩡하게 장기집권 도모가 확실한 개혁을 하는 한국이 장기적으로는 득이 될 수도 있다. 역사에서 교훈을 얻기란 참으로 어렵다.

멕시코를 넘어 중남미 여러 나라를 전체적으로 살펴보자.

나라	인구 (백만)	영토 (천 제곱킬로)	개인소득 (천불)
브라질	213.2	8,460	7.0 (15.6)
멕시코	126.0	1,943	9.2 (20.3)
한국	51.6	100	34.9 (47.0)
콜롬비아	51.0	1,038	5.8 (15.2)
아르헨티나	45.8	2,736	9.1 (22.1)
페루	33.0	1,279	6.7 (13.0)
베네수엘라	28.7	882	1.5 (5.2)
칠레	19.7	743	15.6 (24.9)
에쿠아도르	17.7	256	5.7 (11.3)
과테말라	17.1	107	4.4 (8.6)
볼리비아	11.8	1,083	3.6 (8.8)
온두라스	9.5	111	2.6 (5.7)
파라구아이	7.4	397	5.1 (13.5)
엘 살바도르	6.8	20	4.0 (8.9)
니카라구아	6.6	119	1.9 (5.6)
코스타 리카	5.2	51	11.8 (20.7)
파나마	4.3	74	13.7 (30.4)
우루구아이	3.6	175	15.7 (23.5)

* 여기서 개인소득은IMF 2021 추정치, 명목 개인소득(GDP nominal per capita)이고 괄호안은 구매력기준 개인소득(GDP PPP per capita)이다. 인구는 2021년 UN추정치. 영토도 UN 통계이다.

캐리비안 연해의 나라들은 나라도 작고 문화 사회적으로 중남미 나라들보다 낙후되어 여기서는 빠진다. 중남미 나라 중 벨리즈, 구야나, 수리남의 세 나라도 제외했다. 독립한 지가 별로 안됐고 문화적으로 또는 경제적으로 구 식민지배 국가와의 관계 등이 다른 중남미 나라들과 구별이 된다. 중남미라기보다는 캐리비안 연해의 여러 나라와 비슷하다.

소득이 높은 나라 중 파나마와 코스타리카는 미국과 가깝고 교역이 잦아 자존심보다도 현실적으로 부자 나라와 가깝게 지내는 것이 경제적으로 도움이 되는 것을 알 수 있다. 파나마에서는 미국 달러를 자국 화폐로 쓴다. 우루과이는 중남미에서 인구가 가장 작은 나라인데 대도시인 아르헨티나의 수도 부에노스아이레스에 인접하여 경제적인 혜택을 누린다고도 볼 수 있다. 작은 나라가 아닌 칠레만이 중남미에서 가장 경제적으로 돋보인다. 인구와 영토가 작고 소득이 적은 나라들은(에콰도르 이하 10개국) 아래 전체적 개관에서 제외했다. 대부분 작은 나라들은 현저히 부자일 가능성도 있지만(아시아에서 홍콩과 싱가포르를 연상하자) 아주 가난할 가능성도 많다(중남미에서는 대부분 가난하다).

인구와 영토가 큰 나라들은 소득이 중간 정도이다. 대도시와 농어촌 광공업지역을 다 가지고 있어 현저히 부자이기가 어렵고 현저히 못 살기가 어렵다. 멕시코, 아르헨티나가 잘 나가고 있고 페루, 콜롬비아가 처지고 있는 것을 볼 수 있다. 작지 않은 나라 중 칠레가 예외적으로 잘하고 있는 것처럼 베네수엘라는 예외적으로 바닥에 머물고 있다. 역사적으로 살펴보면 바닥으로 떨어졌다가 더 적합한 말이다. 그러나 인구와 영토와 자원으로 잠재력이 있는 나라이다. 여기서 중남미의 몇 개 국을 간단하게 각국의 정치적 성향과 경제적 성과의 연결점을 중심으로 살펴보겠다.

아르헨티나

아르헨티나는 한때 선진국의 문턱에 있었던 나라였다. 어떤 기록에 의하면 1895~6년 일인당 실질 국민소득이 세계에서 가장 높았다 한다. 적어도 1920년까지는 계속 10위 안에 들었었다. 1930년대 대공황 이후 정치불안과 경제하락이 지속되었다. 그럼에도 아직도 남미에서는 두 번째 큰 경제대국이고 지역 강국이다. 아르헨티나는 미국이나 캐나다처럼 국토가 넓고 자원이 풍부하며 원주민인 아메리카 인디언과 섞이지 않아 원주민의 문화와 같이 가는 것을 피할 수 있고 유럽 출신 백인들이 마음껏 신대륙에서 새 나라를 펼칠 수 있는 장점이 있었다. 1920년까지 그렇게 되는 듯이 보였다.

아르헨티나는 스페인계와 이탈리아계가 대다수인데 부분적이라도 이탈리아 피가 섞인 사람들이 인구의 60%를 차지한다. 언어는 물론 스페인어이다. 아르헨티나는 세계에서 스페인어를 쓰는 가장 큰 나라이다.(가장 인구가 많은 나라는 멕시코) 제2외국어로 이탈리아어를 쓰는 인구가 150만 명이고 다음으로 독일어가 40만 명이다. 남유럽 이민자들 때문에 미국이나 캐나다에 뒤졌다고 결론짓기는 어렵다. 중남미 여러 나라들처럼 아르헨티나도 미국보다 더 혹독한 식민정치를 경험했다. 미국 독립 후 50년 이상 있다가 독립했으며 독립 후에도 미국과 달리 심한 정치적인 불안정을 거쳤다. 군부독재와 혁명은 중남미에 있어 다반사였다. 어쩌면 그것 자체가 스페인 문화의 유산이라 본다면 스페인의 영향이 중남미의 근대화 여정에 영향을 끼친 것은 부정하기 힘들다.

아르헨티나 군부는 1930년부터 1976년까지 46년간 여섯 정부를 무너뜨렸다. 그동안 민주정, 제한된 민주정, 그리고 군부의 통치가 번갈아 왔다. 우리에게도 잘 알려진 페론(Juan Peron 재임 1973~1974, 1946~1955)은 페론당을 통해 1946년부터 1955년까지 10년을 집권했다. 아르헨티나는 1983년 이후 군부독재를 뒤로 하고 현재까지 비교적 민주주의를 잘 시행하고 있다. 1983년 이전의 자신과 비교하면 물론이고 주변 중남미 국가들과 비교하여 보더라도 가장 안정된 나라 중의 하나로 평가된다. 라울 알폰신(Raul Alfonsin 재임1983~1989)은 사회민주주의자로 알려졌다. 군부독재의 진상을 밝히는데 노력했지만 처벌은 윗선에서 그치고 더 이상 확대하지 않아 뒷날 아르헨티나의 민주 확립에 기여했다. 현 아르헨티나 민주주의의 아버지란 소리를 듣는다.

이후 집권당의 정치성향은 사회민주주의를 표방하기는 하나 약간 좌쪽에 기운 중도파로 규정지을 수 있다. 카를로스 메넴 정부(Carlos Saul Menem 재임 1989~1999)나 마우리치오 마크리 정부(Mauricio

Macri 재임 2015~2019) 때를 제외하고는 대부분의 정부가[남편 키르쉬너(Nestor Kirchner 재임2003~2007), 부인 키르쉬너(Fernandez de Kirchner재임2007~2015) 12년 집권 포함] 진보적 페론이즘을 표방한다. 아르헨티나는 페론의 그늘이 아직도 짙게 드리워져 있는데 대다수의 정치인이 자신을 페론이스트라 내세운다. 페론이즘에는 좌와 우가 다 포함된다. 정치인 대부분이 페론이스트라는 것은 양쪽 극단으로 나가는 것을 자제하는 이점이 있다.

아르헨티나의 비교적 안정적인 정치는 페론이즘이라는 국수적, 포퓰리즘 성향의 보수적인 테두리 안에서 진보정책을 추구하는데 기인한다. 민간 정권이 군부의 과거 독재정치에 대한 가혹한 보복을 자제한 것도 도움이 되었다. 아직도 부패청산은 여전히 남아있는 과제이다. 지나친 과거청산의 자제, 지나친 진보의 자제가 정치안정의 요인으로 보인다.

아르헨티나는 경제성장에서는 크게 성공적이었다고 하기가 어렵다. 아르헨티나는 경제가 잘 나갈 때는 10% 성장도 쉽게 달성하나 나쁠 때는 5~10 %의 마이너스 성장도 자주 보인다. 아르헨티나는 정치도 경제도 "시계추(pendulum)"라 불린다. 전체적으로 보아서는 1983년 이전 군부가 직접 간접으로 정치에 관여할 때보다 낫지 않다. 좌우를 떠나 아르헨티나의 정치는 비약적인 경제발전을 이루는데 아직 도움이 되지 않는다. 참고로 최근(2012~2019) GDP 성장률을 보면(월드 뱅크 자료) -1.03%, 2.41%, -2.51%, 2.73%, -2.08%, 2.82%, -2.57%, -2.09%이다. 플러스와 마이너스의 연속이다. 아르헨티나의 경제침체는 오랫동안 학계의 미스터리였다. 정확한 이유를 알지 못한다. 어떤 사람은 "나라별 경제 패턴에는 네 가지가 있다. 선진국, 개발도상국,

일본 그리고 아르헨티나이다." 라고 했다. 일본이 예외적인 경제성장을 보였을 때 이야기이다. 아르헨티나인 본인들은 조크한다. "아르헨티나인 같이 세련되고 복잡한 사람들만이 이렇게 오래, 이렇게 크게 경제를 망칠 수 있다."

아르헨티나의 정치가 좌우 양극단을 피하고 약간 좌쪽으로 안정을 찾은 것은 점수를 받을만하나 경제성장 면에서는 눈을 씻고 보아도 볼 곳이 별로 없다. 정치의 안정이 경제성장에 필요조건이기는 하나 충분조건은 아니라는 예가 된다. 약간 좌로 기울어진 정치가 경제성장에 도움이 안 되는 예의 하나가 될지 모르겠다. 최근(2021년 10월) 아르헨티나는 1,432개 물품의 가격을 동결시켰다. 그 동안 물가가 너무 올랐다는 이유이다. 아마 더 큰 이유는 며칠 후로 다가온 중간선거였을 것이다. 이는 새로운 것이 아니고 과거에도 되풀이 된 정책이다. 경제정책에 항상 정치적 논리가 앞서 경제적 실적이 없다. 아마 계속된 경제정책의 실패가 경제침체의 원인일지 모른다. 그러나 경제성장 자체를 큰 목표로 하지 않는다면 아르헨티나의 정치를 옳다 그르다 할 일은 없어 보인다.

브라질

브라질은 중남미에서 가장 크고 인구가 많은 나라이다. 스페인어가 아닌 포르투갈어를 쓰는 유일한 나라이며 인종적으로 문화적으로 가장 다양성을 가진 나라이다. 브라질은 1945년부터 1985년까지 40년이 넘게 군부독재가 계속된 과거가 있다. 군부독재 이후 브라질은 화폐개혁으로 초인플레이션을 잡고 전세계적인 원자재 붐에 힘입어 한동안 높은 경제성장을 보였다. 사회적으로도 서민의 삶과 불평등을 해소하는 사회적 프로그램을 잘 수행해왔다. 1990년대 중반 카르도소(Fernando Henrique Cardoso 재임 1995~2002) 때 경제가 안정되었고 실바(Luiz Inacio Lula da Silva 재임 2003~2010) 때 발전이 가속되었다. '경제적 도약'이 실현되는 듯 싶었다.

그러나 경제적 성공은 지속되지 못했다. 2011년과 비교하여 10년 동안 경제가 마이너스 성장을 했다. 가장 큰 이유는 1990년대 시작된 세계적 원자재 붐이 식자 닥친 불황을 들 수 있다. 그 동안 장기적인 관점에서 자유경제를 뒷받침해줄 수 있는 개혁을 등한시한 이유도 있다. 가장 좋은 예가 세금제도이다. 브라질은 세계에서 가장 높은 기업세가 있고 여기에 덧붙여 개인 소득에 반 이상의 세금이 또 붙는다. 브라질은 기업의 활동을 제약하는 가장 좋은 예이다. 2003년부터 2016년 까지 오랫동안 정권을 잡은 좌파 근로당은 생산성향상에 도움이 되는 투자에도 소홀했다.

또 하나는 거대한 부패조사(Lava Jato, Car wash)의 여파이다. 정치인들은 개혁에 저항했고 법조인들은 정치성향으로 갈라섰다. 부패조사는 입법부와 사법부를 진탕에 빠뜨렸다. 브라질의 정치 시스템은 부패를 조장한다. 나라가 크고 거기에 따라 돈이 많이 들어가는 복잡한 선거제도를 가진 브라질에서 정치인들은 장기개혁보다는 자신들이 뽑힐 수 있는 포퓰리스트 정책에 의존한다. 개발도상 국가에서 그렇지 않은 나라가 어디 있겠느냐마는 브라질은 나라가 너무 커서 포퓰리즘의 여파가 크게 나타난다. 여기서 정치형태가 어떠하냐를 따지는 것은 별로 의미가 없다. 민주주의고 전체주의고 군부독재고 간에 상황은 비슷하다.

현 브라질 볼소나로 대통령은 전세계에서 미국의 트럼프와 가장 비슷한 정치지도자임에 거의 이견이 없다. 정치적 미숙함을 신선함으로 포장하고 비상식을 진정성으로 착각하게 하는 정치적 능력이 있다. 트럼프처럼 그는 국민의 불만을 국민의 언어로 이야기하여 국민이 듣고 싶어 하는 말을 한다. 미국처럼 민주주의가 발달한 나라에서 먹힌다면 브라질에서 안 먹힐 리가 없다. 그는 2018년 선거에서 트럼프와 마찬가지로 포퓰리즘, 쇼비니즘과 '가짜뉴스'로 정권을 잡았다.

그는 연금개혁을 하고는 민심을 잃을까 두려워 자유주의적 경제 정책을 펴고자 하는 장관을 자르고 세금개혁과 공공 기관의 사유화 등의 시급한 개혁을 미루었다. 팬데믹 때 보인 기괴한 행보는 트럼프를 능가했으며 아마존의 벌목은 그가 정권을 잡은 후 4%나 증가했다. 브라질을 정치적 소용돌이로 몰아넣은 부패조사 때는 물론 자신의 패거리를 적극 옹호하고 자기의 아들을 조사하는 연방경찰국장을 해고했다. 길거리 가게들을 강제로 문을 열게 하는 데 군인을 동원하라는 자신의 지시를 듣지 않는 국방장관을 해고했다. 현재로 보아서는 브라질의 민주주의가 계속 지탱될지 의심이 든다. 2022년 그가 재선에 실패하면 그냥 물러나지 않을 것이라고 생각하는 사람들이 많다. 하나부터 열까지 미국의 트럼프를 연상케 한다.

볼소나로가 등장한 배경에는 10년간 지속된 정치의 불안과 경제의 추락이었다. 이미 브라질은 심한 병을 앓고 있었지만 볼소나로의 등장으로 브라질은 코마상태에 빠졌다. 군부의 등장이 멀지 않았다고 점치는 사람이 생겼다. 군부독재 후 좌익 정권의 등장. 정치불안과 경제의 추락. 뒤따르는 극우의 기괴한 정치. 다시 군부독재의 등장 예견. 브라질은 아직 정치의 악순환에서 완전히 탈피하지 못하고 있어 보인다.

브라질은 나라가 크고 복잡하다. 경제발전이 충분히 이루어지지 않아 중산층이 아직 충분히 형성되지 않았다. 이는 민주주의가 쉽게 자리잡지 못하는 원인이 된다. 같은 이유로 즉 나라가 크고 복잡해서 동아시아 스타일의 권위적이고 효율적인 정부가 들어서기도 힘들다. 민주주의를 해야 하는 당위성이 큰 현대에 있어서는 어느 나라도 할 수 없이 민주주의를 해야만 한다. 브라질은 민주주의 외에는 대안이 없으나 민주주의를 하기에는 벅찬 크고 가난한 나라의 딜레마를 안고 있다. 브라질 정치에서 긍정적인 요소도 있다. 브라질은 다른 여러 나라와 마찬가지로 군부독재를 경험했으나 라이벌 이웃 아르헨티나보다 덜 심한 군부의 지배를 받았으며 내란의 경험도 없다.

　　브라질에서 얻는 교훈은 포퓰리즘에 빠지지 말고 건전한 경제제도 구축에 힘써야 한다는 점이다. 자원이 풍부한 브라질은 전지구적인 원자재 붐을 맞아 경제성장을 했다. 이때 생산성에 기초한 경제제도 확립에 힘썼어야 했다. 미래산업에 투자를 게을리하고 포퓰리즘에 재정을 고갈시키다가 전세계적인 불황에 직격탄을 맞는 것은 브라질뿐만 아니라 중남미 공통이기는 하다. 1960년대 멕시코, 1980년대 베네수엘라의 석유 등이 그 예가 된다. 브라질의 경우는 보수와 진보가 번갈아 가며 건전한 경제확립에 실패했다. 한국이 만일 계속된 진보의 집권으로 생산성 향상에 등한히 하여 경제가 침체되면 다음에는 볼소나로 같은 지도자가 나올 것이 거의 뻔해 보인다.

페루

페루는 1824년 독립을 완결짓고 1879년에 시작하여 5년을 끈 칠레와의 전쟁 전까지 비교적 평온한 정치적, 경제적 안정을 누렸다. 페루도 여타 중남미 나라와 마찬가지로 20세기에 사회적 혼란, 쿠데타, 이웃과의 전쟁(1933년 콜롬비아 1941년 에콰도르)을 겪는다. 1948년 군사 쿠데타 이후 처음에는 지배층의 맞춤 정권이었으나 곧 포퓰리즘으로 서민에게 다가서는 정책을 편다. 1975년부터 다시 민주정으로 돌아온 페루는 극심한 경제적 동요로 사회적 긴장이 야기되고 무장 반란군까지도 나타났다.

일본계인 알베르토 후지모리(Alberto Fujimori 재임1990~2000)가 1990년 정권을 잡고 우선 극단적인 처방으로 인플레이션을 잡기 시작했다. 후지모리는 국회를 해산하고 헌법을 개정하는 등 강압적으로 통치했다. 경제적으로는 개방적인 시장경제적 자본주의, 구체적으로는 민영화, 반규제, 국제화, 자유무역, 건전재정 등의 정책을 펼쳤다. 후지모리 정권은 반란군을 강압적으로 진압하는 데 성공하나 그 인명피해와 쌍방의 잔학성은 후유증을 낳았다. 경제회복과 사회안정 등의 성과를 보인 후지모리는 그러나 권위주의적 통치의 후유증인 부패와 인권침해 등의 비판에서 자유스러울 수가 없었다.

후지모리는 한국의 박정희를 연상시킨다. 강력한 리더십으로 사회, 경제를 안정시켰으나 강압적인 통치와 부패는 그의 발목을 잡았다. 반헌법적으로 대통령 선거에 세 번째 도전하나 떨어진 후 그는 스스로 망명길에 오른다. 후에 알베르토의 딸인 게이코 후지모리(Keiko Fujimori)는 세 번이나 대통령선거에서 아슬아슬하게 떨어진다. 일본계의 대통령 당선은 페루 일본이민자들의 성공과 사회공헌에 힘입었다. 농업이민으로 온 일본인들은 페루 농업에 상당한 기여를 한다. 반면 1970년대 중남미(브라질, 볼리비아 등)로 이민 온 한국인들은(아마 일본인들의 성공 때문에 초대 받았을 가능성이 높은데) 대부분 대도시로 나가 장사를 하고 미국 등으로 다시 이민 가는 발판으로 삼았다. 현지국가들의 기대를 충족치 못하여 한국인의 중남미 농업이민은 곧 끊어진다. 이것만을 본다면 한국인은 일본인들을 따라가지 못했다.

후지모리의 뒤를 이은 알레한드로 토레도(Alejandro Toledo 재임 2001~2006)는 임금인상, 가난과의 전쟁, 반부패 등을 내세운다. 그러나 강압적인 보수정권의 뒤를 이은 진보정권은 실행이 어려운 공약을 너무 많이 내세우고 지나치게 기대를 높이는 경향이 있는데 이 정권도 예외는 아니었다. 경제적으로는 신자유주의와 자유무역으로 상당한 성과를 거둔다. 크게 진보정책의 함정에 빠지지는 않았다. 토레도 역시 개인적 스캔들, 측근의 부패 등으로 개인인기가 10% 미만으로 떨어진다.

그 뒤를 이은 알란 가르시아(Alan Garcia 재임2006~2011)는 경제적인 성공을 거둔다. 페루는 2001부터 2016년까지 연평균 5.6% 성장하고 절대빈곤도 60%에서 21%로 낮아진다. 중남미 기준으로는 대단한 경제성적이다. 가르시아의 대통령 재임기간 중 절대빈곤은 48%에서 28%로 낮아진다. 큰 틀에서 보면 가르시아 정권의 의미는 페루가 극단적인 좌파를 견제한 데에 있다. 가르시아와 맞선 우마라(Ollanta Humala 재임 2011~2016)는 쿠바의 카스트로, 베네수엘라의 차베스를 모델로 삼았다. 약 3분의 1의 유권자가 '둘 중 덜한 악마'인 가르시아를 뽑았다고 전한다. 가르시아 정권도 부패에서 자유롭지 못했다. 스캔들에 말려 곤경에 빠지자 권총자살로 생을 마감한 가르시아의 운명은 페루정치의 부패와 뒤따르는 강한 처벌의 악순환을 상징한다.

페루의 경제적 진전은 지금 멈추고 있어 보인다. 정치적인 불안정은 역시 경제성장에 짐이 된다. 우말라는 좌파 민족주의자로 알려졌으나 대통령 재임 중에는 중간 노선으로 돌아와 경제적으로는 신자유주의적 정책을 펼친다. 경제적으로는 크게 실정을 하지 않았으나 역시 전방위적인 부패로 인기가 없었다. 우말라 이후 페루 정계는 혼란스러워 5년 동안 4명의 대통령과 8명의 재무장관이 바뀌었고 최근 팬데믹으로 3백만 명이 빈곤층으로 떨어지는 등 경제침체에 겹쳐 사회불안이 가중되고 있다. 페루도 칠레나 콜롬비아처럼 보수주의자들은 좀 더 효율적인, 좀 더 나은 공공 서비스를 제공하는 정부를 조직하는 데 실패하였다. 더불어 고질적인 부패로 인한 국민의 불만으로 좌파에게 정부를 내어주었다.

2021년 7월 페드로 카스티요(Pedro Castillo)가 근소한 차이로 게이코 후지모리를 이기고 대통령으로 당선되었다. 시골 학교선생, 농부, 노조 간부 출신인 카스티요는 좌파인 자유페루당으로 출마했다. 경력에서 보듯 국정 경험이 없어 어떻게 나라를 경영할지에 대한 확실한 계획이 보이지 않는다. 사소해 보이지만 당선되면 대통령 관저에서 살지 않겠다는 선거 때 공약도 지키지 않고 있다. 페루의 대통령 관저는 스페인 정복자 피자로의 집이 있었던 곳에 지은 것으로 '식민 시대의 심볼'이다. 이를 박물관으로 바꾸겠다고 했었다. 한국의 김영삼은 호기 있게 역시 식민시대의 심볼 중앙청을 해체했다. 문재인은 '권위시대의 심볼' 청와대에서 나와 종합청사에서 집무를 보겠다고 공약에도 집어넣었으나 집권 후 흐지부지해 버렸다.

카스티요는 포퓰리스트 좌파로 규정된다. 볼리비아, 쿠바, 베네수엘라의 전 사회주의 독재자들과 심정적으로 연결되어있다. 그러나 페루의 현실은 좌파의 모험적인 정치성향을 두려워하는 많은 보수주의자들로 모험적인 좌파를 견제하였다. 게이코 후지모리가 속한 보수당은 2016년부터 2019년까지 국회를 장악했었는데 그동안 선거로 선출된 정부를 사보타지하고 많은 개혁들을 원점으로 돌렸다. 최근 정치적 불안은 좌파 쪽에서 본다면 자신들의 개혁시도를 우파가 저항하는 데서 야기하였고 우파 쪽에서 본다면 좌파가 무책임하고 비현실적인 개혁을 계속 시도하는 데에 기인한다. 카스티요 정권이 출발한지 몇 개월 밖에 안 되었는데 벌써 보수 쪽에서는 탄핵 이야기가 나온다.

페드로 카스티요의 집권은 대통령의 국정경험 전무 이외에 몇가지 우려를 야기한다. 아마 현실적으로 근거 있는 심각한 우려일 것이다. 첫째 공약대로 광산의 국유화와 자신에게 절대권력을 주는 헌법

개정이고 둘째는 정부가 그 동안의 경제적 번영의 근간을 흔들까라는 우려이다. 집권 후 몇 달 안 되었지만 이미 그가 조직한 내각은 정상적으로 작동하지 않음이 드러났다. 노동장관은 테러행위에 가담했던 것이 밝혀졌다. 놀라운 일이 아닌 것이 그가 속한 자유페루당 당수 체론은 쿠바에서 의사 수업을 받은 레닌주의자이다. 한국에서 주사파가 득세하는 정당을 업고 집권한 문재인 정권과 비슷한 점이 있다. 공평하게 말하면 대통령의 국정수행능력, 전반적 정치상황, 이념적인 기울어짐 정도 등 모든 것이 문재인 정권은 멕시코의 로페즈 오브라도르 정권과 페루의 페드로 카스티요 정권 중간 정도로 보면 되겠다.

페루는 지금까지 몇몇 중남미 나라들과는 달리 지나치게 진보적인 정책을 쓰지 않고 자유주의적 경제정책을 유지하면서 상대적으로 경제성장과 빈부격차의 해소에 성과를 보았다. 그러나 다른 중남미 나라와 마찬가지로 부패가 만연하고 이를 정치적으로 문제 삼아 거의 모든 대통령이 여기에 걸려들고 탄핵을 당하는 등 정치적인 안정을 해치고 있다. 아마 카스티요는 그동안의 경제, 사회질서를 계속 유지하며 개혁을 시도했던 우말라의 길을 따르는 것이 최선으로 보인다. 그만큼 할 것 같아 보이지는 않는다. 페루는 그동안 빠르게 성장하며 예술 문학 요리 등 다양한 문화가 꽃피고 있었다. 경험 없고 과격한 좌파가 집권한 정치적 상황이 조금 아쉬운 점이 있다.

콜롬비아

　　콜롬비아는 중남미 인구 제3위, 영토 제6위로 꽤 큰 나라이다. 1810년 빠르게 스페인으로부터 독립하였다. 두 번이나 연방국가를 시도해 보았으나 포기하고 결국 1886년 콜롬비아 공화국을 선언한다. 태평양과 대서양을 잇는 운하건설에 대한 미국의 염원은 결국 콜롬비아의 영토였던 파나마의 독립으로 이어진다. 파나마인의 독립열망을 이용하여 미국이 운하건설을 조건으로 파나마의 독립을 부추겼다. 결과는 미국과 파나마의 해피엔딩이고 콜롬비아의 좌절이다. 출발부터 콜롬비아는 미국과 친해지기 어려운 역사를 가지고 있다.

　　1960년부터 콜롬비아는 무장반란 등 정치적 격동으로 시달리다 1990년대에 들어서 더욱 격렬해졌다. 미국으로 반입되는 마약의 전초기지로 미국과 충돌을 빚었지만 2005년부터 극적으로 반전하여 미국과 협력하며 안전과 법치와 번영의 길로 들어섰다. 콜롬비아는 대

서양과 태평양의 해안선을 가지고 열대우림 고산지대 사막들을 다 가지고 있는 몇 안 되는 나라이다. 장기적인 경제성장의 가능성을 가진 나라이다.

콜롬비아는 또 중남미에서 유일하게 한국전에 군대를 파견한 나라이기도하다. 콜롬비아는 한국인에게 특별히 친숙함을 느끼게 하는 나라이다. 어느 중남미 사람들이나 한국인들에게는 친절하고 다정하게 다가오는데 콜롬비아는 좀 특별한 데가 있다. 예를 들면 동네 당구장을 들어가면 다른 나라에는 별로 없는 4구볼을 친다. 당구장 구석에서 기울이는 술도 한국의 소주와 아주 비슷하다. 이름도 "Aquardiente"로 "불타는 물"이라는 의미가 있다. 소주 마시며 나오는 행동거지가 한국인들과 흡사하다. 콜롬비아에 여행하다가 사람들이 너무 친숙해서 바로 한국으로 돌아가서 가족을 데리고 이민 온 사람 이야기도 있다. 콜롬비아의 어떤 역사적 문화적 배경이 한국인에게 이런 친숙한 감정을 느끼게 하는지 궁금하다.

콜롬비아의 현대 정치는 1940년대부터 1950년대까지 두 정치 정당의 격돌(상대방 지도자의 암살 등)부터 시작한다. 이는 해방 후 정치지도자 암살이 자행되었던 한국과 시기가 일치한다. 그후 쿠데타를 거쳐 보수와 진보 두 당은 통일전선을 형성하고는 4년씩 번갈아 대통령을 내는 딜을 4번이나 계속했다. 흥미 있는 정치적 거래이다. 한국은 아직 이런 거래를 해보지 못했다. 이 시기는 '폭력의 시대'를 진정시킨 공도 있고 사회개혁에 약간의 진전도 있었다. 그러나 대부분 사회적 문제는 계속된다. 그 후 게릴라 그룹이 진영을 재정비하며 1960년대부터 정부군과 좌파 게릴라, 우파 군대 간의 산발적인 무장 충돌이 그치지 않는다. 1990년대 중반을 정점으로 평화협정을 하기 시작하면서 해결의 실마리가 잡힌다. 미국은 콜롬비아의 미국 내 마약반입이 큰일이었고 또 남미에서의 공산 게릴라는 미국이 도저히 참을 수 없다. 미국은 다시 콜롬비아 문제에 개입하였고 이번에는 미국과 콜롬비아의 해피엔딩 스토리가 됐다. 미국과 끝까지 원수로 지내지 않은 것은 현명했다.

2000년대 들어와서 정부의 경제정책이 외국 투자가들의 인정을 받기 시작한다. 경제안정이 가시적인 성과를 가져오면서 평화가 찾아온다. 마침내 2016년 '콜롬비아 무장 혁명군(FARC)'과 평화협정이 맺어졌다. 무려 52년간의 싸움 끝에 그리고 4년간의 협상 끝에 찾아온 평화였다. 중남미 5개국 대통령이 쿠바의 아바나에 모여 역사적인 평화협정을 지켜보았다. 한국의 반기문 당시 유엔 사무총장도 참석했다. 이로 인해 산토스 대통령(Juan Manuel Santos 재임 2010~2018)은 노벨 평화상까지 받게 된다. 그러나 이러한 성격의 협정이 늘 그러하듯 평화를 실행에 옮기기는 어렵다. 산토스 대통령의 인기가 떨어지고 정부가 국민의 신뢰를 잃어버리게 되면 평화협정도 지켜가기 어렵다. 산토스의 멘토였던 우리베(Alvaro Uribe Velez 재임 2002~2010)는 산토스가 대통령이 되자 곧 반대자가 된다. 우리베와 산토스의 반목은 두 사람의 인기를 떨어뜨리고 산토스의 평화협정은 두 진영의 깊은 단절과 분규를 낳았고 평화협정의 합법성과 지속성에 일말의 의문을 던져준다.

2018년 우파인 '민주 중도당'의 이반 듀크(Ivan Duque Marquez)가 대통령이 되었다. 역시 우리베를 멘토로 하여 당선된 듀크는 우리베 만큼은 아니더라고 산토스의 평화협정을 반대했다. 콜롬비아와 베네수엘라(우리의 짧은 정치 관측의 다음 차례이며 중남미 스토리 중 가장 극적인 베네수엘라)와의 관계는 두 나라가 사상적으로 매우 다른 만큼 흥미 있다. 2019년 2월 베네수엘라의 니콜라스 마두로 대통령은 콜롬비아와의 외교를 단절한다. 콜롬비아 대통령 듀크가 베네수엘라의 반대당 지도자에게 인도적 원조를 한 것이 계기가 되었다. 콜롬비아는 반대당 지도자를 베네수엘라의 합법적인 대통령으로 인정하였다. 2010년 1월 콜롬비아는 외교관계를 복원하자는 베네수엘라의 제안을 거절한다.

콜롬비아는 줄곧 보수당이 정권을 장악했다. 주로 좌익 게릴라와 싸우는 관계로 좌파가 나서기 힘든 상황이었던 것으로 보인다. 산토스나 우리베보다 듀크는 더 가운데로 오는 중도 보수이다. 아마 전쟁을 치르는 나라에서는 좌파가 힘을 못쓰는 것이 일반적인 듯싶다. 중남미에서 경제발전은 주로 우파가 잡았을 때 더 자주 일어난다. 확고한 법칙은 아니고 그런 경향이 있는 정도이다. 한국은 전쟁 중, 전쟁 후, 회복기 그리고 고도성장을 하면서 보수적인 정권이 계속 지속되었다. 콜롬비아는 워낙 혼란한 시절을 겪어서인지 현재가 상대적으로 안정되고 번영하는 것으로 보인다. 그러나 빈부차이, 부패(당연히 콜롬비아도 한 부패한다)가 지속되는 한 언제 좌파가 등장할지 모른다. 그동안은 그것도 큰 문제가 안 될 만큼 안보와 치안이 급했다. 보수당이 장악하고 있을 때 빨리 경제성장을 할 일이다.

이미 늦은 것 같기도 하다. 2012년 4월 듀크 대통령이 세제개혁안을 내어 놓은 것을 계기로 콜롬비아는 여러 곳에서 시민들의 반정부 데모가 이어졌다. 대부분은 평화로웠지만 몇 곳은 과격하여 폭동 수준까지 갔다. 데모의 슬로건은 역시 부패와 빈부차이였다. 다른 중남미 나라들과 마찬가지로 콜롬비아도 코로나 바이러스로 타격이 컸고 정부가 비난을 벗어나기 어려운 상황이다. 평화가 찾아온 것도 잠시, 콜롬비아도 부패, 좌파 정부 등장, 역시 부패, 무능, 다시 우파 정부의 사이클을 벗어나기 힘들어 보인다.

베네수엘라

베네수엘라는 1811년 콜롬비아 연방공화국으로 독립한다. 그러나 19세기를 군부 독재 등 정치적 격랑 속에서 보낸다. 여기까지는 중남미 여러 나라에 나타나는 흔한 역사이나 베네수엘라가 남달랐던 것은 인명피해이다. 인구 약 백만 명 정도에서 1/3의 국민이 희생된다. 참혹한 역사이다. 비슷한 시기에 치러진 미국의 내전에서는 62만 명의 사상자가 났는데 이는 미국민의 2% 정도이다. 미국내전은 당시까지의 유럽의 전쟁 기준에 비추어 인명피해가 많은 참혹한 전쟁으로 알려져 있다. 현재 중남미를 이해하는 데는 역사적으로 중남미가 독립과 그후 독립유지에 얼마나 힘든 과정을 거쳤는가를 아는 것이 중요하다. 현대 한국정치가 조선말 국가의 몰락과 그 뒤를 이은 일본의 강압통치의 경험에서 자유스럽지 못한 것과 비견된다.

1958년부터는 사정이 나아진다. 인근 중남미 나라들이 아직도 군부 독재 하에 있었을 때 베네수엘라는 일련의 민주정을 경험한다. 경제가 주요한 역할을 했다. 1차대전 중 발견된 석유는 1차산업에 치중된 낙후된 베네수엘라를 일거에 부유한 국가로 바꾸어 놓는다. 전세계 매장량 1위로 알려진 베네수엘라 석유는 급속도로 경제적 붐을 일으키며 수출과 정부재정의 대부분을 차지한다. 석유 붐은 1980년도까지도 계속되었다. 석유의 수입으로 방만해진 재정은 1950년대 군부 훈타(Junta)정권 때부터 나타나 1960년대 이미 경제적 위기를 겪는다. 베네수엘라의 정치형태는 전통적으로 민간이 경영하는 경제분야를 국가가 관장하는 국가 자본주의로 규정되었다. 이는 후에 포퓰리즘과 가부장적인 사회주의적 경제관이 결합된 정치체제로 바뀐다.

1970년대 전세계적인 석유파동으로 급격히 석유값이 인상되어 베네수엘라는 대호황을 맞는다. 지금도 베네수엘라에서는 이때의 호황을 기억하며 "싼데 ... 하나더 주세요.(Es Ta' barato, dame dos)"라는 유행어가 남았다. 그러나 호황은 1980년대 중반까지 였다. 60년 이상 석유수출로 성장하여 고평가됐던 경제는 내리막길을 걷기 시작했다. 화폐의 평가절하부터 시작된 경제적 위기에 정부는 정치의 중앙집중완화 등 일련의 개혁을 시작했으나 실패로 돌아간다. 1990년대 경제적 충격은 사회적 불안정을 조성하여 곳곳에 소요가 일어나고 군부 쿠데타 시도도 생긴다.

1998년 대통령 선거는 빈민층의 지지를 얻은 우고 차베스(Hugo Chavez 재임 2002~2013)를 당선시키며 이른바 "볼리비안 혁명"을 촉발한다. 헌법이 고쳐지고 포퓰리즘에 입각한 사회복지정책이 시행된다. 처음 몇 년은 힘든 시기를 보낸다. 1999년부터 2003년까지 연평균 실질성장 마이너스 3%를 기록하기도 하였다. 그 다음 경제불평등과 절대빈곤의 퇴치가 어느 정도 성공을 거둔다. 2004년부터 2008년까지는 실질성장 연 10%에 가까운 성장을 보인다. 다시 2009년과 2010년의 마이너스 성장을 거쳐 2011년부터 4~5%의 성장을 보인다. 이는 대부분의 석유가에 따라 진폭이 나는 것이고 경제정책의 결과는 아니다. 간단히 얘기하면 2000년대 중반 석유로 나온 수입을 국민에게 나누어주는 정책으로 일관했다는 이야기이다.

국제유가 하락은 실업률과 물가를 폭등시키고 경제성장률을 마이너스로 떨어뜨린다. 정부의 과도한 복지 지출과 왜곡된 정책으로 경제가 파탄났다. 국내산업을 육성시키지 못하고 대부분의 생필품을 수입에 의지하다 유가의 하락으로 초인플레이션이 나타난다. 생필품 부족, 저고용, 빈곤, 의료낙후, 높은 유아사망률 등 경제파탄에 따른 모든 부작용이 극단으로 나타난다. 베네수엘라 사람들이 서방의 인터뷰에 자주 말하는 메뉴는 그동안 얼마나 사람들의 몸무게가 줄었는가 이다. "마두로(현 대통령) 다이어트"라는 말도 생겨났다.

앞에서 본 도표에서 베네수엘라는 17개 나라 중 개인소득이 가장 낮은 나라로 되어 있는데 1935년에는 중남미 중 개인소득이 최고로 높은 나라로 기록되어 있다. 한 10년 전으로 올라가도 베네수엘라는 그렇게 밑바닥은 아니었다. 2017년 마침내 국가부도가 선언되었고 생활고를 견디다 못해 지금까지 삼백만 명이 넘는 국민이(전인구 2천8백만 명) 해외로 탈출했다. 경제지표가 이를 극명히 나타낸다. 2014년부터 현재 통계가 보이는 2018년까지 실질성장은 매년 평균 10% 이상 하락했다. 2013년 GDP(PPP) $554 billion에서 2018년 $331 billion으로 떨어졌다. 160년 전 참혹한 내전에 이어 또 다른 기록적인 비극이다.

실질성장이 5년 연속 매년 평균 10% 이상 하락했다는 것은 한국으로 치면 5년 연속 IMF 사태가 두 배나 심하게 계속되었다와 같은 이야기이다. 한국은 1998년 마이너스 5.5% 성장하고 그 다음해 11.3%로 반등했다. 한국이 지금 당장 엄청난 양의 석유 매장고가 발견되고 매년 석유수입으로 1년 예산의 반을 충당할 수 있다고 하자. 현 진보정권이 하고 있는 정치를 가속도를 더해 계속한다고 하자. 그래도 베네수엘라의 기록을 깨기는 힘들어 보인다. 몇 년 전 한국의 진보정당이 우고 차베즈를 벤치마킹하고 이상화(理想化)했던 기록이 보인다. 베네수엘라에서 배울 점은 포퓰리즘이 주는 달콤한 선거에서의 득표가 아니다. 한국의 진보세력은 지금도 베네수엘라가 보여주는 포퓰리즘의 참혹한 결과를 외면하고 있는 것 같다.

베네수엘라는 지금도 차베즈의 후계자가 대통령으로 있다. 마두로(Nicolas Maduro 재임 2013~2019) 대통령은 2018년 선거의 후유증으로 지금도 과이도(Juan Guaido)와 누가 합법적인가를 다투고 있다. 베네수엘라 이야기는 너무 참혹하여 더 이상 진행하기가 힘들다. 남의 역사를 내 역사처럼 보는 방법의 단점이다. 조선의 역사를 읽을 때 명치끝이 아파 더 이상 계속하기가 힘들 때가 있듯이 베네수엘라에서 현재 진행되고 있는 역사도 가슴을 찡하게 할 때가 있다. 그래도 베네수엘라는 한때 흥청망청 한 적도 있었다는 점이 위안이 될까. 어쨌든 서둘러 다음으로 넘어가자.

칠레

　베네수엘라가 현재 최악의 퍼포먼스를 보인다면 칠레는 최고의 성적표를 받았다. 1818년 스페인으로부터 독립을 선언한 칠레는 1830년대에 비교적 안정적인 권위주의적 정부를 갖는다. 1880년대 '태평양전쟁'에서 페루와 볼리비아를 물리치고 북쪽 영토를 얻은 것도 칠레가 상대적으로 이웃나라들보다 안정되고 부강했음을 나타낸다. 그러나 1960, 70년대 칠레는 좌우의 심각한 분규를 거쳐 1973년 군부 쿠데타를 불러온다. 1970년 선거를 통해 집권한 사회주의적 성향인 인민연합의 살바도르 아옌데(Salvador Allende 재임 1970~1973) 정권은 대규모 산업을 국유화하는 등 사회주의적 급진정책을 실시하다 1973년 육군사령관이던 피노체트(Augusto Pinochet 재임 1974~1990)의 군사쿠데타로 무너진다. 아옌데 대통령은 대통령궁에서 결사항전하다 사망했다. 친미 쿠데타를 일으킨 피노체트의 통치는 1990년 정권 이양 때까지 무려 17년간 이어진다. 이 독재정권 하에 수많은 사람이 죽고 행방불명이 되었다. 칠레의 군사정권은 동시대 아르헨티나와 함께 한다. 군사정부는 1988년 국민투표를 통해 종식되고 1990년 좌와 중도가 연합하여 2010년까지 칠레를 통치한다.

군부독재의 장기집권은 칠레 현대사의 그늘이다. 칠레는 한국과 태평양을 사이에 두고 멀리 떨어져 있지만, 군부독재를 딛고 경제를 일으키고 민주주의를 건설했다는 점에서 한국과 닮았다. 5·18 광주민주화운동 관련 청문회가 열리던 1980년대 말 TV에서 방영된 〈산티아고에 비가 내린다〉라는 영화를 본 사람들은 기억하겠지만 칠레의 피노체트 독재는 가혹했다. 그러나 피노체트의 우익정권은 경제적인 성과를 자랑한다. '시카고 보이'들이라 지칭되는(시카고 대학에서 경제학을 공부한) 일단의 경제학자들이 대거 정부에 들어가 경제정책 결정에 참여하는 것이 이 시기이다.

그들이 지향하는 것은 경제적 자유화, 공공기업의 민영화 그리고 인플레이션 억제이다. 이 방향으로의 노력은 피노체트 이후 중도정권에서도 지속된다. 경제발전과 빈곤퇴치가 그 공적으로 들어간다. 1980년 GDP(PPP)는 $38.5 billion에서 1982년 마이너스 10% 성장에도 불구하고 1990년 GDP(PPP)는 $77.2 billion으로 2배 증가한다. 10년 동안 2배가 증가했다는 것은 매년 7%성장을 했다는 것이다. 한국이 30년 동안 연평균7% 성장한 것과 비교된다. 시카고 보이들의 활약은 반대쪽에서 볼 때는 재앙이었다. 미국 CIA의 자금을 받았다는 설도 있었다. 이들은 준비가 안 된 후진국 경제에 이상적인 '자유주의'(프리드만이 대표하는 시카고 학파의 이론)를 무모하게 적용하여 칠레 경제를 망쳤다고 주장한다. 진실은 아마 중간 어딘가에 있을 것이다. 여기서는 결과론적으로 칠레의 경제성장에 더 관심을 갖는다.

칠레는 좌와 중도가 교대로 집권하여 1990년부터 2010년까지 20년을 평균 5% 이상의 꾸준한 경제성장을 보인다. 빈곤퇴치도 힘을 썼다. 1988년 48%의 빈민이 2000년 20%로 줄어든 것을 월드 뱅크는 2004년 보고서에서 60%를 경제성장에 기인하였다고 보고 40%를 정부 프로그램 덕분이라 결론지었다. 우익정권의 경제성장과 좌, 중도정부의 프로그램에 둘 다 손을 들어주었다.

가장 좌쪽에 위치한 칠레 최초 여성 대통령인 미첼 바첼레트(Michelle Bachelet)의 첫 임기(2006~2010)에 평균 성장률이 3.3%이었는데 2009년 국제금융위기로 마이너스 1% 성장을 감안하면 그동안 평균과 별 차이가 없다. 최저임금은 실질금액으로 연 2% 올랐는데 이는 1990년 이래 가장 낮은 수치이다. 인플레이션은 평년보다 약간 더 올랐고 절대빈곤은 2006년 13.7%에서 2009년 11.5%로 떨어졌다. 바첼레트 대통령의 첫 임기는 그전 좌·중도연합정부와 별 차이를 보이지 않는다. 크게 진보적인 정책도 쓰지 않았다. 인기도는 처음 '허니문' 기간 동안 50%를 유지하다가 학생소요 대처와 특히 TV 등 대언론관계에 실족하며 떨어졌다. 2년째 접어들어 35%까지 떨어졌던 인기는 차츰 올라 그만 둘 때에는 84%라는 경이적인 기록으로 마쳤다.

이러한 높은 인기는 당연히 두 번째 당선되는데 도움이 되었고 두 번째 집권기간인 2014년~2018년은 연평균 2%정도의 50년 이래 가장 낮은 성장을 보였다. 교육, 세제 개혁, 동성결혼 법제화, 여권신장 등 50년 이래 칠레에서는 가장 사회주의에 가까운 정책을 시행했다. 두 번째 임기의 인기도는 아들과 며느리의 부정 스캔들에 휘말리는 등 첫 번째보다 낮았다. 두 번째 해인 2015년 23%를 기록하고 2016년에는 15%까지 내려가 1990년 이후 가장 낮은 기록을 세웠다. 대통령직을 떠날 때는 39%로 다소 올라갔다.

　바첼레트 대통령의 기록을 이렇게 세세히 살펴보는 것은 최근의 칠레가 한국과 비슷한 경험을 가졌기 때문이다. 오랜 보수 권위정권 하에서 경제성장을 한 한국과 오래 보수 군사독재 정권 하에서 경제성장을 한 칠레가 보이는 공통점은 관심의 대상이 된다. 칠레는 1994년부터 2000년까지 진보적인 정책을 시행하고 잠시 중도가 잡았다가 2006년과 2014년 두 차례 걸쳐 문민정부 이래 바첼레트 대통령이 가장 진보적이었다. 바첼레트 대통령의 기록 중 경제성장 하락, 인기도의 하락이 진보정책의 결과로 보아야 할 것인가. 그러나 경제성장은 장기적인 정책의 결과이기가 쉽고 인기도도 오랜 집권에 따라 부패의 개연성이 높아지는 것을 감안하지 않을 수 없다. 또 한국처럼 어느 정도 경제성장 후 높은 성장률을 유지하기 어려워졌을 가능성도 생각하지 않을 수 없다. 바첼레트 대통령 임기 때 각종 개혁과 여성 소수자 인권 등 진보 어젠다가 실현된 것을 감안하며 칠레의 경우는 좌파의 등장에 점수를 깎을 여지는 별로 보이지 않는다.

· · ·

　한국과 비교 대상으로 사회주의 또는 포퓰리즘을 시행하는 나라들의 예를 들면서 중남미 나라들만 살펴보았는데 이들에게 영향을 준 이탈리아, 스페인, 포르투갈을 거론하지 않은 것은 의아해 보일 것이다. 경제적으로 이탈리아는 우리보다 앞서있고 스페인은 비슷하고 포르투갈은 좀 쳐져 있으니 평균적으로는 한국과 비슷하다. 그러나 정치적으로 아무리 세 나라가 어지러워 보여도 그들은 서구 나라들이다. 오랜 역사적 경험이 축적된 정치 선진국들이다. 우리가 쉽게 흉내

내고 따라잡기 어려운 점이 있다. 우선 세 나라는 여러 정당이 난립한다. 다당제가 꼭 양당제보다 어렵다고 할 수 있는지는 모르겠지만 양당제도 감당하기 힘든 한국이 다당제를 할 수 있을까 하는 의문이 드는 것은 당연하다.

공업화는 후진국이 쉽게 선진국을 따라 할 수 있다. 그러나 정치 같은 전통적 문화적 가치가 들어있는 분야는 쉽게 따라 할 수 없고 어떤 면에서는 따라 할 필요가 없는 부문도 있다. 후진국 동네에 문화센터를 짓는다고 할 때 건물은 선진국 것을 쉽게 따라 지을 수 있다. 문화센터를 어떻게 운영하는 것도 일정 부문은 따라할 수 있다. 매 시간마다 요일마다 연령 별로 수준 별로 문화활동을 계획하고 운영하는 것은 배울 수 있다. 그러나 어떤 문화활동을 하고 어떻게 자금을 조달하고 어떤 대상의 사람들을 불러 모으고 심지어 점심을 제공하는지 아닌지 같은 온갖 세부사항은 선진국에서 행하는 활동을 따라 할 수 없고 따라 할 필요도 없다. 문화가 다르고 좋고 나쁜 기준이 다르기 때문이다.

한국의 진보 정치인들은 유럽의 라틴계 세 나라보다 독일과 스칸디나비아 같은 나라들의 사회정책에 더 관심이 많은 듯하다. 이탈리아 스페인 등에서 배우는 것보다 더 야심이 크다. 물론 배우기가 쉽지 않다. 독일이나 스웨덴 같은 나라는 시민의식이나 국가 조직의 운영 등 사회정책이 잘 시행되는데 필요한 요소들이 우리와 다르다. 예를 들면 복지정책을 확대한다 치면 거기에는 유능하고 효율적인 국가적 시스템 청렴한 공무원이 필수요소이다. 후진국에서 국민의 세금이 모두 한 푼의 낭비도 없이 복지 혜택이 필요한 계층 사람들에게 간다는 보장이 있는가.

환경 에너지 정책도 독일 같은 나라를 무턱대고 따라하면 안 된다. 독일은 풍력자원이 넉넉하고 첨단 태양광 패널을 생산하고 다른 나라에 파는 나라이다. 풍력과 태양광 발전을 홍보하고 앞장서야 할 이유가 있는 나라이다. 얼마 되지 않는 국토를 파헤치고 중국에서 태양광 패널을 수입해야하는 한국이 전적으로 따라야 할 나라가 아니다. 프랑스의 원전정책은 왜 따라하지 않는가. 한국이 프랑스보다 더 선진이고 인류의 장래에 더 관심이 많아서인가. 프랑스 대통령은 원전사고를 다룬 영화를 보고 눈물을 흘리는 감수성이 없어서인가. 한 가지 덧붙일 것은 독일은 풍력발전과 태양광 발전의 한계를 극복하고자 원자력 발전이 있는 프랑스와 전력 스와프에 관한 협정을 맺었다. 한국이 원자력을 일거에 없애려면 일본과 유사한 협정을 맺는 것이 유사시에 대비하는 길이 될 수 있다. 현 정부는 일본으로 하여금 기존에 있었던 달러 스와프마저 거부하게 만들었다. 다시 IMF사태 같은 경우가 생기면 그때 가서 일본에 달러를 구걸할 것인가.

몇 년 전 스위스는 전 국민에게 약 300만원의 기본소득을 지급하자는 제안을 국민투표에 부쳤으나 77%가 반대해 부결되었다. 노르웨이는 북해 유전 덕에 쌓은 국부펀드가 1조 달러에 이르지만 미래 세대를 위해 원금을 손대선 안 된다는 원칙을 20년 이상 지키고 있다. 반면 같은 성격의 국부펀드를 보유한 베네수엘라는 정부가 현금 복지에 마구 전용한 탓에 10년 만에 모두 탕진했다. 한국인이 눈먼 돈을 뿌리는 정치인의 선심을 거부할 수 있을까. 현 정권이 조국사태, 검찰청장과의 마찰 등으로 민심이 이반되어 가고 있을 때 집권층은 국회의원 선거에서 패배를 각오했었다. 결과는 뜻밖에도 집권층의 압승이었다. 원인은 코로나 바이러스로 국민에게 쥐어준 푼돈이었다. 그러나 다음 몇 개의 지방자치제 장을 뽑는 선거에서는 야당에게 패배했다. 돈의 약발이 더 이상 통하지 않았다. 한국 유권자에게는 포퓰리즘이 반쯤 밖에 작용하지 않는 것 같아 보인다. 중남미 포퓰리즘도 반 정도의 나라에서만 작용한다. 중남미 정치가 우리에게 교훈이 된다고 믿는 이유이다.

그런 점에서 십여 년 전 진보세력에서 차베스 배우기 열풍이 분 것은 배울만한 곳에서 배운다는 점에서는 긍정적이었다. 단지 무언가 배울 때는 배울 수 있는 곳도 중요하지만 배울 필요가 있는가 없는가도 중요하다. 중남미의 포퓰리즘은 우리가 흥미를 가지고 지켜보아야 할 것이지 꼭 배워야 할 것은 아니다. 배우지 말아야 한다는 것을 배워야 하는 예이다. 불행히도 역사는 사람들이 그런 부정적 배움에 민감하지 못하거나 또는 등한시한다는 것을 보여준다. 포퓰리즘의 달콤한 유혹은 저항하기 어렵고 민주주의에 내재(內在)하기 때문이다. 어떤 주의나 이즘도 스스로 파괴적인 최후로 나가는 경향이 있다. 민주주의도 예외는 아니다. 아마 우리가 알고 있는 현행 민주주의의 최후의 안식처가 있다면 그것은 포퓰리즘일 것이다.

〈예 5〉

민족성

민족성은 진지한 논의의 대상이 안된다. 수많은 사람들을 하나로 싸잡아서 어떻다 하는 것은 난센스이다. 예를 들면 혈액형으로 성격을 규정짓는 것은 후진국에서나 재미로 삼는 논의이다. 현재 지구상의 77억 인구 중 32억 정도(42%)가 O형으로 알려져 있다. 32억 명의 성격을 어떻다 일률적으로 규정짓는 것은 얼핏 보아도 무리임이 틀림없다. 한국 한의학 일부에서 사람을 태음, 태양, 소양, 소음으로 나누어 보는 사상(四象)의학을 따른다. 한의학의 성격상, 또 서양의학에서 지나치게 등한시하는 인간체질의 상이성을 생각하면 체질분류의 필요성을 인정할 수는 있다. 하지만 4가지 부류에 속하는 사람들의 수가 너무 많고 그 분별이 모호하여 '과학성'의 문제가 제기된다.

한국은 식민지 경험을 통해 일본인으로부터 민족성에 대하여 모멸을 당한 뼈아픈 기억이 있다. 나라를 빼앗긴 판에 모욕까지 당한 것이다. 하지만 물리적인 땅과 재산을 빼앗길 때는 정신적인 모욕이 같이 따라온다. 누구에게 부당하게 얻어 맞을때 칭찬이 따라오는 것이 아니고 욕이 따라온다는 이치와 같다. 그러나 조금만 시야를 넓히면 민족성 논의는 시대에 따라 변하는 것을 쉽게 알 수 있다. 독일은 중세와 근대 초기까지 유럽에서 강국이었다. 합스부르크가는 전성기에 유럽에서 가장 영토를 많이 차지한 성공한 왕실이었다. 유럽을 한 왕가가 통일한다면 거기에 가장 근접한 나라가 오스트리아 헝가리 제국을 이룩한 합스부르크가 였다.

17세기 종교전쟁을 통하여 분열된 독일은 유럽 강대국들에 의해 생존을 위협받는 존재가 되었다. 약 250년간 독일인들은 모여 맥주를 들이키고는 아마 독일이 왜 이런 상황에 빠졌는가를 한탄하고 대부분은 독일의 국민성에 원인을 돌렸을 것이다. 그 후 19세기 후반부터 독일의 눈부신 군사적, 경제적, 과학기술의 성공 또한 독일의 국민성 때문으로 돌려졌다. 거기에 2차 세계대전의 참담한 패전으로 다시 국민성이 의심받고 패전을 딛고 올라선 경제의 성장은 다시 국민성으로 귀결되었다. 독일인의 국민성은 – 국민성이라 칭하는 국민의 성향에 대한 인식은 – 참으로 파란만장한 부침을 겪었다.

한국의 경우는 해방 후 스스로의 민족성을 "은근과 끈기"로 규정지었다. 일본이 준 모멸을 딛고 올라서서, 아무리 짓밟혔어도 살아남았다는 의지가 엿보인다. 이미 언급된 것이지만 성호 이익의 《성호사설》에 보면 병자호란으로 잡혀간 조선 포로들이 만주족 입장에서는 가장 골치 아픈 민족이었다는 기록이 보인다. 《성호사설》은 기괴한 이야기들만 모은 책이 아니고 대체로 신빙성 있는 기록들과 이야기들을 어떻게든 합리적으로 연결시켜 의미를 찾고자 하는, 이 책이 지향하는 점과 일치하여 필자가 좋아하는 책이다.

만주족의 정복사업은 조선만 대상이 아니고 한족을 포함하여 주변 유목민까지 포함한다. 유목민은 일단 정복당하면 복속하고 중국정복의 동업자가 된다. 만주족의 발명품이 아니고 오래 내려온 중국 변방 유목민들의 중국정복 노하우다. 만주의 인상적인 중국정벌 성공에는 주변 유목민족과 만주 접경지대에 살던 중국인들의 협조가 있었다. 아마 만주족도 조선인들의 협조를 기대했을지 모른다. 만주족은 고구려인을 이루고 있었던 말갈족의 후예로 당시까지 만주를 지키고 있었던 반유목 반농경족이다. 당시 아직도 조선인을 자신들과 혈연으로 가까운 나라라는 인식을 가지고 있었다.

그러나 조선은 이미 소중화(小中華)를 자처하는 나라이다. 만주족의 입장에서는 사대부들은 일찍이 어쩔 수 없는 자들이라 치부하고 있었다 하더라도 백성들까지 그러리라고는 짐작하지 못했을 법하다. 백성들의 소극적 저항에 또 하나의 설명이 있다. 당시 조선의 많은 백성들이 노비출신인데 병자호란 전 조선의 노비 비율은 상당히 높았다. 40%에 이른다는 통계도 있다. 노비들이 할 수 있는 일은 소극적 저항이다. 할 수없이 복종하기는 해도 적극적으로 나서지 않는다. 그리고 만주족에게 끌려갈 때는 할당제가 적용되어 상민보다는 노비들이 끌려갔었을 것이다. 굴복은 하되 말은 듣지 않는, 이것을 은근과 끈기라 한다면 과연 "은근과 끈기"는 조선부터 한국인의 DNA에 어느 정도 있다 하겠다.

오늘날 '은근과 끈기'는 한국인보다 중국에게 더 붙여야 마땅한 형용이 되었다. 중국인의 '은근과 끈기'는 오래 지속되는 이미지이지만 한국인의 '은근과 끈기'는 예전에 우리가 어려웠을 때 이야기이고 경제적 성공을 거둔 지금은 빠르고 과격하고 성공에 대한 기대가 높고 열심히 일하는 이미지로 바뀌었다. 구한말 외국인들에게 '게으르게' 비추어진 것이 지금은 '지나치게 열심'인 것으로 평판이 바뀌었다. 국민성의 인식이 우리도 독일인 못지않게 부침이 심하다. 국민성의 인식이 시대마다 바뀐다 하여도 현재를 살고 있는 우리는 우리가 가지고 있는 이미지를 한번은 성찰하고 넘어갈 필요가 있다.

한국인은 현재 과격하고 앞뒤를 살피지 않고 한 가지에 몰입하는 경향을 보인다. 외국에 나가면 외국인들과 비교가 쉽게 되어 한국인의 특성이 잘 나타난다. 구한말 외국인에 비친 조선인의 게으름은 물론 이유가 있다. 기울어가는 나라의 밑바닥에서 힘들게 살아가는 사람들은 게을러보이게 마련이다. 또 비교란 비교의 대상이 있어야 한다. 누구와 비교해서라는 전제가 있어야한다. 조선인의 게으름은 누구하고 비교한 것일까. 구한말 외국인에 비친 한국인의 인상은 불공평한 점이 있다. 주로 선교사인 이들은 대부분 교외나 시골의 중상층 출신으로 자기 나라의 밑바닥을 볼 기회가 없기 쉬웠다. 영국 선교사의 경우 구한말 당시 영국의 밑바닥 곧 시골에서 산업혁명에 따라 여러 이유로 농토를 뺏기고 동런던 시내 빈민가에서 연명해가는 영국인과 비교한다던가, 미국인 선교사는 같은 시대 이스트 맨해턴으로 이민 와서 하수구 시설도 없는 비좁은 아파트에서 살며 12시간 노동에 시달리던 미국인하고 비교하지 않았다.

차라리 병자호란 후 심양에서 중국인, 몽골인 기타 주변 유목민 포로들과 비교되는 것은 공평한 점은 있다. 한국인이 말 안 듣는 사람들이라는 평가는 공정한 면이 있었다. 외국에서 비교되는 한국인의 국민성도 심하게 부당하지는 않다. 예를 들면 많은 외국사람들이 이민 와서 사는 뉴욕에서 한국인의 특성은 다른 나라 사람들과 쉽게 비교된다. 어디에서고 현재 한국인의 가장 두드러진 특징은 '빨리빨리'이다. 미국의 한국인 가게에서 일하는 히스패닉 계열, 주로 멕시코인들이 가장 먼저 배우는 한국어는 '빨리빨리'이다. 한국 사람을 만나면 장난조로 "빠리빠리해 인마"한다.

다른 지역도 마찬가지이다. 중동에 진출한 한 한국 사람이 어느 날 한 도시에서 한국식 중국음식집을 발견한 것은 행운이었다. 한국식으로 무심코 빨리 주세요 했다가 한국에서 살다 온 화교 사장님께 한 말씀 들었다. "한국 사람들 빨리빨리가 지겨워서 이리로 도망왔는데 여기까지 쫓아와서 빨리빨리 한다."는 것이다. 거짓말 같은 이야기지만 한국 유수의 월간지에서 논픽션으로 당선된 글에 나오니 사실일 것이다.

그러나 빨리빨리가 큰 문제는 아니다. 모든 것이 급하고 빨리해야 하는데 어쩔 도리가 없다. 빨리빨리도 상대적이다. 느긋하고 여유 있는 미국인 고객의 눈에 급해 보이고, 멕시코 종업원 입장에서 한국주인이 너무 서둘러 보이는 것이지 같은 사업에서 다른 이민자와 경쟁하는 입장의 한국 사람에게는 한가한 소리이다. 멕시코인도 다른 중남미 사람들보다 훨씬 빠릿빠릿해 보인다. 필자는 지난 15년 동안 거의 매년 1개월 이상을 한국에서 살았다. 한국과 미국에서 번갈아 운전하는 입장에서 두 나라의 운전습관을 비교하게 된다. 한국에서 운전할 때는 한국인들의 급한 운전문화를 불평하다가 어느 날 문득 미국인들의 한가한 운전에 짜증을 내는 나 자신을 발견하고 화들짝 놀란 일이 있었다. 미국인들은 유럽인들에 급하게 일만 한다는 비난을 받는 사람들이다.

빨리빨리 자체보다는 이에 부수되는 획일적이고 과격한 성향을 문제 삼는 것이 마땅하다고 생각한다. 그것도 역시 부정적으로만 볼 수 없는 것도 사실이다. 세계의 유례 없는 경제성장을 달성하는 것이 강력한 지도자 밑에서 획일적이고 일사불란하게 경제에 매진하지 않고는 어려운 일이었다. 성공에 시비를 걸긴 어렵다. 결과가 좋으면 긍정적이고 선이다. 한국이 조선, 자동차 등 중공업에 뛰어들 때 이미 주도권을 잡고 있던 선진국 전문가들의 판단은 부정적이었다. 후진국이 선진국 산업에 뛰어들어 성공하기 어려운 것은 잘 알려진 사실이다. 진입장벽이 높다.

자동차가 좋은 예이다. 자동차는 보통 인구가 1억 이상이 되어야 조립생산이 아닌 독자적이고 본격적인 생산이 가능하다는 것이 상식이다. 기술수준이 높은 캐나다도 자동차를 생산하지 않고 미국차를 수입해서 쓴다. 캐나다는 지금도 인구가 4천만이 되지 않는데 그 인구로는 자동차 생산에 있어 '규모의 경제'가 통하지 않는다. 또 미국과 잘 만들고 많이 나는 것을 서로 사주는 시스템이기 때문에 미국과 차를 두고 경쟁할 처지가 아니다.

대만 같은 경우는 일본과 주고받는 관계라기보다는 인구가 적고 대만의 '스타일' 상 자동차 산업에 뛰어들 처지가 되질 않았다. 유럽의 스페인도 대만과 비슷하다. 스페인은 현재 독일차들 조립공장이 들어서고 있다. 한국이 본격적으로 자동차 사업에 뛰어들 때 인구가 4천만이 안 되었기에 인구나 기술수준이나 충분치 못한 자금으로 보나 앞날이 밝지 않았다. 1960년 경에는 일본의 중고차를 들여와 고쳐서 만든 수준의 자동차밖에 없었다. 그러나 한국의 자동차 산업의 약진은 외국에게는 놀람의 대상이었다. 한국 자동차 산업의 성공은 이런 산업의 성공이 늘 그렇듯 근로자, 경영진의 자질과 노력, 국가적인 뒷받침 등이 바탕이 된다.

여기서 한 가지 덧붙일 것은 한국인의 빨리빨리, 획일적, 과격한 성향이 여지없이 드러났다는 점이다. 누구나가 다 차를 가져야 하는 절박한 사정이 있었다. 충분치 못한 수입, 좁은 도로, 부족한 주차장, 작은 국토, 공공 교통의 발달 등 무엇 하나 자동차 산업이 발달할 여건이 안 되는데 국민들은 빨리빨리, 획일적으로, 과격하게 자동차를 사들였다. 신분의 상징이었기 때문이다. 국내에서의 높은 가격은 수출의 낮은 가격을 덮어주어 수출을 촉진시켰다. 3천만 명의 인구는 1억 명의 인구와 맞먹을 만큼 자동차 산업의 충분한 고객이 되었다.

결과적으로 한국의 자동차 산업은 교육산업과 함께 한국인의 한

맺힌 사연으로 번성한 산업이다. 내실이 적은 교육산업에 비해 자동차 산업은 한국의 자랑이다. 미국 일반국민에게 한국에 대한 이미지가 결정적으로 달라진 것은 한국이 미국에 '포니'를 팔기 시작할 때부터이다. 지금까지 오늘날 한국의 이미지 고양에 가장 큰 기여를 한 것은 삼성의 핸드폰과 현대 자동차이다. 방탄소년단이나 한류 영화 드라마들은 이렇게 높아진 이미지를 바탕으로 올라선 것이다.

한국인의 빨리빨리, 획일적, 과격한 성향은 불행히도 정치에 적용을 시키면 좋지 않은 결과를 가져왔다. 이 책의 주제에서 살펴본다면 한국인이 현재 보이는 이러한 성향이 정치상황에 부정적인 영향을 끼친다는 입장이다. 여기서는 이 성향이 어디서 나왔는가를 우리와 상황이 비슷한 민족과 나라들에서 한번 살펴보고자 한다. 우리 과거의 행적과 유사한 민족의 경험이 우리의 상황을 한번 되돌아보는 계기가 되면 다행이다.

한국인의 고향은 바이칼호 근처로 알려져 있다. 지금은 러시아 영토로 몽골 북쪽에 위치한 바이칼호는 중앙아시아라기보다는 시베리아에 가깝다. 우리의 기억에는 없지만 우리와 친척관계에 있는 여러 민족이 거기에서 출발한 증거가 많아 의심할 여지가 없어 보인다. 거기에는 한국인과 닮은 사람들이 살고 있고 이들의 언어에는 한국어와 유사한 단어가 꽤 있다 한다. 바이칼호에서 여러 민족들이 퍼져 나가는데 한국인은 그중 하나였다. 주로 중국 역사서로 파악이 되는 민족들, 흉노, 선비, 돌궐, 티베트, 몽골, 거란, 여진 등이 그들이다. 몽골인은 만주족에 비해 우리와 촌수가 떨어지는 것 같아도 한국인과 닮은 것을 보면 어떨 때 서로 깜짝 놀랄 정도이다. 돌궐족 중 당 이후 서쪽으로 이주해 머나먼 곳에서 제국을 건설했던 사람들은 옛 식민지를 많이 잃고 지금의 터키가 되었다. 터키인들은 학교에서 자신들이 언제 어디서 머나먼 길을 왔나를 배우고 한국을 '형제국'이라 생각한다.

이들은 대부분 유목민족이었다. 따라서 한국인도 조상이 유목민이었다. 우리가 선조로 삼는 고구려는 만주에서 성립된 정복국가였다. 정복국가의 무사 지배층은 유목민족의 문화를 가지고 있다. 정복된 주민들은 아마 반목반농이었을 것이다. 반목반농은 수렵 채취도 하고 농사도 짓고 목축도 하는 경제이다. 고구려제국의 풍습은 여타 유목민족의 정복왕조과 비슷한 점이 많다. 예를 들면 고구려의 형사취수 같은 것은 유목민의 풍습과 유사성을 가진다. 가장이 죽으면 딸려 있는 식구의 부양을 남은 남자가 책임을 져 유목생활의 노동력 감소를 방지하려는 제도로 보면 된다. 현재 한국인은 반농반목의 피지배층을 무력으로 다스리던 유목민의 풍습이 남은 고구려, 고구려의 지배계급이었던 일족이 남하하여 세운 백제, 그리고 신라의 삼국을 조상으로 한다. 백제는 아마 중국 고전에 나오는 동이족 중 해양국가의 요소가 있었던 것 같고 신라는 무사계급이 지배계급임이 확실하다.

한국민족의 빨리빨리, 획일적, 과격한 성향이 유목민족의 특성을 간직한 데서 오지 않았을까 생각할 수 있다. 농경민족에게 씨를 뿌리고 거두어들이는 타이밍이 중요하다면 유목민족에게는 기동력이 생명이다. 유목민족은 단백질이 풍부한 가축을 키우는 대신 곡물과 야채의 공급이 필요하다. 농경민족에게도 유목민족이 잘 키운 가축 특히 말이 필요했다. 말은 유목민족의 침입을 막아내는 데 없어서는 안되었다. 평화 시에는 무역을 통해 서로의 문제를 해결하지만 세상일이 그렇게 아름답게만 돌아가지는 않는다. 무력으로 빼앗아야 할 때도 있다. 농경민족과의 싸움에서 기동력과 단결력과 과감성은 유목민족이 가진 중요한 군사적 자산이다. 유목민족은 빨라야 했다. 숫자상으로 열세인 유목민족이 농경민족을 이기기 위해서는 개개인이 다른 생각을 할 여유가 없고 일사불란(一絲不亂)해야 한다. 인정사정 보아서는 안 된다. 북한에서 쓰는 말 중에 "동정이 함정이니 인정사정 보지 말라."가 있다. 남한보다 북한에 아직 유목민족의 성격이 더 남아있다는 것은 쉽게 상상할 수 있다. 바람과 함께 나타났다 먼지 자욱히 날리며 사라지는 유목민족은 빨리빨리, 획일적, 과격할 필요가 있다.

티베트의 예를 들어보자. 중국은 티베트의 말이 필요했다. 경험을 통해 유목민족과 싸울 때는 말이 꼭 필요하다는 것을 깨달았다. 우수한 성능을 지닌 말은 유목민족만이 키울 수 있다. 중국의 입장에서는 유목민족에게 말을 수입해서 유목민족과 싸워야 한다. 유목민족의 입장에서는 농경민족에게 말을 팔고 싸울 때는 그 말을 탄 농경민족과 싸워야 한다. 약간 논리가 맞지 않는 것 같지만 유목민족의 현실은 농경민족이 전쟁에 대비해서 말을 사는 것을 안다 하더라도 평화 시에는 말을 팔아야 하기 때문이다.

일정한 고도 아래에서만 옥수수 등의 곡물이 나는 티베트는 중국에서 곡물을 수입하여야 한다. 곡물과 함께 중요한 것은 중국차이다. 중국의 보이차는 오래 전부터 티베트의 단골 수입품이다. 수유차로 알려진 티베트차는 단순한 차가 아니고 하루 종일 마시는 음식이자 음료수이다. 주로 야크의 치즈를 물에 넣어 계속 휘저어 만드는데 여기에 중국의 보이차가 없어서는 안 되는 존재이다. 느끼한 치즈를 중화시켜 줌은 물론 유목민족에게 필요한 야채의 성분 특히 각종 비타민 공급에 결정적 역할을 한다. 중국차는 티베트인에게 필수품이 되었다.

여기서 인류역사상 가장 오랜 무역로의 하나인 차마고도(茶馬古道)가 생겨났다. 중국에서는 차가 티베트에서는 말이 오갔다. 차의 원산지인 중국의 운남성에서 바로 넘어가는 길 또는 사천성으로 가서 넘어가는 길이 있었다. 사천성으로 돌아가는 길은 멀지만 덜 험하고 일반 물자가 집결되어 있는 이점이 있고 또 사천성이 싼 보이차를 생산하면서 이 길을 더 이용하게 되었다.

무력이 셀 때는 약탈이 무역보다 더 효율적라는 것은 누구도 쉽게 알 수 있다. 유목민족인 티베트인들도 중국을 침입할 기회가 있을 때는 놓치지 않았다. 유목민족은 중국 침입에 수줍어하거나 주저하지 않는다. 생존이 걸린 문제이기 때문이다. 당나라가 통일되었을 당시가 티베트의 전성시대였는데 아마 고구려와 더불어 당시 세계최고의 무력을 지녔을 것이다. 그러다 티베트에 중요한 변화가 생겼다. 조선이 성리학 이념을 채택한 것처럼 티베트도 불교국가임을 선언하고 정복이라는 이윤 많은 사업을 접은 것이다. 티베트는 자신의 라마교를 국교로 삼고 승려계급이 지배계급이 되어 전쟁보다 평화를 추구하는 나라가 되었다. 조선만큼이나 세계사에 유례없는 평화적 이념의 실행국가가 된 것이다.

차마고도의 무역을 살펴보자. 티베트가 약탈의 옵션을 스스로 포기한 결과는 좋지 않았다. 무역 자체가 티베트에게 더 절박했던 것인 만큼 중국은 점점 더 차의 가격을 높였고 무력행사를 포기한 티베트의 말 값은 점점 내려갔다. 중국이 더 커지고 물자가 더욱 풍부해지고 티베트의 물자가 덜 귀한 것이 되어감에 따라 양자 간의 무역은 일방적으로 중국이 가격을 마음대로 정하는, 티베트에게는 불공정거래가 되어갔다. 명, 청대에 이르러서는 당대의 차 값보다 5~10배나 높은 가격을 지불해야만 되었다. 평화를 외치는 것은 고상한 일이기는 하나 대가를 치러야 했다. 티베트는 유목민족의 특성을 잃지 말고 중국 침략을 계속했었어야 했다. 중국을 약탈하거나 적어도 차에 바가지 쓰고 살지는 말았어야 했다. 마침내 중국에 먹히고 중국의 티베트 무시는 지금도 계속되고 있다. 어쩌면 정치적 이념으로서의 조선의 성리학, 티베트의 라마교 채택은 유목민족이 정치적으로 획일적이고 과격한 선택을 한 결과일지 모른다.

제국을 건설한 유목민족들은 어찌 되었을까. 농경민족을 지배하고 살게 되니 농경민족의 풍습에 따라 느긋하고, 더 다양하고, 유화한 성향이 되었을까. 셀주크 터키, 몽골, 티무르, 오스만 터키 제국을 보면 이들은 처음에는 유목민족의 성격을 크게 버리지 않았으나 후기의 제국들은 피지배층의 문화와 가까워졌다. 몽골제국은 비교적 빨리 와해되는데 몽골족들은 정복한 지역에 정착하여 피정복민족들과의 융합이 많이 이루어지지 않았다. 지배층의 남자들의 DNA가 지금까지도 정복된 지역에 많이 남아 있는데 이는 주로 정복된 지역의 남자들을 지역에 따라서는 거의 씨를 말리고 일어난 현상이라 융합이라고 보기는 어렵다.

티무르제국은 투르크와 몽골이 혼합된 지배계급 혈통에서 나온 티무르에 의하여 건설되었다. 개인 이름이 제국의 이름이 된 만큼 티무르 개인의 업적이 남달랐음을 알 수 있다. 전성기의 제국은 현대 코카서스 남부를 포함한 중앙아시아 일대, 이란, 터키, 인도와 파키스탄의 일부로 실로 광대한 지역을 다스렸다. 시기는 대략 1370년부터 1507년까지로 조선의 초기 전성기와 겹친다고 보면 된다. 광대한 영토를 포기한 후에도 작은 나라들로 나뉘어 한동안 존속했다. 티무르

제국은 군사와 행정의 이원체계로 군사는 몽골과 투르크가, 행정은 해당 민족 특히 페르시안(이란) 사람들이 맡았다. 중앙아시아에서 유목민이 건설한 제국의 보편적 현상이다. 하지만 티무르제국은 여기서 지나치게 페르시안 문화에 경도된다. 제국의 중심에서 언어, 문학을 포함하여 페르시안 문화가 압도적인 비중을 차지하게 된다. 티무르의 멸망은 보통 지배층의 관습이었던 영토분할이 주요인으로 지적된다. 좀 더 성공적인 유목민 정복제국과 비교해보면 티무르제국은 몽골제국처럼 피정복주민과의 적절한 융합이 모자랐다고 보여진다.

무굴제국과 만주족의 청조는 앞의 제국들과 성격이 조금 다르다. 무굴제국은 지금의 우즈베키스탄에 있던 몽골과 티무르의 계통인 지역 무장 바부르가 시작하여 인도 북부부터 시작하여 아프가니스탄과 인도 전역을 점령했다. 무굴제국은 1850년대에 영국에 의해 해체되면서, 티무르제국의 뒤를 잇고 오스만 터키와 더불어 몽골 투르크족의 세계지배라는 제국의 긴 여정을 마치었다. 무굴제국은 피지배계급의 문화를 크게 억누르지 않았다. 다양한 민족들로 지배계급을 형성하여 좀 더 합리적이고 기준을 갖춘 중앙집권적 정부를 구성했다. 악바르 대제 때는 은본위제 세제를 확립하여 농부, 장인, 상인이 모두 참여하는 대단위 시장을 형성하여 원활한 국가재정과 시장경제에 발전시켰다. 이방족의 통치였지만 인도는 비교적 안정되고 자치도 어느 정도 보장된 평화를 누렸다.

청제국도 무국제국과 크게 보아서는 비슷하였다. 청제국은 강희 건륭 두명의 결출한 황제가 유교의 이상 군주로 자리매김하면서 중국에서의 이민족 통치에 가장 성공한 제국이 되었다. 서구열강의 제국주의 침략이라는 비슷한 환경에서도 무굴제국보다 60년이나 넘게 더 존속한 것은 만주족의 중국화 노력에 힘입은 점을 부인할수 없다.

유목민의 제국건설도 진화를 거쳤다. 몽골제국의 거친 통치는 티무르, 오스만 터키를 거치며 좀 더 세련되고 피정복민족 피지배층을 배려하는 방향으로 진화하다가 무굴, 청조에 이르러서는 좀 더 피정복문화에 들어가서 융합하며 좀 더 자치를 허용하는 정치체제를 확립하였다. 오스만 터키도 초기의 정복 후에 자신의 직할지를 빼고는 지역정부에 상당한 자치권을 주었다. 청제국의 경우에는 북중국을 지배한 거란족의 요, 여진족의 금, 몽골족의 원 통치가 교훈이 되어 가장 중국에 동화되고 효율적으로 통치했다. 생활과 문화가 유목민족을 빨리빨리, 획일적이고, 과격한 성향으로 몰아갔지만 시대가 흘러가며 제국을 건설한 유목민족들은 점점 농경민족과 비슷해졌다.

크게 본다면 한국의 정치사는 한국민의 획일적이고, 과격한 성향의 역사이라고 볼 수도 있다. 조선 중반 문관 중심의 왕조가 내리막 길임이 느껴질 때 1) 성리학이념으로 무장한 신흥 사대부들이 도학정치를 표방하고 나서고 정치를 독점하고 중화사상을 내세우는 것이나 2) 군사혁명으로 정권을 잡은 젊은 군인들이 지도자를 중심으로 일사불란하게 움직여 빨리빨리 과격하게 경제발전을 달성한 것이나 3) 무인 친일 정권이 웬 말이냐며 촛불혁명을 통해 나타나 거침없이 모두를 적폐로 몰아 부치는 신진 민주화세력 사이에는 연관성이 있다. 젊은 신흥 사대부, 젊은 민족주의 군인들, 젊은 민주화세력 사이에는 빨리빨리, 획일적, 과격함의 공통점이 추출된다.

유목민족 출신만이 한국민의 민족성을 형성하는 유일한 것은 물론 아니다. 정복왕조인 고구려인 일부가 한반도로 내려와 백제를 세웠는데 여기에는 그 지역 원주민을 정복했다는 의미가 내포되어있다. 그 지역 원주민은 이전에 내려온 유목민족일 수도 있고 남쪽에서 이주한 남방계열 사람들일 수도 있다. 백제가 상당한 해양세력으로 남아있었던 것을 보면 백제의 주류는 이전에 발해만을 중심으로 산동반도와 백제 땅을 중심으로 한반도에서 활동하던 동이족이었을 가능성이 크다. 오래 해양세력으로 남아있었고 더구나 남방계열 사람이 많이 섞인 것이 확실하다면(현재 한국인의 DNA 에는 약 40%의 남방유전자가 있는 것으로 나타났다) 《삼국사기》가 어떻게 건국신화를 썼다 하더라도 백제는 남방 해양세력이 한 축이 되어 건설한 나라일 가능성이 높다.

신라는 건국의 주체세력이 좀 더 애매하고 복잡해 보인다. 백제처럼 고구려인이 건설했다는 기록 대신 난태생의 남방기원 설화가 있는가 하면(북방설화는 하늘에서 내려온다) 북방 스키타이의 유물들이 발굴되어 복잡해 보인다. 하지만 기록은 확실해도 여러 가지 의문이 남는 백제와 반대로 신라는 복잡한 기록과 유물에 비해 지배계급의 성격은 확실해 보인다. 고구려 무사단이거나 고구려가 아니더라도 북방 유목민족의 후예일 가능성이 크다. 신라의 화랑도는 다민족 돌궐제국의 스키타이 계통의 무사단과 아주 흡사하다. 전세계에서 발견된 금관의 반 이상이 신라에서 나타난다. 금관은 바로 스키타이 계통의 유물이다.

해양세력이든 정복국가이든 한반도에서는 반농반목이 점차 농경으로 바뀌는 것을 알 수 있다. 통일신라와 고려가 그러했다. 농경생활하는 민족의 성향은 유목민족의 그것과 판연히 다른 것을 우리는 역사에서 익히 보아온 바이다. 기동성보다는 타이밍이 중요해지고 빨리 빨리 해치우는 것보다는 시기를 보아 단계적으로 순차적으로 일을 처리해야 한다. 그러나 또 한편으로는 농사는 피지배층이 짓는 것이고 지배층은 농사와 관계가 없다. 유목민족 출신이 오래 지배계급으로 남아 있으면 그 나라는 유목민족의 정서가 지배한다. 현대 이전의 역사는 대부분 지배계급에 의해 굴러가기 때문이다.

한국은 세계 역사에서도 보기 드물게 지배계층이 오래 존속한 예이다. 삼국시대부터 조선조 심지어 현재에 이르기까지 지배층이 약간씩 덜고 빼는 것을 제외하고 대체로 온전한 형체를 유지했다. 이렇게 오래 계속된 예는 세계사에 별로 없다. 외국사람이 쓴 한국사를 보면 대개 한국의 오랜 지배계층의 연속성을 강조한다. 고려 건국에 중추가 되는 것은 호족들인데 호족들은 보통 신라 귀족들이 지방에 할거하며 생겨난 계층이다. 고려 때 권력을 쥔 중앙귀족들은 상당수가 지방호족이 올라와 채우고 기존의 중앙귀족들도 원래 개경 주변의 호족들이었다. 고려는 신라를 때려 부수고 새로운 세력으로 새로 생긴 나라가 아니다. 조선의 건국은 고려보다도 더 기존 지배계급이 바뀌지 않는다. 신진 사대부 계급이 기존 중앙귀족들을 대체하였다고는 하나 출신이나 권력기반이 기존 지배층과 구별되지 않는다. 똑같은 현상이 조선 중기에도 나타나는데 훈구파에 대척하는 신진 사림파도 출신성분 경제적, 교육적 성장배경 등 모든 것이 훈구파와 다를 바 없다.

해방 후 지금까지 따져보면 지배층이 크게 바뀌지 않았다. 현재 야당과 여당의 구성인물들을 출신성분 경제적, 교육적 성장배경 등 앞에서 훈구파와 사림파와의 다른 점을 따질 때 쓴 조건들을 적용하면 차이점이 없는 것은 마찬가지이다. 현재 야당과 여당의 군복무 유무를 따져보면 일반인이 약 80%라면 그 절반인 40%가 군에 가지 않았다. 조선의 사대부들과의 놀라운 연속성이다. 진보파들이 보수의 친일과 독재정권을 이은 적폐를 외치지만 막상 진보나 보수나 조상들의 친일행적이 비슷하게 나온다. 군복무와 더불어 신기하게 일치하는 이 현상은 두 집단의 유사함이 통계적으로 같은 집단에서 나왔음을 나타낸다. 역사적으로 보면 신라 이래 지금까지 한국의 지배층은 중단 없이 유구한 역사를 이어왔다. 해방 후 '은근과 끈기'를 내세운 지식층의 구호는 혹시 지배층의 중단 없는 전진을 기약하는 것인지 의심이 든다.

오래 농사를 지어왔어도 지배층의 획일적이고, 과격한 성향의 정치형태에 큰 영향을 미치지 않았을 가능성을 보인다. 일본이 좋은 예이다. 필자는 일본의 사무라이 계급이 한국의 삼국에서 건너간 무사문화 전통이 모체가 되었다고 생각한다. 일본이 기본적으로 남방 농경문화가 전래된 사회라 본다면 그런 사회에서 고구려 스타일 무사문화가 생기는 것은 상상하기 어렵다. 남방문화가 전래된 동남아시아에서는 일본의 무사계급 같은 것은 존재하지 않았다. 갑자기 왜 일본에서 천황제와 더불어 무사제도가 생겨났을까 하는 의문이 생긴다. 남방에서 전해 왔을 가능성을 배제하면 두 가지의 가능성 밖에 없다. 하나는 일본에서 자생하였고 하나는 한반도에서 전래된 것이다.

역사에서는 양쪽에서 비슷한 발명이나 제도가 있으면 한쪽에서 (문화가 높은 곳에서 낮은 곳으로) 전래된 것으로 본다. 중동에서 철기가 발명되고 한참 지나서 동아시아에 철기가 쓰이면 이 철기는 중동에서 받아들인 것으로 보아야한다. 전래될 확률이 자생적으로 발명될 확률보다 훨씬 높다. 석기시대에 신대륙에서 건너간 아메리칸 인디언이 구대륙과 연결이 되었을 때 아직 석기 도구를 쓰고 청동기와 철기가 발명되지 않았다. 아메리칸 인디언이 머리가 나빠서가 아니고 발명품은 집단의 규모와 수준, 발명의 필요성, 재료의 유무 등 많은 필요조건을 충족시켜야 한다. 아마존에 고립하여 살고 있는 원주민에게 언젠가는 철기를 발명할 것을 기대하고 돈을 걸고 싶지는 않다. 일본의 무사계급은 고구려 백제 계통의 무사계급제도가 일본에 건너가 거기서부터 발달한 것으로 보아야한다.

일본의 무사계급이 지배계층으로 확립되지만 정치적으로는 과격한 정치제도의 변경은 없었다. 일본은 나라(奈良)시대(710~794)에 의욕적으로 당나라의 제도를 본받아 수도인 나라에 당의 장안처럼 도로를 바둑판처럼 만들고 중앙집권정치를 시도하였다. 아마 한국계가 정치를 주도하던 시기인 듯싶은데(나라는 한국말 나라이다) 결과는 실패였다. 경제적, 사회적, 문화적으로 뒤떨어져 있을 때 장안 같은 도시를 인위적으로 만드는 것은 불가능하다. 이후 일본은 당나라나 한반도와도 왕래를 제한하고 독자적으로 사는 길을 모색한다. 정치적으로 한국에서 보이는 과격성은 없어진다.

필자의 견해로는 일본이 정치적인 과격한 변동을 시도하지 않은 것이, 다시 말해 일본식 봉건주의를 유지하고 중국식 관료중심 중앙집권제도를 시도하지 않은 것이 일본에 다행이었다고 생각한다. 나라 시대에 경험이 있어서이기도 하고, 시도를 했어도 여건이 안 되어 실패했을 것이라는, 하려고 했어도 못했을 것이라는 의견에 동조한다. 어쨌든 결과적으로 중국식 관료주의(문관정치)를 택한 한국은 장기적으로 침체하고 일본식 봉건주의(무관정치)를 계속한 일본은 식민지로 떨어지지 않고 빠른 변신을 통해 오히려 한국을 식민지화 하였다.

빨리빨리, 획일적이고, 과격한 정치성향에 다른 요인도 물론 생각해보아야 한다. 여기서 간혹 역사에서 중요시되는 '지리적 결정론'을 가져와 보자. 결정론이라기보다는 지리적인 관점도 한번 생각해 보자는 것이다. 한국은 삼국시대에 한반도에 정착한 이래 밖으로 침략전쟁을 일으키기보다는 밖에서 쳐들어오는 외적과 주로 전쟁을 치렀다. 역사를 읽다 보면 외족의 침입이 많은 나라 중에서 격렬한 저항을 한 나라들은 대개 산이 많은 나라들이다. 평지로만 이루어진 나라들은 외적에게 저항하기 쉽지 않다. 러시아처럼 광대한 영토를 가진 나라는 막강한 적을 끌어 들여 항전을 계속할 수 있지만 보통 평야에 위치한 나라들은 쉽게 무너진다. 인도의 북부가 옛날 아리안족의 침입 이래 서쪽에서 오는 침입에 비교적 쉽게 점령당하는 것도 지형에 의지하여 저항하기 쉽지 않았기 때문이다. 폴란드가 비교적 쉽게 독일과 러시아에 점령당한 것도 아래 위가 관통당하기 쉽고 어디에고 의지해 항거하기가 쉽지 않았기 때문이다. 폴란드는 남쪽에 2,000미터의 산들이 있기는 하지만 동,서,북이 그대로 뚫려 있어 장기적으로 여기에 의지해 항전할 형편이 안 된다.

지리적인 요인을 적용시키기 좋은 곳은 현재 외적에 맞서 싸우는데 가장 인상적이었던 아프가니스탄이다. 아프가니스탄은 산악국이다. 중앙아시아와 동남아시아의 길목에서 온갖 정복자들을 맞이한 아프가니스탄은 제국들에 거의 복속당하지 않았다. 몽골제국이 인도침략에 성공치 못한 것은 아프가니스탄을 완전히 장악하여 인도로 가는 루트를 안전하게 만들지 못한 것이 주요한 원인으로 여겨진다. 19세기 중엽 영국과도 전쟁을 벌였으며 소련과의 10년에 걸친 전쟁(1979~1989)은 소련의 월남전이라고도 한다. 뒤이은 미국과의 장기전쟁 (2001~2021)은 9·11 테러와 연관된 전쟁이다. 작은 나라가 두 강대국과 싸워 이긴 믿기지 않는 기록이다. 프랑스, 미국과 싸운 베트남에 비교된다. 아프가니스탄의 지형이 이 모든 저항을 가능케 했는데 월 남에서의 정글과 같은 역할이다. 전쟁은 아프가니스탄인의 강인한 이미지를 남겼고 정치적으로는 과격성을 낳았다. 현재 탈레반은 이슬람 극단주의 무장단체로 아프가니스탄의 많은 지역을 장악하여 미군의 철수 후 세력을 더 확장할 것이 확실시 된다. 수니파이지만 그 극단성이 정통 수니파하고는 너무 멀다. 아프가니스탄은 산악에 의거하여 외세와 싸우다 정치적으로 과격성을 띠게 되는 좋은 예이다.

영국은 게르만족이 침입한 이래 동남부의 원주민 켈트족을 누르고, 사실상 거의 전멸시키고 앵글로 색슨의 나라로 시작했다. 영국 서남부에 위치한 켈트족의 웨일즈는 영국과 맞서 몇백 년을 버티며 싸워 왔다. 웨일즈인들은 원래 로마인이 영국을 지배할 때도 복속이 안 되어 로마인들은 성을 뺑 둘러싸 경계를 쌓았다. 그 전통은 노르만 정복자들에게도 이어져 노르만인들이 세운 성들은 아직 많이 남아있다. 웨일즈가 영국에 복속한 것은 영국왕 에드워드 1세 때였는데 그 과정이 하도 힘들어 에드워드 1세는 웨일즈 사람들을 달래려 정복 당시 웨일즈에서 태어난 아들을 웨일즈왕자(Prince of Wales)로 책봉하며 그 뒤로 영국의 왕 계승자는 웨일즈왕자로 칭하는 것이 관례가 되었다. 현재 왕태자 찰스도 공식명칭이 웨일즈왕자이다.

웨일즈인들의 끈질긴 저항은 산악지대에 의지하며 가능했는데 아주 높지는 않아도 영국군에 저항하기에는 충분했다. 항구들도 산악지역과 인접하여 군사작전을 감행하기에는 쉽지 않다. 뒤로 바다에서 침공을 걱정할 필요가 없었다. 웨일즈 사람들은 물론 영어가 공용어이기는 하지만 아직도 자신들의 언어를 간직하여 웨일즈어가 유창한 사람들부터 조금만 아는 사람들까지 다양하다. 아직도 정체성을 지키고 있다고 보면 된다. 웨일즈 사람들은 아직도 터프한가. 그렇다고 영국 사람들은 생각한다. 지금도 럭비선수들은 웨일즈 출신들이 많다. 웨일즈 사람들은 역사적으로 진보나 급진정당을 지지하여 왔고 선거율도 영국 평균보다 높다. 오래 투쟁했던 역사적 배경인 듯싶다.

스코틀랜드도 웨일즈와 마찬가지로 평지에서는 전멸한 켈트족 계통이고 영국과 오래 싸워왔다. 웨일즈를 복속시킨 영국왕 에드워드 1세 때 스코틀랜드도 어느 정도 제압하는 데 성공한다. 에드워드 1세의 별명이 "스코트인을 두드리는 망치(Hammer of the Scots)"이다. 그러나 그때도 완전 복속은 되지 않았다. 스코틀랜드의 북부는 험한 산지라 영국도 거기까지는 쳐들어가지 못했다. "고지대(Highland)"라 불리는 북부는 웨일즈 지방보다 높고 험하였고 거기서 스코틀랜드 전사들은 용맹하였다. 스코틀랜드인들의 용맹성은 집안 대대로 이어지기도 하는데 예를 들면 한국전에서 유명한 맥아더 장군은 미국에 오기 전 조상들이 대대로 이 '고지대' 군인 집안 출신이었으며 미국에 와서도 군인가족의 전통이 이어졌다.

스코틀랜드는 영국에 복속되지 않았다. 엘리자베스 1세가 후사 없이 세상을 떠나자 할 수 없이 영국의 왕실의 피가 섞여있는 당시 스코틀랜드의 제임스 6세를 맞아들이게 되었다. 제임스가 신교인 것이 중요한 이유였다. 스코틀랜드의 입장에서는 스코틀랜드의 왕이 영국을 접수했다고 볼 수 있다. 이런 역사적 사정으로 스코틀랜드는 자주 독립을 언급한다. 영국이 유럽연합을 탈퇴한 현재 스코틀랜드의 독립 문제는 영국정치의 뇌관의 하나가 될 것이다. 스코틀랜드는 1999년부터 자신만의 국회를 가지고 있으며 영국국회에도 59명의 하원의원을 보낸다. 노동당이 오래 장악하고 있었던 스코틀랜드의 하원의원은 지금은(2010년 이후) 스코틀랜드 국민당이 압도적으로 우세하다.(59석중 48석) 노동당도 아니고 보수당도 아니고 스코틀랜드 하원의원들은 스코틀랜드의 이익만을 위해서 움직인다는 뜻이다.

아일랜드는 영국 식민지에서 독립한 나라이다. 영국에 속하지 않는다. 영국의 공식명칭은 "United Kingdom of Great Britain and Northern Ireland"이다. 잉글랜드, 스코틀랜드, 웨일즈, 북아일랜드의 4개 지역으로 구성된 나라이다. 북아일랜드는 아일랜드 쪽에서 볼 때는 빼앗긴 땅이다. 영국 쪽에서 볼 때는 아일랜드는 오래 영국의 식민지였는데 아일랜드가 독립되면서 북아일랜드만 영국으로 남았다. 그동안에 북아일랜드는 종교를 포함하여 영국화가 많이 되어서였다. 한국으로 치면 한국이 임진왜란 후 일본의 식민지로 있다가 독립하는데 경상도는 너무 일본화가 되어있어 일본의 영토로 남고 나머지만 독립하는 상황과 비슷하다. 한국 사람들은 한국과 아일랜드를 비교하기 좋아한다. 한 세대 전에는 이탈리아하고 비교하기를 좋아했는데 유럽역사를 좀 더 알게 되면서 아일랜드로 바뀌었다. 이탈리아는 일본 사람들이 자기네하고 비교하기를 좋아하니 한국은 아일랜드 쪽으로 돌릴 수 밖에 없는 사정도 있다.

아일랜드는 앞에 든 웨일즈나 스코틀랜드처럼 산에 의거하여 영국과 항쟁한 것은 아니나 바다로 떨어져있고 오랫동안 항쟁했다는 점에서는 일치한다. 인종도 웨일즈나 스코틀랜드처럼 켈트족 계통이라 스코틀랜드하고는 오래 같이 섞였다. 식민지 시절 아일랜드인들은 많은 수가 런던으로 이주하여 살았고 스코틀랜드에도 상당수 들어갔다. 한국인과 비슷하다는 것은 아일랜드인들이 술 잘 먹고 성격이 화끈하고 격정적이라는데 있다. 미국에서 이민자들의 단일 계통으로는 아일랜드계가 제일 많다. 아일랜드계 후손들은 미국에서 정치인과 경찰 계통으로 특히 많이 진출했는데 이는 영국계 지배층이 더러운 정치에 발 담기 싫어(경찰도 마찬가지) 영어를 쓰고 나서기 좋아하는 아일랜드인들에게 맡겼기 때문이라고 보는 것이 보통 공감하는 해석이다. 한국인들이 남의 나라에 이민 가서 정치인으로 많이 나설 수 있을까는 의문이다. 한국인과 아일랜드인의 비교는 한계를 보인다.

또 하나 살펴볼 지역은 코카서스 지역이다. 코카서스 산맥을 두고 러시아와 국경을 접하고 있는 그루지아(조지아), 아제르바이잔과 코카커스 산맥 북쪽으로 러시아 연방에 속해 있는 체첸, 다케스탄, 잉구세티아 등의 나라들이다. 코카서스 산맥은 높이가 5,000미터가 넘는 산이 많고 험하다. 여기에 들어가 항전하면 굴복시키기가 어렵다. 잘 알려져 있지 않지만 외적의 침입에 항전한 오랜 역사가 있다. 체첸, 다케스탄은 소련이 해체되기 전에 소련에 속해 있었던 나라들이다. 이 지역 사람들은 힘이 세고 용맹하며 외적의 침입에 쉽게 굴하지 않은 전통이 있다. 레슬링과 역도 종목은(요즈음은 권투와 격투기도) 터키, 이란과 함께 이 지역 사람들 몫이다. 이 종목은 러시아에서도 선수가 많이 나오지만 자세히 보면 이 지역 출신들이 많다. 모스크바 같은 대도시에서도 체첸이나 다케스탄 사람들은 알아준다. 이들의 거친 모습과 행동 특히 자신들의 지역에 대한 강한 소속감은 잘 알려져 있다. 한참 전 이야기이지만 한국서 "벌교 가서 주먹자랑 말라." 정도와 같은 개념일 것이다. 그루지아는 그 중 유일한 기독교 국가인데 자신만의 그루지아 정교이다. 기독교 중에서도 오래된 교회이다. 지금은 싼 물가와 맛있는 음식과 친절함으로 가성비 좋은 관광지로 널리 알려졌다. 거친 주변 국가들과 다툴 때 또는 외적의 침입 때는 분명 자신들도 거칠어 오랫동안 독립을 유지했을텐데 지금은 친절한 관광지로 변신한 것이 놀랍다.

한국으로 돌아와서, 정복국가인 고구려는 전쟁이 나라의 기본 사업이라 국민성도 전쟁에 맞추어져 있을 것은 자명한 일이다. 전쟁은 평지에서 싸우든, 산에서 싸우든 마찬가지이다. 하지만 막강한 이웃이, 중국이든 비슷한 유목민족이든 쳐들어 올 때는 부담을 느꼈을 것이다. 고구려가 수도를 한반도 내로 옮긴 것은 한반도 통일의 의지를 보인 것일 수도 있으나 고구려 수도가 있었던 곳은 사방이 뚫려 있어 방어가 수월치 않아서일지도 모른다. 한반도 내로 들어오면 방어는 쉬워진다. 평양까지 내려오려면 한반도 북부는 몇 개의 산맥을 넘어야한다. 중간에 낭림산맥이 남북으로 이어져 뒤로 든든한 피신처가 될 만하고 압록강을 넘으면 바로 강남산맥, 적유령산맥, 묘향산맥이 있다. 적이 쳐들어오자면 3개의 산맥과 압록강과 청천강을 건너야 한다. 방어하기에 참으로 좋은 곳이다.

그러나 중국정벌의 꿈은 멀어졌다. 한민족은 중국 주변 민족 중 한 번도 중국을 정벌해보지 못한 유일한 민족이다. 심지어 일본도 임진왜란 때 한 번의 실패를 거쳐 마침내 만주정벌을 하고 중국의 많은 지역을 점령해보지 않았던가. 만주에서 오래 은거하던 만주족도 마침내 중국을 점령하여 역대 가장 성공적인 중국지배를 하지 않았던가. 한국인은 같은 유목민족 출신의 여러 친척 민족들에게 고개를 들 수가 없다.

고구려는 만주 쪽에서 적이 쳐들어오면 산성에 의지해 싸우다가 적이 물러서면 적의 배후를 치는 효과적인 방법으로 전쟁에서 승리했다. 수와 당의 대군을 그렇게 물리쳤다. 고구려의 방어전략은 조선 때까지 이어져 한국의 가장 보편적인 전술이 되었다. 〈예 1〉에서 보았듯 임진왜란 초기에 배수진을 쳤다가 몰살당한 것은 한국의 보편적인 전쟁역사도 모르고 당한 참담한 패배였다. 병자호란 때에 임진왜란 같은 실수를 한 것은 아니나 산성을 지키는 조선군을 무시하고 곧바로 서울로 짓쳐 내려온 청군은 어쩔 수가 없었다. 청군의 기동력이 워낙 뛰어나고 산성을 지키는 조선군이 청군의 뒤를 칠 수 있어야 하고 한 개의 성이 아니고 겹겹이 방어해야 하는데 그럴 병력도 안 되고 그럴 실력도 안 되었다. 군사력의 차이가 너무 심하다 보면 작전이고 전술이고 먹히지 않는다.

고려 때는 이미 고구려와 같은 전력이 아니었기에 방어에만 전념해야 하는데 고려에 침입한 외적은 하필이면 중국을 정벌하여 절반 이상을 차지한 적이 있는 강적들이었다. 거란의 요, 여진의 금, 몽골의 원은 당시 세계 최강의 군사력을 가졌다 하겠다. 한반도에서 세계 최강의 군사력을 맞아 싸워야 하는 데 고려의 불운이 있었다.

고려와 조선이 외적의 침입에 왕이 도성을 버리고 어디로 피신했는가를 보는 것은 흥미 있는 일이다. 국토방어의 의지와 전략을 엿볼 수 있기 때문이다. 고려에서는 두 번의 피신이 있었는데 처음은 현종 때 요의 성종이 친히 40만으로 침공했을 때였다. 거란의 1차 침입은 거란의 일개 장수인 소손녕의 침입이고 병력도 80만의 허풍이 실제는 10만 정도로 줄어든다. 어쨌든 서희의 외교로 잘 끝맺음을 보았다. 하지만 2차 침입은 정식으로 중국의 왕조가 된 요의 황제가 친히 몰고 오는 40만 병력이다. 황제가 친히 쳐들어 온다는 것은 황제의 위신을 걸고 오는 것이니만큼 확실한 승리가 보장되어야 한다.

현종은 수도를 내주고 몽진을 떠나지 않을 수 없었다. 그러나 비겁한 도망은 아니다. 가장 쉬운 것은 항복이다. 왕의 목을 베러 오는 것이 아니고 징벌이 목적이었다. 몽진을 떠났던 것은 끝까지 싸우겠다는 의지의 표현이다. 왜 산으로 가지 않았는가. 당시의 고려는 조선시대와 달리 인구가 적고 경작지로 개발된 곳이 적어 숲이 우거져 고려 전역이 적과 싸워볼 만한 요새가 될 수 있었다. 더 중요한 점은 왕이 피신할 곳이 없다는 점이다. 조선시대와 달리 고려시대 현종 때는 왕권이 강화되지 않았고 지방은 아직도 호족들의 아성이었다. 호족 중에는 왕에 적대적인 세력도 있을 수 있었다. 현종이 나주의 호족과 무슨 관계가 있었는지는 잘 모르겠지만 적어도 자신의 안위에 위협이 되는 곳은 아니었을 것이다. 나주까지 갈 때에도 갖은 고초를 겪는다.

비슷한 시기 중세 유럽도 상황이 비슷했다. 유럽의 국왕에게 지방의 귀족은 자신이 왕위로 오르는 데 협조한 귀족과 반대한 귀족으로 나눌 수 있다. 고려에서는 중세 유럽보다 더 주로 서울의 재경귀족들에 의해 왕권이 결정되었겠지만 지방 호족이 자신에게 호의적이냐 아니냐는 마찬가지였을 것이다. 오히려 비호의적인 경우가 더 많았을 것이다. 현종이 나주까지 가는 동안 환영받은 적은 거의 없었다. 어쨌든 이후 양규, 김숙흥 등 고려군의 눈부신 활약으로 요를 격퇴했다. 현종의 나주 피신은 국왕의 결사항전으로 보아야 한다.

두 번째는 몽골의 침입 때 고종이 강화도로 피신한 것인데 고종이 실권이 없었고 당시 정권을 잡고 있었던 무신세력이 강화도에서 장기적인 항전 태세를 갖춘 것은 결사항전으로 보아줄 수 있다. 몽골이 제7차 침입에서는 강화도 상륙을 시도했으나 격퇴하였다.

세 번째 고려 왕의 몽진은 공민왕 때있었다. 공민왕은 원의 간섭을 벗어나 자주적인 자세를 갖추고 개혁을 위해 애쓴 고려 최후의 능력 있는 왕이었다. 불행히도 북으로는 홍건적이 쳐들어오고 남으로는 왜구가 약탈하는 그야말로 내우외환의 시기였다. 공민왕은 홍건적이 쳐들어와 개경까지 함락되는 누란의 위기에 경상도 안동까지 피신하였다. 경상도면 당시 기준으로 충분히 홍건적을 방어하고 반격에 나설 수 있는 위치이고 실제로 고려는 개경을 곧 회복하였다. 3번이나 고려왕은 수도를 버리고 지방으로 피신하나 3번 다 결사항전이었고 2번은 곧 개경을 회복하였다.

고려의 예를 든 것은 조선과 비교해 보려함인데 조선왕의 파천(播遷) 기록은 상당히 부끄럽다. 임진왜란 때 선조가 의주로 피난 간 이유는 여차하면 중국으로 튈 생각이었다. 실제로 여러 번 넘어가려 했지만 신하들의 만류로 그만두었다. 결사항전의 의도는 전혀 찾아볼 수가 없었다. 아들 광해군이 적진이 있는 남쪽으로 내려가 민심을 수습한 것과 비교하면 천지차이이다. 선조는 최소한 함경도 쪽으로라도 갔어야 했다. 함경도에서는 왜병과 싸움에서 후에는 조선군이 전과를 올렸다.

병자호란 때도 인조는 계획했던 강화도조차 가지 못했다. 앞에서 언급했듯이 전력차이가 너무 나면 작전이고 전략이고 간에 쓸 수가 없다. 남한산성에서 농성한 것을 결사항전으로 넣어주기는 어렵다. 파천이라 하면 고종 때 러시아 공사관으로 간 아관파천(俄館播遷)이 있는데 이곳에 끼워주어야 할지 의문이다. 일본군과 친일내각이 장악한 경복궁을 탈출하여 피신한 사건인데 결사항전에 끼워주기가 어렵다.

우리 민족에게는 유목민족의 피가 있어 아마 여기서 격렬하고 획일적인 성격이 전해왔던 것으로 보인다. 산업이 농경문화로 바뀌어졌지만 유목민족 출신 지배층의 확고한 권력장악으로 사회전체에 농경문화가 완전히 정착하지는 않은 것 같다. 조선시대에 이르러 농경문화가 정착했다. 앞에서 본 바와 같이 외적의 침입에 끈덕진 저항을 하는 민족이 대체로 산을 의지하고 싸웠다. 한국인은 외세의 침입에 살아남아 왔으나 잘 알려진 다른 성공적인 민족에 비해 아주 성공적이진 못했다. 산을 의지하여 끈덕지게 저항하지 못하였다. 외적의 침입에 끈덕진 저항을 하는 민족들은 대체로 강건하고 정치적으로는 급진성을 띠는 경향이 있다. 고려 때부터 조선에 이르러 국가방어에 있어서는 강건성을 잃어버렸으나 한국은 정치적으로 과격하고 급진적이고 획일적인 성격은 계속 유지하고 있다.

〈예 6〉

음식남녀

〈음식남녀(飮食男女)〉는 대만계 미국인 앵 리 감독의 1994년 코메디 드라마 히트작이다. 영어 제목은 "Eat Drink Man Woman"이다. 사랑과 인생, 전통과 가족 등 우리네 인생살이를 실타래에서 실이 풀어져 나오듯 한 가족이 모여 음식을 먹는 것을 중심으로 보여 주고 있다. 당시에는 이미 음식이 인생에 차지하는 중요성을 부각시키는 영화들이 많이 나오고 있었다. 아마도 그 처음은 덴마크에서 나온 〈바벳의 축제〉(1987)였을 것이다. 그해 미국서 아카데미 외국어 영화상을 받은 이 영화는 1990년대 많이 나온 유사한 영화들의 모델이 되었다. 음식남녀도 그 중 하나이다. 음식에 대한 관심이 커진 당시의 세태를 반영한다. 2000년대 들어와서도 여러 나라에서 음식에 대한 관심은 계속되었다. 생각해보면 당연하다. 산다는 것은 먹고 사는 것 아닌가. 먹기 위해 산다는 말도 있다.

　　한국도 음식에 대한 열기라면 다른 어느 나라 못지않게 뜨겁다. 조선시대 한국은 음식을 많이 먹는 나라로 알려졌다. 일본과 한국을 둘 다 다녀본 외국 선교사들의 증언이다. 어떤 사람은 조선은 먹을 것이 모자라는데도 많이 먹었고 일본은 넉넉했는데도 적게 먹어 그 차이가 두 나라의 운명을 갈랐다고 한다. 크게 논리적이진 않다. 먹을 것이 모자라는데 어떻게 많이 먹고 넉넉했는데 일부러 적게 먹는 경우가 어디 있겠는가. 적어도 한국인이 많이 먹는 데까지는 누구나 동의한다.

　　사실은 음식문화야말로 이 글의 주제에 적합하다. 음식의 역사는 인류의 역사와 같이 하기 때문이다. 모든 사람이 매일 먹으면서 수만 년의 진화 역사를 자랑한다. 긴 역사에 따른 많은 데이터로 인해 역사에서 교훈을 얻을 수 있는 조건을 잘 갖추었다. 잘만 들여다보면 배울 것이 많다. 주위와 비교하기도 쉽다. 다른 나라들 음식문화에서 배울 점은 무엇인가를 찾는 것도 역사의 교훈이 된다.

역사를 자랑하는 음식점을 사람들은 좋아한다. 역사가 오랜 음식점은 그동안 많은 시행착오를 거쳐 많은 사람의 입맛에 맞추어 진화해온 곳이다. 맛이 좋을 수밖에 없다. 같은 논리로 음식이 맛있는 나라는 대개 주변에 풍부한 음식 재료가 있고 오랫 동안 한자리에 눌러 앉아 오래 살아온, 즉 역사가 오래된 나라들이다. 중국, 동남아, 지중해 나라들이 여기에 해당된다. 음식의 진화는 계속되고 있다. 그동안 유럽에서 정상을 차지하고 있던 프랑스 요리는 스페인 요리에 추월을 당하고 있고 제3세계에서는 인도네시아와 페루 음식의 약진이 돋보인다. 어느 지역의 요리가 인정받는다는 것은 그 고장의 풍부하고 다양한 재료와 더불어 긴 역사 속에서 진화를 해왔기 때문이다.

북유럽이나 미국은 음식이 다양하지 못하고 맛이 덜하다고 알려져 있다. 한자리에 오래 눌러 앉아 산 역사가 짧아서 즉 진화가 덜 되었다고 볼 수 있다. 그렇다고 그 나라들에 먹을 것이 마땅치 않다고 생각하면 오산이다. 전부터 유럽에서 영국은 먹을 음식 없는 곳으로 농담의 소재가 되어 왔었으나 그렇지 않다. 독자적인 요리가 적은 대신 세계 각지의 요리가 다양하다. 대영제국 시절 식민지 나라들에서 이민 온 사람들의 각종 요리를 런던에서 모두 맛볼 수 있다. 미국의 큰 도시인 뉴욕, LA, 시카고, 워싱턴 DC 등도 마찬가지이다. 다양한 음식을 즐기는 매니아들에게는 성지이다. 워싱턴 DC도 뉴욕처럼 다양하며, LA는 특히 다양한 아시안 음식이 풍성하고, 시카고는 이민자들이 자기네 원래 맛을 잘 유지하는 곳으로 알려져 있다.

중국도 같은 사정이다. 한국인들은 중국 본토와 왕래하기 전에는 홍콩과 대만만 갈 수 있었다. 당시 대만의 음식은 다양한 음식으로 유명했다. 본토에서 건너온 국민당 정부에는 중국 각처의 사람들이 섞여 있었다. 이들과 함께 온 각처의 음식들은 대만의 음식을 풍부하게 하였다. 지금은 중국 각처의 음식을 여러 대도시에서 맛볼 수 있다. 대만, 북경, 상해, 광동, 홍콩, 싱가포르 등 대도시가 모두 해당된다. 특히 싱가포르는 중국과 떨어져 있어 본토 중국 음식의 가지 수가 떨어지는 것을 인도, 타이 음식들이 채워 다양성은 더욱 고조된다. 싱가포르의 길거리 음식이 미쉐린 가이드에 나올 정도로 중국계 대도시는 음식에의 접근성도 뛰어나다. 싱가포르 외에도 말레이시아의 페낭 같은 곳은 다양한 중국 음식에 말레이, 타이, 서양음식 등 다양한 음식을 자랑한다. 인도네시아의 발리 같은 곳은 원래 다양한 인도네시아 음식에 오래 서양인들의 휴양지로 알려진 만큼 서양요리도 같이 발달하여 먹거리가 풍성하다.

이러한 다양성은 한국이 아직 미흡하다. 한국도 여타 아시아의 대도시와 마찬가지로 한국 음식뿐 아니라 다른 나라 음식들이 많이 들어와 있다. 다양성이 미흡하다는 것은 원래의 음식이 자신의 고유한 맛을 간직한 채 대중들에게 저렴한 가격으로 제공되는 것이 미흡하다는 뜻이다. 한국에서 외국 음식은 아주 비싼 레스토랑에서만 제공 되는 경우가 많다. 언제부터인가 음식점은 특별한 음식을 비싼 가격으로만 팔아야 수지를 맞춘다는 풍조가 나타났다. 유럽이나 미국에서도 나타나는 풍조이지만 중국이나 동남아 같은 곳은 아직 가격이나 접근성에서 한국보다 더 쉽고 수월하다. 중국이나 동남아에도 물론 가격이 비싼 곳은 많으나 저렴하고 접근성 좋은 곳은 한국보다 월등 많다. 한국이 선진국이 되어서 그렇다고 할 수도 있으나 아시아의 대도시들도 서울처럼 소득이 높다.

중국의 광동음식이 한 예이다. 중국 음식 중에서도 가장 재료가 풍부하고 해산물이 많으며 담백한 편인 광동음식은 한국인 입맛에도 맞는 음식이다. 그러나 한국에서는 찾기가 쉽지 않다. 있어도 고급만 있다. 광동음식 중 딤섬은 간편하고 맛있고 다양한 음식으로 여러곳에서 인기가 있는 음식이다. 이름도 한국말 점심(點心)과 같다. 한국에서는 이 딤섬도 아주 고급요리로만 먹어야 한다. 중국 음식에 대한 한국인의 태도는 지나치게 편협적이다. 중국 여행을 많이 가게 된 요즈음도 현지에서 중국 음식을 즐기는 한국인은 별로 없다. 아마 전세계에서 중국에 여행가서 그렇게 중국 음식을 멀리하는 사람들은 한국인 밖에 없을 것이다. 인접한 국가로 그 문화를 오래 받아들인 나라라고는 상상하기 어렵다. 반중정서로 보기는 어렵다. 반일정서가 일본요리를 즐기는 것을 방해하는 것 같지는 않다.

아마 식성의 차이에서 오는 것일지 모른다. 담백하거나 아니면 맵거나 짠 음식을 좋아하는 한국인 식성에 얼핏 중국 음식은 맞지 않아 보인다. 그것보다는 다른 음식에 대한 개방성이 덜 한 것에서 기인한 것으로 보인다. 마음의 준비가 안 되어있고 움츠려 있다. 미국에 살고 있는 한인 교포들에게서 그런 경향이 보인다. 단지 중국 음식 뿐 아니고 다른 나라 음식에 대해 상대적으로 호기심이나 모험심이 적어 보인다. 자국의 음식을 너무 사랑한다고 할 수 있다. 자국의 음식에 너무 길들여져 있어 다른 음식을 접해도 별 흥미가 없다고도 할 수 있다.

그것은 약간 실망이다. 왜냐하면 필자의 의견으로는 한국 음식이 건강을 위해 약간 바뀌어야 한다고 생각하기 때문이다. 아무리 한국

음식이 맛있어도, 많은 한국 음식들은 탕 중심이라 물이 너무 많다. 위장에 좋지 않다. 물이 지나치게 많은 음식은 간을 맞추는데 지나치게 많은 나트륨과 고춧가루 같은 향료, 조미료가 들어가기 때문이다. 먹고 싶은 음식은 많은데 물로 배를 채울 이유가 없다. 한국에서 즐겨 먹는 라면에 들어가 있는 스프 하나에 하루에 필요한 나트륨 양이(향료 조미료도 마찬가지일 것이다) 들어가 있다고 한다. 국물 음식이 맛있는데 어떡하냐고 반문한다. 그러나 맛은 선천적으로 타고난 것이 아니고 자라며 취득한 것이다. 우리나라 밖 사람들은 우리의 매운탕 맛에 바로 익숙할 사람들이 많지 않다. 그들은 그들대로 맛이 따로 있기 때문이다. 젓갈의 짠맛에 길들여져 살아온 남도 사람들에게는 짠맛이 맛있다고 느끼는 맛이다. 짜지 않으면 맛있다고 하지 않는다.

외국음식이 들어와도 한국화가 많이 되는 현상은 우리가 우리만의 독특한 맛에 익숙한 탓일 것이다. 그것은 어느 정도 다른 나라도 마찬가지이다. 미국에 들어오는 음식들은 대개 미국화하여 달고 기름지며 지나치게 고기와 치즈가 많이 들어간다. 미국인은 육류와 당분을 지나치게 많이 섭취하여 많은 사람들이 비만화 되었다. 한두 세대만에 일반적으로 '뚱뚱한' 사람들이 전 인구의 사분의 일에서 반에 접근하고 있다. 의학적인 '비만'은 이 수치보다 높다. 전부터 세계적으로 미국 관광객은 "돈은 좀 있지만 무식하고 실없는 사람들"이라는 평이 있었는데 지금은 "돈도 그렇게 많지 않고 계속 무식하고 실없으며 뚱보들" 이라는 것이 새로운 평이다.

미국의 경우에 중산층과 서민이 육류를 제대로 섭취하게 된 것은 1920년대에 들어와서이다. 주로 중서부나 남서부에서 대량 사육되는 가축이 교통의 발달로 도시 노동자나 일반 중산층에게 대량 공급되어 대량 소비가 가능해졌다. 1920년대에 육류를 처리하고 배달해주는 회사가 미국 다우지수에 당당히 들었다. 그로부터 한 세대가 지나 1950~60년대 들어와 미국은 본격적으로 과다한 영양섭취에서 오는 부작용을 경험하기 시작한다. 특히 심장마비, 심근경색, 뇌졸중 등 심장계통의 질병이 두드러지게 나타났다. 암과 더불어 가장 사망을 확실케 하는 질병이 되었다. 환경, 스트레스 등도 원인을 제공하나 과다 영양섭취 특히 고단백질 섭취에 따르는 고지혈증이 가장 큰 원인이 된다.

미국에서 심장과 음식에 관한 연구 중 가장 큰 규모의 연구는 일본계 미국인들의 영양섭취, 식사습관과 심장병과의 관계이다. 연인원 수천 명과 수십 년에 걸친 방대한 연구이다. 미국의 일본인이 다른 인종보다 심장병에 덜 취약하고 이것이 일본인들의 식생활에 기인했을 것이라는 가설을 세우고 시작한 연구이다. 지금 같으면 아시아인 일반을 다루었을 것이다. 연구의 결론은 성인이 되어 미국에 온 즉 1세들은 식생활을 포함한 생활습관이 별로 바뀌지 않아 일본 본토의 일본인과 별로 다르지 않고 미국서 태어난 2세 이상은 비만과 심장병에 대한 노출이 일반 미국인들과 별로 차이가 없다는 것이다. 인종은 전혀 관련 요인이 안 되고 식생활 습관이 전적으로 결정짓는다는 것이다. 연구 시작에 막연히 기대했던 것보다도 명확한 결론이었다.

또 하나 관련된 통계는 오키나와 사람들에 대한 유사한 연구인데 오키나와인은 일본 본토보다 더 장수하고 건강한 생활을 영위하는 것으로 알려져 있다. 2차 세계대전 이후 즉 1940년대 후반의 통계는 이러한 일반적 인식을 뒷받침했다. 그러나 최근의(2010년 이후) 통계는 놀랍게도 오키나와인들이 일본에서도 가장 심장병을 많이 앓고 장수를 하지 못한다는 것이 밝혀졌다. 대다수가 전후에 태어난 오늘날의 오키나와인들이 본토 일본인들보다 더 미국인에 가까운 식생활 즉 햄버거 등 콜레스트롤이 더 들어간 고단백질 식사를 했다는 것이다. 오키나와에 미군이 주둔하고는 있으나 미군이 길거리에 거의 보이지 않고 패스트푸드가 특별히 많아 보이지 않았는데 이해하기가 조금 어려운 현상이다. 아마 오키나와 관광할 때 유난히 패스트푸드 가게가 있는 곳을 피해 다닌 모양이다. 일본 본토와는 문화적으로 다른 오키나와인들이 전후 일본인들과는 다르게 풍요한 음식 앞에 나름대로 느긋한 식생활을 했을지도 모른다. 아마 인종적으로나 문화적으로 가까운 태평양 제도 원주민들과 비슷한 길을 가는지도 모른다. 하와이를 비롯한 태평양 제도 원주민(북미 북쪽의 에스키모족을 포함하여)들은 현대문명과 접하고 비만에 빠진 사람들의 비율이 예외적으로 많다.

미국 사람, 일본 사람, 미국에 사는 일본 사람, 오키나와 사람 심지어 에스키모족까지 여기서 장황한 이야기가 왜 나오는가. 한국인도 지금 바로 그들이 한 경험을 되풀이 할지 모르기 때문이다. 미국에서 1920년경부터 일반인이 소고기를 마음껏 먹기 시작했고 그 부작용은 1950~60년대부터 나타나기 시작했다. 한국이 1990년대부터 풍족한 식생활을 즐기기 시작했다면 2020년대는 그에 따르는 각종 질병을 걱정해야하는 시기이다. 1990년에 십대였던 사람들은 이제 사십대이다. 일부는 이미 증상을 보일지 모른다. 미리미리 조심하고 검진 받을 일이다.

1990년에 이미 성인이 된 사람들은 문제가 없다. 그들은 식생활이 미국에서도 계속된 일본인 1세들처럼 경제성장이 계속되더라도 거의 변화가 없었을 것이다. 1990년대 한국에서 생기기 시작한 실버

타운에 들어간 60대들이 지금은 80~90대가 되었는데 그 어르신네들이 계속 건강하게 살고 있다는 보도가 있다. 물론 이들은 중산층 이상이고 실버타운은 고급시설이다. 건강식과 건강생활에 신경쓸 수 있는 계층이다. 어쨌든 경제성장 때 이미 나이든 세대에게는 식생활이 별로 심장병에 영향을 안 준다는 것을 뒷받침한다. 문제는 경제발전 중에 성장한 아래 세대이다. 다음은 OECD 통계인데 인구 십만 명당 혈관이나 심장 등의 질병으로 죽는 사람수를 나타낸다. 나이든 세대나 젊은 세대를 합친 통계이다.

2000년: 멕시코 9.7 /그리스 0.9 /폴란드 1.9 /미국 3.8 /일본 3 /한국 1.9

2017년: 멕시코 6.6 /그리스 1.9 /폴란드 0.7 /미국 3.2 /일본 1.8 /한국 1.8

2000년에 일본의 심장병 관련 사망자는 한국보다 높다. 가장 합당한 설명은 일본이 1960~70년대 잘 먹고 잘 살았다는 것이다. 2000년경에 이르러는 건강에 더 신경 쓰고 첨단 의료시설의 혜택에 힘입어 2017년에는 정상으로 돌아왔다. 아마 1990년부터 "잃어버린 20년"으로 전보다 못 먹어서 일지도 모르겠다. 멕시코 같은 국가가 2017년에 수치가 떨어진 것은 의료서비스 향상에 기인했다고 본다. 예를 들면 심장마비가 왔을 때 바로 병원으로 가면 생존율이 높아진다. 한국은 경제발전에서 일본에 약 20년 뒤쳐져 따라갔다고 알려져 있는데 1990년대부터 잘 먹은 것이 이제 나타날지도 모른다. 일본보다 "두들겨 먹는 것"은 아무래도 한국이 한수 위임을 생각하면 20년 후에 일본의 3(2000년) 이상으로 올라갈지도 모른다.

그리스의 경우 건강식으로 알려져 있는 지중해 식단과 기후와 낙천적인 생활도 물론 영향이 있었을 것이다. 2000년 0.9를 기록하고 2017년에는 일본, 한국과 비슷하게 되었다 . 그러나 그리스는 2013년 3.2를 기록하여 한때 잘 두들겨 먹은 흔적을 보인다. 과연 그리스는 1980년대 민주화가 이루어지고 한창 경제발전을 하였다. 그 뒤 경제적으로 덜 좋았거나, 건강에 신경을 더 썼거나, 두 가지 다 해당되거나 하여 여기서 말하는 '정상'으로 돌아왔다.

한국의 지수가 더 올라갈지 아닐지는 두고 볼 일이다. 한국 사람들은 고기를 먹을 때 쌈을 싸먹고 아무래도 고단백질을 서양 사람들처럼 많이 먹지는 않기 때문에 그렇게까지 올라가지 않을 수 있다. 그러나 그리스도 미국처럼 고기를 무식하게 먹지는 않는다. 아무래도 과도하게 영향을 섭취하면 사망률이 올라간다고 보아야한다. 요즈음 한국에서 지나치게 삼겹살을 즐겨먹는 사람들은 위의 통계의 의미를 잘 살펴보아야 한다. 개개인의 사정은 다 다르기 때문에 일률적으로 어떻게 된다 할 수는 없다. 그러나 큰 틀에서 어떤 일정한 경향이 나오면 개인도 거기에 끼이게 될 확률이 높아진다. 쉽게 말해 조심 안하고 마구 먹으면 10년 20년 후 심장병 등 각종 성인병에 걸릴 확률이 높아진다.

다시 탕 음식으로 돌아가 보자. 독일 도시, 특히 큰 도시에 가 보면 길거리 코너마다 거의 전부 중동 사람들이 구운 고기 '케밥(Kebob)'을 만들어 판다. 터키 노동자들이 오랫동안 독일에 노동자로 와서 눌러앉았기 때문에 독일에는 터키 사람들이 많다. 지금은 아마 터키 외에 중동 사람들도 많이 와서 케밥을 만들어 팔 것이다. 케밥은 기름기를 빼면서 굽기 때문에 서구의 고기요리법보다 건강에 좋다.

독일은 터키인들이 길거리에서 고기를 굽게 허용하고 싼 가격에 건강한 음식을 먹게 되었다. 양측에 좋은 윈윈 상황이다. 중동 요리이기에 가능하다.

역사는 중동 지역이 가장 오래되었다. 중동 지역 또는 지중해 음식은 가장 오래되어서인지 화려하지는 않아도 그윽한 맛이 나고 건강에도 좋다. 오랜 진화의 덕분이다. 고기도 가급적 기름이 빠지고 특히 야채의 구성요소나 맛이 뛰어나다. 중앙아시아의 육류 섭취, 낙농제품도 오랜 역사를 자랑하기에 요리방법을 배워볼 만하다. 유목민족의 피가 흐르는 한국인들이 유목민족의 음식에 낯선 것은 안타깝다. 유목민족은 육류가 주된 음식이기에 기름을 많이 빼고 먹는다.

한국처럼 탕에 있는 육류에서 기름을 많이 제거하지 하지 않고 국물을 많이 먹었던 것이 이제 육류 소비량이 많아짐에 따라 문제가 될 수도 있다. 몽골, 중앙아시아 또는 아르헨티나 등의 조리법에서 배울 것이 많다. 우리가 아주 옛날에 익숙했지만 지금은 잊어버린 레시피를 먼 기억에서 다시 살려낼 필요가 있다. 우리의 탕요리 라면 등을 덜 먹고 그 대신 중국 사람들을 불러들여 적당한 가격에 중국 음식을 팔게 하는 것도 한 방법이다. 광동 사람들을 불러 딤섬을 팔게 하고 신장 사람들을 불러 양꼬치 구이를 팔게 하는 것이 어떠한가. 독일처럼 "누이 좋고 매부 좋은" 윈윈 상황이 될지 모른다. 아니면 나중에 광동 사람 신장 사람들 내쫓고 한국 사람들이 장사하면 된다. 똑같이 싸게 만들 자신이 있으면 말이다.

일반적인 음식 이야기는 여기서 그치고 〈음식남녀〉의 제목처럼 마실 것부터 이야기를 시작해보자. 영어 제목이 아니고 한국어 제목이다. 현재 한국에서 마실 것 하면 역시 커피다. 온 국민이 즐겨 마시는 커피는 이제 국민 드링크가 되었다. 커피에 관련된 역사적 데이터를 인공지능에게 제공하고 의견을 물었더니 의외로 역사의 교훈이라는 점에서는 부정적인 반응이 나왔다. 커피 매니아들에게 미안하다. 언짢다면 이 대목은 읽지 말고 건너 뛸 것을 권한다.

한국은 1인당 커피 소비량이 세계에서 가장 많다. 전량 수입이기 때문에 여기에 들어가는 수입비용도 만만치 않고 특히 한끼 식사비에 육박하는 고급 커피에로의 급격한 전환은 가난한 젊은이들에게 만만치 않은 지출을 강요한다. 고급화된 가격에 가장 타격을 받는 사람들이 바로 가난한 젊은이들이다. 값비싼 외제 핸드백으로 인해 가장 피해가 큰 계층이 중산층 여성들인 것과 마찬가지이다. 너무 자주 마시게 되면 건강도 고려해야 한다. 커피는 중독성을 갖고 있다. 아무리 약하다 해도 중독은 중독이다. 약한 위장을 가진 사람은 위장병이 생긴다. 설탕을 많이 타서 마시는 사람들은 당분의 과다 섭취를 조심해야한다. 아직도 탕 종류의 음식을 많이 먹는 한국인에게 식사 후 또 다른 물을 마시는 것이 위에 부담을 준다. 그러나 미디어는 커피를 많이 마실수록 건강에 좋다는 정보를 계속 보낸다.

또 하나의 측면은 커피가 강대국(미국을 말한다)의 일종의 문화적 침입의 측면도 있다는 점이다. 스타벅스에서 보듯 커피는 미국의 문화 수출의 좋은 예이다. 커피의 원가에서 많이 차지하는 하는 것은 보통 가게의 임대료나 인건비이기에 미국이 투자에서 얻는 돈은 얼마 되지 않아 보인다. 대부분의 경비가 한국 안에서 순환하니 큰 경제적인 출혈이 있다고 하기는 어렵다. 그러나 젊은이들이 유행을 좇다 과다한 출혈을 하게 되는 것을 막기 위해서는 먼저 약간의 역사적 배경을 알 필요가 있다.

커피 소비에 있어 역사에서 배울 것은 커피도 유행을 타 국민들이 지나치게 탐닉할 때도 있었고 유행이 지나 소비가 줄어들 때도 있었다는 점이다. 유행하는 모든 것이 그렇듯 커피도 언젠가는 정치적, 경제적 또는 문화적인 이유로 유행이 식을 때가 있다. 아니면 그저 아무 이유 없이 유행이 지날 수도 있다. 유행이라는 개념에 그저 이유 없이 바뀐다는 함의가 있지 않은가. 유행이 언제까지나 지속되지 않는다는 것을 아는 것만으로도 커피에 대한 맹목적인 수동적인 소비는 바뀔 수 있다. 앞장에서 빨리빨리, 과격한, 일률적인 국민성을 먼저 언급한 이유가 있다. 광적으로 보인다는 것은 물론 지나친 표현이지만 한국의 커피 소비에도 과격하고 획일적인 모습이 나타난다.

우리는 여성 치마, 남성 두발의 길이가 유행을 따라 변하는 것을 보아왔다. 미니 스커트가 유행할 때 그것이 천년만년 갈 것처럼 종교적으로 빠져 짧은 치마를 고집하는 것은 미련한 짓이나. 왜 이렇게 짧은 치마를(짧은 천을) 긴 치마가 유행할 때보다(긴 천보다) 더 비싸게 받는가를 의심해 보려면 긴 치마가 유행할 때도 살아 보아야 한다. 커피의 역사도 알면 도움이 된다. 항간의 소문과는 달리 역사적 지식이 실생활에 도움을 줄 때가 아주 없는 것은 아니다.

1500년경 아마도 오스만 제국을 통해 유럽으로 들어온 커피는 여러 가지 이유로 보급이 늦었다. 1600년경부터 본격적으로 전파되기 시작한 커피는 귀족 사이에서만 즐기다가 1700년이 넘어서자 중산층의 숫자가 늘어나면서 이들의 열렬한 사랑을 받았다. 중산층으로 전파하는데 200년이 걸린 것도 흥미롭다. 하기는 감자같이 유용한 작물도 신대륙에서 건너와 훗날 중요한 작물이 되어 시민에게 퍼지기 까지는 꽤 오랜 시간이 걸리고 우여곡절이 많았다. 커피도 마찬가지였다. 중산층이 늘어난다는 것은 이들이 귀족들이 독차지하고 있던 문화 취미 오락 모든 분야에 뛰어든다는 것을 의미한다. 신분상승을 원하는 욕구는 강렬하다. 한국 사람이라면 세계 어느 나라사람보다 이를 쉽게 이해한다. 커피도 1700년대 유럽에서 중산층이 뛰어들어 커다란 유행을 보았다.

요한 세바스찬 바흐가 1734년경 작곡한 것으로 알려진 〈세속 칸타타, BWV 211 번〉의 원제는 〈조용히 해, 떠들지 말고〉이지만 〈커피 칸타타〉라는 부제가 붙어 있다. 내용은 딸이 하루에도 커피를 몇 잔씩 마셔 중독이 되자 아버지가 커피를 포기하라는 여러 가지 조건을 걸어도 딸이 듣지 않는다. 마지막으로 결혼할 생각을 말라고 협박한다. 여기에 마침내 딸이 결혼만 하게 해준다면 커피쯤이야 포기하겠다고 선언한다. 커피를 위해 결혼을 포기하는 내용이었다면 지금쯤 모든 한국의 커피 매니아들이 이 곡을 알고 있었을 뻔했다. 어떤 이는 바흐의 딸이 칸타타의 주인공이라고 하나, 1734년 추정이 맞는다면(바흐 나이 49세) 바흐는 첫 부인과의 사이에 딸이 없는 것으로 알려져 있고 둘째 부인과 사이에 난 세 딸은 이 당시 너무 어리거나 태어나자 않아 사실이 아닌 것 같다. 첫 부인과의 사이에 딸이 있었는데 기록으로 남아 있지 않았을 가능성도 있긴 하다. 주인공이 딸이냐 아니냐가 중요한 것이 아니고 초점은 1700년대 중엽 많은 유럽의 중산층이 커피에 중독되었다는 점이다. 바흐 집안은 당시 기준으로 전형적인 중산층이다. 필자처럼 본 줄거리에서 벗어나 자꾸 곁가지로 방황하는 경향이 있는 독자라면 바흐의 딸 이야기까지 나온 데 대해 이해하리라 믿는다.

이후 200년간 유럽에서 커피는, 경제에서 호황과 불황이 번갈아 나타나듯, 여러 번의 굴곡을 거친다. 유럽 사람들도 커피를 즐기나 요즘 아시아 전역에서 일어나는 커피 붐과 같은 현상이 나타나는 나라는 드물다. 왜냐하면 커피의 역사가 길어 이미 보아야 할 것을 많이 보았기 때문이다. 전통적으로 커피보다 차를 선호하는 영국인들은 최근 세계 추세에 맞추어 커피 소비가 늘었지만 여전히 차는 굳건한 위치를 지키고 있다. 남부 유럽 사람들은 중남미 사람들과 함께 진한 커피를 꾸준히 즐겨왔다. 미국에서 커피의 붐은 이들의 영향이다. 오늘날의 고급 커피들은 이들 남부 유럽 사람들의 창의력의 소산이다. 미국 무식한 시골 사람 하나가 왜 요새는 비싼 커피가 전부 이탈리아 이름이냐고 투덜거렸다는 이야기가 전한다. 참고로 "아메리카노"로 알려져 있는 커피는 미국에 없다. 전세계적으로 "아메리카노"로 알려져 있는 커피는 미국서는 그냥 보통(Regular) 커피이다. 이름이 시사하듯 이탈리아에서 나온 말로 알려져 있다.

터키는 이런 점에서 흥미롭다. 커피는 이슬람 세력의 확장과 함께 아프리카에서 중동으로 다시 중동에서 전세계로 퍼졌다. 중동지방이 서유럽보다도 몇백 년 앞서 커피를 즐겼다. 유럽으로 커피를 전해준 것으로 알려진 오스만 터키 시대 이스탄불은 아마 전세계의 커피 소비의 중심지였을 것이다. 이스탄불에서도 커피의 유행은 시대에 따라 부침이 있었다. 한때 어느 술탄은 번성하는 커피하우스들의 폐쇄를 명령했는데 커피 자체보다 사람들이 너무 많이 모여 떠들면 정치적인 불만이 터져 나올까 걱정을 해서였다고 전한다. 커피하우스의 원조 이스탄불에 오늘날 커피하우스가 많이 보이지 않는 것은 의외이다. 대부분의 사람들이 홍차를 시켜 달콤한 후식을 함께 먹는 찻집이 대부분이다.

터키에도 분명 미국문화의 영향이 있기는 하지만 커피까지는 열풍이 불지 않았다. 아시아 대도시들에 보이는 커피 열풍과 비교해보면 원조 이스탄불의 의연함은 신선해 보인다. 모스코바를 비롯한 구소련제국 하의 여러 나라에서도 커피의 열풍은 보이지 않는다. 한국을 비롯한 아시아 나라들이 미국의 문화 영향에 가장 많이 노출되어 있음은 틀림없다. 아직도 미국이나 서구제국주의의 영향을 의식하는 중국이 커피나 기타 명품에 열광하는 것은 어떻게 보아야 할지 모르겠다. 사회주의 국가라기보다 아시아 국가라고 보아야 하나.

커피에도 당연히 문화적 선전(프로파간다)이 들어간다. 어느 나라나 마찬가지이지만 음식에 대해서도 문화적 선전이 있다. 국민들의 커피에 대한 사랑을 확인하면 학자들은 커피를 마시면 어디에 좋다는 논문을 계속 발표한다. 이럴 때는 학문이 공정하고 엄정할 것이라는 환상이 깨진다. "과학에는 국경이 없지만 과학자에게는 국경이 있다."라는 말이 있지만 과학자들이 연구하는 것이 과학이다. 당연히 과학에도 국경이 있다. 한국에서도 커피의 긍정적인 미국의 연구결과가 언론에 자주 발표된다. 요즈음은 한국인에 의한 비슷한 연구도 많이 나오는 듯하다. 어떤 음식이든지 어디에 좋다는 것은 틀린 말이 아니더라도 한 면만 강조한다는 것을 염두에 두어야 한다. 과학에도 종종 연구자의 편견과 정치적 의도가 들어간다.

한약의 경우 어떤 한약은 어디 어디에 좋다고 한다. 예를 들면 결명자는 혈압을 내려주고 여러 해로운 균들의 발육을 억제시키고 간염에도 좋고 간장의 병변으로 인한 안질에도 효과가 있다고 한다. 급성 결막염, 각막혼탁 증세에도 쓰이고 이뇨, 변비에도 효능이 있다고 한다. 이렇게 좋은 결명자를 매일 여러 잔 마시면 어딘가에는 반드시 효과가 있다. 어떤 한약이든지 마찬가지이다. 그런데 결명자 연구는 없고 왜 커피만 계속 연구가 발표되는지 이상하지 않은가. 어떤 약초를 매일 여러 잔 달여 마신다면 특정한 효과를 볼 수 있겠지만 특정한 부작용이 나타날 가능성이 있다. 커피도 마찬가지이다. 문화적 선전은 이 부작용을 이야기하지 않는다. 이런 선전의 영향으로, 거기에 따른 동년배의 압박으로, 우리의 가난한 젊은이는 하루에 몇천 원 이상을 커피집에 바쳐야만 하는 것이다. 정치적인 선동이나 집회로 정부에서 커피집을 폐쇄하기 전까지 말이다.

커피와 마찬가지로 미국에서는 포도주가 몸에 좋다는 연구결과가 자주 나온다. 연구자가 누군가를 보면 프랑스나 이탈리아 사람 또는 그 계통의 이민자 후손들이다. 포도주를 하루에 한잔씩 10년을 마셨더니 콜레스테롤을 15% 낮추었다는(이는 필자가 이야기의 전개를 위해 대충 임의로 만든 통계이다. 이런 기사는 하도 많아서 어떤 특정한 연구를 정확히 인용할 필요성조차 못 느낀다) 연구결과가 있다고 하자. 아마 이런 연구결과는 항상 참으로 나올 것이다. 결과에 대한 의심은 없다. 이제 한국도 틀림없이 그러한 연구가 나올 것이다. 한국도 포도주 소비량이 늘어나고 있으니까.

포도주는 보통 한 잔만 먹고 그치기 힘들다. 매일 한 잔씩 마시다 보면 무심결에 두 잔도 마시고 세 잔도 마시게 된다. 그렇게 10년을 마실 경우 콜레스테롤을 낮추는 이득보다 알코올로 건강을 해칠 확률이 10배 이상 높다. 매일 꼭 한 잔씩 10년 동안 마셔서 콜레스테롤을 15% 낮춘다면 포도주 말고 얼마든지 다른 효과적인 방법들이 많다. 포도주로 콜레스테롤을 낮춘다는 연구들은 포도주 마시는 문화권의 문화선전에 지나지 않는다. 알콜 분해 능력이 상대적으로 떨어지는 한국 사람들에게는 과도하게 포도주를 마시는 것이 서구인들보다 더 위험하다.

몇 년 전 올리브오일이 몸에 좋다는 논문이 미국 미디어에 크게 소개되었는데 그 저자는 놀랍지 않게 그리스 계통의 하버드 대학 교수이다. 올리브오일은 포도주와 달리 어쨌든 기름을 쓰려면 몸에 좋다는 올리브오일을 쓰는 것이니 해가 될 것은 없다. 그런데 널리 알려진 사실이 어째서 거듭 나오는 것일까. 그것도 의문이다. 주기적으로 자주 나올만한 사연이 있는 것일까. 아니면 하버드 대학 교수가 하면 일단 언론을 타는 것일까. 인삼의 건강에 대한 연구는 한국계이거나 아니면 중국계 학자들이 담당한다. 미국사람들 주류가 먹지 않는 음식은 당연히 미국학자들의 연구대상이 되지 않는다.

음식 또는 다른 문화권의 이질적인 생활습관 등은 다른 문화권에서 편견의 대상이 된다. 오히려 선진문명을 자랑하는 데서 더 심한 것 같다. 아마 자신들이 그것까지도 우월해야 하는데 그렇지 못한 데서 오는 자격지심에서 오는 것 같다. 미국에서 생선이 그 예이다. 앞서 언급한 문화적 선전에도 해당된다. 미국에서 권위있는 음식물 소개서, 예를 들면 의학의 대중적 설명서나 암 협회, 심장병 협회처럼 신빙성 있는 기관에서 나온 문서들을 읽어 보면 생선 먹는 것을 권장하기는 한다. 그러나 생선이 잡히는 지역이 심하게 오염이 되어있는 것을 강조하고 일주일에 두 번 이상 먹지 말라고 강력히 경고한다. 생선을 먹으라는 것인지 먹지 말라는 것인지 알 수가 없다.

미국해안이 위험하다면 한국해안은 오염의 위험이 없는 것인가. 동아시아에 중금속 오염을 걱정하기 시작한 것은 벌써 오래전이다.

특히 중국 양쯔강을 통해 동해안으로 유입되는 수은의 양이 많다. 한국에서 광우병으로 전국이 떠들썩한 것은 기억나나 해안이 오염되었으니 생선을 먹지 말라는 경고는 들어보기 힘들다. 한국에서의 광우병 소동이 정치적인 선동이라면 미국의 생선 먹는 데 대한 경고는 문화적인 선전이다. 소비자의 입장에서는 선동 선전을 비판적으로 듣는 것도 중요하고 동시에 나와야 될 비판이 안 나오는가도 주의 깊게 살펴야한다.

선진국에서 높이 평가하는 음식이라고 우리가 덩달아 즐겨 먹고 있는 것들도 많다. 연어 같은 것이 좋은 예인데 사실은 우리 입맛에는 별로 맞지 않는 생선이다. 한국 사람들은 전통적으로 조기, 도미 같은 하얗고 은은한 색감에 식감은 약간 쫄깃쫄깃하고 비린내가 나지 않는 생선을 좋아했다. 고등어, 꽁치, 정어리 같은 등 푸른 생선은 싸고 특유의 맛 때문에 서민들은 즐겼지만 상류층에서는 쳐주지 않았다. 아마 너무 흔했기 때문에 하류층과의 차별성 문제가 있었을 것이다. 어느 것에나 등수를 매기는 문화풍토의 영향도 있을 것이다.

연어는 한국인에게는 색깔이 좀 진하고(핑크빛은 한국의 양반 문화에 별로 고상한 빛이 아니다) 약간 푸석푸석한 것이 익히면 꽁치보다도 빡빡하고 날로 먹으면 광어만큼 쫄깃쫄깃한 맛이 없다. 한국에 왔다면 예의상 윗자리는 마땅히 스스로 한국의 고급 생선들에게 양보해야 할 생선이다. 미국에서는 스테이크 감으로 쓸 수 있기 때문에 인기가 있다. 우리 입맛과 부자나라에서 인기 있다는 사실 사이에서 긴장과 갈등이 일어난다. 여기에 전통적인 입맛에 개의치 않고, 개방적이고 서구지향적인 젊은 층이 나섰다. 연어의 붐이 일어난 것이다. 연어의 붐이 나쁠 것은 없다. 양식이 성행하여 값이 싸지면 거기에 입맛을 맞춘 사람들에게 풍부한 영양가를 제공하고 고기 대신 먹으면 건강식으로도 좋다.

연어와 비슷한 것으로는 바닷가재가 있다. 역시 한국 사람의 입맛과는 약간 거리가 있는 맛이다. 사실은 미국서도 옛날부터 인기 있었던 것은 아니다. 1900년쯤 동북부 지방에서 인부들에게 일을 시킬 때(그때는 주로 외국에서 온 노동자들이기 때문에 숙식을 제공했었다) 하루 한 마리의 바닷가재가 주어졌다. 영양가 없는 바다가재에 인부들은 불평이 많았다. 다른 곳에서 영양을 충분히 취하는 현대인에게 바닷가재는 맛있는 음식이지만 당시 인부들에게는 기름기 없는 밑바닥 음식이다. 이것만 먹고는 필요한 칼로리를 취할 수 없었다. 유럽 사정도 비슷해서 당시 북부 유럽에서 외국 인부들에게 정어리가 한 마리씩 제공됐었다. 돼지고기는 1년에 몇 번 먹어보는 귀한 음식이다. 그래도 정어리는 바닷가재보다는 낫다. 풍부한 단백질을 제공하기 때문이다.

이제는 한국 사람들에게 기름기 있는 음식만 맛있는 것이 아니기 때문에 바닷가재의 유행도 이해할 만하다. 그러나 한국의 항구에서 아무도 찾지 않아 말려서 싸게 파는 생선들, 이름도 없어 잡어라 불리는 생선들의 대부분이 바닷가재처럼 한국 사람들한테는 민숭민숭한 맛이 나는 생선들임을 모르는 사람들이 많다. 바다가재는 떴고 잡어는 아직도 이름도 없다. 한참 전에 아구라는 생선은 생긴 것도 고약하고 맛도 없어 아무도 찾지 않는 생선이었다. 아구찜 요리가 개발되면서 주가가 올라갔다. 생선 소비에서 외국문화의 우월성을 인정하고 선택하는 것 같은 인상을 조금은 풍긴다. 세대 간의 문화적 위화감이랄까 하는 것도 있다. 그러나 피자와 햄버거가 정착해서 모두가 즐기고 햄버거는 '한국형' 햄버거도 나온 세상에 연어와 바다가재에 시비를 걸 일은 없어 보인다. 다만 바닷가재의 터무니없이 비싼 가격은 생각해 보아야 한다.

음식에 통계를 적용시키면 교훈을 얻기 쉽다. 이미 언급한 대로 오래된 식당은 통계적으로 맛이 보장되어 있는 곳이다. 바닷가 경치 좋은 곳으로 놀러가서 맛집을 찾는다고 가정해보자. 어떻게 찾을 것인가. 한 가지 방법은 그 도시에 사는 또는 살았던 사람에게 물어보는 것이다. 그러나 막상 원주민들은 하나를 찍어서 알려주기가 어렵다. 오래전 살았던 사람에게는 자기 살던 지역에 무슨 맛집이 있었나 싶고 현재 살고 있는 사람에게도 여러 가지 비슷한 곳에서 하나만 선택하기 어렵다. 요즈음 많은 사람들이 애용하는 방법은 식당평가 웹사이트나 유튜브를 이용하는 것이다. 필자의 방법은 신빙성 있는 댓글이 가장 많이 달린 식당을 찾는 것이다. 여러 개를 종합하여 경우의 수를 늘리면 더욱 효과적이다. 댓글은 오랜 경험을 통한 직관으로 선별하고 이 선별된 예를 합하여 통계가 나오면 대개 정확한 평가가 나온다.

필자가 미국의 어느 도시에서 15년을 살면서 이곳저곳 좋다는 식당을 대충은 섭렵하고 마음속에 나름의 맛집 목록을 작성했다. 어느 날 꽤 알려진 식당소개 웹사이트를 방문하고 그곳의 댓글이 많이 달린 순서의 목록이 나의 목록과 거의 일치하는 것을 보고 놀란 적이 있다. 많은 사람이 의견을 남긴 곳이 맛집일 가능성이 컸다. 통계의 힘이다. 그 사이트의 경우 100개 이상 댓글이 달린 식당은 여러 사람들에게 인정받는 맛집이었다. 한 가지 제약은 정직한 댓글이어야 한다는 것이다. 어느 제주도 여행글에서 본 이야기이다. 맛집이라고 소개된 집을 찾아갔다가 맛에 비해 가격이 비싼 것에 실망하였더니 주인이 자기 표정을 보고 물어보지도 않았는데 맛집 소개하는데 광고료/소개료를 너무 많이 써서 가격이 비싸질 수밖에 없다고 했다는 것이다. 흔치않은 정직과 뻔뻔함의 혼합이다. 사실이라면 이렇게 광고료/소개료를 받는 댓글들이 너무 많으면 신용할 수 없다.

우리의 해안가 항구에서 사람들이 많이 찾는 횟집은 대개 새로운 빌딩 안에 있고, 깨끗하고, 모듬회로 나오고, 약간 비싸고, 바쁠 때는 오래 기다려야 하는 집들이 대부분이다. 이런 곳이 바로 대부분의 사람들이 여행왔다가 한끼 먹고 갈만한 곳이다. 원주민은 혹 이렇게 말할지 모른다. 어디어디 수산시장 지하에 가면 더 싸게 먹을 수 있다고. 그러나 여행자는 모험을 택하지 않는 것이 좋다. 그 도시에서 오래 살다가 보면 자기가 먹고 싶은 회만 싸게 먹을 수 있는 곳을 찾을 수 있겠지만 당장 한번만 먹는 여행자는 그런 것을 찾을 능력도 없고 사람마다 다른 입맛에 선택이 어렵다. 가장 편한 방법은 비슷한 사람들이 많이 가는 곳을 찾는 것이다. 여기서 많은 댓글은 통계자료이고 정직한 댓글을 찾아내는 능력은 오래 보아온 경험에서 나오는 직관이다.

"음식" 후에는 의당 "남녀" 이야기가 나와야 한다. 흥미 있는 옛 기록 하나부터 살펴보자. 조선조 노수신은 중종 때 문과에 급제하고 영의정 등을 역임하고 선조 23년(1590년) 세상을 떠난 사대부다. 학문이 정밀하고 해박하다 하여 처음 유림의 촉망을 받았다. 이황보다 앞섰다고 평가받기도 했었는데(선조수정실록 선조 23년) 후에 육상산(陸象山)의 학문을 언급했다고 하여 평가절하 되었다. 사림들에 의해 훈구파로 분류되는 바람에 평가가 좋지 못했다. 노수신은 사화에 연루되어 오랫동안(19년) 진도에 유배되어 귀양살이를 하였다. 이준이 지은 행장(行狀)을 인용한 《연려실기술》에는 다음과 같은 기사가 나온다.

"진도에 귀양 가니, 섬의 풍속이 애당초 혼례라는 것이 없고 남의 집에 여자가 있다는 말을 들으면 중매를 통하지 않고 칼날을 빼들고 쟁탈하였다. 선생이 예법으로써 일깨워 혼인의 의식이 있게 되어 야만의 풍속이 드디어 없어졌다."

사실이라면 과연 놀랍도록 야만스러운 풍속이었는데 실제로 그랬을까는 의문이다. 우선 조선의 풍습은 노수신의 시대인 조선 중기까지 유교풍이 일반에게까지 통용되지 않았다. 서민뿐 아니라 성리학을 공부한 양반층에까지 조선의 결혼제도는 완강히 예부터 내려온 우리의 풍습이 지배했다. 결혼은 아직까지 남자가 여자 집으로 '장가가는' 또는 '장가드는' 것이었고 일정기간 처가살이를 하고 분가하는 것이 일반적인 풍습이었다. 성리학을 배운 사대부들조차 많은 사람들이 외가에서 자란 경우가 많다. 이율곡이 강릉 외가에서 낳고 자란 이야기는 우리에게 잘 알려져 있다. 이율곡의 경우가 예외라기보다는 일반적이었을 것이다. 물론 예전이라고 모두 일률적으로 남자가 여자 집으로 장가가지는 않았을 것이고 경우에 따라서는 여자가 시집오는 경우도 물론 있었겠다.

중종 15년(1520년)에 봉상시 첨정 한승현이 중종에게 다음과 같이 아뢰었다,

"나라에서 효(孝)를 숭상하는 것으로 다스림의 기본을 삼고 있는데, ······ 조부모가 손자에 대해서와 외조부모가 외손자에 대하여 평소 사랑하고 어루만져 기르는 마음은 자기의 아들과 다름이 없는데도 하루아침에 갑자기 죽고 나면, 비록 자효(慈孝)의 마음이 있는 어진 사람이라 할지라도 국법(國法)에 구애되어 드디어 박하게 합니다······." -《조선왕조실록》중종 15

년(1520) 1월 11일

외손주들에게도 휴가를 주어 외조부모의 장사를 치르게 하자는 주장이다. 유교적 예법에 의하면 친손주가 상주가 되어야 하는데 현실은 외손주가 더 가까우니 외손주에게도 장례를 맡기자는 것이다. 필자는 언젠가 성리학적 예절을 온 국민에게 강요하고자 하는 국가의 시책(여자가 시집가서 시집살이 하자는 시책)에 한 늙은 재상이 강력히 반대하며 "세상에 외손자가 귀엽지 친손자가 귀여운 사람이 어디 있느냐."고 한 것을 읽은 기억이 있어 나중에 출처를 찾아보았으나 못 찾고 말았다. 물론 시기는 임란 전이다. 왕에게 바치는 상소의 형식이라 왕조실록에 나왔을 것 같다.

"외손자를 귀여워하느니 방아깨비를 귀여워하겠다."라는 속담을 마치 우리가 몇천 년 동안 이어온 풍습을 나타낸 것으로 여기는 사람은 다시 생각해보는 것이 좋겠다. 불과 350년 정도 이후부터의 풍습이다. 현재는 시가와 거리를 두는 풍습이 급속히 퍼져 한 50년 만에 다시 바뀌었다. 처가살이로 다시 바뀐 것은 아닌 것 같고 시가도 처가도 아닌 독립하는 쪽으로 가닥을 잡은 것 같다. 원래 우리 풍습도 처가살이 하다가 결국 분가했다는 것을 감안하면 지금은 처가살이를 생략하고 분가한다고 보면 되겠다.

여기에서 중요한 것은 우리는 전통적으로 여권(女權)이 상당히 셌다는 점이다. 《삼국사기》나 《고려사》에 나오는 많은 왕후들의 이야기에는 우리가 믿도록 유도된 성리학적 역사관하고는 많이 다른 사실이 나온다. 근친혼이 성행하고 자유혼이었다. 이는 우리와 멀리 역사를 공유하는 중국의 여러 유목민족에게 공통적으로 보이는 현상이다. 일본의 근친혼도 고려 때까지 만연한 우리 풍습과 비슷하다. 최근 어떤 다큐멘터리에 나오는 티베트의 결혼식 장면에서 신부 집은 희색이 만면한데 신랑 집은 초상이 난 것처럼 온 동네사람이 우는 장면이 나오는데 그 이유가 신랑이 신랑 집(마을)의 재산을 들고 신부 집으로 장가를 들기 때문이란다. 신부가 들고 오는 반대의 경우가 있길래 희비가 엇갈려서 울고불고 하는 것일까. 아니면 항상 있는 일이지만 그럴 때마다 한쪽은 곡하고 한쪽은 잔치 벌리는 것으로 예를 차리는 것일까. 알 수 없는 일이다.

우리와 멀리 피가 통하는 아메리카 인디언의 경우에는 여자의 권한과 선택권이 더 분명해진다. 인디언들은 미 대륙에서 주요 문명과 고립되어 오랫동안 풍속을 지켜 왔기에 아마 옛 우리 풍속과 가장 가까운 현재의 살아있는 예가 될 것이다. 이들의 풍속이 우리의 흥미를 끄는 이유이다. 미국에서는 체로키 인디언의 이야기가 가장 잘 알려져 있는데 체로키가 가장 숫자가 많이 남았고 가장 오래 백인과 싸웠기 때문일 것이다. 체로키가 모든 아메리카 인디언을 대변하는 것은 아니지만 인디언의 풍습은 서로 많이 다르지 않아 체로키의 풍습을 보면 전체를 짐작할 수 있다. 먼저 체로키인인가 아닌가를 결정짓는 것은 엄마가 체로키인가 아닌가이다. 이는 역사상 여러 곳에서 나타난다. 유대인의 현실상 통용되는 가장 그럴듯한 정의는 "어머니가 유대인이면 유대인"이다. 백인이나 흑인이라도 체로키 여인하고 결혼해서 체로키 부족하고 살게 되면 체로키가 된다. 진짜 백 퍼센트 받아들여졌는지는 의심이 가지만 최소한 그 자식은 완전 체로키가 된다.

초창기 체로키와 접촉한 백인의 대부분은 무역상이었는데 많은 사람들이 체로키 여자와 살았다. 혼자 미 대륙으로 건너와서 여자도 필요하고 장사하는데 체로키의 말과 풍습을 배울 필요가 있었다. 외국어 배울 때는 원주민 여자하고 사는 것보다 더 빠른 것이 없다. 그러나 무엇보다도 자기 부족에 들어와 살면 인종 상관없이 거두어들이는 인디언의 관대한 풍습이 아니었다면 불가능했을 것이다. 인디언들은 남북전쟁 때 남군 편을 들어 싸웠다. 남쪽에서 산 종족이 많아서이기도 하지만 큰 이유가 따로 있다. 인디언들도 상당수가 백인들처럼 흑인을 노예로 삼았던 것이다. 그래서 그것 때문에 요즈음 흑인들이 인디언들에게 시비를 걸지는 않는다. 왜냐하면 인디언들은 노예도 가족같이 대했기 때문이다. 인디언들에게는 외국인도 흑인도 노예도 같이 살면 한 식구인 것이다. 인디언들은 전쟁 중에 포로로 잡힌 다른 부족의 어린아이들도 자기부족과 똑같이 키운다. 이들 무역상들, 백인 '영주권자' 또는 '귀화인'들은 체로키가 백인들과 전쟁을 벌일 때 (처음에는 대 영국 나중에는 대 미국) 대부분 체로키 편을 들어 싸웠다.

체로키 여자가 허락하면(여자의 마음에 들면) 남자가 여자의 거처에 와서 생활한다. 아주 와서 생활하기도 하고 같은 지역에 살 경우에는 밤에만 찾아올 수도 있다. 헤어지는 것도 여자의 권한이다. 여자가 싫으면 남자는 떠나야한다. 물론 남자가 싫어도 그 이별은 쉽다. 아이는 여자가 키운다. 그 마을에서 나서 자란 아이는 물론 여자의 소속이고 마을의 소속이다. 전형적인 혈연적 모계사회이다. 여자는 가끔 자기 남자가 확보되었는데도 다른 남자와도 교제하는 수도 있다. 이 경우 결국은 남자가 떠나가거나 여자가 남자를 못 오게 함으로 끝내며 큰 문제가 없이 해결된다. 여자가 남자보다 상대적으로 일처일부제를 선호하기 때문에 남성우월사회에서 일부다처제로 생기는 것과 같은 복잡한 문제도 거의 없다.

백인들이 체로키 인디언과 접촉하면서, 특히 중계무역인이 점점 사라지고 선교사가 나타나면서 인디언의 생활풍습은 백인들에게 비난과 경멸의 대상이 된다. 아이들의 아버지가 확실치 않은 것, 간혹 복수의 남자를 가질 수 있다는 것, 이혼을 여자 마음대로 할 수 있는 것 등이 선교사들에게는 차마 보아줄 수 없는 반윤리적인 행동들이다. 어떤 선교사는 체로키 부족의 부부생활 양식에 아주 불쾌감을 표시하며 특히 아이들의 아버지가 불분명한 점을 지적했다. 이때 체로키 추장의 반응이 전해져온다. 추장은 놀란 표정을 지으며 선교사에게 "그럼 너희 나라에서는 한 동네에서 내 아들 네 아들을 구별해서 키우느냐."라고 되물었다는 것이다.

어떤 선교사의 보고서는 다른 점에서 흥미롭다. 부족민들이 마을회관에 모여 중대한 정치적인 결정을 내릴 때 여자들은 마지막 결정적인 투표권은 없지만 마음대로 토론에 참석한 것에 경악을 나타냈다. 이 선교사에게는 여자의 정치활동이 자유연애보다도 더 쇼킹하게 비추어졌다. 따지고 보면 성생활에 관해서는 '미개한' 아메리카 인디언의 공개된 생활보다 위선적 '빅토리안 도덕' 생활이 더 나을게 없다는 것을 정직한 선교사들이라면 잘 알고 있었기에, 진정한 놀라움은 여성의 정치적 참정권이었을 것이다. 이 모든 인디언 이야기의 아이러니는 현재 미국이, 성생활과 여성의 정치참여 면에서 본다면, 당시 영국인의 '문명화된' 사회보다 인디언의 "미개한" 사회에 훨씬 더 가까운 사회가 되었다는 점이다.

노수신이 귀양 간 진도의 풍습이 아메리카 인디언의 풍습과 같을 수는 없다. 인디언 사회보다 더 복잡한 사회가 되면 도덕적으로도 더 복잡해진다. 그러나 복잡한 사회가 도덕적으로 반드시 더 나은 사회가 되는 것은 아니다. 오히려 거꾸로 사회의 구성원들에게 더 해가 되는 사회가 될 가능성이 있다. 진도에서 여자를 쟁취하기 위해 "칼날을 빼들고 쟁탈하였다."는 것인데 아마 남성우월사회가 진행되면서 원시공동체보다 더 남자가 힘으로 문제를 해결하는 경향이 나타났을 것이다. 이는 체로키사회 같으면 상상도 하지 못할 일이다. 여자의 선택권이 약해지고 남자의 선택권이 강해지면서 남자들이 힘을 구사하는 경향이 생기게 됐을 것이다.

그렇다고 해도 결혼이 인간의 중대사인데 그렇게 극단적인 형태로 제도가 정착할 리는 없다. 진도에도 조선중기에는 이미 행정체제가 갖추어져 군수가 파견나가 있었고 백성교화사업도 행정관의 중요한 역할이었을 텐데 그렇게 야만적인 결혼제도가 시행되고 있을 가능성은 적다. 실제로 일어난 일이라면 당시의 결혼제도의 가장 극단적인 예일 텐데 그렇다면 유교적 질서가 자리 잡은 조선말에 일어날 수 있는 가장 극단적인 예와 비교하는 것이 공정하다. 조선말이 되면 농촌에서는 민며느리제가 정착하여 '중매를 통해서' 아주 어린 나이에 시집을 가서 사실상 노예생활을 하게 된다. 극단적인 예도 아니다. 여자들한테는 물론 노예가 되는 것보다는 남자들이 '칼날을 빼들고 쟁탈'전을 벌리는 것이 낫다. 여자를 두고 싸우는 것은 인류사에 수천만 년 전부터 행해져오던 아주 오래된 제도이고 사람을 노예로 부리는 것도 오래된 제도이지만, '예를 갖추어' 어린 소녀를 노예로 부리게 된 것은 조선말에 나타난 현상이다. 도덕이 발달했다는 것이 종종 앞에서 본 영국의 '빅토리아 도덕'과 조선의 '유교적 도덕'처럼 보통은 사람들에게 특히 일반사람들에게 도움이 안 된다고 보면 된다.

노수신이 귀양살이한 지 오래되지 않아 진도에서 생긴 일이 얼마

전 TV에 나왔다. 목포 MBC가 2016년에 방영한 〈명량, 끝나지 않은 이야기〉이다. 진도에는 정유재란(1597년) 때 전사해 조류로 떠내려온 왜군의 시신을 수습해 무덤을 만들어 준 것으로 알려진 곳이 있는데 왜군에게 덕을 베풀어주었다는 뜻으로 왜덕산이라 불린다. 그 소식이 일본에 알려져 정유재란에 참전하여 돌아오지 않은 수군을 조상으로 둔 후손들이 와서 참배를 하고 진도인들이 조상의 시신을 수습해준 것에 고마움을 표시할 겸 벌써 10년째 매년 진도에 온다는 것이다.

왜 진도인들은 적군들에게 덕을 베풀어 주었을까? 당시의 상황으로 보아 왜군이 두려워 왜군에게 잘 보이려고 했을 가능성은 높지 않아 보인다. 왜군은 정유재란 당시 조선인을 보는대로 죽여서 그 귀를 잘라 보내라는 토요토미의 명령을 받았기 때문에 조선에서는 왜군의 대규모의 살인 약탈이 자행되고 있었다. 귀 대신 코를 베어 간 조선인들의 코무덤도 있다. 조선에서도 왜군의 수급을 베면 상금을 받는 당시의 실정으로 보면 수급이 곧 돈인 상황에서 왜군의 시신을 수습해 주는 것은 그야말로 덕을 베풀어 주는 일이다.

왜 그랬을까? 해답은 진도에서 해마다 행해지는 진혼제에 있다. 진도 사람들은 예로부터 바다에 나가 돌아오지 못하는 사람들의 혼백을 위로하기 위해 제사를 지내는 풍습이 있다. 바다에 빠져 죽은 사람에 대한 애틋한 정서가 강했는데 특히 시신이 보이면 반드시 건져줘야 한다는 의무감이 있다. 안 건져주면 자신들에게 피해가 온다는 거의 종교적인 믿음이 있었다 한다. 적인 왜군에게까지 덕을 베푸는 데에 대한 이해의 실마리이다. 진도의 '씻김굿'은 죽은 자의 후손으로 하여금 죽은 자와 접하게 하는 특징이 보이는데 진도 사람이 거친 바다에서 삶을 이어가는 동안 생긴 죽음에 대한 남다른 관점을 보여준다. 왜덕산 이야기가 직접적으로 관련은 없지만 진도에서 야만의 풍속을 바꾸었다는 노수신의 행장에 나오는 기록에 크게 공감하기가 어려운 이유이다. 섬에 유배 온 사대부들은 대개 지역인을 '야만스럽고' 저급한 하층인들로 보았고 특히 유교문화를 접하지 못한 미개한 사람들을 교화의 대상으로 바라보았다.

사족(蛇足) 하나. 이 글을 위해 혹시나 하고 인터넷을 찾아본 글 중 어떤 지방 유지로 보이는 사람은 노수신과 진도에 관해 다음과 같이 썼다. "노수신은 왜구들의 나쁜 습성을 그대로 답습하고 있던 진도의 백성들에게 예법을 가르쳤고 ……". 진도의 야만적인 결혼풍습이 어떻게 왜구들의 나쁜 습성이며 진도 백성들이 언제부터 어떻게 해서 왜구의 나쁜 습성을 배우게 되었다는 것인지 그 근거가 궁금하다. 고려말 때 성행한 왜구가 진도에서 오래 진을 치고 거주한 것인지. 따라서 노수신이 본 진도 사람들의 풍습은 왜인들의 풍습이었는지.

노수신의 행장을 쓸 당시 유학에 경도된 지식인들도 당시 풍습이 고려 때와 크게 다르지 않다는 것을 잘 알고 있었다. 남녀상열지사(男女相悅之詞)를 유학경전 만큼 알고 있었다. 동시대를 산 백사 이항복은 동료들이 "세상에서 가장 아름다운 소리가 무엇인가."로 시를 지을 때 누구는 조선에 있지도 않는 "원숭이 휘파람" 소리 등 중국 사대부들의 시를 따라할 때 "아름다운 여인의 치마끈 푸는 소리"라 읊었다.

노수신은 진도의 풍습이 너무나 괴이하여 행여 왜구들의 나쁜 습성을 딴 것인가를 의심할 필요조차 없었다. 인디언의 공개된 성생활에 놀라는(놀라는 척하는) 영국 선교사만큼도 놀라지 않았을 것이다. 조선에 유교적인 풍습이 정착하게 되는 것은 임란과 호란 이후 18세기

부터이다. 진도 사람들이 왜구의 풍습을 따르고 있었다면, 그래서 왜군의 시신을 수습해 무덤을 만들어 주었다면 임진왜란에 국토가 초토화되어 왜구라면 치를 떠는 조선 사람들에게 살아남지 못했을 것이다. 이순신은 달아나는 왜군을 하나라도 더 잡으려고 무리하다 전사했다. 진도 사람들은 왜군의 앞잡이로 몰려 이순신 수군들에 의해 일찌감치 도륙되었을 것이다.

당시 진도의 풍습이 사실상 조선보다 일본에 더 가까울 수는 있다. 일본의 자유분방한 성문화도 그렇고, 사촌 등 가까운 친척과 결혼이 쉬운 제도도 그렇고, 다는 아니지만 신부보쌈(요바이)이 일부 있었던 결혼문화가 그렇다. 고대 한국과 일본의 풍습은 비슷했다. 아마 한국의 문화가 건너가 일본 문화로 정착한 면이 있었을 것이다. 이 지방 유지가 그런 점을 고려하여 한 이야기인 것 같지는 않다. 굳이 추측한다면 아마 현재 우리에게 무엇이든지 잘못된 것은 일제식민시대로 돌리고 반일이 이념의 주요한 부분이 된 일부 한국 지적 풍토의 영향을 받지 않았을까 하는 점이다. 역사에서 시대착오적인 과오는 무의식적으로 종종 나타나지만 이념에 경도된 역사 해석은 의도적인 시대착오적 과오까지 범한다.

풍습은 잘 바뀌지 않는다. 그러나 때에 따라 바꾸는 것도 보아왔다. 한국에서 오래된, 최소한 수천 년의 결혼 풍습은 임란과 호란 이후부터 바뀌어 300년을 존속했다. 근대화 서구화와 더불어 그 풍습은 급격히 바뀌었다. 적어도 결혼하고 어디에 사는 것인가와 며느리와 시부모의 관계는 확실히 바뀌었다. 풍습이 잘 바뀌지 않는다는 것을 너무 믿으면 안 되겠다. 가장 안 바뀐다는 장례문화도 급작스럽게 바뀌었다. 매장문화가 빠르게 화장문화로 바뀌어져 갔다. 땅 자체가 없는 것도 이유이지만 여기에도 한국인의 빠르고 과격하고 일률적인 면이 보인다.

여기서 우리의 교훈은 풍습도 빨리 바뀔 수 있는 것이니 과거의 우리의 제도, 주위 나라들의 제도, 과거에 우리와 피를 나누어 풍습이 비슷했던 민족들의 제도 풍습을 많이 살펴보고 변화에 대비한다든가 필요하면 변화를 주도해야 한다는 것이다. 세상에는 많이 이상해 보이는 제도들이 있다. 그러나 자세히 보면 다 그럴만한 사정이 있어서이고 우리도 사정이 바뀌면 그렇게 바뀔 수도 있다는 것을 염두에 두면 좋다.

현재 중동지방 및 이슬람 문명권에서는 일부의 남성이 여러 명의 부인을 거느리고 산다. 일부다처제도이다. 이슬람 문명 밖에서는 물론 좋게 보지 않는다. 특히 미국에서의 혐오는 크다. 9·11 사태 후 무슬림 테러리스트들과 전쟁을 벌이고 있는 입장에서 이슬람 문화의 부정적인 측면에 민감하게 반응한다. 예를 들면 몇 해 전에 《뉴욕 타임즈》에 파키스탄의 한 여성 변호사가 자신이 부유한 남자의 세 번짼가 네 번째 부인이 되었는데 그 공동체 안에서 전문직을 수행하며 아이를 키우는데 얼마나 다른 여자(부인)들의 도움을 받으며 살고 있는가에 대한 칼럼을 썼다. 그 여자의 논지는 일반적인 일부다처제의 평가나 비판에 있지 않았다. 그저 개인적인 경험으로 그 제도도 좋은 점이 있다는 것을 말했을 뿐이다. 여기에 대한 공격이 너무 심하여 그 여자는 사과문을 내고 잘못했다고 빌어야 했다.

여기서 우리의 입장은 무엇이 얼마나 옳고 그르냐의 판단에 있지 않다. 다른 문화가 있으며 어떤 사정이 있는가를 살펴 보는 것이 더 중요하다. 선악 판단을 굳이 따지자면 현재 자칭 도덕적 선의 챔피언 미국도 자유롭지 못하다. 미국에는 아직도 몰몬교에서 일부다처를 시행하는 것을 묵인한다. 일부일처라고는 하지만 많은 사람들이 이혼을 쉽게 한다. 이혼가정은 빈곤을 야기하고 문제아를 양산한다. 특히 부자들은 연속적으로 이혼하는 경향이 많다. 부자들 중에는 서너 번은 보통인 사람들이 많다. 일부일처제도라 말하기 곤란할 정도이다. 일부다처가 한 번에 여러 여자와 산다면 미국의 연속결혼제도(Serial Marriage)는 순차적으로 여럿과 결혼한다. 어느 쪽이 좋다고 하기 힘들다. 가정의 평화와 안정은 일부다처 쪽이 낫다. 적어도 일부다처제에서는 깨어진 가정으로 고통 받는 아이들은 없다. 연속결혼제도를 즐기는 미국 남성들은 아마 일부다처를 즐기는 이슬람 문화권의 남성들보다 숫자가 많을 것이다. 미국에서 잘사는 사람들이 이슬람 문화권의 잘사는 사람들보다 더 많기 때문이다. 남의 제도에 지나치게 선악을 따지는 것은 좋지 않다. 그저 여럿을 돌아보고 우리가 얼마나 취할 점이 있는가를 보면 된다. 한국의 경우에 인구절감의 문제가 급박하니 혹시 결혼제도에서 도움을 받을지 생각해 볼 수도 있다.

    세상에는 기발한 제도도 많다. 스페인의 어느 지방에는 20세기 중반까지 유지된 남다른 제도가 있었다. 집안 형제 중 막내딸이 끝까지 부모 공양을 책임지는 제도이다. 다른 자식은 모두 집을 떠나야하고 마지막으로 제일 어린 딸은 집을 지켜야 한다. 시집도 갈 수 없다. 이는 선택이 아니고 필수이다. 막내딸은 무조건 부모를 모셔야 한다. 반대급부가 있다. 부모가 모두 죽으면 집은 막내딸 차지가 된다. 다행히 부모가 일찍 죽으면 막내딸은 당당히 집 소유자가 되어 시집을 잘 갈 수가 있다. 늦게까지도 부모가 죽지 않으면 시집을 못 간다. 개인의 운이 많이 작용하는 제도이다. 그래도 노예로 부리는 조선의 민며느리 제도보다는 낫다.

운이 따르는 제도로는 이웃 프랑스의 역모기지 제도가 있다. 남 프랑스 일부에서 지금도 행해지는 제도이다. 집이나 아파트를 소유하고 있는 노인이 다달이 일정한 금액을 그 집을 원하는 사람에게 받는다. 노인이 일찍 죽으면 집을 싸게 얻는 것이고 늦게까지 살고 있으면 돈만 끝없이 부어야 하는 도박성 투자이다. 이 제도가 전 세계적으로 유명해진 것은 아파트를 소유하던 할머니가 하필 오래 살아 세계 최장수 노인이 되었기 때문이다. 1965년 아를르라는 도시에 (비제의 〈아를르의 여인〉의 아를르이다) 쟌 까메라는 이름을 가진 당시 90세의 할머니(1875년생)에게 47세의 변호사가 할머니의 아파트를 두고 다달이 2,500프랑(380유로)을 갚아 나가는 역모기지 거래를 시작했다. 이 변호사는 30년을 갚아 나갔지만 끝까지 아파트를 소유하지 못하고 1995년 12월에 죽었다. 77세였다. 이 변호사는 이미 집값의 3배가 되는 돈을 지불한 다음이었다. 할머니는 2월이면 121세가 된다. 이 할머니는 이미 세계에서 자장 오래 살고 있는 사람이었다. 121세가 되는 해 생일, 할머니는 죽은 변호사에 대해 농담했다. "우리 모두 일생에 한 번은 불운한 거래를 하게 되지요". 할머니는 1997년 122년 164일을 살고 죽었다. 당시까지 출생기록이 남아있는 사람 중 가장 오래 산 사람이 되었다. 그녀의 기억 중에는 젊었을 적 미술 도구를 파는 가게에서 당시 근방에서 그림을 그리는 반 고흐를 보았다는 것이 있는데 여러 가지 상황으로 사람들은 사실로 본다. 그 집은 변호사의 아들이 계속 부어 아들의 소유가 되었다.

스페인이나 프랑스 같은 라틴계 사람들이 이러한 도박성 거래를 한다는 것을 알았다. 라틴계와 어느 정도 비슷한 성격이 있는 한국 사람들이 이런 도박성 거래를 할 수 있을까. 한국인의 과격성과 도박성으로 보면 가능한 것으로 보인다. 그러나 '빨리빨리'로 나타나는 신속성에는 맞지 않아 보인다. 일률성에도 맞지 않는다. 제도는 하나이어야지 이런 제도 저런 제도가 있는 것은 불편하다. 그러나 무엇보다도 거래를 하고 끝까지 기다리는 것은 못할 것 같다. 끝까지 기다리다가 만일 상대가 죽지 않으면 화를 참을 수가 있을까.

제 1 권 끝